Die nicht planakzessorische Enteignung

Gisela Henze

Die nicht planakzessorische Enteignung

Prüfung der Voraussetzungen durch die Enteignungsbehörde

PETER LANG
Frankfurt am Main · Berlin · Bern · Bruxelles · New York · Oxford · Wien

Bibliografische Information der Deutschen Nationalbibliothek
Die Deutsche Nationalbibliothek verzeichnet diese Publikation in der Deutschen Nationalbibliografie; detaillierte bibliografische Daten sind im Internet über http://dnb.d-nb.de abrufbar.

Zugl.: Osnabrück, Univ., Diss., 2008

Gedruckt auf alterungsbeständigem,
säurefreiem Papier.

D 700
ISBN 978-3-631-59261-8

www.peterlang.de

Vorwort

Die vorliegende Arbeit wurde im Jahr 2008 von dem Fachbereich Rechtswissenschaften der Universität Osnabrück als Dissertation angenommen. Das Manuskript wurde im Februar 2008 abgeschlossen, vereinzelt habe ich noch Literatur und Rechtsprechung bis Ende des Jahres berücksichtigt.

Die Anregung zu dem Thema habe ich während meiner Zeit als Enteignungsdezernentin beim Regierungspräsidium Magdeburg bekommen: Die Anwendung der Enteignungsgesetze bereitet besonders bei den sog. nicht planakzessorischen Enteignungen Schwierigkeiten – in der Literatur hat diese Problematik aber bislang kaum Beachtung gefunden.

Für die Bereitschaft, das Thema zu betreuen und das Erstgutachten zu erstatten, danke ich meinem Doktorvater Prof. Dr. Jörn Ipsen. Als seine ehemalige Mitarbeiterin habe ich während der Erstellung der Arbeit weiterhin an der anregenden Atmosphäre des von ihm geleiteten Instituts für Kommunalrecht der Universität Osnabrück teilnehmen dürfen. Frau Prof. Dr. Pascale Cancik danke ich für die Erstellung des Zweitgutachtens.

Dank sagen möchte ich auch meinen Eltern, die das Vorhaben, während der Elternzeit zu promovieren, ideel und finanziell sehr unterstützt haben. Und nicht zuletzt möchte ich meinem Mann danken: Seine wohlwollende und stets interessierte Haltung gegenüber meiner Arbeit war mir eine große Hilfe.

Osnabrück, April 2009 — Gisela Henze

Inhaltsverzeichnis

Einleitung

§ 1 Einführung in das Thema

Der Bau eines Infrastrukturvorhabens lässt sich häufig nicht ohne Enteignungen realisieren. Eigentümer, deren Grundstücke im Bereich der geplanten Trasse oder am geplanten Standort liegen, sind in vielen Fällen nicht bereit, ihr Grundstück zu verkaufen oder belasten zu lassen. Will der Vorhabenträger trotzdem das Vorhaben an der geplanten Stelle verwirklichen, bleibt ihm nur eine Möglichkeit, die erforderlichen Rechte zu erwerben: Er muss eine Enteignung beantragen. In einem förmlichen Verwaltungsverfahren klärt die Enteignungsbehörde dann, ob die Voraussetzungen für eine Enteignung gegeben sind.

In den meisten Fällen ist dem Enteignungsverfahren bereits ein behördliches Planungsverfahren vorausgegangen – das Vorhaben ist entweder Gegenstand eines Planfeststellungsverfahrens gewesen oder es liegt im Bereich eines Bebauungsplans. In der Praxis nehmen die planakzessorischen Enteignungen den größten Raum ein: Umfangreiche Verkehrsvorhaben wie der Bau von Autobahnen, die Verbreiterung von Kanälen oder die Verlängerung von Start- und Landebahnen von Flughäfen sind regelmäßig planfeststellungspflichtig. Um diese Vorhaben realisieren zu können, muss eine Vielzahl von Enteignungen durchgeführt werden. Ähnlich häufig sind Enteignungen, mit denen Festsetzungen eines Bebauungsplans umgesetzt werden.

Es gibt daneben aber auch noch eine Reihe von Vorhaben, die vor dem Enteignungsverfahren noch kein solches Planungsverfahren durchlaufen haben: kleinere, nicht planfeststellungspflichtige Gemeindestraßen und Leitungsvorhaben, Anlagen zur Ver- und Entsorgung oder öffentliche Einrichtungen wie Hochschulen, Schulen, Krankenhäuser, Theater, Museen, Sportanlagen und Spielplätze – wenn diese Vorhaben im unbeplanten Außenbereich oder innerhalb im Zusammenhang bebauter Ortsteile gelegen sind. Diese Konstellation lässt sich als nicht planakzessorische Enteignung bezeichnen. Nicht planakzessorische Enteignungen sind zwar seltener, verlangen aber von der Enteignungsbehörde eine deutlich umfangreichere Prüfung: Da in diesen Fällen der Enteignung noch kein behördliches Planungsverfahren vorausgegangen ist, nimmt die Enteignungsbehörde auch die Aufgaben einer Planungsbehörde wahr. Sie bekommt – etwas vereinfacht gesagt – die Funktion einer „Ersatzplanfeststellungsbehörde".

Die nicht planakzessorische Enteignung stellt die Enteignungsbehörde vor Schwierigkeiten bei der Rechtsanwendung, denn ihre Regelung in den Landesenteignungsgesetzen ist an verschiedenen Stellen wenig geglückt: Bereits die Struktur und die Formulierung der Landesenteignungsgesetze werfen eine Reihe von Auslegungsfragen auf. Es fällt schwer, den genauen Inhalt der einzelnen Enteignungsvoraussetzungen zu ermitteln, da die Enteignungsgesetze an zentralen Stellen unbestimmte Rechtsbegriffe verwenden. Außerdem lehnen sich die Enteignungsgesetze in den Formulierungen an Art. 14 Abs. 3 S. 1 GG an – und lassen damit die auch geforderte planerische Prüfung nicht erkennen. Die Rechtsanwendung wird zudem noch dadurch erschwert, dass die Enteignungsbehörde bei der nicht planakzessorischen Enteignung zwar Aufgaben wahrnimmt, die sonst der Planfeststellungsbehörde übertragen sind – die nicht planakzessorische Enteignung aber an zwei Punkten abweichend von der Enteignung aufgrund Planfeststellungsbeschlusses ausgestaltet ist: Entgegen der für Planungsentscheidungen typischen zeitlichen Reihenfolge kann der Vorhabenträger bereits mit der Verwirklichung des Vorhabens beginnen, bevor die Enteignungsbehörde die Vorhabenplanung abwägend nachvollzogen hat. Außerdem wird die Prüfung der Enteignungsbehörde nicht mit vorgelagerten Raumplanungs- oder Zulassungsentscheidungen verknüpft. Es fehlen Regelungen, die eine Bindung der Enteignungsbehörde anordnen, im Unterschied zum Planfeststellungsbeschluss entfaltet der Enteignungsbeschluss auch keine Konzentrationswirkung.

§ 2 Ziel der Arbeit

Anders als die beiden Spielarten der planakzessorischen Enteignung, die in jüngerer Zeit Gegenstand von Monographien gewesen sind[1], hat die nicht planakzessorische Enteignung bislang nur wenig Beachtung gefunden[2]. Die Arbeit möchte diese Lücke füllen und eine systematische Darstellung der nicht planakzessorischen Enteignung geben. Dabei wird zwar primär eine praktische Zielsetzung verfolgt: Die Arbeit greift die angesprochenen Schwierigkeiten bei der Rechtsanwendung auf und möchte Hilfestellung für die Tätigkeit der Enteignungsbehörde geben. Dieses Ziel grenzt die Darstellung ein: Es geht um die gesetzlichen Voraussetzungen, die die Enteignungsbehörde bei der Enteignung von Vorhaben prüft, die noch kein Planungsverfahren durchlaufen haben. Bei ihrer Behandlung wird der Blickwinkel des Rechtsanwenders eingenommen. Der Untertitel macht diese Eingrenzung deutlich: „Prüfung der Voraussetzungen durch die Enteignungsbehörde". Die Probleme, die bei der Rechtsanwendung

1 *D. Hönig*, Fachplanung und Enteignung, 2001; *A. Stadler*, Die Enteignung zur Verwirklichung von Festsetzungen eines Bebauungsplans, 2001.

2 Neben wenigen Aufsätzen befassen sich nur Kommentierungen der Landesenteignungsgesetze mit diesem Thema. Zu erwähnen sind die Kommentare zum Bayerischen Gesetz über die entschädigungspflichtige Enteignung von *P. Molodovsky/S. Graf v. Bernstorff* und von *K. Puhr-Westerheide* sowie zum Niedersächsischen Enteignungsgesetz von *H. Behre/K.-H. Wagenknecht*.

auftauchen, lassen sich aber nur lösen, wenn auch der Zusammenhang betrachtet wird, in dem die nicht planakzessorische Enteignung steht: Hilfe bei der Auslegung der Landesenteignungsgesetze sowie Einblicke in Unstimmigkeiten bei ihrer Systematik lassen sich durch einen Blick auf die parallele Regelung der Enteignung aufgrund Planfeststellungsbeschlusses gewinnen. Die Frage nach einer Bindung an vorgelagerte Raumplanungsentscheidungen kann nur beantwortet werden, wenn die Funktion geklärt wird, die die Enteignungsbehörde bei der nicht planakzessorischen Enteignung im Rahmen der mehrstufigen Planung eines Vorhabens einnimmt. Grundsätzlich geklärt werden muss auch die Stellung der Enteignungsbehörde innerhalb der Verwaltung, um die Frage nach Auswirkungen von vorgelagerten Zulassungsentscheidungen auf ihre Prüfung entscheiden zu können. Damit geht der Anspruch der Arbeit darüber hinaus, nur eine Anleitung zur Anwendung der Landesenteignungsgesetze für den Fall einer nicht planakzessorischen Enteignung zu sein. Es soll vielmehr dieses bislang wenig beachtete Gebiet des besonderen Verwaltungsrechts auch in seinem Kontext dargestellt werden.

§ 3 Gang der Darstellung

Der Aufbau der Arbeit zeichnet im Wesentlichen den Prüfungsgang der Enteignungsbehörde nach: Im 1. Teil wird die nicht planakzessorische Enteignung von den beiden Formen der planakzessorischen Enteignung abgegrenzt. Gegenstand des 2. Teils sind die gesetzlichen Voraussetzungen, die die Enteignungsbehörde bei der nicht planakzessorischen Enteignung zu prüfen hat. Es wird zunächst ein Vorschlag für ihre Systematisierung gegeben. Danach wird entsprechend der Reihenfolge, in der die Enteignungsbehörde ihre Prüfung durchführt, jede Enteignungsvoraussetzung im Einzelnen ausgelegt. Dabei wird auch die bislang wenig berücksichtigte Rechtsprechung zur nicht planakzessorischen Enteignung aufgearbeitet. Hier liegt vom Umfang her der Schwerpunkt der Arbeit. Im 3. Teil wird nach der Verknüpfung der nicht planakzessorischen Enteignung mit vorgelagerten Raumplanungs- und Zulassungsentscheidungen gefragt. Es wird überlegt, ob und inwieweit die Enteignungsbehörde bei ihrer Prüfung an diese Entscheidungen gebunden sein kann, obwohl gesetzliche Regelungen dazu fehlen. Im Schlussteil werden die bereits erwähnten problematischen Punkte noch einmal aufgegriffen: Es wird überlegt, ob die Enteignungsbehörde die Schwierigkeiten bei der Rechtsanwendung umgehen kann – und zwar durch die Wahl des in den meisten Enteignungsgesetzen als Alternative zum Enteignungsverfahren vorgesehenen enteignungsrechtlichen Planfeststellungsverfahrens. Außerdem werden hier Vorschläge für Gesetzesänderungen entwickelt.

1. Teil: Einordnung der nicht planakzessorischen Enteignung

Gegenstand dieser Arbeit ist die Anwendung von Enteignungsgesetzen durch die Enteignungsbehörde – und zwar für den besonderen Fall der nicht planakzessorischen Enteignung. Um diesen Sachverhalt einordnen zu können, soll in diesem Teil ein Überblick über die gesetzlichen Grundlagen für die Arbeit der Enteignungsbehörde insgesamt gegeben werden (§ 1) sowie über die Vorhaben, für deren Verwirklichung nach diesen Gesetzen die Enteignung zulässig ist (§ 2). Ausgangspunkt für die Abgrenzung zwischen den verschiedenen Fallgestaltungen ist die Frage, ob das Vorhaben, für dessen Realisierung die Enteignung durchgeführt werden soll, bereits ein Planungsverfahren durchlaufen hat. In einem nächsten Schritt wird deswegen gezeigt, für welche der genannten Vorhaben Flächen in einem Bebauungsplan festgesetzt werden können und welche Gegenstand eines Planfeststellungsverfahrens sind. Hat ein Vorhaben keines der beiden Planungsverfahren durchlaufen, dann liegt eine nicht planakzessorische Enteignung vor. Für die drei genannten Konstellationen hat der Gesetzgeber die Enteignung jeweils auf unterschiedliche Weise geregelt (§ 3).

§ 1 Enteignungsgesetze

Die gesetzlichen Grundlagen für die Arbeit der Enteignungsbehörde sind zersplittert und müssen als wenig übersichtlich bezeichnet werden.

A. Bundesgesetze

Dem Bund kommt eine bereits im Grundgesetz formulierte Annexkompetenz für das Recht der Enteignung zu. Nach Art. 74 Abs. 1 Nr. 14 GG besitzt der Bund die konkurrierende Gesetzgebungskompetenz für das Recht der Enteignung, soweit sie auf den Sachgebieten der Art. 73 und 74 GG in Betracht kommt.[3]

---

3 Vgl. hierzu die ausführliche Kommentierung von *C. Pestalozza*, in: v. Mangoldt/Klein, GG Bd. 8, Art. 74 Rn. 926 ff.

I. Geregelte Sachgebiete

An Sachgebieten der Art. 73 und 74 GG, auf denen der Bund Regelungen über die Enteignung getroffen hat, seien folgende genannt[4]:

- Verteidigung einschließlich des Schutzes der Zivilbevölkerung (Art. 73 Abs. 1 Nr. 1 GG):
  Gesetz über die Landbeschaffung für Aufgaben der Verteidigung (Landbeschaffungsgesetz) vom 23.2.1957[5],
- Luftverkehr (Art. 73 Abs. 1 Nr. 6 GG): Luftverkehrsgesetz in der Fassung der Bekanntmachung vom 10.5.2007[6],
- Bau von Schienenwegen der Eisenbahnen des Bundes (Art. 73 Abs. 1 Nr. 6 a GG): Allgemeines Eisenbahngesetz vom 27.12.1993[7],
  Gesetz über den Bau und den Betrieb von Versuchsanlagen zur Erprobung von Techniken für den spurgeführten Verkehr vom 29.1.1976[8],
- Bergbau (Art. 74 Abs. 1 Nr. 11 GG): Bundesberggesetz vom 13.8.1980[9],
- Energiewirtschaft (Art. 74 Abs. 1 Nr. 11 GG): Gesetz über die Elektrizitäts- und Gasversorgung (Energiewirtschaftsgesetz) vom 7.7.2005[10],
- städtebaulicher Grundstücksverkehr (Art. 74 Abs. 1 Nr. 18 GG): Baugesetzbuch in der Fassung der Bekanntmachung vom 23.9.2004[11],
- dem allgemeinen Verkehr dienende Binnenwasserstraßen (Art. 74 Abs. 1 Nr. 21 GG): Bundeswasserstraßengesetz in der Fassung der Bekanntmachung vom 23.5.2007[12],
- Bau und Unterhaltung von Landstraßen für den Fernverkehr (Art. 74 Abs. 1 Nr. 22 GG): Bundesfernstraßengesetz in der Fassung der Bekanntmachung vom 28.6.2007[13],
- Schienenbahnen, die nicht Eisenbahnen des Bundes sind, mit Ausnahme der Bergbahnen (Art. 74 Abs. 1 Nr. 23 GG): Gesetz zur Regelung des Planungsverfahrens für Magnetschwebebahnen vom 23.11.1994[14],

---

4 Vgl. auch folgende Übersichten zu den Enteignungsregelungen im Bundesrecht: *P. Molodovsky/S. Graf v. Bernstorff*, Enteignungsrecht in Bayern, unter 3; *P. Runkel*, in: Ernst/Zinkahn/Bielenberg, BauGB, § 85 Rn. 182 ff.

5 BGBl. I S. 134, zuletzt geändert durch Gesetz vom 31.10.2006, BGBl. I S. 2407.

6 BGBl. I S. 698, zuletzt geändert durch Gesetz vom 1.6.2007, BGBl. I S. 991.

7 BGBl. I S. 2378, 2396, berichtigt BGBl. I 1994 S. 2439, zuletzt geändert durch Gesetz vom 16.7.2007, BGBl. I S. 1383.

8 BGBl. I S. 241, zuletzt geändert durch Gesetz vom 31.10.2006, BGBl. I S. 2407.

9 BGBl. I S. 1310, zuletzt geändert durch Gesetz vom 13.8.2006, BGBl. I S. 2833.

10 BGBl. I S. 1970, berichtigt S. 3621, zuletzt berichtigt durch Gesetz vom 26.3.2007, BGBl. I S. 358.

11 BGBl. I S. 2414, zuletzt geändert durch Gesetz vom 21.12.2006, BGBl. I S. 3316.

12 BGBl. I S. 962.

13 BGBl. I S. 1206.

14 BGBl. I S. 3486, zuletzt geändert durch Gesetz vom 9.12.2006, BGBl. I S. 2833.

Personenbeförderungsgesetz in der Fassung der Bekanntmachung vom 8.8.1990[15].

II. Verzicht auf ein allgemeines Bundesenteignungsgesetz

Auf den genannten Sachgebieten hat der Bund die konkurrierende Gesetzgebungskompetenz für „das Recht der Enteignung". Regelungsgegenstände dieses Gebietes sind folgende: die Zulässigkeit der Enteignung, die Enteignungsentschädigung und das Enteignungsverfahren.

Gesetzgebungstechnisch hätte die Schaffung eines allgemeinen Bundesenteignungsgesetzes nahe gelegen, das – mit entsprechenden Verweisen aus den Fachgesetzen – das Recht der Enteignung für alle Sachgebiete hätte umfassend und einheitlich regeln können. Auf diese Weise hätten nicht nur Doppelregelungen, sondern auch unplausible Abweichungen von an sich parallel liegenden Bestimmungen vermieden werden können.[16] Ein entsprechendes Gesetz hätte weiter als Vorbild für die Landesgesetzgeber dienen können und auch insoweit einen Beitrag zur Rechtsvereinheitlichung leisten können. Doch trotz der genannten Vorteile hat der Bund die unterschiedlichen Pläne für ein Bundesenteignungsgesetz nicht realisiert[17]: Zunächst im Vordergrund stand eine einheitliche Regelung der Entschädigung wie sie der Entwurf eines Gesetzes über die Entschädigung für die Enteignung von Grundstücken, die Beschränkung von Grundeigentum und die Entziehung und Beschränkung anderer Rechte aus dem Jahre 1955 beinhaltete.[18] Ein umfassender Ansatz wurde mit den – nicht veröffentlichten – Entwürfen zu einem Bundesenteignungsgesetz aus den Jahren 1955 und 1958 verfolgt. Nach § 1 Entwurf BEntG 1958 war das Bundesenteignungsgesetz als Blankettgesetz ausgestaltet, das Anwendung finden sollte, wenn nach anderen bundesrechtlichen Vorschriften eine Enteignung für zulässig erklärt worden war. Obwohl die Gesetzgebungsarbeiten schon so weit gediehen waren, dass bereits auf das Bundesenteignungsgesetz verwiesen wurde (so § 28 Abs. 2 LuftVG von 1959/65), wurde der Entwurf nach Verkündung des Bundesbaugesetzes (1960) nicht mehr weiter verfolgt. Ein allgemeines Bundesenteignungsgesetz scheint somit nach Auffassung des Bundesgesetzgebers durch die umfassende Regelung des Rechts der Enteignung im Baugesetzbuch entbehrlich geworden zu sein.

---

15 BGBl. I S. 1690, zuletzt geändert durch Gesetz vom 7.9.2007, BGBl. I S. 2246.

16 Vgl. das Beispiel zum Besitzeinweisungsbeschluss bei *F. Weyreuther*, DVBl. 1972, S. 93; dazu auch *G. Friedrich*, Rechtsprobleme beim Erlass eines Bundesenteignungsgesetzes, S. 3 ff.

17 Dazu im Einzelnen *W. Blümel*, Die Planfeststellung, S. 169 ff.

18 BT-Drs. III/436.

Regelungstechnisch hat der Bundesgesetzgeber damit einen anderen Weg beschritten: Das Recht der Enteignung wurde nicht selbständig geregelt, sondern immer im Zusammenhang mit dem jeweiligen Sachgebiet der Art. 73 und Art. 74 GG. Dabei variiert der Umfang der Regelungen beträchtlich. Die genannten Kernfragen – Zulässigkeit der Enteignung, Entschädigung und Verfahren – werden außer im Baugesetzbuch (§§ 85 ff.) umfassend noch im Landbeschaffungsgesetz (§§ 1 ff.) und im Bundesberggesetz (§§ 77 ff.) behandelt.

Nur auf die Festlegung des Enteignungszwecks beschränkt sich der Bundesgesetzgeber in folgenden der oben genannten Fachgesetze: § 28 LuftVG, § 22 AEG, § 10 des Gesetzes über den Bau und den Betrieb von Versuchsanlagen zur Erprobung von Techniken für den spurgeführten Verkehr, § 45 EnWG, § 44 WaStrG, § 19 FStrG, § 7 MBPlG, § 30 PBefG. Im Übrigen wird auf die Enteignungsgesetze der Länder verwiesen.

III. Verweisung auf Landesgesetze

Die Verweisung in den genannten Gesetzen hat verschiedene Fragen aufgeworfen[19], deren Ausgangspunkt der Befund ist, dass die bundesrechtlichen Fachgesetze nicht ebenfalls auf Bundesgesetze, sondern auf Gesetze eines anderen Gesetzgebers, nämlich die eines Landesgesetzgebers, verweisen: Werden die in Bezug genommenen Landesenteignungsgesetze durch die Verweisung aus den Bundesgesetzen auch zu Bundesrecht oder bleiben sie Landesrecht?[20] Handelt es sich überhaupt um eine „echte" Verweisung, soll nicht vielmehr nur klargestellt werden, was Art. 72 Abs. 1 GG ohnehin schon festlegt? Falls es sich doch um eine Verweisung handelt: Bedeutet die gewählte Form einer dynamischen Verweisung bei dem Verweis auf Recht eines anderen Gesetzgebers nicht eine verfassungsrechtlich bedenkliche Übertragung von Gesetzgebungsbefugnissen?[21]

Die Beantwortung der letzten Frage ergibt sich aus den Regelungen des Grundgesetzes über die Verteilung der Gesetzgebungszuständigkeiten zwischen

---

19 Zu diesen Fragen *C. Pestalozza*, in: v. Mangoldt/Klein, GG Bd. 8, Art. 74 Rn. 945. Allgemein zum Thema Verweisung grundlegend *H.-U. Karpen*, Die Verweisung als Mittel der Gesetzgebungstechnik; *T. Clemens*, AöR Bd. 111 (1986), S. 63 ff. Zu der Verweisung in § 12 Abs. 3 (jetzt § 45 Abs. 3) EnWG vor In-Kraft-Treten des Sächsischen Enteignungs- und Entschädigungsgesetzes SächsVerfGH, Beschl. v. 24.2.2000 – Vf 37-IV-99, LKV 2000, S. 301; dazu *L. Jaeckel*, SächsVBl. 2000, S. 205.

20 Dazu *W. Blümel*, Die Planfeststellung, S. 173 ff.

21 Zu dieser Frage ausführlich *D. Hönig*, Fachplanung und Enteignung, S. 118 ff. m.w.N. Zu dynamischen Verweisungen von Landesrecht auf Bundesrecht: Nach BVerwG, Beschl. v. 3.3.2005 – 7 B 151/04, NuR 2006, S. 100 ist der Verweis eines Landesverwaltungsverfahrensgesetzes auf das Bundesverwaltungsverfahrensgesetz verfassungsrechtlich unbedenklich; kritisch aber *H.-J. Pabst*, NVwZ 2005, S. 1034 zu Verweisungen im Zuge der Schuldrechtsreform.

dem Bund und den Ländern. Das Grundgesetz verleiht dem Bund in Art. 74 Abs. 1 Nr. 14 GG die konkurrierende Gesetzgebungsbefugnis für das Recht der Enteignung für bestimmte Sachgebiete. Beim Recht der Enteignung ergibt sich die Beziehung zwischen der konkurrierenden Gesetzgebungsbefugnis des Bundes zu der Gesetzgebungsbefugnis der Länder aus Art. 72 Abs. 1 GG: Es handelt sich um eine Kernkompetenz des Bundes, d.h. dass von den Enteignungsgesetzen des Bundes eine zeitliche und sachliche Sperrwirkung für die Gesetzgebung der Länder im Enteignungsrecht ausgeht und eine Prüfung der Erforderlichkeit der bundesgesetzlichen Regelung nicht erfolgt.[22] Für die Länder bedeutet das, dass sie die Befugnis zur Gesetzgebung haben, solange und soweit der Bund von seiner Gesetzgebungszuständigkeit nicht Gebrauch gemacht hat. Damit haben die Länder beim Enteignungsrecht nach Art. 74 Abs. 1 Nr. 14 GG die Möglichkeit, gesetzgeberische Lücken, die der Bund lässt, durch eigene Gesetze zu füllen. Besteht diese Befugnis aber schon verfassungsrechtlich, kann eine dynamische Verweisung, durch die genau diese Folge – Lückenfüllung durch Landesrecht – gesetzgeberisch angeordnet wird, nicht unzulässig sein.[23]

Auch mit der Verteilung der Gesetzgebungszuständigkeiten wird bei der Frage argumentiert, ob den kraft bundesrechtlicher Verweisung geltenden Landesenteignungsgesetzen Bundes- oder Landesrechtsqualität zukommt. Aus der eigenen landesrechtlichen Befugnis zur Gesetzgebung in diesem Bereich wird gefolgert, dass es sich um Landesrecht handelt.[24] Noch überzeugender wird dieses Ergebnis mit einem Blick auf die Konsequenzen begründet, die die gegenteilige Annahme mit sich brächte. Geht man davon aus, bei den in Bezug genommenen Vorschriften handele es sich um Bundesrecht, wäre eine Änderung für den Anwendungsbereich der Verweisung auch nur durch Bundesgesetz möglich, für die anderen Bereiche desselben Gesetzes aber durch Landesgesetz.[25] Weiter würde die Annahme von Bundesrecht zu der Rechtsfigur „regional differenziertes Bundesrecht" führen, die befremdlich erscheint.[26]

Die Frage schließlich, ob es sich – entgegen dem Wortlaut – statt um eine Verweisung nur um einen klarstellenden Hinweis auf Art. 72 Abs. 1 GG handelt, kann nach dem Vorstehenden dahingestellt bleiben, denn auch die Annahme einer dynamischen Verweisung birgt wie gesehen keine Probleme in sich.

---

22 Zu dieser Begrifflichkeit *J. Ipsen*, Staatsrecht I, Rn. 557 ff.; siehe auch zur Modifizierung der konkurrierenden Gesetzgebungskompetenz durch die Föderalismusnovelle *ders.*, NJW 2006, S. 2801 (2803 f.).

23 So auch *P. Molodovsky/S. Graf v. Bernstorff*, Enteignungsrecht in Bayern, Art. 1 Anm. 5.1.

24 So *W. Blümel*, Die Planfeststellung, S. 175; *D. Hönig*, Fachplanung und Enteignung, S. 120.

25 Vgl. BVerwG, Urt. v. 4.10.1965 – IV C 48.65, BayVBl. 1966, S. 200 (201).

26 Vgl. *T. Clemens*, AöR Bd. 111 (1986), S. 63 (71), der deswegen von der Vermutung ausgeht, dass in entsprechenden Fällen keine Verweisung, sondern ein Vorbehalt zugunsten der Ländergesetzgebung gegeben ist.

B. Landesgesetze

Nach Art. 70 Abs. 1 GG haben die Länder das Recht der Gesetzgebung, soweit das Grundgesetz nicht dem Bund Gesetzgebungsbefugnisse verleiht. Da es sich bei der konkurrierenden Gesetzgebungskompetenz für das Recht der Enteignung um den Unterfall einer Kernkompetenz des Bundes handelt, sind die Länder zum einen im Bereich der in Art. 74 Abs. 1 Nr. 14 GG genannten Gebiete zuständig, solange und soweit der Bund dort keine Regelungen erlässt (Art. 72 Abs. 1 GG). Auf allen anderen Sachgebieten sind sie ohne Einschränkungen zuständig (Art. 70 Abs. 1 GG). Da der Bund seine Zuständigkeit nach Art. 74 Abs. 1 Nr. 14 GG nur sehr zurückhaltend wahrgenommen hat und diese Kompetenz zudem ohnehin schon durch die Beschränkung auf die in Art. 73 und Art. 74 GG genannten Gebiete begrenzt ist, verbleibt den Ländern beim Recht der Enteignung ein breiter Gesetzgebungsspielraum.

I. Allgemeine Enteignungsgesetze

Diesen Spielraum haben die Länder auch umfassend genutzt. Anders als der Bund haben alle Länder ein allgemeines Enteignungsgesetz erlassen oder preußisches Enteignungsrecht fortgelten lassen:

- Baden-Württemberg: Landesenteignungsgesetz vom 6.4.1982[27],
- Bayern: Bayerisches Gesetz über die entschädigungspflichtige Enteignung vom 25.7.1978[28],
- Berlin: Berliner Enteignungsgesetz vom 14.7.1964[29],
- Brandenburg: Enteignungsgesetz des Landes Brandenburg vom 19.10.1992[30],
- Bremen: Enteignungsgesetz für die Freie Hansestadt Bremen vom 5.10.1965[31],
- Hamburg: Hamburgisches Enteignungsgesetz vom 11.11.1980[32],
- Hessen: Hessisches Enteignungsgesetz vom 4.4.1973[33],
- Mecklenburg-Vorpommern: Enteignungsgesetz für das Land Mecklenburg-Vorpommern vom 2.3.1993[34],

---

27 GBl. S. 97, zuletzt geändert durch Gesetz vom 14.12.2004, GBl. S. 884.

28 GVBl. S. 625, zuletzt geändert durch Gesetz vom 24.12.2002, GVBl. S. 962.

29 GVBl. S. 737, geändert durch Gesetz vom 30.11.1984, GVBl. S. 1664.

30 GVBl. I S. 430, zuletzt geändert durch Gesetz vom 7.7.1997, GVBl. I S. 72.

31 GBl. S. 129, zuletzt geändert durch Gesetz vom 31.3.2005, GBl. S. 91.

32 GVBl. S. 305, zuletzt geändert durch Gesetz vom 18.2.2004, GVBl. S. 107.

33 GVBl. I S. 107.

34 GVOBl. S. 178, zuletzt geändert durch Gesetz vom 25.10.2005, GVOBl. S. 535.

- Niedersachsen: Niedersächsisches Enteignungsgesetz vom 6.4.1981[35],
- Nordrhein-Westfalen: Gesetz über Enteignung und Entschädigung für das Land Nordrhein-Westfalen vom 20.6.1989[36],
- Rheinland-Pfalz: Landesenteignungsgesetz vom 22.4.1966[37],
- Saarland: (Preußisches) Gesetz über die Enteignung von Grundeigentum vom 11.6.1874[38],
  (Preußisches) Gesetz über ein vereinfachtes Enteignungsverfahren vom 26.6.1922[39],
- Sachsen: Sächsisches Enteignungs- und Entschädigungsgesetz vom 18.7.2001[40],
- Sachsen-Anhalt: Enteignungsgesetz des Landes Sachsen-Anhalt vom 13.4.1994[41],
- Schleswig-Holstein: (Preußisches) Gesetz über die Enteignung von Grundeigentum vom 11.6.1874[42],
  (Preußisches) Gesetz über ein vereinfachtes Enteignungsverfahren vom 26.6.1922[43],
- Thüringen: Thüringer Enteignungsgesetz vom 23.3.1994[44].

Vom Regelungsumfang her können diese Gesetze in zwei Gruppen unterteilt werden: zum einen die Gesetze, die umfassende Regelungen zur Zulässigkeit der Enteignung, zur Entschädigung sowie zum Enteignungsverfahren enthalten. Zu nennen sind hier die Gesetze folgender Länder: Baden-Württemberg, Bayern, Brandenburg, Hessen, Niedersachsen, Nordrhein-Westfalen, Rheinland-Pfalz, Saarland, Sachsen-Anhalt, Schleswig-Holstein und Thüringen. Berlin, Bremen, Hamburg, Mecklenburg-Vorpommern und Sachsen haben eine andere Möglichkeit verwirklicht. Die Enteignungsgesetze dieser Länder enthalten nur wenige Bestimmungen und verweisen ansonsten auf die in den §§ 85 ff. BauGB getroffene detaillierte Regelung des Rechts der Enteignung. Da es sich jeweils um statische Verweisungen handelt, ist diese Verweisungstechnik zwar eindeutig verfassungsrechtlich unbedenklich[45], doch kann das Zusammenspiel von Bund und den genannten Ländern wohl nicht als Beispiel gelungener Ausfüllung

35 GVBl. S. 83, zuletzt geändert durch Gesetz vom 5.11.2004, GVBl. S. 394.
36 GV S. 366.
37 GVBl. S. 103, zuletzt geändert durch Gesetz vom 2.3.2004, GVBl. S. 198.
38 (Pr)GS S. 221, zuletzt geändert durch Gesetz vom 15.2.2006, Amtsbl. SL S. 474.
39 (Pr)GS S. 211, zuletzt geändert durch Gesetz vom 15.2.2006, Amtsbl. SL S. 474.
40 GVBl. S. 453.
41 GVBl. S. 508, berichtigt GVBl. S. 759, zuletzt geändert durch Gesetz vom 18.11.2005, GVBl. S. 698.
42 (Pr)GS S. 221, zuletzt geändert durch Gesetz vom 12.6.2004, GVOBl. SH S. 152.
43 (Pr)GS S. 211, zuletzt geändert durch Verordnung vom 24.10.1996, GVOBl. SH S. 652.
44 GVBl. S. 329, zuletzt geändert durch Gesetz vom 25.11.2004, GVBl. S. 853.
45 So auch für die Verweisung im Hamburgischen Enteignungsgesetz: BGH, Beschl. v. 8.11.1979 – III ZB 29/78, NJW 1980, S. 583.

der Gesetzgebungskompetenzen nach Art. 70 ff. GG bezeichnet werden: Der Bund verweist in vielen Fachgesetzen auf die Enteignungsgesetze der Länder, die dann ihrerseits wieder mit dem Baugesetzbuch auf ein Bundesgesetz verweisen. Einen Schritt könnte entweder der Bundesgesetzgeber einsparen durch direkten Verweis auf das Baugesetzbuch oder der jeweilige Landesgesetzgeber durch eine eigene umfassende Regelung.

Gesetzestechnisch haben die Länder den Weg beschritten, den der Bund nicht gegangen ist. Statt das Recht der Enteignung jeweils im Zusammenhang mit den Sachgebieten zu regeln, haben die Länder mit den allgemeinen Enteignungsgesetzen selbständige Kodifikationen geschaffen, die dieses Rechtsgebiet umfassend und für alle Sachgebiete einheitlich regeln. Entscheidend für diese Rechtsvereinheitlichung ist eine Regelung in den Landesenteignungsgesetzen, wonach nach diesen Gesetzen auch enteignet werden kann, um Vorhaben zu verwirklichen, für die andere Gesetze die Enteignung ausdrücklich zulassen. Daneben legen die Enteignungsgesetze auch selber Vorhaben fest, zu deren Realisierung eine Enteignung zulässig sein soll: Einige Gesetze sind generell für Vorhaben, die dem Wohl der Allgemeinheit dienen, anwendbar, konkretisieren dann beispielhaft in einem Katalog von Vorhaben, welche Vorhaben dem Wohl der Allgemeinheit dienen; andere legen durch eine abschließende Aufzählung von Vorhaben fest, für welche Vorhaben sie anwendbar sind. Einige Enteignungsgesetze schließlich wiederholen nur die enteignungsrechtliche Generalklausel aus Art. 14 Abs. 3 S. 1 GG, ohne einzelne Vorhaben zu benennen; sie erklären sich nur für anwendbar für Enteignungen, um Vorhaben zu verwirklichen, die dem Wohl der Allgemeinheit dienen.[46]

II. Regelungen in Fachgesetzen

In verschiedenen Landesfachgesetzen findet sich als Annex eine Bestimmung, in der die Enteignung für solche Vorhaben für möglich erklärt wird, die ansonsten unter anderen Aspekten Gegenstand dieser Gesetze sind. Entsprechende Bestimmungen finden sich besonders in den Straßen-, Wasser-, Abfall- und Naturschutzgesetzen. Im Übrigen finden für eine Enteignung zur Verwirklichung dieser Vorhaben die Landesenteignungsgesetze über die eben genannten Bestimmungen Anwendung.

46 Dazu im Einzelnen unten S. 55 f.

§ 2 Vorhaben, zu deren Realisierung eine Enteignung zulässig ist

Die Bundes- und Landesenteignungsgesetze erklären eine Enteignung für die Realisierung ganz unterschiedlicher Vorhaben für zulässig. Die wesentlichen Vorhaben, die von diesen Bestimmungen erfasst werden, sollen im Überblick dargestellt werden.

A. Verkehrswege und Verkehrsanlagen

Der Überwindung von Entfernungen, dem schnellen Transport von Personen und Gütern kommt in unserer mobilen Gesellschaft eine hohe Bedeutung zu. So ist der Großteil der Vorhaben, zu deren Durchführung Enteignungen erforderlich werden können, Unternehmen des Verkehrswegebaus. Eisenbahnen und Straßen waren auch die ersten Vorhaben, zu deren Umsetzung Enteignungsgesetze geschaffen wurden.

I. Straßen und Wege

Der Bau von Straßen nimmt in diesem Bereich eine herausgehobene Stellung ein. Die Möglichkeit, für diesen Zweck zu enteignen, ergibt sich aus unterschiedlichen Gesetzen – abhängig von der Klassifizierung der Straße und dem Planungsverfahren, das für den Bau durchgeführt wurde: für planfestgestellte Bundesautobahnen und Bundesstraßen aus § 19 Abs. 1 FStrG, für planfestgestellte Landes-, Kreis- und Gemeindestraßen im Außenbereich aus § 42 Abs. 1 NStrG[47]; bei einer Ersetzung der Planfeststellung durch Bebauungsplan aus § 85 Abs. 1 Nr. 1 BauGB[48]; für nicht planfestgestellte Gemeindestraßen aus § 2 Nr. 1 NEG[49].

Dabei können die Projekte über das hinausgehen, was umgangssprachlich mit dem Begriff „Straße“ bezeichnet wird. Die Straßengesetze erfassen als „Straße“

47 Im Bereich der Landesstraßengesetze ergibt sich bezüglich der Systematik und der Benennung der Straßen sowie der Erforderlichkeit von Planungsverfahren für den Bau ein uneinheitliches Bild. Da die Unterschiede im Einzelnen nicht relevant sind, soll in dieser Arbeit für Straßen exemplarisch von der Rechtslage in Niedersachsen ausgegangen werden.

48 Zur Enteignung für Parkplätze: BGH, Urt. v. 19.2.1976 – III ZR 147/73, NJW 1976, S. 1266.

49 Zur Enteignung für Gemeindestraßen: BayVGH, Urt. v. 30.11.1993 – 8 B 92.762, BayVBl. 1994, S. 245; BGH, Urt. v. 1.6.1978 – III ZR 170/76, NJW 1978, S. 2093.

auch Wege und Plätze. Als der Straße zugehörig werden folgende Bestandteile genannt (vgl. § 2 Abs. 2 NStrG):

- der Straßenkörper; das sind insbesondere der Straßengrund, der Straßenunterbau, die Straßendecke, die Brücken, Tunnel, Durchlässe, Dämme, Gräben, Entwässerungsanlagen, Böschungen, Stützmauern, Lärmschutzanlagen, Trenn-, Seiten-, Rand- und Sicherheitsstreifen sowie Rad- und Gehwege;
- das Zubehör; das sind insbesondere die amtlichen Verkehrszeichen und Verkehrseinrichtungen sowie Verkehrsanlagen aller Art, die der Sicherheit oder Leichtigkeit des Straßenverkehrs oder dem Schutz der Anlieger dienen, die der gemeindlichen Straßenreinigung dienenden Abfallbehälter und der Bewuchs;
- die Nebenanlagen; das sind solche Anlagen, die überwiegend den Aufgaben der Verwaltung der öffentlichen Straßen dienen, z.B. Straßenmeistereien, Gerätehöfe, Lager, Lagerplätze, Ablagerungs- und Entnahmestellen, Hilfsbetriebe und Hilfseinrichtungen.

II. Schienenbahnen

Im Bereich der Schienenwege weist das Netz der Eisenbahnen den größten Umfang auf – entsprechend groß ist der Bodenbedarf für Bauprojekte auf diesem Sektor. Die Enteignung für den Bau und den Ausbau von Betriebsanlagen der Eisenbahn ist nach § 22 Abs. 1 AEG zulässig.

Der Ausdruck „Betriebsanlagen der Eisenbahn“ wird von der Rechtsprechung und weiten Teilen der Literatur[50] in Anlehnung an die Definition von „Bahnanlagen“ in § 4 Abs. 1 Eisenbahn-Bau- und Betriebsordnung (EBO) vom 8.5.1991[51] interpretiert. Nach § 4 Abs. 1 EBO sind Bahnanlagen alle Grundstücke, Bauwerke und sonstigen Einrichtungen einer Eisenbahn, die unter Berücksichtigung der örtlichen Verhältnisse zur Abwicklung oder Sicherung des Reise- oder Güterverkehrs auf der Schiene erforderlich sind. Dazu gehören auch Nebenbetriebseinrichtungen sowie sonstige Anlagen einer Eisenbahn, die das Be- und Entladen sowie den Zugang und Abgang ermöglichen oder fördern. Gemeinsames Kriterium für die (objektive) Zugehörigkeit zur Bahnanlage ist damit unter Berücksichtigung der örtlichen Verhältnisse die sogenannte Eisenbahnbetriebsbezogenheit, d.h. die Verkehrsfunktion und der räumliche Zusammenhang mit dem Eisenbahnbetrieb. Aus dieser Definition ergibt sich, dass auch für Vorhaben wie z.B. die Neuanlegung von Güterumschlagsplätzen, den Bau von

---

50 Vgl. BVerwG, Urt. v. 27.11.1996 – 11 A 2/96, NVwZ 1997, S. 920 (921) m.w.N.; kritisch zu dieser Interpretation *S. Pommer*, Bahnreform und Enteignung, S. 119 ff.

51 BGBl. I S. 1098, zuletzt geändert durch VO vom 31.10.2006, BGBl. I S. 2407.

Bahnmeistereien und Bauhöfen sowie von Verkaufsstellen für Reisebedarf enteignet werden kann.

Wäre die Magnetschwebebahntechnik tatsächlich erstmals in Deutschland mit der Verbindung des Hauptbahnhofs München mit dem Flughafen realisiert worden, hätte sich die Möglichkeit, für diesen Zweck zu enteignen, aus § 7 MBPlG ergeben – danach kann für den Bau und Ausbau von Betriebsanlagen der Magnetschwebebahnen enteignet werden. Die Versuchsstrecke im Emsland ist auf der Grundlage des Gesetzes über den Bau und den Betrieb von Versuchsanlagen zur Erprobung von Techniken für den spurgeführten Verkehr gebaut worden – Enteignungen zu diesem Zweck waren nach § 10 Abs. 1 des genannten Gesetzes zulässig.

Im innerstädtischen Bereich werden sehr unterschiedliche Bahnen betrieben: Hoch-, Untergrund-, Schwebe- und Straßenbahnen. Für den Gesetzgeber handelt es sich bei allen diesen Stadtbahnen um Straßenbahnen (vgl. § 4 Abs. 2 PBefG). Für den Bau von Betriebsanlagen für Straßenbahnen, die planfestgestellt wurden, ergibt sich die Möglichkeit zu enteignen aus § 30 S. 1 PBefG. Eine Enteignung nach § 85 Abs. 1 Nr. 1 BauGB kommt in Betracht, wenn der Planfeststellungsbeschluss durch einen Bebauungsplan ersetzt wurde.

III. Wasserwege und Häfen

Die dritte linienförmige Verkehrseinrichtung stellen die Wasserwege dar. Für welche Vorhaben auf dem Gebiet der Bundeswasserstraßen enteignet werden kann, ergibt sich abschließend aus § 44 Abs. 1 S. 1 WaStrG.[52] Danach ist die Enteignung zulässig für die Unterhaltung, den Ausbau und den Neubau von Bundeswasserstraßen durch den Bund, für die Errichtung von bundeseigenen Schifffahrtsanlagen und bundeseigenen Schifffahrtszeichen sowie für Maßnahmen in Landflächen an Bundeswasserstraßen nach § 9 WaStrG. Ähnlich wie bei den Straßen wird der Begriff „Bundeswasserstraße" im Bundeswasserstraßengesetz weiter gefasst als umgangssprachlich üblich. Nach § 1 Abs. 4 WaStrG gehören zu den Bundeswasserstraßen auch

- die bundeseigenen Schifffahrtsanlagen, besonders Schleusen, Schiffshebewerke, Wehre, Schutz-, Liege- und Bauhäfen sowie bundeseigene Talsperren, Speicherbecken und andere Speisungs- und Entlastungsanlagen,
- die ihrer Unterhaltung dienenden bundeseigenen Ufergrundstücke, Bauhöfe und Werkstätten.

Die Unterhaltung umfasst nach § 8 Abs. 1 S. 1 WaStrG die Erhaltung eines ordnungsgemäßen Zustands für den Wasserabfluss und die Erhaltung der Schiffbarkeit. Als einzelne Maßnahmen, die zur Unterhaltung gehören, werden in § 8

52 Vgl. *A. Friesecke*, Bundeswasserstraßengesetz, § 44 Rn. 3.

Abs. 2 S. 1 WaStrG die Räumung, die Freihaltung, der Schutz und die Pflege des Gewässerbetts mit seinen Ufern hervorgehoben. Ausbau dagegen sind die Maßnahmen zur wesentlichen Umgestaltung einer Bundeswasserstraße, eines oder beider Ufer, die über die Unterhaltung hinausgehen (§ 12 Abs. 2 S. 1 WaStrG).[53]

IV. Flugplätze

Nicht nur wegen der befürchteten Lärmeinwirkungen, sondern auch wegen des großen Flächenbedarfs, stehen der Bau oder Ausbau von Flughäfen oft stark im Blickfeld der Öffentlichkeit. Die Möglichkeit, für diesen Zweck zu enteignen, ergibt sich aus § 28 Abs. 1 S. 1 LuftVG, der die Enteignung für Zwecke der Zivilluftfahrt für zulässig erklärt.[54]

Da Flughäfen aus einer Vielzahl unterschiedlicher Flächen und Hochbauten bestehen, kann – ähnlich wie bei Bahnanlagen – im Einzelfall die Abgrenzung schwierig sein, ob eine geplante Einrichtung noch Teil eines Flughafens ist oder nicht. Eine Enteignung nach § 28 Abs. 1 S. 1 LuftVG ist nur bei einer Zugehörigkeit zum Flughafen möglich. Anhang 14 zum ICAO (International Civil Aviation Organisation)-Abkommen definiert den Flugplatz als ein „festgelegtes Gebiet auf dem Lande oder Wasser (einschließlich der Gebäude, Anlagen und Ausrüstung), das ganz oder teilweise für Ankunft, Abflug und Bewegungen von Luftfahrzeugen bestimmt ist".[55] Wesentliches Kriterium für die Zugehörigkeit einer Einrichtung zum Flughafen ist danach ihr funktioneller Zusammenhang mit der Ankunft, dem Abflug und der Bewegung von Luftfahrzeugen. Zum Flughafen gehören damit neben den Flugbetriebsflächen (z.B. Start- und Landebahnen, Rollbahnen, Vorfeldflächen) sowie allen mit den genannten Flächen in Zusammenhang stehenden Anlagen und Einrichtungen (z.B. Anflugbefeuerung, Gleitwinkelbefeuerung, Kontrollturm, Instrumentenlandeanlage) auch zahlreiche weitere Einrichtungen wie z.B. Gebäude für die Unterstellung von Flugzeugen, für die Fracht- und die Passagierabfertigung, Energiezentralen, Tankanlagen, Gebäude für die Unterbringung von flughafenbezogenen Gewerbebetrieben (Speditionen, Reisebüros, Flugveranstalter).[56]

Nach § 28 Abs. 1 S. 1 LuftVG kann auch enteignet werden für die Anlage oder Änderung von Landeplätzen und Segelfluggelände, die vom Luftverkehrs-

---

53 Zur Abgrenzung von Unterhaltung und Ausbau: VG Greifswald, Beschl. v. 23.3.2005 – 5 B 844/05, NuR 2005, S. 739 (740).

54 Dazu BVerwG, Beschl. v. 7.11.1996 – 4 B 170/96, DVBl. 1997, S. 434.

55 Zitiert nach *W. Schwenk*, Handbuch des Luftverkehrsrechts, S. 362.

56 Dazu: *M. Hofmann/E. Grabherr*, Luftverkehrsgesetz, § 8 Rn. 23 ff.; *E. Giemulla/R. Schmid*, Luftverkehrsgesetz, § 8 Rn. 19.

gesetz zusammen mit den Flughäfen unter dem Oberbegriff Flugplatz erfasst werden (§ 6 Abs. 1 S. 1 LuftVG).

B. Versorgungsanlagen

Erzeugungs- und Gewinnungsanlagen sowie Transportnetze beanspruchen in nicht unerheblichem Umfang Grund und Boden. Um eine flächendeckende Versorgung der privaten Haushalte und gewerblichen Abnehmer zu gewährleisten, ist in Einzelfällen der Einsatz von Zwangsrechten wie der Enteignung unumgänglich.

I. Strom, Gas

Elektrizität und Gas, die zur leitungsgebundenen Energieversorgung verwendet werden, sind nach der Begriffsbestimmung in § 3 Nr. 14 EnWG Energie. Energieanlagen sind Anlagen zur Erzeugung, Speicherung, Fortleitung oder Abgabe von Energie, § 3 Nr. 15 EnWG.

Wird eine Enteignung erforderlich, um den Bau von Energieanlagen zu ermöglichen, ist die zentrale Grundlage § 45 EnWG. Nach § 45 Abs. 1 Nr. 1 EnWG ist die Enteignung zulässig, soweit sie zur Durchführung eines Vorhabens erforderlich ist, für das nach § 43 oder § 43 b Nr. 1 oder 2 EnWG der Plan festgestellt oder genehmigt ist. Nach § 43 S. 1 EnWG planfeststellungspflichtig sind zum einen die Errichtung von Hochspannungsfreileitungen, ausgenommen Bahnstromfernleitungen, mit einer Nennspannung von 110 kV oder mehr und zum anderen die Errichtung von Gasversorgungsleitungen mit einem Durchmesser von mehr als 300 mm.

Für alle sonstigen Vorhaben, die der Versorgung mit Strom und Gas dienen, wird die Enteignung in § 45 Abs. 1 Nr. 2 EnWG für zulässig erklärt. Unter diese Bestimmung fällt zunächst die Errichtung von Anlagen zum Transport von Energie, die nicht von § 45 Abs. 1 Nr. 1 EnWG erfasst werden: sonstige überirdische[57] sowie unterirdische Leitungen, Umspannwerke, Transformatorenstationen, Maststandplätze und Gasspeicher. Weiter fällt unter diese Bestimmung auch die Errichtung von Energieerzeugungsanlagen wie z.B. Kraftwerke, Bio-

57 Zur Enteignung zu diesem Zweck: BayVGH, Urt. v. 13.2.2003 – 22 A 97.40 029, NVwZ 2003, S. 1534; BVerwG, Urt. v. 11.7.2002 – 4 C 9/00, NJW 2003, S. 230; VGH BW, Urt. v. 8.9.1999 – 10 S 1406/98, NuR 2000, S. 455; VGH BW, Urt. v. 14.5.1996 – 10 S 1/96, NVwZ 1997, S. 90, BayVGH, Urt. v. 25.4.1996 – 22 B 94.3405 u.a., NuR 1996, S. 532.

gasanlagen und Windparks.[58] Dabei werden auch zur Betriebseinheit der Energieerzeugungsanlage gehörende Hilfsbetriebe wie Bergbaubetriebe, Reparaturwerkstätten, Anschlussbahnen oder Kohletransportbahnen von § 45 Abs. 1 Nr. 2 EnWG erfasst.[59]

II. Wasser

Da das Sachgebiet Wasserversorgung nicht in Art. 73 oder 74 GG aufgeführt ist, ist die Festlegung der Vorhaben, für die aus diesem Gebiet enteignet werden darf, Aufgabe der Länder. In vielen Ländern wird dieser Zweck in den Wassergesetzen angeführt[60], in anderen wird in den Katalogen der Landesenteignungsgesetze die öffentliche Versorgung genannt[61]. Fehlt eine ausdrückliche Regelung, bleibt in einigen Ländern ein Rückgriff auf die Bestimmung in den Enteignungsgesetzen möglich, die ganz allgemein die Enteignung für ein dem Wohl der Allgemeinheit dienendes Vorhaben für zulässig erklärt[62]. Im Bereich eines Bebauungsplans, der entsprechende Festsetzungen nach § 9 Abs. 1 Nr. 12 oder 13 BauGB enthält, kommt eine Enteignung nach § 85 Abs. 1 Nr. 1 BauGB in Betracht.

Unter Wasserversorgung wird das Sammeln, Fördern, Reinigen, Aufbereiten, Bereitstellen, Speichern, Weiterleiten, Zuleiten, Verteilen und Beliefern (der Verbraucher) von Wasser, und zwar von Trinkwasser und Betriebswasser verstanden. Einrichtungen zur Wasserversorgung sind alle Anlagen, die der umschriebenen Wasserversorgung dienen, z.B. Brunnen, Quellen, Entnahmebauwerke an oberirdischen Gewässern, insbesondere an Talsperren, Zisternen (Einrichtungen zum Auffangen von Niederschlagswasser), Leitungen[63] (Rohre, Stollen oder offene Gräben), Aufbereitungs-, Entkeimungs-, Chlorungsanlagen, Hochbehälter, Wasserreservoirs, Pumpanlagen, Windkesselanlagen, Zapfstellen.[64]

---

58 *C. Theobald*, in: Danner/Theobald, Energierecht, EnWG, § 45 Rn. 1, 29; *U. Büdenbender/W. Heintschel von Heinegg/P. Rosin*, Energierecht I, Rn. 1856; kritisch hinsichtlich der Energieerzeugungsanlagen *G. Hermes*, in: Schneider/Theobald, Handbuch zum Recht der Energiewirtschaft, § 9 Rn. 42.

59 Vgl. *C. Theobald*, in: Danner/Theobald, Energierecht, EnWG, § 45 Rn. 29.

60 Art. 72 BayWG; § 58 BbgWG; § 102 i.V.m. § 15 Abs. 3 LWG M-V; § 46 LWG NW; § 120 Abs. 2 LWG RP.

61 § 2 Nr. 2 c) LEntG BW; § 2 Nr. 1 d) SächsEntEG; § 2 Nr. 2 c) EntG LSA; § 2 Abs. 1 Nr. 2 c) ThürEG.

62 § 2 S. 1 HA EnteigG; § 3 Nr. 1 HEG; § 2 Nr. 1 NEG.

63 Zur Enteignung für eine Wasserleitung: BayVGH, Urt. v. 10.4.1984 – Nrn. 8 B 82 A. 954, 955 und 956, BayVBl. 1984, S. 627.

64 *F. Sieder/H. Zeitler/H. Dahme/G.-M. Knopp*, Bayerisches Wassergesetz, Art. 36 Rn. 13 f.

III. Fernwärme

Fernwärme stellt in Ballungsräumen für die Raumheizung und die Warmwasserversorgung eine Alternative zu anderen Energieträgern wie Öl, Gas und Strom dar. Erzeugt wird die Wärme in Heizkraftwerken oder Heizwerken. Über Wärmetransportleitungen wird der Dampf oder das heiße Wasser zum Versorgungsgebiet befördert. Zum Verbraucher gelangt die Wärme dann über Verteilungs- und Abzweigleitungen.

Aus den meisten Landesenteignungsgesetzen ergibt sich die Möglichkeit, für den Bau dieser Anlagen zu enteignen. In den Katalogen einiger Gesetze werden Vorhaben für die öffentliche Wärmeversorgung ausdrücklich genannt[65], in anderen wird die Enteignung für Einrichtungen, die der öffentlichen Versorgung dienen, für zulässig erklärt[66]. In den Ländern, deren Enteignungsgesetze Art. 14 Abs. 3 S. 1 GG wiederholen, muss auf diese Formulierung abgestellt werden.[67] Eine Enteignung nach § 85 Abs. 1 Nr. 1 BauGB ist im Bereich eines Bebauungsplans möglich, der Festsetzungen nach § 9 Abs. 1 Nr. 12 oder 13 BauGB enthält.

IV. Transportleitungen

Neben den genannten Stoffen Gas, Wasser, Wärme und neben Abwasser werden noch andere Stoffe in Rohrleitungen transportiert. Dabei kann es sich um wassergefährdende Stoffe nach § 19 a Abs. 2 WHG wie Rohöle, Benzine, Diesel-Kraftstoffe und Heizöle handeln, um verflüssigte oder nichtverflüssigte Gase oder um Stoffe nach § 3 a Chemikaliengesetz. Für diese Stoffe enthalten die meisten Enteignungsgesetze eine spezielle Enteignungsermächtigung[68]: „Rohrleitungen zum Transport von Rohstoffen oder Produkten in großen Mengen oder mit gefährlichen Eigenschaften"[69] oder „Transportleitungen"[70]. In einzelnen Fällen ist auch denkbar, dass der Enteignungszweck „öffentliche Versorgung"[71] greift, in den Ländern mit Generalklausel kann eine Enteignung nur auf diese gestützt werden. Wenn für die Pipelines eine Festsetzung nach § 9

65 § 2 Abs. 1 Nr. 2 b) EntGBbg; § 2 Abs. 1 Nr. 2 b) EnteigG M-V; § 2 Abs. 1 Nr. 2 b) EEG NW; § 2 Abs. 1 Nr. 2 c) ThürEG.

66 § 2 Nr. 2 c) LEntG BW; Art. 1 Abs. 1 S. 2 Nr. 3 BayEG; § 2 Nr. 2 c) EntG LSA; § 2 Nr. 1 d) SächsEntEG.

67 § 1 Abs. 1 c) BremEntG; § 2 S. 1 HA EnteigG; § 3 Nr. 1 HEG; § 2 Nr. 1 NEG; § 2 Nr. 1 LEnteigG RP; § 1 GEG SL; § 1 GEG SH.

68 Zu einer Legalenteignung für eine Rohrleitungsanlage: BVerwG, Urt. v. 24.10.2002 – 4 C 7/01, NJW 2003, S. 1336.

69 § 2 Abs. 1 Nr. 2 d) EntGBbg; § 2 Abs. 1 Nr. 2 c) EnteigG M-V; § 2 Abs. 1 Nr. 2 d) EEG NW; § 2 Nr. 1 h) SächsEntEG; § 2 Nr. 2 g) EntG LSA; § 2 Abs. 1 Nr. 2 g) ThürEG.

70 Art. 1 Abs. 1 Nr. 1 BayEG.

71 § 2 Nr. 2 c) LEntG BW.

gestützt werden. Wenn für die Pipelines eine Festsetzung nach § 9 Abs. 1 Nr. 13 BauGB in Betracht kommt, kann auch nach § 85 Abs. 1 Nr. 1 BauGB vorgegangen werden.

C. Entsorgungsanlagen

In dem Bereich der Entsorgung gibt es gesetzliche Grundlagen für Enteignungen zur Verwirklichung von Projekten der Abwasser- und der Abfallbeseitigung. Die gesetzlichen Grundlagen für Enteignungen zugunsten von Anlagen für die Lagerung radioaktiver Abfälle sind durch die Novelle zum Atomgesetz 2002 aufgehoben worden.[72]

I. Abwasser

Die gesetzlichen Regelungen einer Enteignung zur Verwirklichung eines Vorhabens, das der Abwasserbeseitigung dient, sind ähnlich wie die Regelungen des Enteignungszwecks „Wasserversorgung" gelagert: Viele Landesgesetzgeber haben die Abwasserbeseitigung[73] oder die Enteignung für bestimmte Abwasserbehandlungsanlagen[74] ausdrücklich in dem einschlägigen Fachgesetz, dem Wassergesetz, erwähnt, in anderen Ländern ist das allgemeine Landesenteignungsgesetz einschlägig. Hier ist entweder in der Aufzählung einzelner Enteignungszwecke die öffentliche Entsorgung genannt[75] oder es wird allgemein die Enteignung für ein dem Wohl der Allgemeinheit dienendes Vorhaben für zulässig erklärt[76]. Im Bereich eines Bebauungsplans, der entsprechende Festsetzungen nach § 9 Abs. 1 Nr. 14 BauGB enthält, kommt auch eine Enteignung nach § 85 Abs. 1 Nr. 1 BauGB in Betracht.

Die Beseitigung von Abwasser umfasst nach der Definition in § 18 a Abs. 1 S. 3 WHG das Sammeln, Fortleiten[77], Behandeln, Einleiten, Versickern, Verregnen und Verrieseln von Abwasser sowie das Entwässern von Klärschlamm in

---

72 Art. 1 Nr. 11 des Gesetzes zur geordneten Beendigung der Kernenergienutzung zur gewerblichen Erzeugung von Elektrizität vom 22.4.2002, BGBl. I S. 1351; dazu *H. Posser/M. Schmans/C. Müller-Dehn*, Atomgesetz, Kommentar zur Novelle 2002, S. 219 ff.

73 Art. 72 BayWG; § 58 BbgWG; § 102 i.V.m. § 15 Abs. 3 LWG M-V; § 46 LWG NW; § 120 Abs. 2 LWG RP.

74 § 45 f. WG BW.

75 § 2 Nr. 2 c) LEntG BW; § 2 Nr. 1 d) SächsEntEG; § 2 Nr. 2 c) EntG LSA; § 2 Abs. 1 Nr. 1 c) ThürEG.

76 § 2 S. 1 HA EnteigG; § 3 Nr. 1 HEG; § 2 Nr. 1 NEG.

77 Zur Enteignung für einen Abwasserkanal: BayVGH, Beschl. v. 24.11.2006 – 22 CS 06.2884, BayVBl. 2007, S. 569.

Zusammenhang mit der Abwasserbeseitigung. An Anlagen zur Beseitigung von Schmutzwasser können Kläranlagen mit allen Bestandteilen zur Abwasserbehandlung wie Faultürmen, Trockenbeeten, Schlammentwässerungs- und Schlammtrocknungsanlagen genannt werden, außerdem Einleitungsbauwerke, Sickerschächte, Verrieselungs- und Verregnungsanlagen; zur Beseitigung von Niederschlagswasser kommen z.B. Grundstücksentwässerungsanlagen in Betracht einschließlich Anlagen zur Beseitigung von Straßenoberflächenwasser wie Rohrleitungen, Gräben, Kanäle, Regenüberlauf-, Regenrückhalte- und Regenklärbecken.[78]

II. Abfall

Bei den Abfallbeseitigungsanlagen unterscheidet das Kreislaufwirtschafts- und Abfallgesetz (§§ 27 Abs. 1 S. 1, 31 KrW-/AbfG) zwischen Anlagen zur Behandlung von Abfällen (z.B. Abfallsortieranlagen, Verbrennungsanlagen, Anlagen zur Vorbehandlung von Klärschlamm oder zur Verdichtung, Zerkleinerung und Entgiftung), Anlagen zur Lagerung (z.B. Zwischenlager, Abfallumschlagstationen) und Anlagen zur Endablagerung von Abfällen (Deponien).[79]

Obwohl sich die konkurrierende Gesetzgebung nach Art. 74 Abs. 1 Nr. 24 GG auf die Abfallwirtschaft erstreckt, hat der Bundesgesetzgeber nicht von der Möglichkeit nach Art. 74 Abs. 1 Nr. 14 GG Gebrauch gemacht, auf diesem Sachgebiet auch das Recht der Enteignung zu regeln. Anders als in anderen Bundesfachgesetzen wird im Kreislaufwirtschafts- und Abfallgesetz noch nicht einmal eine Regelung zu den Vorhaben getroffen, für die eine Enteignung möglich sein soll. Die Länder haben die ihnen dadurch nach Art. 72 Abs. 1 GG zukommende Gesetzgebungsbefugnis für Enteignungen im Bereich Abfallwirtschaft auf unterschiedliche Art und Weise genutzt. Für die Errichtung von Deponien sehen die meisten Landesabfallgesetze ausdrücklich die Möglichkeit zur Enteignung vor.[80] In den Ländern, in denen das nicht der Fall ist, sind in den Katalogen der Landesenteignungsgesetze als Enteignungszwecke Einrichtungen, die der öffentlichen Entsorgung dienen[81], bzw. Vorhaben für die Entsorgung von Abfällen[82] angeführt.

---

78 *M. Czychowski/M. Reinhardt*, Wasserhaushaltsgesetz, § 18 b Rn. 3.

79 Zu den Beispielen *P. Kunig/S. Paetow/L.-A. Versteyl*, Kreislaufwirtschafts- und Abfallgesetz, § 27 Rn. 25 ff.

80 § 7 BremAGKrW-/AbfG; § 8 HA AbfG; § 18 HAKA; § 14 AbfAlG M-V; § 28 NAbfG; § 23 LAbfG NW; § 14 LAbfWG RP; § 25 SAWG; § 22 AbfG LSA; § 17 LAbfWG SH; § 11 ThAbfAG.

81 § 2 Nr. 2 c) LEntG BW; Art. 1 Abs. 1 S. 2 Nr. 3 BayEG; § 2 Nr. 1 d) SachsEntEG.

82 § 2 Abs. 1 Nr. 2 c) EntGBbg.

Soll für Abfallbeseitigungsanlagen zur Lagerung oder Behandlung von Abfällen zur Beseitigung (§ 31 Abs. 1 KrW-/AbfG) enteignet werden, muss in allen Ländern mit Ausnahme von Rheinland-Pfalz, das auch für einen Teil dieser Anlagen eine Regelung im Abfallgesetz getroffen hat[83], auf das Landesenteignungsgesetz zurückgegriffen werden. In den meisten Ländern, deren Enteignungsgesetz einzelne Vorhaben aufzählt, zu deren Verwirklichung eine Enteignung zulässig ist, kann auf die genannten Enteignungszwecke Errichtung von Einrichtungen zur Entsorgung[84] oder speziell Einrichtungen für die Entsorgung von Abfällen[85] abgestellt werden. Nur in Mecklenburg-Vorpommern ist ein entsprechender Enteignungszweck nicht mit aufgeführt.[86] In den Ländern, deren Gesetze nur die enteignungsrechtliche Generalklausel enthalten, muss auf diese zurückgegriffen werden.[87]

D. Einrichtungen für soziale, kulturelle, gesundheitliche und sportliche Zwecke sowie für Zwecke der Bildung und Wissenschaft

Zur vollständigen Ausstattung eines Gemeindegebiets gehören neben den genannten Verkehrswegen und Anlagen zur Ver- und Entsorgung auch der Allgemeinheit dienende bauliche Anlagen wie z.B. Alten- und Pflegeheime, Museen, Büchereien[88], Theater, Krankenhäuser, Sportplätze[89], Turnhallen, Schwimmbäder, Schulen und Hochschulen.

In dem ganz überwiegenden Teil der Landesenteignungsgesetze mit einem Katalog von Enteignungszwecken werden auch Einrichtungen für soziale, kulturelle[90], gesundheitliche und sportliche Zwecke sowie Einrichtungen für Zwecke

83 § 14 LAbfWG RP findet auch auf Abfallbeseitigungsanlagen Anwendung, die einer Genehmigung nach § 6 BImSchG bedürfen, wenn die Genehmigung in dem förmlichen Verfahren nach § 10 BImSchG erteilt wird. Vgl. dazu Nr. 8 der Anlage zur 4. BImSchV.

84 § 2 Nr. 2 c) LEntG BW; Art. 1 Abs. 1 S. 2 Nr. 3 BayEG; § 2 Abs. 1 Nr. 2 c) EEG NW; § 2 Nr. 1 d) SächsEntEG; § 2 Nr. 2 c) EntG LSA; § 2 Abs. 1 Nr. 2 d) ThürEG.

85 § 2 Abs. 1 Nr. 2 c) EntGBbg.

86 § 2 Abs. 1 Nr. 2 EnteigG M-V.

87 § 1 Abs. 1 c) BremEntG; § 2 S. 1 HA EnteigG; § 3 Nr. 1 HEG; § 2 Nr. 1 NEG; § 2 Nr. 1 LEnteigG RP; § 1 GEG SL; § 1 GEG SH.

88 Zur Enteignung für ein Bürgerhaus mit Bücherei: BayVGH, Urt. v. 21.12.1982 – Nr. 9 B 81 A. 2808, BayVBl. 1983, S. 469; BVerwG, Urt. v. 6.3.1987 – 4 C 11.83, DVBl. 1987, S. 901.

89 Zur Enteignung für einen Sportplatz: BVerfG, Beschl. v. 18.11.1998 – 1 BvR 21/97, BayVBl. 1999, S. 178.

90 Zu der Frage, ob der öffentlichrechtliche Rundfunk eine Einrichtung der Kultur ist: VGH BW, Urt. v. 15.11.1988 – 10 S 2400/87, NVwZ-RR 1989, S. 611.

der Bildung und Wissenschaft aufgeführt.[91] Eine Enteignung zur Realisierung der genannten Einrichtungen ist auf dieser Grundlage möglich. Keine Grundlage dagegen bieten die Enteignungsgesetze der Länder Brandenburg und Nordrhein-Westfalen. Der abgeschlossene Katalog in diesen Gesetzen enthält keine entsprechenden Enteignungszwecke.[92] In den übrigen Ländern kann nur die enteignungsrechtliche Generalklausel Anwendung finden.[93] Im Bereich eines Bebauungsplans, der Festsetzungen nach § 9 Abs. 1 Nr. 5 BauGB „Flächen für den Gemeinbedarf oder Sport- und Spielstätten" enthält, kommt eine Enteignung nach § 85 Abs. 1 Nr. 1 BauGB in Betracht.

E. Umweltmaßnahmen

I. Naturschutz und Landschaftspflege

Ziel der Naturschutzgesetze ist es, Natur und Landschaft zu schützen, zu pflegen, zu entwickeln und, soweit erforderlich, wiederherzustellen (vgl. exemplarisch § 1 BNatSchG). An Maßnahmen, mit denen diese Zwecke verwirklicht werden, kommen z.B. folgende in Betracht: Extensivierung der Nutzung eines Gebiets durch Entzug von Düngergaben, Senkung des Eutrophierungsgrads von Gewässern, Offenhaltung von Flächen mittels Mahd in bestimmtem Rhythmus, naturnahe Gestaltung von Flussauen und Entwicklung von Auwald, Moorrenaturierung und Wiederherstellung von Magerwiesen sowie naturnahen Wäldern, Anlage von Feldgehölzen.[94]

Regelungen, die eine Enteignung zulassen, um die genannten Maßnahmen zu ermöglichen, finden sich derzeit nur in Landesgesetzen, nicht aber im Bundesnaturschutzgesetz. Das entspricht der Kompetenzverteilung vor der Föderalismusreform[95], als der Bund im Bereich Naturschutz und Landschaftspflege nur das Recht hatte, Rahmenvorschriften zu erlassen (Art. 75 Abs. 1 Nr. 3 GG a.F.). Jetzt sind diese Sachgebiete in Art. 74 Abs. 1 Nr. 29 GG erfasst. Das bedeutet, dass die Länder die Kompetenz zur Gesetzgebung für das Recht der Enteignung

---

91 Vgl. § 2 Nr. 2 a), b) LEntG BW; Art. 1 Abs. 1 S. 2 Nr. 1, 2 BayEG; § 2 Abs. 1 Nr. 2 d), e) EnteigG M-V; § 2 Nr. 1 a), b), c) SächsEntEG; § 2 Nr. 2 a), b) EntG LSA; § 2 Abs. 1 Nr. 2 a), b) ThürEG.

92 Vgl. § 2 EntGBbg; § 2 EEG NW.

93 § 1 Abs. 1 c) BremEntG; § 2 S. 1 HA EnteigG; § 3 Nr. 1 HEG; § 2 Nr. 1 NEG; § 2 Nr. 1 LEnteigG RP; § 1 GEG SL; § 1 GEG SH. Nach LG Darmstadt, Urt. v. 17.4.1996 – 9 O (B) 14/95, NVwZ 1997, S. 828 ist die Generalklausel aber keine geeignete Rechtsgrundlage für eine Enteignung zugunsten eines Universitätsbaus.

94 Vgl. *E. Gassner/G. Bendomir-Kahlo/A. Schmidt-Räntsch/J. Schmidt-Räntsch*, Bundesnaturschutzgesetz, § 1 Rn. 8 a ff.

95 Gesetz zur Änderung des Grundgesetzes vom 28.8.2006, BGBl. I S. 2034.

auf dem Gebiet des Naturschutzes und der Landschaftspflege nur noch solange haben, wie der Bund von seiner (neuen) Gesetzgebungskompetenz nicht Gebrauch macht (Art. 74 Abs. 1 Nr. 14 GG, Art. 72 Abs. 1 GG). Im Moment haben die meisten Länder entweder im Naturschutzgesetz[96] (z.B. für „Maßnahmen des Naturschutzes und der Landschaftspflege"; für die „Nutzbarmachung von Grundstücken für die Erholung der Allgemeinheit") oder im Enteignungsgesetz[97] („für Vorhaben für den Schutz von Boden, Wasser, Luft, Klima und Landschaft"; „Einrichtungen, die dem Umweltschutz dienen") oder in beiden Gesetzen[98] entsprechende Enteignungszwecke vorgesehen.[99] Enthält ein Bebauungsplan Festsetzungen nach § 9 Abs. 1 Nr. 20 BauGB, kommt eine Enteignung nach § 85 Abs. 1 Nr. 1 BauGB in Betracht.

In der Praxis bedeutsam ist die Enteignung zur Verwirklichung eines speziellen Typs von Maßnahmen des Naturschutzes und der Landschaftspflege, nämlich von Ausgleichs- und Ersatzmaßnahmen. Der Verursacher unvermeidbarer Beeinträchtigungen von Natur und Landschaft ist zu verpflichten, entsprechende Maßnahmen durchzuführen (§ 19 Abs. 1 und 2 BNatSchG). Ist für die Realisierung dieser Maßnahmen die Belastung oder der Entzug von Grundeigentum erforderlich, kommen je nach Fallgestaltung unterschiedliche Enteignungsgrundlagen in Betracht: Bei einem Eingriff, der einer Planfeststellung bedarf, hat der Planungsträger die erforderlichen Ausgleichs- und Ersatzmaßnahmen in dem Plan für das Vorhaben oder in einem landschaftspflegerischen Begleitplan darzustellen. Da der Begleitplan Bestandteil des Plans für das Vorhaben ist (§ 20 Abs. 4 BNatSchG), erstrecken sich die Enteignungsgrundlagen der Fachplanungsgesetze wie z.B. § 19 Abs. 1 FStrG[100], § 22 Abs. 1 AEG[101], § 44 Abs. 1 WaStrG[102] auch auf die naturschutzrechtlichen Ausgleichs- und Ersatzmaßnah-

---

96 Art. 35 Nr. 2 BayNatSchG; § 38 HmbNatSchG; § 43 HENatG; § 49 Abs. 1 Nr. 1 NNatG; § 49 Abs. 3 LNatSchG RP.

97 § 2 Nr. 2 d) LEntG BW; § 2 Nr. 2 d) EntG LSA.

98 Naturschutzgesetze: § 70 Abs. 1 S. 1 Nr. 4 BbgNatSchG; § 7 Abs. 1 LG NW; § 49 Abs. 1 S. 1 LNatG M-V; § 37 Abs. 1 Nr. 2 SächsNatSchG; § 48 Abs. 1 Nr. 1 ThürNatG. Enteignungsgesetze: § 2 Abs. 1 Nr. 2 a) EntGBbg; § 2 Abs. 1 Nr. 2 a) EEG NW; § 2 Abs. 1 Nr. 2 a) EnteigG M-V; § 2 Nr. 1 e) SächsEntEG; § 2 Abs. 1 Nr. 2 e) ThürEG.

99 Kritisch hinsichtlich der Bestimmtheit der Enteignungszwecke *D. Hönig*, Fachplanung und Enteignung, S. 138 ff.; *S. Pommer*, Bahnreform und Enteignung, S. 257 ff. Dagegen wird aber auch vertreten, dass die Tatbestandsmerkmale in ihrem Inhalt eindeutig zu ermitteln seien, so *P. Blum/C.-A. Agena/J. Franke*, Niedersächsisches Naturschutzgesetz, § 49 Rn. 5 m.w.N.

100 Dazu BVerwG, Urt. v. 28.1.1999 – 4 A 18/98, NVwZ-RR 1999, S. 629; BVerwG, Urt. v. 23.8.1996 – 4 A 29/95, NVwZ 1997, S. 486 (487 f.); VGH BW, Urt. v. 20.2.1992 – 5 S 2094/91, NVwZ 1993, S. 595 ff.; ablehnend dazu *S. de Witt/T. Burmeister*, NVwZ 1994, S. 38.

101 Dazu BVerwG, Beschl. v. 21.12.1995 – 11 VR 6/95, NVwZ 1996, S. 896 (899); VGH BW, Urt. v. 11.2.2004 – 5 S 385/03, NuR 2004, S. 735 (736).

102 Dazu BVerwG, Beschl. v. 13.3.1995 – 11 VR 4/95, NVwZ-RR 1995, S. 631 (632).

men.[103] Sind die Ausgleichs- oder Ersatzmaßnahmen nach § 9 Abs. 1 Nr. 20 BauGB in einem Bebauungsplan festgesetzt, ist eine Enteignung nach § 85 Abs. 1 Nr. 1 BauGB möglich. Für Enteignungen zugunsten von Ausgleichs- oder Ersatzmaßnahmen, die nicht in den genannten Plänen festgesetzt wurden, muss auf die dargestellten Enteignungsgrundlagen in den Landesnaturschutz- oder Landesenteignungsgesetzen zurückgegriffen werden.

II. Gewässerausbau und -unterhaltung

Alle Landeswassergesetze sehen die Möglichkeit vor, für den Ausbau eines Gewässers zu enteignen.[104] Auch diese Regelungen bleiben gültig, solange nicht der Bund von seiner (neuen) Kompetenz Gebrauch macht, auf dem Gebiet des Wasserhaushalts auch das Recht der Enteignung zu regeln (Art. 74 Abs. 1 Nr. 14, 32 GG, Art. 72 Abs. 1 GG). Nach der Legaldefinition in § 31 Abs. 2 S. 1 WHG bedeutet Gewässerausbau die Herstellung, Beseitigung oder wesentliche Umgestaltung eines Gewässers oder seiner Ufer. Die Unterhaltung eines Gewässers dagegen umfasst seine Pflege und Entwicklung und – wie bei den Bundeswasserstraßen – die Erhaltung eines ordnungsgemäßen Abflusses und an schiffbaren Gewässern die Erhaltung der Schiffbarkeit (§ 28 Abs. 1 S. 1, 5 WHG). Anders als das Bundeswasserstraßengesetz für die Bundeswasserstraßen enthalten aber nur wenige Wassergesetze den Enteignungszweck Unterhaltung eines Gewässers.[105] In den Katalogen der Landesenteignungsgesetze wird er nicht erwähnt. Je nach Fallkonstellation können die eben angeführten Enteignungszwecke „Vorhaben für den Schutz von Wasser“ oder „Einrichtungen, die dem Umweltschutz dienen“[106] einschlägig sein. In den Ländern mit enteignungsrechtlicher Generalklausel könnte möglicherweise diese herangezogen werden.

103 Allgemein zur Frage eines Zusammenhangs zwischen Ausgleichs- und Ersatzmaßnahmen und dem Bauvorhaben: *D. Hönig*, Fachplanung und Enteignung, S. 129 ff. m.w.N.

104 § 65 Abs. 1 Nr. 1 WG BW; Art. 72 BayWG; § 137 BgbWG; § 118 Abs. 1 BremWG; § 74 Abs. 3 Nr. 2 HmbWaG; § 10 Abs. 3 HWG; § 70 Abs. 3 LWG M-V; § 129 NWG; § 46 LWG NW; § 120 Abs. 3 LWG RP; § 115 SächsWG; § 130 Abs. 1 WG LSA; § 127 Abs. 1 LWG SH; § 73 Abs. 3 ThürWG.

105 § 65 Abs. 1 Nr. 1 WG BW; Art. 72 BayWG.

106 § 2 Nr. 2 d) LEntG BW; § 2 Abs. 1 Nr. 2 a) EntGBbg; § 2 Abs. 1 Nr. 2 a) EEG NW; § 2 Abs. 1 Nr. 2 a) EnteigG M-V; § 2 Nr. 1 e) SächsEntEG; § 2 Nr. 2 d) EntG LSA; § 2 Abs. 1 Nr. 2 e) ThürEG.

§ 3 Planakzessorische und nicht planakzessorische Enteignung

Die eben gewählte Einteilung der Vorhaben in Verkehrswege und Verkehrsanlagen, Ver- und Entsorgungsanlagen, öffentliche Einrichtungen und Umweltmaßnahmen ist in der täglichen Praxis nicht relevant. Für die Arbeit der Enteignungsbehörde spielt vielmehr eine andere Kategorisierung eine große Rolle: die Frage, ob für das Vorhaben Flächen in einem Bebauungsplan festgesetzt wurden oder es Gegenstand eines Planfeststellungsverfahrens gewesen ist oder ob es keines der beiden Planungsverfahren durchlaufen hat (A.). Der Umfang und der Inhalt der von der Enteignungsbehörde durchzuführenden Prüfung ist nämlich davon abhängig, ob das Vorhaben vor ihrer Prüfung bereits Gegenstand eines Planungsverfahrens gewesen ist und falls ja, welches Verfahren bereits durchgeführt wurde. Grund dafür ist, dass der Gesetzgeber die Enteignung zur Verwirklichung der Festsetzungen eines Bebauungsplans, die Enteignung aufgrund Planfeststellungsbeschlusses sowie die nicht planakzessorische Enteignung auf jeweils sehr unterschiedliche Weise geregelt hat (B.).

A. Vorhaben und Planungsverfahren

Eine Einteilung der Vorhaben in solche, für die Flächen in Bebauungsplänen festgesetzt werden können, in Vorhaben, die Gegenstand eines Planfeststellungsverfahrens sind, sowie in Vorhaben, die nicht Gegenstand eines Planungsverfahrens sind, ergibt folgendes Bild.

I. Festsetzung von Flächen für Vorhaben in Bebauungsplänen

Für folgende der genannten Vorhaben können Flächen in einem Bebauungsplan festgesetzt werden:

- für den Bau und die Änderung von Bundesfernstraßen (§ 17 b Abs. 2 S. 1 FStrG), von Landes- und Kreisstraßen (§ 38 Abs. 3 S. 1 NStrG) und von Ortsstraßen in Baugebieten sowie für den Bau von Betriebsanlagen für Straßenbahnen (§ 28 Abs. 3 S. 1 PBefG) nach § 9 Abs. 1 Nr. 11 BauGB,
- für den Bau von Kraftwerken, von Wassergewinnungsanlagen und von Heizkraftwerken/Heizwerken nach § 9 Abs. 1 Nr. 12 BauGB,
- für die Anlage von Strom-, Gas-, Wasser- und Wärmeleitungen nach § 9 Abs. 1 Nr. 13 BauGB,
- für den Bau von Abwasseranlagen/Abwasserbehandlungsanlagen sowie für Abwasserleitungen nach § 9 Abs. 1 Nr. 14 BauGB,

- für den Bau von Einrichtungen für soziale, kulturelle, gesundheitliche und sportliche Zwecke sowie für den Bau von Einrichtungen für Zwecke der Bildung und Wissenschaft nach § 9 Abs. 1 Nr. 5 BauGB,
- für Maßnahmen von Naturschutz und Landschaftspflege und für Ausgleichs- und Ersatzmaßnahmen nach § 9 Abs. 1 Nr. 20 BauGB.

II. Vorhaben, die Gegenstand eines Planfeststellungsverfahrens sind

Ein anderer Teil der oben aufgeführten Vorhaben ist vor der Enteignung Gegenstand eines Planfeststellungsverfahrens.

1. Planfeststellung nach Fachplanungsgesetzen und nach dem UVPG

Für folgende Vorhaben ergibt sich aus den Fachplanungsgesetzen eine Planfeststellungspflicht:
- für den Bau und die Änderung von Bundesfernstraßen (§ 17 Abs. 1 S. 1 FStrG), von Landes- und Kreisstraßen (§ 38 Abs. 1 S. 1 NStrG),
  für bestimmte Gemeindestraßen (§ 47 NStrG):
  den Bau einer vier- oder mehrstreifigen Gemeindestraße mit einer Länge von 5 km oder mehr, die Verlegung oder den Ausbau einer ein- oder zweistreifigen Gemeindestraße über einen Abschnitt von 10 km oder mehr (§ 38 Abs. 1 S. 2 NStrG i.V.m. Anlage 1 zum NUVPG, Nr. 20),
  den Bau sonstiger Gemeindestraßen, mit Ausnahme von Ortsstraßen, nur, wenn erhebliche nachteilige Umweltauswirkungen zu erwarten sind (§ 38 Abs. 1 S. 2 NStrG i.V.m. Anlage 1 zum NUVPG, Nr. 21 i.V.m. § 5 Abs. 1 S. 1 NUVPG),
  für den Bau oder die Änderung von Gemeindestraßen im Außenbereich ist die Planfeststellung fakultativ (§ 38 Abs. 1 S. 3 NStrG),
- für den Bau und die Änderung von Betriebsanlagen einer Eisenbahn (§ 18 Abs. 1 S. 1 AEG), einer Magnetschwebebahn (§ 1 Abs. 1 S. 1 MBPlG), einer Straßenbahn (§ 28 Abs. 1 S. 1 PBefG), für die Errichtung und Änderung der Versuchsanlage für den spurgeführten Verkehr (§ 2 Abs. 1 S. 1 des Gesetzes über den Bau und Betrieb von Versuchsanlagen zur Erprobung von Techniken für den spurgeführten Verkehr),
- für den Ausbau und Neubau von Bundeswasserstraßen (§ 14 Abs. 1 S. 1 WaStrG), für die Errichtung von bundeseigenen Schifffahrtsanlagen (§ 1 Abs. 4 Nr. 1 WaStrG i.V.m. § 14 Abs. 1 S. 1 WaStrG) und bundeseigenen Schifffahrtszeichen (§ 34 WaStrG i.V.m. § 1 Abs. 4 Nr. 1 WaStrG i.V.m. § 14 Abs. 1 S. 1 WaStrG) sowie für Maßnahmen in Landflächen an Bundeswasserstraßen (§ 9 WaStrG i.V.m. § 14 Abs. 1 S. 1 WaStrG),

- für den Bau und die Änderung von Flughäfen und Landeplätzen mit beschränktem Bauschutzbereich nach § 17 LuftVG (§ 8 Abs. 1 S. 1 LuftVG),
- für die Errichtung, den Betrieb und die Änderung von Hochspannungsfreileitungen, ausgenommen Bahnstromfernleitungen, mit einer Nennspannung von 110 kV oder mehr und von Gasversorgungsleitungen mit einem Durchmesser von mehr als 300 mm (§ 43 S. 1 EnWG),
- in einigen Bundesländern für die Errichtung, den Betrieb und die Änderung von Abwasserbehandlungsanlagen nach § 18 c WHG[107],
- für die Errichtung, den Betrieb und die Änderung von Abfallbeseitigungsanlagen zur Endablagerung von Abfällen (§ 31 Abs. 2 S. 1 KrW-/AbfG),
- für Ausgleichs- und Ersatzmaßnahmen bei planfeststellungspflichtigen Vorhaben (z.B. §§ 17 Abs. 1 S. 1 FStrG, 18 Abs. 1 S. 1 AEG, 14 Abs. 1 S. 1 WaStrG),
- für den Ausbau eines Gewässers (§ 31 Abs. 2 S. 1 WHG).

Nach dem Gesetz über die Umweltverträglichkeitsprüfung sind die Errichtung, der Betrieb und die Änderung folgender Vorhaben planfeststellungspflichtig, sofern für diese Anlagen nach den §§ 3 b bis 3 f UVPG eine Verpflichtung zur Durchführung einer Umweltverträglichkeitsprüfung besteht (§ 20 Abs. 1 UVPG):

- Rohrleitungsanlagen, die in Anlage 1 zum Gesetz über die Umweltverträglichkeitsprüfung unter den Nummern 19.3 bis 19.7 aufgeführt sind:
  Leitungen zum Befördern wassergefährdender Stoffe oder von verflüssigten Gasen mit einem Durchmesser von mehr als 150 mm,
  Leitungen zum Befördern von nichtverflüssigten Gasen oder von gefährlichen Stoffen mit einem Durchmesser von mehr als 300 mm,
  Dampf- oder Warmwasserpipelines im Außenbereich oder mit einer Länge von über 5 km,
  Wasserleitungen, die das Gebiet einer Gemeinde überschreiten,
- künstliche Wasserspeicher mit mehr als 5 000 m³ Wasser (Anlage 1 Nummer 19.9).

2. Planfeststellung nach Enteignungsgesetzen

Hat ein Vorhaben kein Planfeststellungsverfahren nach einem Fachplanungsgesetz durchlaufen, kommt unter bestimmten Voraussetzungen auch eine enteignungsrechtliche Planfeststellung in Betracht: Alle Landesenteignungsgesetze

107 Vgl. § 45 e Abs. 1 WG BW; Art. 41 i BayWG; § 138 Abs. 4 BremWG; § 13 a Abs. 1 HmbAbwG; § 155 WG LSA; § 35 Abs. 1 LWG SH.

– mit Ausnahme die der Länder Berlin[108], Bremen[109] und Sachsen – enthalten Regelungen über ein von der Enteignungsbehörde durchzuführendes Planfeststellungsverfahren.[110]

Das sog. enteignungsrechtliche Planfeststellungsverfahren ist subsidiär – nur wenn nicht bereits in anderen Gesetzen ein Planfeststellungsverfahren vorgesehen ist, kann die Enteignungsbehörde dieses Verfahren durchführen. Es findet auch nur bei bestimmten Vorhaben Anwendung. Das ergibt sich einmal aus der Subsidiarität des Verfahrens. Wie gesehen, schreiben viele Fachplanungsgesetze Planfeststellungsverfahren zwingend vor, so dass die Enteignungsbehörde für die in diesen Gesetzen geregelten Vorhaben nicht erneut ein Planfeststellungsverfahren durchführen kann.[111] Anders sieht es für Wasserversorgungsanlagen und Anlagen der Abwasserbeseitigung (nur ausgenommen große künstliche Wasserspeicher und Abwasserbehandlungsanlagen nach § 18 c WHG), für Anlagen zur Behandlung oder zur Lagerung von Abfällen sowie für öffentliche Einrichtungen aus. Die für diese Anlagen einschlägigen Landeswassergesetze sprechen die Planfeststellung nur in Einzelfällen an, das Bundes-Immissionsschutzgesetz sowie die Landesbauordnungen sprechen eine Planfeststellung überhaupt nicht an. Gleiches gilt für alle Energieanlagen mit Ausnahme der in § 43 EnWG genannten Hochspannungsfreileitungen und Gasversorgungsleitungen, für die das Energiewirtschaftsgesetz ebenfalls keine Regelung zur Planfeststellung enthält sowie für Rohrleitungsanlagen zum Befördern anderer Stoffe, die nicht von der Anlage 1 zum Gesetz über die Umweltverträglichkeitsprüfung erfasst werden.

Zusätzlich formulieren auch einige Landesenteignungsgesetze Anforderungen an das planfestzustellende Vorhaben. In den Ländern Baden-Württemberg,

108 Das Berliner Enteignungsgesetz enthält keine Bestimmung über eine enteignungsrechtliche Planfeststellung, aber eine spezielle Vorschrift für eine Planauslegung, wenn kein Planfeststellungsverfahren vorausgegangen ist, vgl. § 6 EnteigG BE.

109 Das Enteignungsgesetz für Bremen verpflichtet die Enteignungsbehörde nur, einen Plan festzustellen, der das die Enteignung rechtfertigende Vorhaben darstellt, vgl. § 2 BremEntG.

110 § 24 Abs. 1 LEntG BW; Art. 40 Abs. 1 BayEG; § 23 Abs. 1 EntGBbg; § 6 Abs. 1 HA EnteigG; § 14 Abs. 1 HEG; § 8 Abs. 1 EnteigG M-V; § 27 Abs. 1 NEG; § 23 Abs. 1 EEG NW; § 28 Abs. 1 LEnteigG RP; § 23 Abs. 1 EntG LSA; §§ 15 ff. GEG SL; §§ 15 ff. GEG SH; § 38 Abs. 1 ThürEG.

111 Teilweise sehen die Fachplanungsgesetze Planfeststellungsverfahren auch nur fakultativ vor, z.B. in Niedersachsen für den Bau oder die Änderung von Gemeindestraßen im Außenbereich, für die keine Umweltverträglichkeitsprüfung durchzuführen ist (§ 38 Abs. 1 S. 3 NStrG). Auch hier wird man – selbst wenn sich die Planfeststellungsbehörde gegen ein Planfeststellungsverfahren entschieden hat – von einer Sperrwirkung ausgehen müssen, da der Gesetzgeber die Entscheidung über die Durchführung eines Planfeststellungsverfahrens in die Hände der Planfeststellungsbehörde gelegt hat. So im Ergebnis auch *P. Molodovsky/S. Graf v. Bernstorff*, Enteignungsrecht in Bayern, Art. 40 Anm. 2.3.2.1; *K. Puhr-Westerheide*, BayEG, Art. 40 Anm. 2.3.1.

Bayern, Hamburg, Hessen, Mecklenburg-Vorpommern, Rheinland-Pfalz, Sachsen-Anhalt und Thüringen muss es sich um Vorhaben handeln, die sich auf mehrere Grundstücke erstrecken. Damit werden im Wesentlichen nur linienförmige Vorhaben erfasst, nur im Einzelfall ist auch eine Anwendung auf großflächige Vorhaben vorstellbar. Im Niedersächsischen Enteignungsgesetz werden gleich die letztlich für die enteignungsrechtliche Planfeststellung überhaupt einschlägigen Vorhaben aufgeführt, nämlich die Verlegung von Leitungen zur Beförderung von Elektrizität oder von gasförmigen, flüssigen oder sonstigen Stoffen. Nur in den Ländern Brandenburg, Nordrhein-Westfalen, Saarland und Schleswig-Holstein kann theoretisch für jede Art von Vorhaben ein Planfeststellungsverfahren durchgeführt werden.

Handelt es sich um entsprechende Vorhaben, so ist die Enteignungsbehörde in den Ländern Hamburg, Mecklenburg-Vorpommern, Saarland und Schleswig-Holstein verpflichtet, ein Planfeststellungsverfahren durchzuführen. Nach den Enteignungsgesetzen in den Ländern Baden-Württemberg, Bayern, Brandenburg, Hessen, Niedersachsen, Nordrhein-Westfalen, Rheinland-Pfalz, Sachsen-Anhalt und Thüringen kann die Enteignungsbehörde dieses Verfahren durchführen, wenn sie es für sachdienlich hält.

III. Vorhaben, die nicht Gegenstand eines Planungsverfahrens sind

Es bleiben die Vorhaben, die nicht Gegenstand eines der eben genannten Planungsverfahren sind: Alle Vorhaben, die zum einen nicht im Bereich eines Bebauungsplans liegen, sondern innerhalb der im Zusammenhang bebauten Ortsteile oder im Außenbereich und die zum anderen nicht nach einem Fachplanungsgesetz planfeststellungspflichtig sind. Außerdem darf die Enteignungsbehörde keine enteignungsrechtliche Planfeststellung durchgeführt haben.

Wegen ihrer geringen Größe nicht nach den Fachplanungsgesetzen planfeststellungspflichtig sind:

- bestimmte Gemeindestraßen (§ 47 NStrG):
  der Bau einer vier- oder mehrstreifigen Gemeindestraße, wenn die neue Straße eine durchgehende Länge von weniger als 5 km aufweist, der Bau einer weniger als vierstreifigen Gemeindestraße, die Verlegung oder der Ausbau einer bestehenden ein- oder zweistreifigen Straße, wenn der geänderte Straßenabschnitt eine durchgehende Länge von weniger als 10 km aufweist (§ 38 Abs. 1 S. 2 NStrG i.V.m. Anlage 1 zum NUVPG, Nr. 20),
  der Bau sonstiger Gemeindestraßen, wenn keine erheblichen nachteiligen Umweltauswirkungen zu erwarten sind, der Bau von Ortsstraßen auch, wenn entsprechende Umweltauswirkungen zu erwarten sind (§ 38 Abs. 1 S. 2 NStrG i.V.m. Anlage 1 zum NUVPG, Nr. 21 i.V.m. § 5 Abs. 1 S. 1 NUVPG),

für den Bau oder die Änderung von Gemeindestraßen im Außenbereich ist die Planfeststellung fakultativ (§ 38 Abs. 1 S. 3 NStrG): Hier liegt es nahe, besonders bei den anderen Außenbereichsstraßen, zu denen z.B. Haupt- und Sammelwege in der Feldmark und getrennt von sonstigen Straßen verlaufende Rad-, Geh- oder Wanderwege gehören[112], von einem Planfeststellungsverfahren abzusehen,

das Gleiche gilt für geringfügige Änderungen einer Straße wie Begradigungen und nicht wesentliche Verbreiterungen,

- die Errichtung, der Betrieb und die Änderung von Stromleitungen mit einer Nennspannung von weniger als 110 kV und Gasversorgungsleitungen mit einem Durchmesser von weniger als 300 mm sowie sonstigen Transportanlagen für Energie (§ 43 S. 1 EnWG).

Wegen ihrer geringen Größe nicht nach dem Gesetz über die Umweltverträglichkeitsprüfung planfeststellungspflichtig sind die Errichtung, der Betrieb und die Änderung folgender Vorhaben:

- Rohrleitungsanlagen, deren Durchmesser oder Länge unterhalb der in der Anlage 1 unter den Nummern 19.3 bis 19.7 aufgeführten Maße liegt (§ 20 Abs. 1 UVPG):

  Leitungen zum Befördern wassergefährdender Stoffe oder von verflüssigten Gasen mit einem Durchmesser von weniger als 150 mm,

  Leitungen zum Befördern von nicht verflüssigten Gasen oder von gefährlichen Stoffen mit einem Durchmesser von weniger als 300 mm,

  Dampf- oder Warmwasserpipelines im Innenbereich mit einer Länge von weniger als 5 km,

  Wasserleitungen, die das Gebiet einer Gemeinde nicht überschreiten,
- künstliche Wasserspeicher mit weniger als 5 000 m³ Wasser (vgl. § 20 Abs. 1 UVPG i.V.m. Anlage 1 Nummer 19.9).

Unabhängig von ihrer Größe nicht nach einem Fachplanungsgesetz oder nach dem Gesetz über die Umweltverträglichkeitsprüfung planfeststellungspflichtig sind folgende Vorhaben:

- die Unterhaltung von Bundeswasserstraßen,
- die Errichtung und der Betrieb von Energieerzeugungsanlagen, z.B. Kraftwerken,
- der Bau von Entnahme- und Aufbereitungsanlagen für Wasser,
- die Errichtung, der Betrieb und die Änderung von Abwasserleitungen,
- die Errichtung, der Betrieb und die Änderung von Abwasseranlagen, in einigen Bundesländern auch von Abwasserbehandlungsanlagen[113],
- die Errichtung und der Betrieb von Abfallbeseitigungsanlagen zur Lagerung oder Behandlung von Abfällen zur Beseitigung,

112 Vgl. *K. Wendrich*, Niedersächsisches Straßengesetz, § 47 Rn. 3.

113 Vgl. § 154 NWG; § 58 Abs. 2 LWG NW; § 54 LWG RP.

- der Bau von Einrichtungen für soziale, kulturelle, gesundheitliche und sportliche Zwecke sowie für Zwecke der Bildung und Wissenschaft,
- Maßnahmen von Naturschutz und Landschaftspflege,
- die Unterhaltung eines Gewässers.

B. Unterschiede bei der Regelung durch die Enteignungsgesetze

Aus dem Grundgesetz ergeben sich folgende Vorgaben für die Regelung der Zulässigkeit einer Enteignung: Nach Art. 14 Abs. 3 S. 1 GG ist eine Enteignung nur zum Wohl der Allgemeinheit zulässig. Nicht aus Art. 14 Abs. 3 GG, sondern aus allgemeinen rechtsstaatlichen Grundsätzen ergibt sich weiter, dass eine Enteignung verhältnismäßig sein muss. Diese Vorgaben haben der Bund und die Länder für die drei genannten Vorhabengruppen jeweils auf unterschiedliche Weise umgesetzt. Um die planakzessorischen Enteignungen und die nicht planakzessorische Enteignung zu charakterisieren, werden im Folgenden kurz für jede Vorhabengruppe die Gesetze angesprochen, aus denen sich die Enteignungsvoraussetzungen ergeben, das Verfahren, in dem die Voraussetzungen geprüft werden, und die Behörden, die jeweils für die Prüfung zuständig sind.[114]

I. Enteignung zur Verwirklichung der Festsetzungen eines Bebauungsplans

Enthält ein Bebauungsplan entsprechende Festsetzungen, kommt eine Enteignung nach den Vorschriften des Baugesetzbuchs in Betracht[115]: Nach § 85 Abs. 1 Nr. 1 BauGB kann enteignet werden, um ein Grundstück entsprechend den Festsetzungen des Bebauungsplans zu nutzen. Für eine Enteignung zu diesem Zweck hat der Bundesgesetzgeber eine umfassende Regelung im Baugesetzbuch getroffen: In den §§ 85-122 BauGB werden die Voraussetzungen für die Zulässigkeit der Enteignung, die Entschädigungsgrundsätze sowie das Enteignungsverfahren geregelt. Zuständig für die Durchführung der Enteignung ist die Enteignungsbehörde (§ 104 Abs. 1 BauGB). Nicht geregelt ist allerdings das Verhältnis zu dem Verfahren zur Aufstellung des Bebauungsplans. Das Bauge-

---

114 Dazu auch *E. Schmidt-Aßmann*, JuS 1986, S. 833 (837 f.).

115 Die Möglichkeit, nach den Landesenteignungsgesetzen zu enteignen, ist aber auch in Bebauungsplangebieten nicht grundsätzlich ausgeschlossen, vgl. BVerwG, Urt. v. 6.3.1987 – 4 C 11.83, BVerwGE 77, S. 86; BayVGH, Beschl. v. 26.9.2002 – 8 C 02.1435, NVwZ-RR 2003, S. 255 f. Siehe auch im Einzelnen die Kommentierungen zu § 85 Abs. 2 Nr. 1 BauGB: *P. Runkel*, in: Ernst/Zinkahn/Bielenberg, BauGB, § 85 Rn. 174 ff.; *H. Reisnecker*, in: Brügelmann, BauGB, § 85 Rn. 43 ff.; *R. Breuer*, in: Schrödter, BauGB, § 85 Rn. 54. Umfassend zu Konkurrenzproblemen bei Enteignungsgesetzen *G.-H. Zimmer*, BayVBl. 1984, S. 327 ff., 356 ff.

setzbuch enthält keine Bestimmung über eine Bindungswirkung des Bebauungsplans gegenüber einem nachfolgenden Enteignungsverfahren. Die Frage, ob der Bebauungsplan trotzdem Bindungswirkung entfaltet und wenn ja, in welchen Punkten, ist noch nicht befriedigend gelöst.[116] Einiges spricht dafür, die Enteignungsbehörde zumindest an die im Rahmen der Abwägung nach § 1 Abs. 7 BauGB erfolgte Alternativenprüfung der Gemeinde zu binden.[117]

II. Enteignung aufgrund Planfeststellungsbeschlusses

1. Fachplanerische Planfeststellung und Planfeststellung nach UVPG

Geht es um die Enteignung zugunsten eines Vorhabens, das nach einem Fachplanungsgesetz planfeststellungspflichtig ist, ergeben sich die Enteignungsvoraussetzungen aus zwei unterschiedlichen Gesetzen: aus dem für die Planung des Vorhabens einschlägigen Fachplanungsgesetz sowie aus den Landesenteignungsgesetzen. Wie gesehen, beschränkt sich der Bundesgesetzgeber in den Fachplanungsgesetzen auf eine Regelung zur Enteignung, „im Übrigen“ finden die Landesenteignungsgesetze Anwendung. Diese Regelung weist folgendes Muster auf:

„Enteignung.

(1) Die Enteignung ist zulässig, soweit sie zur Ausführung eines festgestellten Bauvorhabens notwendig ist. Einer weiteren Feststellung der Zulässigkeit der Enteignung bedarf es nicht.
(2) Der festgestellte Plan ist dem Enteignungsverfahren zugrunde zu legen und für die Enteignungsbehörde bindend.
(3) Im Übrigen gelten die Enteignungsgesetze der Länder.“[118]

---

116 Dazu ausführlich *A. Stadler*, Die Enteignung zur Verwirklichung von Festsetzungen eines Bebauungsplans, S. 88 ff., 99 ff., 248 ff.

117 In diese Richtung auch OLG Bamberg, Urt. v. 20.4.2007 – 9 U (Baul) 3/06, BayVBl. 2008, S. 672 (674). Vgl. dazu auch *P. Runkel*, in: Ernst/Zinkahn/Bielenberg, BauGB, § 87 Rn. 21 ff.; *H. Reisnecker*, in: Brügelmann, BauGB, § 87 Rn. 20 ff.: Die Enteignungsbehörde soll bei der unmittelbaren Anwendung des § 87 Abs. 1 BauGB im Rahmen des Tatbestandsmerkmals „Allgemeinwohlerforderlichkeit“ nur zu einer bipolaren Abwägung zwischen den auf Bestandsschutz gerichteten Eigentümerinteressen mit dem öffentlichen Interesse an dem Entzug des Grundeigentums aufgefordert sein. Eine Abwägung aller öffentlichen und privaten Belange soll in diesem Fall bereits durch die Gemeinde im Rahmen des Verfahrens zur Aufstellung des Bebauungsplans erfolgt sein.

118 Vgl. für Bundesfernstraßen § 19 Abs. 1 S. 2, 3, Abs. 2, 5 FStrG; Landes-, Kreis- und Gemeindestraßen § 42 Abs. 1 S. 2, 3, Abs. 2, 4 NStrG; Betriebsanlagen der Eisenbahn § 22 Abs. 1, 2, 4 AEG; Betriebsanlagen der Magnetschwebebahn § 7 Abs. 1, 2, 4 MBPlG; Betriebsanlagen für Straßenbahnen § 30 PBefG; Versuchsanlagen für den spurgeführten Verkehr § 10 Abs. 1, 2, 4 des Gesetzes über den Bau und den Betrieb von

Erklären die Fachplanungsgesetze die Enteignung für ein festgestelltes Bauvorhaben für zulässig und binden gleichzeitig die Enteignungsbehörde an den festgestellten Plan, bedeutet das, dass bereits die Planfeststellungsbehörde bei der Feststellung der materiellen Voraussetzungen für eine Planfeststellung die Anforderungen des Art. 14 Abs. 3 GG beachten muss.[119] Für die Enteignungsbehörde wiederum bedeutet die Bindung an den festgestellten Plan, dass sie die Enteignungsvoraussetzungen, die die Planfeststellungsbehörde schon geprüft hat, nicht erneut prüfen darf. Ihre Prüfung der Enteignungsvoraussetzungen nach den Enteignungsgesetzen der Länder wird im Umfang der vorgelagerten Prüfung beschränkt.

Damit hat der Gesetzgeber bei planfeststellungspflichtigen Vorhaben die Prüfung der Enteignungsvoraussetzungen auf zwei unterschiedliche Verfahren aufgeteilt: Ein Teil findet im Planfeststellungsverfahren statt und nur „der Rest" im Enteignungsverfahren. Das bedeutet gleichzeitig auch eine Aufteilung der Zuständigkeit zur Prüfung der Enteignungsvoraussetzungen auf zwei Behörden: auf die Planfeststellungsbehörde und die Enteignungsbehörde.[120]

Auch bei der Enteignung zugunsten der nach § 20 UVPG planfeststellungspflichtigen Rohrleitungsanlagen bzw. Wasserspeicher ergeben sich die Enteignungsvoraussetzungen aus zwei unterschiedlichen Gesetzen. Der Zusammenhang zwischen den Gesetzen ist nur weniger offensichtlich: Nicht das Gesetz über die Umweltverträglichkeitsprüfung, sondern die Landesenteignungsgesetze ordnen eine Bindung der Enteignungsbehörde an den festgestellten Plan an.[121] Damit kommt es auch bei diesen Vorhaben zu einer Teilung der Prüfung der Enteignungsvoraussetzungen auf Planfeststellungsverfahren und Enteignungsverfahren. Zuständig sind auch hier Planfeststellungsbehörde und Enteignungsbehörde.

Versuchsanlagen zur Erprobung von Techniken für den spurgeführten Verkehr; Bundeswasserstraßen § 44 WaStrG; Flughäfen und Landeplätze mit beschränktem Bauschutzbereich § 28 Abs. 1 S. 1, Abs. 2, 3 LuftVG; Hochspannungsfreileitungen und Gasversorgungsleitungen mit einem Durchmesser von mehr als 300 mm § 45 Abs. 1 S. 1, Abs. 3 EnWG; Deponien z.B. § 28 NAbfG; Gewässerausbau z.B. § 129 NWG.

119 Zu den daraus resultierenden Anforderungen: *H. D. Jarass*, DVBl. 2006, S. 1329 (1330 ff.); *S. de Witt*, LKV 2006, S. 5 (7 f.). Siehe dazu auch BVerfG, Beschl. v. 15.2.2007 – 1 BvR 300/06 u.a., NVwZ 2007, S. 573 (574).

120 Zu dieser gesetzlich angeordneten Aufgaben- und Kompetenzverteilung: BayVGH, Urt. v. 18.6.1996 – 8 B 94.1051, BayVBl. 1997, S. 181 (182); *E. Schmidt-Aßmann*, JuS 1986, S. 833 (838).

121 § 25 LEntG BW; Art. 28 BayEG; § 23 Abs. 2 EntGBbg; § 7 Abs. 2 HA EnteigG; § 16 Abs. 2 HEG; § 7 EnteigG M-V; § 28 NEG; § 23 Abs. 2 EEG NW; § 29 Abs. 2 LEnteigG RP; § 23 Abs. 3 EntG LSA; § 26 ThürEG.

2. Enteignungsrechtliche Planfeststellung

Auch für die Vorhaben, die ein enteignungsrechtliches Planfeststellungsverfahren durchlaufen, hat der Gesetzgeber die Enteignungsvoraussetzungen auf zwei Gesetze verteilt. Für die enteignungsrechtliche Planfeststellung gelten in den meisten Ländern wie für eine Planfeststellung nach Fachplanungsgesetzen die §§ 73-78 VwVfG. Das ergibt sich entweder durch eine ausdrückliche Bestimmung in den Landesenteignungsgesetzen[122] oder aufgrund des § 72 Abs. 1 BVwVfG sowie den entsprechenden Regelungen in den Verwaltungsverfahrensgesetzen der Länder, wonach die §§ 73-78 VwVfG auch ohne Verweis dann gelten, wenn eine Rechtsvorschrift ein Planfeststellungsverfahren anordnet.[123] Gleichzeitig ordnen die Landesenteignungsgesetze an, dass der festgestellte Plan dem Enteignungsverfahren zugrunde zu legen ist und für die Enteignungsbehörde bindend ist.[124] Damit ergibt sich bei der enteignungsrechtlichen Planfeststellung dieselbe Situation wie bei der fachplanerischen Planfeststellung: Bei der Feststellung der materiellen Voraussetzungen der Planfeststellung müssen wegen der Bindungswirkung des Plans für das spätere Enteignungsverfahren auch bereits die Anforderungen des Art. 14 Abs. 3 GG beachtet werden. Die Enteignungsgesetze werden auch in diesem Fall nur „im Übrigen" angewandt.

Ebenfalls wie bei der Enteignung aufgrund fachplanerischer Planfeststellung hat der Gesetzgeber auch bei nach Enteignungsrecht planfeststellungspflichtigen Vorhaben die Prüfung der Enteignungsvoraussetzungen auf zwei unterschiedliche Verfahren aufgeteilt: Ein Teil findet im Planfeststellungsverfahren statt und nur „der Rest" im Enteignungsverfahren. Anders als bei der fachplanerischen Planfeststellung wird damit aber nicht der Umfang der Prüfung durch die Enteignungsbehörde beschnitten – ihre Prüfung verteilt sich vielmehr nur auf zwei Verfahren. Die Enteignungsvoraussetzungen, die sie bereits im Rahmen des Planfeststellungsverfahrens geprüft hat, prüft die Enteignungsbehörde nicht erneut im Enteignungsverfahren.

---

122 § 24 Abs. 2 LEntG BW; § 23 Abs. 1 S. 2 EntGBbg; § 23 Abs. 1 S. 2 EEG NW.

123 Für die Geltung der Vorschriften des BayVwVfG für die enteignungsrechtliche Planfeststellung aufgrund des Art. 72 Abs. 1 BayVwVfG *P. Molodovsky/S. Graf v. Bernstorff*, Enteignungsrecht in Bayern, Art. 40 Anm. 6.1, Art. 23 Anm. 1; zum EEG NW *G. Rasche*, NWVBl. 1989, S. 261 (264).

124 § 25 LEntG BW; Art. 28 BayEG; § 23 Abs. 2 EntGBbg; § 7 Abs. 2 HA EnteigG; § 16 Abs. 2 HEG; § 7 EnteigG M-V; § 28 NEG; § 23 Abs. 2 EEG NW; § 29 Abs. 2 LEnteigG RP; § 23 Abs. 3 EntG LSA; § 26 ThürEG.

III. Nicht planakzessorische Enteignung

Die Voraussetzungen für die Enteignung zugunsten eines Vorhabens, das keines der genannten Planungsverfahren durchlaufen hat, ergeben sich vollständig aus den Landesenteignungsgesetzen – nur die Festlegung des Vorhabens, für dessen Realisierung eine Enteignung ermöglicht wird, findet sich teilweise in Fachgesetzen. In diesem Fall findet die Prüfung aller Enteignungsvoraussetzungen – einstufig – im Enteignungsverfahren statt.[125] Die Prüfung der Enteignungsvoraussetzungen ist ausschließlich Aufgabe der Enteignungsbehörde.

---

125 Zu den verschiedenen Konstellationen beim Verfahren auch *U. Wienke*, BayVBl. 1983, S. 297 (298 f.); *D. Hönig*, Fachplanung und Enteignung, S. 65 ff.

2. Teil: Auslegung der gesetzlichen Enteignungsvoraussetzungen

In diesem Teil werden die gesetzlichen Voraussetzungen ausgelegt, deren Vorliegen die Enteignungsbehörde bei der nicht planakzessorischen Enteignung zu prüfen hat.

§ 1 Vorüberlegungen

Bevor die Voraussetzungen für die nicht planakzessorische Enteignung im Einzelnen behandelt werden, soll ein kurzer Überblick über ihre Regelung durch die Landesenteignungsgesetze gegeben werden und versucht werden, die Voraussetzungen zu systematisieren.

A. Regelung der Enteignungsvoraussetzungen in den Landesenteignungsgesetzen

Der Überblick über die Regelung der Enteignungsvoraussetzungen in den Landesenteignungsgesetzen wird dadurch erleichtert, dass sich fast alle Gesetze an die Regelung des Rechts der Enteignung in den §§ 85 ff. BauGB anlehnen – z.T. wird auf diese Bestimmungen verwiesen, z.T. werden zumindest vergleichbare Regelungen getroffen.[126] In diesen Gesetzen finden sich Aussagen zur Zulässigkeit der Enteignung – mit kleinen Unterschieden im Detail – jeweils in drei Paragraphen mit den Bezeichnungen „Enteignungszweck", „Zulässigkeit der Enteignung" und „Art und Umfang der Enteignung".

I. Bestimmungen „Enteignungszweck"

In den Bestimmungen „Enteignungszweck" findet sich zunächst eine Regelung, die die Funktion der Enteignungsgesetze als landesweit einheitliche Regelung des Enteignungsrechts sicherstellt: Es wird die Möglichkeit der Enteignung nach

---

126 Eine andere Systematik weisen nur die preußischen Gesetze über die Enteignung von Grundeigentum und über ein vereinfachtes Enteignungsverfahren auf, die im Saarland und in Schleswig-Holstein noch fortgelten.

den allgemeinen Enteignungsgesetzen auch für die Verwirklichung von Vorhaben eröffnet, für die andere Gesetze die Enteignung ausdrücklich zulassen.[127] Daneben findet sich eine Regelung zu den Vorhaben, für die direkt nach den Enteignungsgesetzen eine Enteignung zulässig sein soll. Hierbei lassen sich drei Typen unterscheiden: Die Enteignungsgesetze der Länder Bremen, Hamburg, Hessen, Niedersachsen, Rheinland-Pfalz, des Saarlands und Schleswig-Holsteins erklären eine Enteignung für zulässig, um ein dem Wohl der Allgemeinheit dienendes Vorhaben zu verwirklichen.[128] Eine – auch nur beispielhafte – Aufzählung, welche Vorhaben dem Wohl der Allgemeinheit dienen, enthalten die Gesetze nicht. Andere Länder haben in ihren Enteignungsgesetzen eine entsprechende Kombination verwirklicht: Auch nach den Enteignungsgesetzen der Länder Baden-Württemberg, Bayern, Sachsen-Anhalt und Thüringen ist eine Enteignung zunächst zulässig, um Vorhaben zu verwirklichen, die dem Wohl der Allgemeinheit dienen. Diese Formulierung wird aber noch ergänzt durch einen Katalog, in dem beispielhaft („insbesondere") entsprechende Vorhaben aufgeführt werden.[129] In den Gesetzen der Länder Berlin, Brandenburg, Mecklenburg-Vorpommern, Nordrhein-Westfalen und Sachsen schließlich findet sich nur eine abgeschlossene Aufzählung von Vorhaben, zu deren Verwirklichung enteignet werden kann, sofern diese dem Wohl der Allgemeinheit dienen.[130]

II. Bestimmungen „Zulässigkeit der Enteignung"

In Anlehnung an § 87 BauGB[131] oder durch Verweis auf diesen Paragraphen[132] enthalten die Landesenteignungsgesetze eine mit „Zulässigkeit der Enteignung" überschriebene Bestimmung, die weitere Enteignungsvoraussetzungen enthält. Beispielhaft sei die Bezugsnorm § 87 Abs. 1 und 2 BauGB zitiert:

---

127 § 2 Nr. 1 LEntG BW; Art. 1 Abs. 2 Nr. 1 BayEG; § 1 Abs. 1 EnteigG BE; § 2 Abs. 1 Nr. 1 EntGBbg; § 1 Abs. 1 a), b) BremEntG; § 1 HA EnteigG; § 3 Nr. 4 HEG; § 2 Abs. 1 Nr. 1 EnteigG M-V; § 2 NEG; § 2 Abs. 1 Nr. 1 EEG NW; § 2 Nr. 4 LEnteigG RP; § 1 SächsEntEG; § 2 Nr. 1 EntG LSA; § 2 Abs. 1 Nr. 1 ThürEG.

128 § 1 Abs. 1 c) BremEntG; § 2 S. 1 HA EnteigG; § 3 Nr. 1 HEG; § 2 Nr. 1 NEG; § 2 Nr. 1 LEnteigG RP; § 1 GEG SL; § 1 GEG SH.

129 § 2 Nr. 2 LEntG BW; Art. 1 Abs. 1 S. 1, 2 BayEG; § 2 Nr. 2 EntG LSA; § 2 Abs. 1 Nr. 2 ThürEG.

130 § 1 Abs. 2 EnteigG BE; § 2 Abs. 1 Nr. 2 EntGBbg; § 2 Abs. 1 Nr. 2 EnteigG M-V; § 2 Abs. 1 Nr. 2 EEG NW; § 2 Nr. 1 SächsEntEG.

131 § 4 Abs. 1, 2 LEntG BW; Art. 3 BayEG; § 4 Abs. 1, 2 EntGBbg; § 3 Abs. 1 HA EnteigG; § 5 HEG; § 3 Abs. 1, 2 EnteigG M-V; §§ 4, 5 NEG; § 4 Abs. 1, 2 EEG NW; § 4 LEnteigG RP; § 4 Abs. 1, 2 EntG LSA; § 4 ThürEG.

132 § 3 S. 1, 2 EnteigG BE; § 4 BremEntG; § 3 SächsEntEG.

„Voraussetzungen für die Zulässigkeit der Enteignung.

(1) Die Enteignung ist im einzelnen Fall nur zulässig, wenn das Wohl der Allgemeinheit sie erfordert und der Enteignungszweck auf andere zumutbare Weise nicht erreicht werden kann.

(2) Die Enteignung setzt voraus, dass der Antragsteller sich ernsthaft um den freihändigen Erwerb des zu enteignenden Grundstücks zu angemessenen Bedingungen, ..., vergeblich bemüht hat. Der Antragsteller hat glaubhaft zu machen, dass das Grundstück innerhalb angemessener Frist zu dem vorgesehenen Zweck verwendet wird.

...“

Einige Landesenteignungsgesetze ergänzen diese Formulierung noch durch den Hinweis, dass eine Enteignung voraussetzt, dass die Bereitstellung von Grundstücken aus dem Grundbesitz des Antragstellers weder möglich noch zumutbar sein darf.[133]

III. Bestimmungen „Art und Umfang der Enteignung“

Die letzten Zulässigkeitsvoraussetzungen finden sich schließlich in Bestimmungen, die – wortgleich[134] oder durch Verweis auf diesen Paragraphen[135] – mit § 92 Abs. 1 BauGB übereinstimmen. § 92 Abs. 1 BauGB lautet:

„Umfang, Beschränkung und Ausdehnung der Enteignung.

(1) Ein Grundstück darf nur in dem Umfang enteignet werden, in dem dies zur Verwirklichung des Enteignungszwecks erforderlich ist. Reicht eine Belastung des Grundstücks mit einem Recht zur Verwirklichung des Enteignungszwecks aus, so ist die Enteignung hierauf zu beschränken.

...“

B. Systematik der Enteignungsvoraussetzungen

Die zitierten Bestimmungen stellen die rechtsanwendende Enteignungsbehörde vor keine leichte Aufgabe. Der Gesetzgeber verwendet mit „Wohl der Allgemeinheit“, „Enteignungszweck“, „erfordert“, „andere zumutbare Weise“ gleich

---

133 Art. 3 Abs. 1 BayEG; § 5 Nr. 1 HEG; § 4 Nr. 1 LEnteigG RP; § 4 Abs. 1 EntG LSA; § 4 Abs. 1 ThürEG.

134 § 5 LEntG BW; Art. 6 Abs. 1 BayEG; § 7 Abs. 1 EntGBbg; § 8 Abs. 1 HEG; § 8 Abs. 1 NEG; § 7 Abs. 1 EEG NW; § 7 Abs. 1 LEnteigG RP; § 5 Abs. 1 EntG LSA; § 7 Abs. 1 ThürEG.

135 § 3 S. 2 EnteigG BE; § 4 BremEntG; § 3 Abs. 3 HA EnteigG; § 3 Abs. 4 EnteigG M-V; § 3 SächsEntEG.

mehrere unbestimmte Begriffe, deren Inhalt nicht einfach zu ermitteln ist. Von der Auslegung dieser Begriffe hängt es ab, in welchem Verhältnis die genannten Enteignungsvoraussetzungen zueinander stehen – die im Prinzip zunächst zu klärende Frage nach einem sinnvollen Prüfungsgang kann wiederum nur bei einem wenigstens grundsätzlichen Verständnis dieser Begriffe beantwortet werden.

I. Textbefund

Der Begriff „Wohl der Allgemeinheit" taucht mehrfach auf: In den „Enteignungszweck" überschriebenen Bestimmungen wird jeweils ausgeführt, dass eine Enteignung zulässig ist, um Vorhaben zu verwirklichen, die dem Wohl der Allgemeinheit dienen. In den Bestimmungen „Zulässigkeit der Enteignung" heißt es, dass die Enteignung im einzelnen Fall nur zulässig ist, wenn das Wohl der Allgemeinheit sie erfordert. Neben Wohl der Allgemeinheit findet sich mit „Enteignungszweck" aber noch ein weiterer, ebenfalls zweckbezogener Begriff: Mit „Enteignungszweck" sind die Bestimmungen überschrieben, die festlegen, dass Enteignungen für allgemeinwohldienliche Vorhaben zulässig sind. Auch in den anderen beiden Paragraphen taucht dieser Begriff auf. Unter „Zulässigkeit der Enteignung" heißt es nicht nur, dass das Wohl der Allgemeinheit die Enteignung erfordern muss, sondern auch, dass der Enteignungszweck nicht auf andere zumutbare Weise erreichbar sein darf. In den § 92 BauGB entsprechenden Bestimmungen schließlich ist nur von „Enteignungszweck" und nicht von „Wohl der Allgemeinheit" die Rede.

Die Erwähnung von zwei Zwecken hat auch Auswirkungen auf die gesetzliche Ausgestaltung des verfassungsrechtlich vorgegebenen Verhältnismäßigkeitsgrundsatzes. Elemente dieses Grundsatzes finden sich in den Formulierungen der Enteignungsgesetze sowohl bezogen auf das Wohl der Allgemeinheit als auch auf den Enteignungszweck. Das Wohl der Allgemeinheit muss die Enteignung „erfordern". Ebenfalls in den mit „Zulässigkeit der Enteignung" überschriebenen Bestimmungen heißt es, dass eine Enteignung nur zulässig ist, wenn der Enteignungszweck auf „andere zumutbare Weise" nicht erreicht werden kann. Weiter in Bezug auf den Enteignungszweck enthalten die an § 92 BauGB angelehnten Bestimmungen Anforderungen an die Verhältnismäßigkeit der Enteignung. Schließlich lassen sich die Regelungen in den § 87 Abs. 2 BauGB entsprechenden Bestimmungen auch als Ausgestaltung des Verhältnismäßigkeitsgrundsatzes verstehen – ohne dass eine ausdrückliche Zuordnung zum Wohl der Allgemeinheit oder zum Enteignungszweck vorgenommen wird.

Dieser Textbefund wirft eher Fragen auf, als dass er welche beantwortet. Was ist mit „Enteignungszweck" neben dem Begriff „Wohl der Allgemeinheit" gemeint, werden mit der Enteignung zwei Zwecke verfolgt? Wie sind die unterschiedlichen Ausprägungen des Verhältnismäßigkeitsgrundsatzes zu verstehen?

II. Bezugspunkte: Vorhaben und Enteignung

Hilfreich für die aufgeworfenen Fragen erscheint es, den Blick weg von den genannten gesetzlichen Voraussetzungen hin zu dem Regelungsgegenstand der Enteignungsgesetze zu lenken. Was bedeutet denn Enteignung nach diesen Gesetzen? Die zitierten Enteignungsgesetze regeln im Wesentlichen die so genannte „klassische" Enteignung. Mit dem Begriff der „klassischen" Enteignung wird eine Art Zwangskauf bezeichnet, mit dem der für die Realisierung von Infrastruktureinrichtungen notwendige Grund und Boden beschafft werden kann. Dieses Rechtsinstitut wurde im 19. Jahrhundert auf dem Hintergrund der voranschreitenden Industrialisierung und dem damit im Zusammenhang stehenden Ausbau der Infrastruktur ausgebildet. In dieser Zeit wurden spezielle Enteignungsgesetze geschaffen wie das im Saarland und in Schleswig-Holstein noch heute gültige Preußische Gesetz über die Enteignung von Grundeigentum vom 11. Juni 1874[136] oder das Württembergische Gesetz betreffend die Zwangsenteignung von Grundstücken oder von Rechten an Grundstücken vom 20. Dezember 1888[137]. Aus den gesetzlichen Regelungen konnten von der Rechtswissenschaft folgende Begriffsmerkmale abgeleitet werden[138], die bis heute den Begriff der sog. „klassischen" Enteignung ausmachen: Gegenstand der Enteignung sind Grundstücke und Rechte an Grundstücken; der Rechtsvorgang der Enteignung besteht in der Übertragung des Eigentums oder der Rechte an Grundstücken auf einen neuen Rechtsträger oder der Beschränkung zu seinen Gunsten[139]; die Übertragung oder Beschränkung wird in der Rechtsform eines auf gesetzlicher Grundlage ergehenden Verwaltungsakts durchgeführt[140]; Zweck der Enteignung

---

136 (Pr)GS S. 221.

137 Reg. Bl. S. 446.

138 Zur damaligen Lehre: *O. Mayer,* Dt. Verwaltungsrecht, Bd. 2, S. 3; *G. Meyer/G. Anschütz,* Lehrbuch des Dt. Staatsrechts, Dritter Teil, S. 826, 981 f.; dazu auch *W. Hofacker*, Grundrechte und Grundpflichten der Deutschen, S. 46 ff.

139 Vgl. § 3 LEntG BW; Art. 2 BayEG; § 2 EnteigG BE i.V.m. § 86 BauGB; § 3 EntGBbg; § 3 BremEntG; § 4 HA EnteigG; § 4 HEG; § 4 EnteigG M-V; § 3 NEG; § 3 EEG NW; § 3 LEnteigG RP; § 3 SächsEntEG i.V.m. § 86 BauGB; § 3 EntG LSA; § 3 ThürEG.

140 Vgl. §§ 29, 32 LEntG BW; Art. 31, 34 BayEG; § 5 Abs. 3 EnteigG BE i.V.m. §§ 113, 117 BauGB; §§ 30, 33 EntGBbg; § 6 Abs. 3 BremEntG i.V.m. §§ 113, 117 BauGB; § 7 Abs. 3 HA EnteigG i.V.m. §§ 113, 117 BauGB; §§ 30, 35 HEG; § 10 Abs. 2 EnteigG M-V i.V.m. §§ 113, 117 BauGB; §§ 32, 36 NEG; §§ 30, 33 EEG NW; §§ 35, 39 LEnteigG RP; § 5 Abs. 3 SächsEntEG i.V.m. §§ 113, 117 BauGB; §§ 28, 32 EntG LSA; §§ 29, 32 ThürEG.

ist ihre Notwendigkeit für die Ausführung eines konkreten, dem öffentlichen Wohl dienenden Unternehmens[141].

Aus diesen Begriffsmerkmalen ergibt sich: Bei der „klassischen" Enteignung steht der Rechtsvorgang der Enteignung (Eigentumsentzug oder -belastung) immer im Zusammenhang mit einem konkreten Unternehmen. Der Eingriff in das Eigentum und das Vorhaben sind nicht zu trennen.[142] Verdeutlicht man sich diese Verbindung, ist das eine wichtige Hilfe für das Verständnis der zitierten Zulässigkeitsvoraussetzungen. Haben diese Regelungen mit der Enteignung und dem Vorhaben zwei Bezugspunkte, lassen sich die eben aufgeworfenen Fragen leicht klären.

Mit der Enteignung werden tatsächlich zwei Zwecke verfolgt – ein unmittelbarer und ein mittelbarer. Der Eingriff in das Eigentum dient unmittelbar nur der Verwirklichung eines Vorhabens. Durch die Übertragung oder Belastung von Grund und Boden wird zunächst nur der Vorhabenträger ganz praktisch in die Lage versetzt, sein Projekt durchzuführen. Erst dieses Vorhaben zielt dann darauf, dem Wohl der Allgemeinheit zu dienen.[143] Diesen beiden Zweckbeziehungen lassen sich die oben genannten gesetzlichen Enteignungsvoraussetzungen zuordnen. Mit „Wohl der Allgemeinheit" ist nach dem Gesagten der Zweck gemeint, der mit dem Vorhaben verfolgt wird. Der Begriff „Enteignungszweck" befasst sich dagegen mit dem Zweck, der unmittelbar mit der Enteignung verfolgt wird: die Ermöglichung des allgemeinwohldienlichen Unternehmens. Lässt sich zwischen den Zielen des Vorhabens einerseits und der Enteignung andererseits differenzieren, muss das Gleiche für den Verhältnismäßigkeitsgrundsatz gelten. Das Vorhaben und die Enteignung unterliegen bei der Erreichung der genannten unterschiedlichen Zwecke auch jeweils eigenen Anforderungen dieses Grundsatzes.

III. Konsequenz: vorhaben- und enteignungsbezogene Voraussetzungen

Diese Gegebenheit, dass die Enteignungsgesetze mit dem Vorhaben und der Enteignung zwei Bezugspunkte haben, hat nicht nur für das Verständnis der genannten Begriffe Konsequenzen, sondern legt auch eine entsprechende Strukturierung der Zulässigkeitsvoraussetzungen nahe. Es gibt Voraussetzungen, die

141 Vgl. § 2 LEntG BW; Art. 1 BayEG; § 1 Abs. 1 EnteigG BE; § 2 EntGBbg; § 2 HA EnteigG; § 3 HEG; § 2 EnteigG M-V; § 2 NEG; § 2 EEG NW; § 2 LEnteigG RP; § 2 SächsEntEG; § 2 EntG LSA; § 2 ThürEG.

142 Zu dieser Verbindung bei der „klassischen" Enteignung *W. Böhmer*, Sondervotum zu BVerfG, Urt. v. 10.3.1981 – 1 BvR 92, 96/71, BVerfGE 56, S. 249 (278 f.). Zum Begriff Enteignung *J. Lege*, NJW 1993, S. 2565.

143 Zu den – insoweit klareren – Regelungen des Bundesberggesetzes *P. Weides/E. Jahnz*, DVBl. 1984, S. 921.

beziehen sich auf das Vorhaben und das mit ihm verfolgte Allgemeinwohlziel und es gibt Voraussetzungen, die beziehen sich auf die Enteignung und den mit ihr unmittelbar verfolgten Zweck, das allgemeinwohldienliche Vorhaben zu ermöglichen.

1. Nicht planakzessorische Enteignung: Verteilung innerhalb der Enteignungsgesetze

Bei der nicht planakzessorischen Enteignung ergeben sich wie gesehen alle Enteignungsvoraussetzungen aus den Landesenteignungsgesetzen. Die Enteignungsbehörde prüft sie einstufig im Enteignungsverfahren. Durch die Differenzierung zwischen vorhabenbezogenen Voraussetzungen und enteignungsbezogenen Voraussetzungen ergibt sich eine Gliederung der Prüfung innerhalb der Landesenteignungsgesetze in zwei Teile.

Vorhabenbezogene Voraussetzungen finden sich zum einen in den Bestimmungen „Enteignungszweck". Die Bestimmungen enthalten zwei Voraussetzungen: Es muss sich um bestimmte Vorhaben handeln und diese Vorhaben müssen im Einzelfall auch dem Allgemeinwohl dienen. Außerdem enthalten die Bestimmungen „Zulässigkeit der Enteignung" in den Absätzen 1 die Voraussetzung, dass das Vorhaben allgemeinwohlerforderlich sein muss. Enteignungsbezogene Voraussetzungen enthalten zum einen auch die Bestimmungen „Zulässigkeit der Enteignung": in den Absätzen 1 das Erfordernis, dass der Enteignungszweck nicht auf andere zumutbare Weise erreicht werden kann; in den Absätzen 2 die Voraussetzungen, dass der Vorhabenträger sich vergeblich um den freihändigen Erwerb des zu enteignenden Grundstücks bemüht haben muss und er außerdem glaubhaft gemacht haben muss, das Grundstück innerhalb angemessener Frist für das Vorhaben zu verwenden. Die Bestimmungen „Umfang, Beschränkung und Ausdehnung der Enteignung" enthalten dann einzelne Anforderungen an die räumliche und rechtliche Erforderlichkeit des Enteignungseingriffs. Daneben gibt es auch Voraussetzungen, die sich nicht ausdrücklich in den Enteignungsgesetzen finden lassen: die Rechtmäßigkeit des Vorhabens sowie hinsichtlich der Enteignung weitere Ausprägungen des verfassungsrechtlichen Erforderlichkeitsgrundsatzes.

2. Enteignung aufgrund Planfeststellungsbeschlusses: Verteilung auf zwei Gesetze

Bei der Enteignung aufgrund Planfeststellungsbeschlusses ergeben sich die Voraussetzungen für die Enteignung aus jeweils zwei Gesetzen: nämlich einmal aus den Gesetzen, die die Planfeststellungspflicht festlegen, und ergänzend aus den Landesenteignungsgesetzen.[144] Hier ist die Frage „vorhaben- oder enteignungsbezogen" das Kriterium für die Verteilung der Enteignungsvoraussetzungen auf Planfeststellungs- und Enteignungsgesetze.

Auch die materiellen Voraussetzungen für eine Planfeststellung müssen den Anforderungen des Art. 14 Abs. 3 GG genügen. Bei der Planfeststellung geht es aber nur um das Vorhaben. Im Rahmen der Prüfung der materiellen Voraussetzungen für eine Planfeststellung kann es deswegen auch nur um die Enteignungsvoraussetzungen gehen, die Anforderungen an das Vorhaben zum Inhalt haben. Damit bleiben für die Enteignungsgesetze nur die Voraussetzungen, die sich auf den Rechtsakt Enteignung beziehen. Im Anschluss an ein Planfeststellungsverfahren finden diese Gesetze daher nur teilweise Anwendung: Von den eben genannten Enteignungsvoraussetzungen gelten nur die enteignungsbezogenen Voraussetzungen – die vorhabenbezogenen Voraussetzungen in den Landesenteignungsgesetzen werden in diesem Fall durch die Vorgaben für die Planfeststellung ersetzt.[145]

144 Dazu oben S. 51 f.

145 Zu den daraus resultierenden Schwierigkeiten bei der Rechtsanwendung unten S. 102 f.

§ 2 Vorhabenbezogene Voraussetzungen

Im folgenden Abschnitt werden die vorhabenbezogenen Voraussetzungen ausgelegt. Bei der Auslegung dieser Voraussetzungen kann an einigen Stellen ein Blick auf die parallel gelagerte Prüfung der Planfeststellungsbehörde hilfreich sein, da die materiellen Voraussetzungen einer Planfeststellung in Rechtsprechung und Literatur deutlich mehr Beachtung gefunden haben als die vorhabenbezogenen Voraussetzungen bei einer nicht planakzessorischen Enteignung.

A. Vorhaben, die Enteignung rechtfertigen können

In den Bestimmungen „Enteignungszweck" hat der Gesetzgeber festgelegt, für welche Vorhaben eine Enteignung zulässig sein kann.

I. Vorhaben, für die andere Gesetze die Enteignung zulassen

Möglich ist zunächst nach allen Enteignungsgesetzen die Enteignung für Vorhaben, für die andere Gesetze die Enteignung ausdrücklich zulassen.[146] Entsprechende Enteignungsermächtigungen finden sich, wie gesehen, sowohl in Bundesfachgesetzen wie – jeweils in unterschiedlicher Anzahl – in Landesfachgesetzen:

- § 44 Abs. 1 WaStrG: Unterhaltung von Bundeswasserstraßen,
- § 45 Abs. 1 Nr. 2 EnWG: sonstige Vorhaben zum Zwecke der Energieversorgung,
- Landeswassergesetze[147]: Wasserversorgung, Abwasserbeseitigung,
- § 14 LAbfWG RP: Abfallentsorgungsanlage, die in einem förmlichen Verfahren nach dem Bundes-Immissionsschutzgesetz genehmigt wurde,
- Landesnaturschutzgesetze[148]: Maßnahmen von Naturschutz und Landschaftspflege,
- Landeswassergesetze[149]: Unterhaltung eines Gewässers.

---

146 § 2 Nr. 1 LEntG BW; Art. 1 Abs. 2 Nr. 1 BayEG; § 1 Abs. 1 EnteigG BE; § 2 Abs. 1 Nr. 1 EntGBbg; § 1 Abs. 1 a), b) BremEntG; § 1 HA EnteigG; § 3 Nr. 4 HEG; § 2 Abs. 1 Nr. 1 EnteigG M-V; § 2 NEG; § 2 Abs. 1 Nr. 1 EEG NW; § 2 Nr. 4 LEnteigG RP; § 1 SächsEntEG; § 2 Nr. 1 EntG LSA; § 2 Abs. 1 Nr. 1 ThürEG.

147 Art. 72 BayWG; § 58 BbgWG; § 102 i.V.m. § 15 Abs. 3 LWG M-V; § 46 LWG NW; § 120 Abs. 2 LWG RP.

148 Art. 35 Nr. 2 BayNatSchG; § 70 Abs. 1 S. 1 Nr. 4 BbgNatSchG; § 38 HmbNatSchG; § 43 HENatG; § 49 Abs. 1 Nr. 1 NNatG; § 7 Abs. 1 LG NW; § 49 Abs. 1 S. 1 LNatG M-V; § 49 Abs. 3 LNatSchG RP; § 37 Abs. 1 Nr. 2 SächsNatSchG; § 48 Abs. 1 Nr. 1 ThürNatG.

II. Katalog von Vorhaben

Die meisten Enteignungsgesetze legen daneben in – beispielhaften[150] oder abgeschlossenen[151] – Katalogen auch selber Vorhaben fest, für die eine Enteignung zulässig sein kann. Die Kataloge erwähnen im Wesentlichen folgende Vorhaben:

- „Einrichtungen, die der öffentliche Versorgung dienen“[152], „Einrichtungen für öffentliche Versorgung“[153],
- „Vorhaben für die öffentliche Versorgung mit Wasser“[154],
- „Vorhaben für die öffentliche Wärmeversorgung“[155],
- „Rohrleitungen zum Transport von Rohstoffen oder Produkten in großen Mengen oder mit gefährlichen Eigenschaften“[156], „Transportleitungen“[157],
- „Einrichtungen, die der öffentlichen Entsorgung dienen“[158], „Einrichtungen für öffentliche Entsorgung“[159],
- „Vorhaben für die öffentliche Entsorgung von Abwasser“[160],
- „Vorhaben für die öffentliche Entsorgung von Abfällen“[161],
- „Einrichtungen für soziale, kulturelle, gesundheitliche und sportliche Zwecke sowie für Zwecke der Bildung und Wissenschaft“[162],
- „Einrichtungen, die dem Umweltschutz dienen“[163],

---

149 § 65 Abs. 1 Nr. 1 WG BW; Art. 72 BayWG.

150 § 2 Nr. 2 LEntG BW; Art. 1 Abs. 1 S. 1, 2 BayEG; § 2 Nr. 2 EntG LSA; § 2 Abs. 1 Nr. 2 ThürEG.

151 § 1 Abs. 2 EnteigG BE; § 2 Abs. 1 Nr. 2 EntGBbG; § 2 Abs. 1 Nr. 2 EnteigG M-V; § 2 Abs. 1 Nr. 2 EEG NW; § 2 Nr. 1 SächsEntEG.

152 Art. 1 Abs. 1 S. 2 Nr. 3 BayEG.

153 § 2 Nr. 2 c) LEntG BW; § 2 Abs. 1 Nr. 2 b) EntGBbg; § 2 Abs. 1 Nr. 2 b) EnteigG M-V; § 2 Abs. 1 Nr. 2 b) EEG NW; § 2 Nr. 1 d) SächsEntEG; § 2 Nr. 2 c) EntG LSA; § 2 Abs. 1 Nr. 2 c) ThürEG.

154 § 2 Abs. 1 Nr. 2 c) EntGBbg.

155 § 2 Abs. 1 Nr. 2 b) EntGBbg; § 2 Abs. 1 Nr. 2 b) EnteigG M-V; § 2 Abs. 1 Nr. 2 b) EEG NW; § 2 Abs. 1 Nr. 2 c) ThürEG.

156 § 2 Abs. 1 Nr. 2 d) EntGBbg; § 2 Abs. 1 Nr. 2 c) EnteigG M-V; § 2 Abs. 1 Nr. 2 d) EEG NW; § 2 Nr. 1 h) SächsEntEG; § 2 Nr. 2 g) EntG LSA; § 2 Abs. 1 Nr. 2 g) ThürEG.

157 Art. 1 Abs. 1 Nr. 1 BayEG.

158 Art. 1 Abs. 1 S. 2 Nr. 3 BayEG.

159 § 2 Nr. 2 c) LEntG BW; § 2 Abs. 1 Nr. 2 b), c) EntGBbg; § 2 Abs. 1 Nr. 2 b) EnteigG M-V; § 2 Abs. 1 Nr. 2 b), c) EEG NW; § 2 Nr. 1 d) SächsEntEG; § 2 Nr. 2 c) EntG LSA; § 2 Abs. 1 Nr. 2 c), d) ThürEG.

160 § 2 Abs. 1 Nr. 2 d) ThürEG.

161 § 2 Abs. 1 Nr. 2 c) EntGBbg; § 2 Abs. 1 Nr. 2 c) EEG NW; § 2 Abs. 1 Nr. 2 d) ThürEG.

162 § 2 Nr. 2 a), b) LEntG BW; Art. 1 Abs. 1 S. 2 Nr. 1, 2 BayEG; § 2 Abs. 1 Nr. 2 d), e) EnteigG M-V; § 2 Nr. 1 a), b), c) SächsEntEG; § 2 Nr. 2 a), b) EntG LSA; § 2 Abs. 1 Nr. 2 a), b) ThürEG.

163 § 2 Nr. 2 d) LEntG BW; § 2 Abs. 1 Nr. 2 a) EEG NW; § 2 Abs. 1 Nr. 2 a) EnteigG M-V; § 2 Nr. 1 e) SächsEntEG; § 2 Nr. 2 d) EntG LSA; § 2 Abs. 1 Nr. 2 e) ThürEG.

- „Vorhaben für den Schutz von Boden, Wasser, Luft, Klima und Landschaft“[164].

III. Vorhaben allgemein, die dem Wohl der Allgemeinheit dienen

Schließlich wiederholen einige Landesenteignungsgesetze bei der Festlegung der Vorhaben, die eine Enteignung rechtfertigen können, die Formulierung aus Art. 14 Abs. 3 S. 1 GG, wonach eine Enteignung nur zum Wohl der Allgemeinheit zulässig ist: Nach diesen Gesetzen kann allgemein für Vorhaben enteignet werden, die dem Wohl der Allgemeinheit dienen. Diese Generalklauseln finden – je nach Ausgestaltung des Landesrechts – entweder nur auf die Vorhaben Anwendung, die nicht von den Fachgesetzen erfasst werden und die nicht unter die eben angeführten Kataloge fallen[165], oder auf alle Vorhaben, die nicht von den Enteignungsermächtigungen in den Fachgesetzen erfasst werden[166]. Es fragt sich allerdings, ob diese Regelung verfassungsmäßig ist.

1. Verstoß gegen Art. 14 Abs. 3 S. 2 1. HS GG

Nach Art. 14 Abs. 3 S. 2 1. HS GG darf eine Enteignung nur durch Gesetz oder aufgrund eines Gesetzes erfolgen. Welche Vorgaben aus dieser verfassungsrechtlichen Bestimmung für den Gesetzgeber abzuleiten sind, hat das Bundesverfassungsgericht in seiner Entscheidung zur Bad Dürkheimer Gondelbahn ausgeführt: „Art. 14 Abs. 3 S. 2 GG gibt dem Gesetzgeber auf, aus dem vielfältigen Bereich der Gemeinwohlaufgaben diejenigen Sachgebiete auszuwählen, für die er die zwangsweise Verwirklichung durch Enteignung zulassen oder anordnen will. Allein dem parlamentarisch-demokratischen Gesetzgeber ist nach dem Sinn und Kompetenzgefüge des Grundgesetzes vorbehalten, die eine Enteignung legitimierenden Gemeinwohlaufgaben zu bestimmen und die hierbei erforderlichen Rechtsvorschriften zu erlassen. Dem entspricht, wenn in den Gesetzen bestimmt wird, für welche Vorhaben unter welchen Voraussetzungen und für welche Zwecke eine Enteignung zulässig sein soll (BVerfGE 24, 367 (S. 403 f.); 38, 175 (S. 180)). Weder die staatliche noch die kommunale Verwaltung

---

164 § 2 Abs. 1 Nr. 2 a) EntGBbg; § 2 Abs. 1 Nr. 2 a) EnteigG M-V; § 2 Abs. 1 Nr. 2 a) EEG NW; § 2 Abs. 1 Nr. 2 e) ThürEG.

165 § 2 Nr. 2 LEntG BW; Art. 1 Abs. 1 S. 1, 2 BayEG; § 2 Nr. 2 EntG LSA; § 2 Abs. 1 Nr. 2 ThürEG.

166 § 1 Abs. 1 c) BremEntG; § 2 S. 1 HA EnteigG; § 3 Nr. 1 HEG; § 2 Nr. 1 NEG; § 2 Nr. 1 LEnteigG RP; § 1 GEG SL; § 1 GEG SH.

können anstelle des Gesetzgebers die eine Enteignung rechtfertigenden Gemeinwohlaufgaben bestimmen."[167]

Mit der Wiederholung der Formulierung aus Art. 14 Abs. 3 S. 1 GG in den Enteignungsgesetzen kommen die Landesgesetzgeber gerade nicht dieser Aufgabe nach, die zugelassenen Enteignungszwecke zu konkretisieren. Anders in den Fachgesetzen des Bundes und der Länder und in den Katalogen der Landesenteignungsgesetze; hier hat der Gesetzgeber die eine Enteignung legitimierenden Gemeinwohlaufgaben ausgewählt[168]: In diesen Gesetzen wird entweder ein bestimmtes Sachgebiet angegeben (z.B. Energieversorgung, Wasserversorgung) oder konkrete Vorhaben (z.B. Einrichtungen für die Entsorgung von Abfällen). In diesen Fällen trifft der Gesetzgeber mit der Bezeichnung der Sachgebiete oder der Benennung der Vorhaben eine Entscheidung darüber, in welchen Bereichen die zwangsweise Verwirklichung durch Enteignung zulässig sein soll bzw. die Verwirklichung welcher Vorhaben dem Wohl der Allgemeinheit dienen kann. Mit der Wiederholung der enteignungsrechtlichen Generalklausel aus Art. 14 Abs. 3 S. 1 GG enthält sich der Gesetzgeber aber jeder Vorgabe. Diese „Nichtregelung" genügt nicht den genannten Anforderungen, die aus Art. 14 Abs. 3 S. 2 GG folgen.[169] Für die Generalklausel in § 3 Nr. 1 HEG hat das Landgericht Darmstadt ausdrücklich festgestellt, dass diese Norm nach der Rechtsprechung des Bundesverfassungsgerichts den Anforderungen des Art. 14 Abs. 3 S. 2 GG nicht genügt.[170]

Konsequenz dieser gesetzgeberischen Zurückhaltung ist, dass die Enteignungsbehörde in diesen Fällen beurteilen muss, ob der Bereich, aus dem das geplante Vorhaben stammt, dem Wohl der Allgemeinheit dient – oder doch nur weniger bedeutsamen Zielen. Es liegt aber weder im Interesse der Behörde noch

---

167 BVerfG, Urt. v. 10.3.1981 – 1 BvR 92, 96/71, BVerfGE 56, S. 249 (261 f.); dazu *R. Breuer*, DVBl. 1981, S. 971. In der späteren „Boxberg"-Entscheidung hat das Bundesverfassungsgericht diese Auffassung fortgeführt, Urt. v. 24.3.1987 – 1 BvR 1046/85, BVerfGE 74, S. 264 (286).

168 Nicht weiter behandelt werden soll die Frage, ob die Enteignungszwecke in diesen Gesetzen in jedem Fall ausreichend bestimmt formuliert sind. Kritisch zur Bestimmtheit der Enteignungsgrundlagen für Maßnahmen von Naturschutz und Landschaftspflege: *D. Hönig*, Fachplanung und Enteignung, S. 138 ff.; *S. Pommer*, Bahnreform und Enteignung, S. 257 ff.

169 Nicht überzeugend *P. Molodovsky/S. Graf v. Bernstorff*, Enteignungsrecht in Bayern, Art. 1 Anm. 3.1, die – ohne Berücksichtigung der späteren Entscheidungen des Bundesverfassungsgerichts – meinen, dass aus BVerfGE 24, S. 367 (403 f.) nicht gefolgert werden könne, dass es erforderlich sei, die Vorhaben, für die die Enteignung zulässig sein soll, im Gesetz konkret zu bezeichnen. Ebenfalls für die verfassungsrechtliche Unbedenklichkeit der Generalklausel im BayEG: *K. Puhr-Westerheide*, BayEG, Art. 1 Anm. 2. Dieselbe Ansicht für das NEG vertreten *H. Behre/K.-H. Wagenknecht*, NEG, § 2 Anm. 2.

170 Urt. v. 17.4.1996 – 9 O (B) 14/95, NVwZ 1997, S. 828; ebenso zur Generalklausel in § 2 Nr. 2 LEntG BW *S. Werner*, VBlBW 1998, S. 323 (325).

in dem des von der Enteignung betroffenen Bürgers, wenn die Enteignungsbehörde diese Entscheidung zu treffen hat. Stellt es schon für den Gesetzgeber eine schwierige Aufgabe dar, die Generalklausel „Allgemeinwohl" aus Art. 14 Abs. 3 S. 1 GG zu konkretisieren, so gilt dies umso mehr für die Enteignungsbehörde. Sie ist mit der Aufgabe überfordert, anhand eines konkreten Enteignungsantrags nachvollziehbare Kriterien aufzustellen, die dann – wegen der Bindung an den Gleichbehandlungsgrundsatz – auch für alle späteren Fälle gelten müssten.[171] Für die Enteignungsbetroffenen dagegen stellt die Generalklausel einen Verlust an Rechtssicherheit dar. Ohne genauere Regelung durch den Gesetzgeber ist der Eingriff durch die Behörde für den Einzelnen weder vorhersehbar noch messbar.[172] Dies ist besonders gravierend, da die Enteignung einen intensiven Grundrechtseingriff darstellt.[173]

2. *Aufruf an den Gesetzgeber*

Fraglich ist auch, ob wirklich überzeugende Gründe für eine Generalklausel sprechen. Ihr Vorteil liegt darin, theoretisch jedes Vorhaben zu erfassen – auch solche, die wegen der technischen Entwicklung zur Zeit der Gesetzgebung noch nicht vorhersehbar waren, oder solche, deren Gewichtung sich mit der Zeit verschiebt oder die einfach wegen der Vielzahl der denkbaren Fälle übersehen wurden. Auf der anderen Seite ist es keine Besonderheit des Enteignungsrechts, dass der Gesetzgeber gefordert ist, auf neue Entwicklungen und Erkenntnisse zu reagieren. Dass er dazu auch in der Lage ist, zeigt für das Enteignungsrecht das Gesetz über den Bau und den Betrieb von Versuchsanlagen zur Erprobung von Techniken für den spurgeführten Verkehr und das Magnetschwebebahnplanungsgesetz.

Der Gesetzgeber begibt sich mit der Generalklausel auch der Möglichkeit, selber festzulegen, dass für bestimmte Zwecke nicht enteignet werden kann; demgegenüber erscheint die Wahrscheinlichkeit, dass ungewollt ein Enteignungszweck nicht geregelt wird, eher unwahrscheinlich[174]. So musste für die Enteignung zugunsten der eben angeführten Vorhaben bei den Gesetzen, die eine Generalklausel enthalten, die noch durch eine Aufzählung von Vorhaben ergänzt wird, nie auf die Generalklausel zurückgegriffen werden. Alle Vorhaben werden bereits von der Aufzählung oder von den Enteignungsermächtigungen in

171 Vgl. *S. Pommer*, Bahnreform und Enteignung, S. 179.

172 Dazu *K. Obermayer*, BayVBl. 1971, S. 209 (213).

173 Zum Zusammenhang von Intensität des Grundrechtseingriffs und Anforderungen an die Bestimmtheit *H.-J. Papier/J. Möller*, AöR Bd. 122 (1997), S. 177 (187 f.).

174 Dagegen halten *H. Behre/K.-H. Wagenknecht* eine abschließende kasuistische Aufzählung aller Zwecke, zu denen eine Enteignung zulässig sein kann, für nicht möglich, dies., NEG, § 2 Anm. 3.

den Fachgesetzen erfasst. Die Gesetzgebung – gerade bei jüngeren Gesetzen – hat auch entsprechende Konsequenzen gezogen. Die Enteignungsgesetze der Länder Berlin, Brandenburg, Mecklenburg-Vorpommern, Nordrhein-Westfalen und Sachsen enthalten nur einen abgeschlossenen Katalog von Vorhaben, für die eine Enteignung zulässig ist. Dieser Katalog wird nicht noch durch eine Generalklausel ergänzt.[175]

Letztlich ist der Gesetzgeber gefordert[176]: In den Ländern Bremen, Hamburg, Hessen, Niedersachsen, Rheinland-Pfalz, Saarland und Schleswig-Holstein sollte die Generalklausel durch einen Katalog von Enteignungsvorhaben ersetzt werden, der die in den Landesfachgesetzen nicht aufgeführten Vorhaben erfasst. In den Ländern Baden-Württemberg, Bayern, Sachsen-Anhalt und Thüringen, in denen die Generalklausel noch durch einen Katalog von Vorhaben beispielhaft ergänzt wird („insbesondere"), könnte durch die Streichung des Worts „insbesondere" erreicht werden, dass nur für die in dem Katalog angegebenen Vorhaben – die eventuell ergänzt werden könnten – enteignet werden darf.

IV. Prüfungsinhalt: Feststellung, dass Vorhaben von den Enteignungsgesetzen erfasst wird

Bei den Enteignungsgesetzen, die den Anforderungen des Art. 14 Abs. 3 S. 2 1. HS GG entsprechend formuliert sind, wird die Rechtsanwendung nur selten Schwierigkeiten bereiten. Benennen die Enteignungsgesetze Vorhaben wie Altenheime und Schulen ist die Zuordnung eines Vorhabens im Regelfall offensichtlich, auch Tatbestände, die Sachgebiete angeben wie Energieversorgung oder Wärmeversorgung, sind für die Enteignungsbehörde unproblematisch zu handhaben. Zwei Konstellationen sind allerdings denkbar, bei denen die Zuordnung eine gewisse Wertung verlangt.

1. Hauptziel des Vorhabens entscheidend

Das ist einmal der Fall, wenn mit einem Vorhaben nur zum Teil Ziele verfolgt werden, die von den tatbestandlichen Voraussetzungen erfasst werden.

---

175 § 1 Abs. 2 EnteigG BE; § 2 Abs. 1 Nr. 2 EntGBbg; § 2 Abs. 1 Nr. 2 EnteigG M-V; § 2 Abs. 1 Nr. 2 EEG NW; § 2 Nr. 1 SächsEntEG.

176 Der Gesetzgeber in Nordrhein-Westfalen hat mit der Neuregelung des Enteignungsrechts zum 1.1.1990 (auch hier galt noch das preußische Enteignungsgesetz) auf die Anforderungen des Bundesverfassungsgerichts an die Formulierung der Enteignungszwecke reagiert, vgl. *G. Rasche*, NWVBl. 1989, S. 261 (263).

So hatte der bayerische Verwaltungsgerichtshof zu prüfen, ob es sich bei einem Bürgerhaus um ein Vorhaben handelt, für das enteignet werden kann.[177] Das Bürgerhaus sollte dem Schul- und Vereinssport und der Pflege des kulturellen Vereinslebens dienen und Raum für eine öffentliche Bücherei sowie einen Ort für Gemeinderatssitzungen und Bürgerversammlungen bieten – alles Zwecke, für die nach Art. 1 Abs. 1 S. 2 BayEG enteignet werden kann. Darüber hinaus sollte das Bürgerhaus aber auch Vereinigungen offen stehen, die keine kulturellen Zwecke verfolgen, und außerdem den Betrieb einer Gaststätte mit Kegelbahn aufnehmen – Zwecke, die nicht in Art. 1 BayEG enthalten sind. Eine vergleichbare Problematik hatte der baden-württembergische Verwaltungsgerichtshof zu entscheiden.[178] Nachdem das Gericht festgestellt hatte, dass der öffentlichrechtliche Rundfunk grundsätzlich durchaus eine Einrichtung der Kultur i.S.d. § 2 Nr. 2 b LEntG BW sein kann, musste das Gericht prüfen, ob diese Qualifizierung angesichts der Tatsache aufrechterhalten werden kann, dass nicht alle Programmteile einen kulturellen Inhalt haben.

In beiden Entscheidungen gingen die Gerichte davon aus, dass die Verfolgung auch anderer als der in den Enteignungsgesetzen genannten Zwecke einer Qualifizierung des Vorhaben als eines, das eine Enteignung rechtfertigen kann, nicht im Wege steht. So wurde das Bürgerhaus als eine Einrichtung angesehen, die der Körperertüchtigung, der Kultur und der Erfüllung gemeindlicher Pflichtaufgaben dient (vgl. Art. 1 Abs. 1 S. 2 Nr. 1, 2, 6 BayEG), und der öffentlichrechtliche Rundfunk als Einrichtung der Kultur (§ 2 Nr. 2 b LEntG BW). Kriterium für diese Bewertung war aber, dass die in den Enteignungsgesetzen genannten Zwecke als Hauptziele anzusehen waren und die weiteren Zwecke nur als untergeordnete Nebenzwecke zu verstehen waren. Dieses Ergebnis ist überzeugend, auch wenn die Abgrenzung von Hauptzielen einerseits und untergeordneten Nebenzielen andererseits im Einzelfall für die Enteignungsbehörde schwierig sein mag. Es entspricht dem üblichen Sprachgebrauch, eine Einrichtung oder ein Vorhaben nach seinem Hauptgegenstand zu benennen. So wäre eine Einrichtung auch weiter als Schule zu bezeichnen, selbst wenn außerhalb des Unterrichtsbetriebs in der Pausenhalle regelmäßig gewerblich betriebene Märkte stattfänden.

2. Räumlicher und funktioneller Zusammenhang mit dem Vorhaben

Schwierig kann die Zuordnung auch bei Vorhaben sein, die aus mehreren Bauten und unterschiedlichen Flächen bestehen. Hier ist die Abgrenzung nicht immer einfach, welcher Bau und welche Fläche noch Teil des Vorhabens ist. So

177 BayVGH, Urt. v. 21.12.1982 – Nr. 9 B 81 A. 2803, BayVBl. 1983, S. 469; zur Revision BVerwG, Urt. v. 6.3.1987 – 4 C 11 83, DVBl. 1987, S. 901.

178 Vgl. VGH BW, Urt. v. 15.11.1988 – 10 S 2400/87, NVwZ-RR 1989, S. 610 (611).

fallen unter „Einrichtungen für Zwecke der Bildung“ nicht nur ein geplantes Schulgebäude, sondern auch Freiflächen, die mit dem Schulgebäude in unmittelbarem und notwendigem Zusammenhang stehen, wie Zugänge und Zufahrten, Schulgarten und Sportplatz.[179] Mit „unmittelbarer, notwendiger Zusammenhang“ sind die zwei Kriterien angesprochen, nach denen die Abgrenzung vorgenommen werden kann: Ausschlaggebend für die Möglichkeit, einzelne Flächen oder Gebäude enteignen zu können, ist ein räumlicher und funktionaler Zusammenhang mit dem „Kern“ des Vorhabens.[180]

B. Allgemeinwohldienlichkeit des Vorhabens

Nach den Bestimmungen „Enteignungszweck“ ist es nicht ausreichend, wenn ein Vorhaben begrifflich von den in den Gesetzen genannten Sachgebieten oder Vorhaben erfasst wird. Hinzukommen muss nach diesen Vorschriften noch Folgendes: Die mit dem Vorhaben verfolgten Ziele dürfen nicht beliebige sein, sondern sie müssen dem Allgemeinwohl dienen. So formulieren die Enteignungsgesetze, die einen abgeschlossenen Katalog von Vorhaben enthalten, dass zur Verwirklichung der angegebenen Vorhaben enteignet werden kann, sofern diese dem Wohl der Allgemeinheit dienen.[181] Auch bei den Gesetzen, die einzelne Vorhaben nur beispielhaft aufzählen[182], muss das Vorhaben, für das enteignet werden kann, dem Wohl der Allgemeinheit dienen.[183] Soweit die Enteignungsermächtigungen in den Fachgesetzen, für die sich die Enteignungsgesetze für anwendbar erklären, dieses Erfordernis nicht ausdrücklich erwähnen, ergibt sich diese Voraussetzung direkt vor dem Hintergrund des Art. 14 Abs. 3 S. 1 GG.[184]

---

179 So BayVGH, Urt. v. 13.7.1959 – Nr. 34 V 55, VGH n.F. 13, S. 96 (103); vgl. auch BayObLG, Urt. v. 17.6.1991 – RReg. 1 Z 107/90, NVwZ-RR 1992, S. 606 (607).

180 Das entspricht der Sicht bei Betriebsanlagen der Eisenbahn und bei Flughäfen, dazu oben S. 32 f., 34. Da es sich bei diesen Vorhaben um planfeststellungspflichtige Vorhaben handelt, trifft diese Entscheidung die Planfeststellungsbehörde im Rahmen der Prüfung, welche Flächen und Gebäude planfestgestellt werden.

181 § 1 Abs. 2 EnteigG BE; § 2 Abs. 1 Nr. 2 EntGBbg; § 2 Abs. 1 Nr. 2 EnteigG M-V; § 2 Abs. 1 Nr. 2 EEG NW; § 2 Nr. 1 SächsEntEG.

182 § 2 Nr. 2 LEntG BW; Art. 1 Abs. 1 S. 1, 2 BayEG; § 2 Nr. 2 EntG LSA; § 2 Abs. 1 Nr. 2 ThürEG.

183 Vgl. dazu beispielhaft die Kommentierung zum bayerischen Enteignungsgesetz bei *P. Molodovsky/S. Graf v. Bernstorff*, Enteignungsrecht in Bayern, Art. 1 Anm. 3.2.1.

184 Zu § 28 Abs. 1 LuftVG: BVerwG, Beschl. v. 7.11.1996 – 4 B 170.96, DVBl. 1997, S. 434 (435).

I. Prüfung auch der Allgemeinwohlqualität der mit dem Vorhaben verfolgten Zwecke?

Die Erwähnung des Allgemeinwohls neben den im Einzelnen angegebenen Vorhaben wirft die Frage auf, ob die Enteignungsbehörde neben der Feststellung, dass das beantragte Vorhaben begrifflich mit den in den Enteignungsgesetzen genannten übereinstimmt, noch zusätzlich beurteilen muss, ob den mit der Verwirklichung des Vorhabens verfolgten Zielen Allgemeinwohlqualität zukommt. Um diesen Punkt klären zu können, muss – da die Enteignungsbehörde nur innerhalb des gesetzlich vorgegebenen Rahmens tätig werden kann – zunächst der Umfang der Konkretisierungsbefugnis des Gesetzgebers hinsichtlich des „Wohls der Allgemeinheit" aus Art. 14 Abs. 3 S. 1 GG geklärt werden (1.). Sollte danach für eine positive Feststellung der Allgemeinwohlqualität durch die Enteignungsbehörde kein Raum mehr sein, bleibt zu klären, welche Fragen dennoch durch die Enteignungsbehörde bei dem Prüfungspunkt „Allgemeinwohlqualität" entschieden werden können (2.).

1. Gesetzgeber: Kompetenz zur positiven Konkretisierung des „Wohls der Allgemeinheit" aus Art. 14 Abs. 3 S. 1 GG

Der Wortlaut der zitierten Bestimmungen legt nahe, dass die Behörde ein positives Urteil über die Allgemeinwohlqualität der mit dem Vorhaben verfolgten Ziele zu treffen hat: Nach der Feststellung, dass das Vorhaben von den Enteignungsgesetzen erfasst wird, scheint noch die Prüfung gefordert, ob die mit seiner Verwirklichung verfolgten Ziele so bedeutsam sind, dass ihnen das Gewicht, dem „Wohl der Allgemeinheit" zu dienen, zukommt.[185]

Nach den im vorangegangenen Abschnitt zitierten Entscheidungen des Bundesverfassungsgerichts zum Gesetzesvorbehalt in Art. 14 Abs. 3 S. 2 1. HS GG obliegt es aber allein dem Gesetzgeber, aus dem vielfältigen Bereich der Gemeinwohlaufgaben diejenigen Sachgebiete auszuwählen, für die er die zwangsweise Verwirklichung durch Enteignung zulassen oder anordnen will.[186] In der Literatur werden aus diesem Verständnis des Gesetzesvorbehalts Konsequenzen für die Interpretation des Begriffs „Wohl der Allgemeinheit" in Art. 14 Abs. 3 S. 1 GG gezogen.

Es gibt eine Vielzahl von Ansätzen, diesem Begriff inhaltlich klarere Konturen zu geben. Dies wird zum einen durch Negativabgrenzungen versucht, indem festgestellt wird, was nicht dem Allgemeinwohl entspricht, zum anderen wird

185 Für diese Auslegung *P. Molodovsky/S. Graf v. Bernstorff*, Enteignungsrecht in Bayern, Art. 1 Anm. 3.2.1, 3.3.2; *K. Puhr-Westerheide*, BayEG, Art. 1 Anm. 2.4.

186 BVerfG, Urt. v. 10.3.1981 – 1 BvR 92, 96/71, BVerfGE 56, S. 249 (261 f.), Urt. v. 24.3.1987 – 1 BvR 1046/85, BVerfGE 74, S. 264 (286).

auch versucht, diesen Begriff positiv zu bestimmen.[187] Bereitet die Feststellung, welche Ziele nicht mehr von dem Begriff Allgemeinwohl erfasst werden, keine übergroßen Schwierigkeiten, sieht es mit dem Versuch, diesen Begriff inhaltlich positiv zu füllen, anders aus. Hier ist es nicht gelungen, das Wohl der Allgemeinheit positiv so konkret zu umschreiben, dass der Begriff für den Rechtsanwender subsumtionsfähig würde.

Angesichts der Unmöglichkeit positiver Bestimmung wird auf die Definitionsmacht des parlamentarischen Gesetzgebers hingewiesen.[188] Das Grundgesetz gebe keinen materiellen Begriff des Wohls der Allgemeinheit vor. Die Auflösung des Konflikts zwischen den grundrechtlich geschützten Eigentumsinteressen des Einzelnen und den Belangen der Allgemeinheit sei in einer Demokratie Aufgabe des Gesetzgebers. Es sei das Parlament, das – wie vom Bundesverfassungsgericht gefordert – in Enteignungsgesetzen bestimmen müsse, für welche Vorhaben und unter welchen Voraussetzungen eine Enteignung zulässig sein soll.[189] Dabei handele es sich um eine politische Zweckmäßigkeitsentscheidung zugunsten bestimmter Vorhaben, die der juristischen Stufe vorgelagert sei.[190]

Wenn es allein Aufgabe des Gesetzgebers ist, die Gemeinwohlaufgaben auszuwählen, für deren Verwirklichung die Enteignung zulässig sein soll, und er dieser Aufgabe nachkommt, indem er in Enteignungsgesetzen einzelne Vorhaben oder Sachgebiete bestimmt, dann ist daneben kein Raum für eine entsprechende Prüfung durch die Enteignungsbehörde. Die Behörde kann nicht erneut überprüfen, ob die mit dem Vorhaben verfolgten Ziele Allgemeinwohlqualität haben, wenn diese Entscheidung bereits dadurch durch den Gesetzgeber getroffen wurde, dass er für dieses Vorhaben oder Sachgebiet in einem Gesetz die Enteignung für zulässig erklärt. Die Prüfungskompetenz der Enteignungsbehörde ist daher deutlich beschränkter als es der Gesetzeswortlaut vermuten lässt. Es ergibt sich folgendes Bild: Die Behörde stellt zunächst fest, ob das Vorhaben von den Enteignungsgesetzen erfasst wird. Fällt das Vorhaben in den Anwendungsbereich der Gesetze, gilt die generelle Entscheidung des Gesetzgebers,

---

187 Vgl. den ausführlichen Überblick über beide Ansätze bei *W. Schmidbauer*, Enteignung zugunsten Privater, S. 91 ff., 113 ff.

188 Vgl. *J. Wieland*, in: Dreier (Hrsg.), GG Bd. 1, Art. 14 Rn. 101; *O. Depenheuer*, in: v. Mangoldt/Klein/Starck, GG Bd. 1, Art. 14 Rn. 425; *S. Pommer*, Bahnreform und Enteignung, S. 176 ff.; *R. Uerpmann*, Das öffentliche Interesse, S. 147 f. Siehe auch *O. Kimminich*, in: Bonner Kommentar, GG, Art. 14 Rn. 393 unter Hinweis auf BVerwG, Urteil v. 18.8.1964 – I C 48.63, BVerwGE 19, S. 171 (172), wonach der verfassungsrechtliche Begriff des Wohls der Allgemeinheit durch die einschlägigen gesetzlichen Bestimmungen konkretisiert werde.

189 Vgl. *J. Wieland*, in: Dreier (Hrsg.), GG Bd. 1, Art. 14 Rn. 101; *O. Depenheuer*, in: v. Mangoldt/Klein/Starck, GG Bd. 1, Art. 14 Rn. 425.

190 *S. Pommer*, Bahnreform und Enteignung, S. 176.

dass bestimmte Gemeinwohlaufgaben eine Enteignung legitimieren können, dann auch für das konkrete Vorhaben.[191]

2. *Enteignungsbehörde: Kompetenz zur negativen Abgrenzung*

Eine zusätzliche – eigenständige – Prüfung durch die Enteignungsbehörde bei der Frage der Allgemeinwohlqualität der mit dem Vorhaben verfolgten Zwecke kann aber bei bestimmten Konstellationen in Betracht kommen. Es ist möglich, dass die generelle Entscheidung des Gesetzgebers in bestimmten Fällen einer Korrektur bedarf. Die von den Enteignungsgesetzen erfassten Vorhaben können im Einzelfall – auch – Ziele verfolgen, die nicht dem Allgemeinwohl entsprechen. Werden entsprechende Ziele verfolgt, kann die vom Gesetzgeber vorgegebene Beurteilung eines Vorhabens als dem Wohl der Allgemeinheit dienend möglicherweise nicht aufrechterhalten werden. Voraussetzung dafür ist, dass im Einzelfall bestimmte Ziele verfolgt werden, die nicht dem Allgemeinwohl entsprechen und dass die Verfolgung dieser Ziele die gesetzgeberische Bewertung „Allgemeinwohlqualität" für die allgemein mit dem Vorhaben verfolgten Ziele verändern kann.

Die Verteilung der Kompetenz zur Konkretisierung des Begriffs „Wohl der Allgemeinheit" aus Art. 14 Abs. 3 S. 1 GG könnte somit schlagwortartig wie folgt beschrieben werden: Dem Gesetzgeber kommt die Aufgabe zur positiven Bestimmung zu, der Enteignungsbehörde zur negativen Abgrenzung. Inwieweit dies der Fall ist, soll im Folgenden untersucht werden.

a) Verfolgung von Fiskalinteressen

Auch wenn sich der Begriff „Wohl der Allgemeinheit" nicht so klar fassen lässt, dass ihm ein subsumtionsfähiger Inhalt zugeschrieben werden könnte, so lässt sich doch aus dem Wortlaut eine Aussage ableiten: Es darf nicht nur ein Einzelner sein, der Nutzen aus dem Enteignungsvorhaben zieht; mit „Allgemeinheit" ist immer eine Vielzahl von Individuen gemeint. Ausgehend von diesem Befund ergeben sich die beiden wichtigsten negativen Abgrenzungen: Vom Wohl der

191 So zu § 45 Abs. 1 EnWG: *H. Lecheler,* RdE 2005, S. 125 (127 f.); *S. de Witt,* RdE 2006, S. 141 (148); *C. Theobald*, in: Danner/Theobald, Energierecht, EnWG, § 45 Rn. 7. Zu der parallel gelagerten Fragestellung bei der Planrechtfertigung: *H. D. Jarass*, NuR 2004, S. 69 (73 f.); *N. Niehues*, WiVerw. 1985, S. 250 (258). Bei der Enteignung nach dem Baugesetzbuch hat der Gesetzgeber in § 85 Abs. 1 BauGB festgelegt, welche städtebaulichen Aufgaben das Gewicht haben sollen, im Einzelfall das Wohl der Allgemeinheit auszumachen, dazu *P. Runkel*, in: Ernst/Zinkahn/Bielenberg, BauGB, § 87 Rn. 25.

Allgemeinheit erfasst werden weder Fiskalinteressen des Staats noch bloße Privatinteressen (dazu unter b)).

(1) Allgemeines

Mit dem Begriff „Fiskus“ wird heute das Staatsvermögen bezeichnet.[192] Von fiskalischer Tätigkeit des Staats wird daher gesprochen, wenn der Staat in den Rechtsverkehr nicht hoheitlich, sondern im Wege der Gleichordnung eintritt, um am allgemeinen wettbewerblichen Wirtschafts- und Erwerbsleben teilzunehmen und das Finanz- und das Verwaltungsvermögen zu erhalten, zu vermehren oder zu veräußern oder dafür benötigte Leistungen zu beschaffen.[193] Die Interessen, die der Staat bei dieser Tätigkeit verfolgt, entsprechen denen einer Privatperson, die am allgemeinen Wirtschafts- und Erwerbsleben teilnimmt: Ziel ist die Mehrung des Vermögens, in diesem Fall des Staatsvermögens.[194] Dass die Enteignung kein Instrument zur Vermehrung des Staatsvermögens ist und Enteignungen aus fiskalischen Gründen unzulässig sind, ist einhellige Auffassung in Rechtsprechung[195] und Literatur[196]. Diese Auffassung ist so alt wie die Herausbildung des Rechtsinstituts Enteignung.[197]

Auf den ersten Blick erscheint es allerdings – entgegen dieser Auffassung – überhaupt nicht zwingend, fiskalische Interessen aus dem Allgemeinwohlbegriff auszugrenzen.[198] Anders als bei Privatpersonen dient die Verfolgung finanzieller Interessen durch den Staat nicht der persönlichen Bereicherung Einzelner. Landesfürsten, die ihren Besitz vermehren wollen, gibt es heutzutage nicht mehr. Vielmehr wird der Staat durch die ihm zufließenden finanziellen Mittel in die Lage versetzt, die ihm obliegenden Aufgaben wahrzunehmen. Die Wahrnehmung dieser Aufgaben liegt im öffentlichen Interesse, weswegen auch die Be-

---

192 Zum Wandel dieses Begriffs *D. Ehlers*, in: Erichsen/Ehlers (Hrsg.), Allg. Verwaltungsrecht, § 2 Rn. 71 m.w.N.

193 So unter dem Stichwort „Fiskus“, in: Eichhorn (Hrsg.), Verwaltungslexikon.

194 Für das Verständnis von „fiskalischen Interessen“ als beliebige finanzielle Interessen des Staates: *R. Uerpmann*, Das öffentliche Interesse, S. 128.

195 Vgl. BVerfG, Urt. v. 12.11.1974 – 1 BvR 32/68, BVerfGE 38, S. 175 (180); Beschl. v. 18.11.1998 – 1 BvR 21/97, NJW 1999, S. 1176.

196 Vgl. *O. Kimminich*, in: Bonner Kommentar, GG, Art. 14 Rn. 397; *J. Wieland*, in: Dreier (Hrsg.), GG Bd. 1, Art. 14 Rn. 100; *H. D. Jarass*, in: Jarass/Pieroth, GG, Art. 14 Rn. 80; *O. Depenheuer*, in: v. Mangoldt/Klein/Starck, GG Bd.1, Art. 14 Rn. 424; *H.-J. Papier*, in: Maunz/Dürig, GG, Art. 14 Rn. 576; *B.-O. Bryde*, in: v. Münch/Kunig (Hrsg.), GG Bd.1, Art. 14 Rn. 83; *R. Wendt*, in: Sachs (Hrsg.), GG, Art. 14 Rn. 163.

197 Dazu *H. Rittstieg*, in: AK-GG, Art. 14/15 Rn. 206; *R. Uerpmann*, Das öffentliche Interesse, S. 120 f. m.w.N.

198 Zum Verhältnis von fiskalischen Interessen zu öffentlichen Interessen allgemein *R. Uerpmann*, Das öffentliche Interesse, S. 124 ff.

schaffung der Mittel zur Aufgabenerfüllung unproblematisch als im öffentlichen Interesse liegend verstanden werden kann. Außerhalb des Enteignungsrechts werden daher fiskalische Interessen längst nicht immer von den öffentlichen Interessen abgegrenzt.[199] So können fiskalische Interessen das öffentliche Interesse an der Anordnung der sofortigen Vollziehung eines Verwaltungsakts nach § 80 Abs. 2 Nr. 4 VwGO begründen[200] oder auch das öffentliche Interesse nach § 48 Abs. 2 S. 1 VwVfG an der Rücknahme eines rechtswidrigen, begünstigenden Verwaltungsakts, der eine Geld- oder eine teilbare Sachleistung gewährt[201].[202]

Stellen die Verfolgung fiskalischer Interessen und die Verfolgung von Gemeinwohlinteressen in anderen Rechtsgebieten keineswegs grundsätzlich einen Gegensatz dar, fragt sich, welche Gründe im Enteignungsrecht zu einer anderen Bewertung geführt haben. Ausgangspunkt für die Beantwortung dieser Frage sollte nach dem eben Ausgeführten weniger die Beurteilung fiskalischer Interessen als Ziel sein, sondern vielmehr die Betrachtung gerade der Enteignung als Mittel zur Verwirklichung dieses Ziels. Durch die Enteignung wird das Grundeigentum eines einzelnen Eigentümers entzogen oder belastet. Dieser Eingriff in Art. 14 Abs. 1 S. 1 GG muss neben den Anforderungen aus Art. 14 Abs. 3 GG auch anderen verfassungsrechtlichen Vorgaben genügen. Da regelmäßig nur einzelne Eigentümer von einer Enteignung betroffen sind, aber bereits ihre Nachbarn davon unberührt bleiben, stellt sich vor dem Hintergrund des Art. 3 Abs. 1 GG die Frage nach einem rechtfertigenden Grund. Gerechtfertigt werden kann diese Ungleichbehandlung, wenn die von der Enteignung betroffenen Grundstücke zur Verwirklichung eines allgemeinwohlerforderlichen Vorhabens benötigt werden, die daneben befindlichen aber nicht. Fehlt es an einem solchen konkreten Vorhaben, das den sachlichen Grund für die Ungleichbehandlung darstellt, dient die Enteignung mithin ausschließlich fiskalischen Interessen, lässt sich die Belastung nur einzelner Eigentümer nicht begründen.[203] Die Enteignung ist daher kein zulässiges Mittel, um die finanziellen Interessen des Staats zu befriedigen. Hierfür stehen dem Staat andere Instrumente wie Steuern und sonstige Abgaben zur Verfügung.

---

199 Dazu mit Beispielen *W. Schmidbauer*, Enteignung zugunsten Privater, S. 97 f.; *R. Uerpmann*, Das öffentliche Interesse, S. 125 f.

200 Vgl. *J. Schmidt*, in: Eyermann, VwGO, § 80 Rn. 37; *F. Kopp/W.-R. Schenke*, VwGO, § 80 Rn. 99 m.w.N.

201 Vgl. *H. Meyer*, in: Knack, VwVfG, § 48 Rn. 89; *F. Kopp/U. Ramsauer*, VwVfG, § 48 Rn. 99 m.w.N.; *M. Sachs*, in: Stelkens/Bonk/Sachs, VwVfG, § 48 Rn. 144.

202 Zu diesen Beispielen *R. Uerpmann*, Das öffentliche Interesse, S. 125 f.

203 Auf die Verletzung von Art. 3 Abs. 1 GG bei der bloßen Verfolgung fiskalischer Interessen weisen ebenfalls hin: *W. Böhmer*, Sondervotum zu BVerfG, Urt. v. 10.3.1981 – 1 BvR 92, 96/71, BVerfGE 56, S. 249 (290); *W. Schmidbauer*, Enteignung zugunsten Privater, S. 95. In BVerfGE 38, S. 175 (180) heißt es (bezogen auf Art. 14 Abs. 3 S. 1 GG): „Das Opfer, das der Enteignete zu bringen hat, wird allein dadurch gerechtfertigt, dass sein Grundstück zur Erfüllung einer bestimmten öffentlichen Aufgabe erforderlich ist.“

(2) Verfolgung ausschließlich von Fiskalinteressen

Aufgabe der Enteignungsbehörde bei dem Punkt „Allgemeinwohlqualität der verfolgten Zwecke" kann es – wie gesehen – nur sein zu prüfen, ob Vorhaben, die von den in den Enteignungsgesetzen genannten Vorhaben oder Sachgebieten begrifflich erfasst werden, und daher grundsätzlich als gemeinwohldienlich anzusehen sind, doch im Einzelfall Ziele verfolgen, die diesem Urteil entgegenstehen. Unzulässig wäre nach dem eben Gesagten die Konstellation, dass mit dem Vorhaben „eigentlich" nur fiskalische Interessen verfolgt werden. Fallgestaltungen, bei denen das der Fall ist, sind allerdings schwer vorstellbar. Nahe kommt dem folgender, vom Bundesgerichtshof entschiedener Fall[204]: Eine Stadt beantragt die Enteignung eines von einer GmbH (Alleingesellschafterin ist die Stadt) gepachteten Grundstücks, für das die Eigentümer einen monatlichen Pachtzins von 1 100,- DM erhalten. Die GmbH betreibt auf dem Grundstück ein zweistöckiges mobiles Parkhaus. Nach der Enteignung ist vorgesehen, das vorhandene Parkhaus abzubrechen und einen ebenerdigen Parkplatz mit geringerer Stellfläche anzulegen. Hier lässt sich durchaus argumentieren, dass der geplante Parkplatz angesichts des vorhandenen Parkhauses mit größerer Stellfläche nicht dem Wohl der Allgemeinheit dient. Das dann noch allein verbleibende Interesse der Stadt, den monatlichen Pachtzins einzusparen, wäre als rein fiskalisches Interesse nicht geeignet, die Allgemeinwohlqualität der mit dem Vorhaben verfolgten Ziele zu begründen.

(3) Verfolgung auch von Fiskalinteressen

Die andere Fallgestaltung, mit der es die Enteignungsbehörde unter dem Prüfungspunkt „Allgemeinwohlqualität" zu tun haben kann, ist die, dass zwar auch fiskalische Interessen verfolgt werden, dass die ansonsten mit dem Vorhaben verfolgten Zwecke aber entsprechend der gesetzgeberischen Vorstellung Allgemeinwohlqualität aufweisen. Fraglich ist allerdings, ob diese Konstellation überhaupt Probleme für die Rechtsanwendung in sich birgt.

Der Gesetzgeber musste bei der Bestimmung der eine Enteignung legitimierenden Gemeinwohlaufgaben das aus Art. 3 Abs. 1 GG folgende Verbot einer Enteignung für fiskalische Zwecke beachten. Dementsprechend sind fiskalische Zwecke auch nicht Bestandteil der in den Enteignungsgesetzen aufgeführten Vorhaben, die eine Enteignung rechtfertigen können, oder der dort festgelegten Sachgebiete. Mit der Feststellung der Enteignungsbehörde, dass das Vorhaben

---

204 Urt. v. 19.2.1976 – III ZR 147/73, NJW 1976, S. 1266. Zur Verfassungswidrigkeit einer gesetzlichen Regelung, die die Enteignung von Waldeigentümern zugunsten von waldarmen Gemeinden ermöglichte: Bad. StGH, Urt. v. 3.7.1950 – StGH 1/50, Verw.-Rechtsprechung Bd. 2 (1950), Nr. 96, S. 411.

von den Enteignungsgesetzen erfasst wird, ist inzident auch festgestellt, dass die mit dem Vorhaben verfolgten Ziele Allgemeinwohlqualität haben (abgesehen von Ausnahmefällen wie unter (2)) – dieses Ergebnis wird nach dem eben Ausgeführten nicht durch die Verfolgung von fiskalischen Interessen begründet. Für die Enteignungsbehörde stellt sich dann bei dem Tatbestandsmerkmal „Allgemeinwohlqualität" die Frage, ob fiskalische Interessen, die im Einzelfall auch an der Realisierung des Projektes bestehen, die Beurteilung der verfolgten Zwecke als dem Wohl der Allgemeinheit dienend wieder hinfällig machen können. Wie ließe sich diese Wirkung von fiskalischen Interessen aber begründen? Wie gesehen, können fiskalische Interessen sogar durchaus als öffentliche Interessen verstanden werden. Es ist ein Spezifikum des Enteignungsrechts, dass fiskalische Interessen aus dem Allgemeinwohlbegriff ausgegrenzt werden. Die Begründung für diese Besonderheit, nämlich ein Verstoß gegen Art. 3 Abs. 1 GG, greift aber nur, wenn allein finanzielle Interessen des Staats verfolgt werden. Wird gerade ein bestimmtes Grundstück zur Verwirklichung eines allgemeinwohldienlichen Vorhabens benötigt, ist ein sachlicher Grund für die Ungleichbehandlung gegeben. Damit kann die Verfolgung – auch – fiskalischer Interessen bei gleichzeitiger Verfolgung von Zwecken, die Allgemeinwohlqualität aufweisen, kein Grund für eine Korrektur der Beurteilung der verfolgten Zwecke insgesamt als allgemeinwohldienlich sein.[205] Die Enteignungsbehörde braucht auch nicht zu prüfen, ob fiskalische Interessen möglicherweise den Hauptzweck der Enteignung darstellen. Auf die schwierige Abgrenzung von Haupt- und Nebenzweck kommt es nicht an: Fällt ein Vorhaben in den Anwendungsbereich der Enteignungsgesetze und liegt der Normalfall vor, dass die gesetzgeberische Vorgabe greift, dass die mit dem Vorhaben verfolgten Ziele Allgemeinwohlqualität aufweisen, gibt es wie gesehen (bei Vorliegen der sonstigen Enteignungsvoraussetzungen) keinen Grund, wegen der gleichzeitigen Verfolgung von fiskalischen Interessen die Enteignung für unzulässig zu halten.[206]

In der Praxis stellt sich die Frage, wie fiskalische Zielsetzungen zu bewerten sind, häufig noch an einem späteren Prüfungspunkt[207]: Bei der Wahl eines Standorts oder der Entscheidung über den Verlauf einer Trasse sprechen für einen bestimmten Ort oder eine bestimmte Trasse finanzielle Erwägungen. Das Bundesverfassungsgericht hat die Frage, inwieweit bei der Standortwahl fiskalische Erwägungen Berücksichtigung finden können, ausdrücklich offen gelas-

205 So hält das Bundesverfassungsgericht eine Enteignung für eine Sportanlage bei einem entsprechenden Bedarf für mit Art. 14 Abs. 3 S. 1 GG vereinbar, auch wenn die Gemeinde daneben noch fiskalische Interessen verfolgt, vgl. BVerfG, Beschl. v. 18.11.1998 – 1 BvR 21/97, NJW 1999, S. 1176.

206 Anders *W. Schmidbauer*, Enteignung zugunsten Privater, S. 96 ff., der vertritt, dass finanzielle Belange kein Übergewicht über die sonstigen Belange erreichen dürfen.

207 Dazu unten S. 131 f.

sen.[208] Der eben angestellte Gedankengang erscheint aber auch bei der Entscheidung über Planungsalternativen verwendbar: Das Verbot von Enteignungen zu fiskalischen Zwecken lässt sich nur begründen, wenn ausschließlich finanzielle Interessen verfolgt werden; nur dann liegt ein Verstoß gegen Art. 3 Abs. 1 GG vor. Geht es aber um die Ausführung eines dem Gemeinwohl dienenden Vorhabens, können fiskalische Belange als zusätzliche Gesichtspunkte durchaus Berücksichtigung finden – und damit bei der Alternativenprüfung auch den Ausschlag geben.

b) Verfolgung von Privatinteressen

(1) Allgemeines

Private Interessen können wie fiskalische auf Gewinnerzielung gerichtet sein, bei natürlichen Personen ist zusätzlich die Verfolgung persönlicher Bedürfnisse denkbar. Auch diese Interessen werden nicht von dem Allgemeinwohlbegriff erfasst – es geht hier eben nicht um das allgemeine Wohl, sondern um das Wohl Einzelner.[209] Deswegen besteht Einigkeit darüber, dass reine Privatinteressen, und seien sie noch so gewichtig, eine Enteignung nicht rechtfertigen können.[210] Damit ist die Enteignung kein Mittel, um widerstreitende Privatinteressen zu lösen, für die eine Lösung im Wege des Privatrechtsverkehrs – durch Einigung über einen Grundstückserwerb – gescheitert ist.

Der Ausschluss von Privatinteressen aus dem Allgemeinwohlbegriff bedeutet aber nicht, dass die Enteignung zugunsten Privater unzulässig ist. Das Bundesverfassungsgericht hat in dem Boxberg-Urteil grundlegend ausgeführt, dass das Grundgesetz der Person des Begünstigten keine ausschlaggebende Bedeutung bei der Beurteilung der Verfassungsmäßigkeit einer Enteignung zumisst. Art. 14 Abs. 3 GG verlange vielmehr einen qualifizierten Enteignungszweck, das Wohl der Allgemeinheit. Diene die Enteignung dem Wohl der Allgemeinheit, komme es nicht entscheidend darauf an, ob sie zugunsten eines Privaten oder eines Trägers öffentlicher Verwaltung erfolge.[211] Diese Begründung anhand der Systematik des Art. 14 Abs. 3 GG ist zwingend.[212] Der einfache Gesetzgeber hat diese

208 Vgl. BVerfG, Beschl. v. 18.11.1998 – 1 BvR 21/97, NJW 1999, S. 1176.

209 *W. Böhmer*, Sondervotum zu BVerfG, Urt. v. 10.3.1981 – 1 BvR 92, 96/71, BVerfGE 56, S. 249 (286) stellt die Wesensverschiedenheit dieser Ziele heraus.

210 Vgl. *M. Bullinger*, Der Staat Bd. 1 (1962), S. 449 (450); *W. Schmidbauer*, Enteignung zugunsten Privater, S. 100, 112; *O. Depenheuer*, in: v. Mangoldt/Klein/Starck, GG Bd. 1, Art. 14 Rn. 428; *H.-J. Papier*, in: Maunz/Dürig, GG, Art. 14 Rn. 577; *B.-O. Bryde*, in: v. Münch/Kunig (Hrsg.), GG Bd. 1, Art. 14 Rn. 84.

211 BVerfG, Urt. v. 24.3.1987 – 1 BvR 1046/85, BVerfGE 74, S. 264 (284 f.). In diese Richtung bereits BVerfG, Beschl. v. 20.3.1984 – 1 BvL 28/82, BVerfGE 66, S. 248 (257 f.).

212 So auch *E. Schmidt-Aßmann*, NJW 1987, S. 1587 (1588).

Struktur übernommen: Die Enteignungsgesetze legen Vorhaben und Sachgebiete fest, für die enteignet werden kann, über die Person des Enteignungsbegünstigten werden dagegen keine Regelungen getroffen.

(2) Verfolgung ausschließlich von Privatinteressen

In der Praxis kommt es durchaus vor, dass Vorhaben zwar begrifflich von den in den Enteignungsgesetzen angegebenen Sachgebieten oder Vorhaben erfasst werden; da mit ihnen nur private Interessen verfolgt werden, muss die Behörde aber unter der Voraussetzung „Allgemeinwohlqualität der verfolgten Zwecke" eine Enteignung für diese Vorhaben ablehnen.

Bezeichnet der Gesetzgeber Sachgebiete, für deren Zwecke die Enteignung zulässig sein soll, lässt das für die Rechtsanwendung zunächst einen breiten Spielraum: Unter „Zwecke der Zivilluftfahrt" (§ 28 Abs. 1 S. 1 LuftVG) fallen neben Verkehrsflughäfen und Verkehrslandeplätzen, die dem allgemeinen Verkehr dienen, auch Sonderflughäfen und Sonderlandeplätze, die einem besonderen Zweck dienen. Bei den Sonderflughäfen und Sonderlandeplätzen muss aber differenziert werden[213]: Der Sonderzweck kann einen Bezug zum Gemeinwohl aufweisen, so z.B. bei dem Heimatflugplatz für im öffentlichen Interesse betriebene Forschungsflugzeuge.[214] Werkflugplätze, deren Betrieb ausschließlich dem Unternehmenszweck dienen, fallen dagegen nicht unter den Allgemeinwohlbegriff und können daher eine Enteignung nicht legitimieren. Weiter sprechen viele Gesetze pauschal von (z.B. Wasser, Wärme)-Versorgung oder (z.B. Abwasser, Abfall)-Entsorgung. Trotz des insoweit offenen Wortlauts kann für Anlagen zur Eigenversorgung mangels Allgemeinwohldienlichkeit nicht enteignet werden.[215]

Auch wenn der Gesetzgeber Vorhaben bestimmt, die eine Enteignung rechtfertigen können, bleiben Fälle, bei denen die Enteignungsbehörde feststellen muss, dass die Ziele eines konkreten Vorhabens nicht allgemeinwohldienlich sind. Flächen, die dem Reitsport dienen, werden zunächst von dem Enteignungszweck „Einrichtungen für sportliche Zwecke" erfasst, sollen diese Flächen aber privaten Reitbetrieben zugute kommen, fehlt es an einem Allgemeinwohlbe-

213 Zur Enteignung für einen Sonderlandeplatz: BVerwG, Beschl. v. 7.11.1996 – 4 B 170.96, DVBl. 1997, S. 434 (435).

214 Beispiel nach *M. Hofmann/E. Grabherr*, Luftverkehrsgesetz, § 28 Rn. 6.

215 So zum Anwendungsbereich von § 45 EnWG: *G. Hermes*, in: Schneider/Theobald, Handbuch zum Recht der Energiewirtschaft, § 9 Rn. 41.

zug.[216] Bei Golf stellt sich die Frage, inwieweit diese Sportart dem Breitensport und damit dem Allgemeinwohl dient.[217]

(3) Verfolgung auch von Privatinteressen

In der Praxis sehr viel häufiger ist die Konstellation, dass neben Allgemeinwohlzielen auch private Interessen verfolgt werden. Dies ist regelmäßig der Fall, wenn Enteignungsbegünstigte nicht die öffentliche Hand ist, denn Private verfolgen im Rahmen der Privatautonomie auch eigene Ziele. Es ist denkbar, dass diese Privatinteressen – Gewinnstreben oder persönliche Bedürfnisse – mit den Allgemeinwohlzielen in Konflikt geraten.

Aus diesem Grund hat das Bundesverfassungsgericht die in der Entscheidung zur Bad Dürkheimer Gondelbahn formulierten Anforderungen, die Art. 14 Abs. 3 S. 2 GG an den Gesetzgeber stellt, in dem späteren Boxberg-Urteil für eine Enteignung zugunsten Privater hinsichtlich der Bestimmung und Sicherung des Allgemeinwohls noch ergänzt. Hier von Interesse sind die Ausführungen zur Bestimmung des Allgemeinwohls.[218] In dem Urteil wird gefordert, dass der Gesetzgeber bei einer Enteignung zugunsten Privater unzweideutig entscheidet, ob und für welche Vorhaben eine solche Enteignung statthaft sein soll. Dabei differenziert das Gericht: Ist der Geschäftsgegenstand des privaten Unternehmens bereits dem Bereich der Daseinsvorsorge zuzuordnen, wie es bei Verkehrs- oder Versorgungsbetrieben der Fall sein kann, soll es genügen, wenn hinreichende Vorkehrungen dafür getroffen sind, dass die selbst gestellte öffentliche Aufgabe ordnungsgemäß erfüllt wird.[219] Ergibt sich der Nutzen für das allgemeine Wohl demgegenüber nicht aus dem Unternehmensgegenstand selbst, sondern nur als mittelbare Folge der Unternehmenstätigkeit, reichen nach der Rechtsprechung solche Vorkehrungen nicht aus. Dann müssen besondere Anforderungen an die gesetzliche Konkretisierung des nur mittelbar erfüllten und daher nicht von vornherein handgreiflichen Enteignungszwecks gestellt werden. Art. 14 Abs. 3 S. 2 GG verlangt nach dem Bundesverfassungsgericht gerade bei dieser Sachlage eine so genaue gesetzliche Beschreibung des Enteignungszwecks, dass die

---

216 Dazu BVerfG, Beschl. v. 4.7.2002 – 1 BvR 390/01, NVwZ 2003, S. 71 (72); BVerwG, Beschl. v. 17.12.2003 – 4 BN 54.03, NuR 2004, S. 365.

217 Dazu BVerwG, Beschl. v. 3.6.2003 – 4 NB 26.03, NuR 2004, S. 167. Zur fehlenden Allgemeinwohldienlichkeit einer Skiabfahrt, die Gefahren für Leben und Gesundheit begründet: BayVGH, Urt. v. 2.7.1980 – Nr. 9.B – 1958/79, BayVBl. 1980, S. 754.

218 BVerfG, Urt. v. 24.3.1987 – 1 BvR 1046/85, BVerfGE 74, S. 264 (285 f.); dazu *E. Schmidt-Aßmann*, NJW 1987, S. 1587. Zu dem vorangegangenen Urteil des BVerwG v. 14.3.1985 – 5 C 130.83, BVerwGE 71, S. 108: *L. Gramlich*, JZ 1986, S. 269; *G.-H. Zimmer*, DÖV 1986, S. 1001.

219 Zu dieser Rechtsprechung für den Fall einer Enteignung zugunsten Privater beim Bau von Elektrizitätsfernleitungen *H. Lecheler*, RdE 2005, S. 125 (126 ff.).

Entscheidung über die Zulässigkeit der Enteignung insoweit nicht in die Hand der Verwaltung gegeben wird.

Die eben zitierte Boxberg-Entscheidung stellt es ausdrücklich fest: Bei einer Enteignung zugunsten Privater trifft der Gesetzgeber die Entscheidung, welche Vorhaben Zwecke mit Allgemeinwohlqualität verfolgen. Mit der in § 45 Abs. 1 EnWG eröffneten Möglichkeit, für Vorhaben zum Zweck der Energieversorgung zu enteignen, hat der Gesetzgeber festgelegt, dass Leitungsnetze und Erzeugungsanlagen allgemeinwohldienlich sind, auch wenn sie von privatrechtlich organisierten Energieversorgungsunternehmen betrieben werden.[220]

Über die Allgemeinwohldienlichkeit der zweiten Gruppe von Vorhaben, bei denen sich der Nutzen für das Allgemeinwohl nur mittelbar aus der Unternehmenstätigkeit und nicht bereits aus dem Unternehmensgegenstand ergibt, wird – um den Vorgaben des Bundesverfassungsgerichts zu genügen – häufig in speziellen Gesetzen entschieden.[221] So hat Hamburg, um eine Enteignung für die Verlängerung des Airbus-Betriebsgeländes in Hamburg-Finkenwerder zu ermöglichen, zunächst über den Bundesrat folgende Änderung des Luftverkehrsgesetzes herbeigeführt[222]: Der Bundesgesetzgeber hat in § 28 Abs. 1 LuftVG einen Satz 2 angefügt, der den Ländern die Befugnis einräumt, Enteignungen für Sonderflugplätze vorzusehen. Diese Möglichkeit hat Hamburg durch den Erlass des Enteignungsgesetzes für die Erweiterung des Werkflugplatzes in Hamburg-Finkenwerder vom 18.2.2004[223] ausgefüllt.[224] In § 1 Abs. 1 des Werkflugplatz-Enteignungsgesetzes wurde dann ausdrücklich festgelegt, dass der zivile Luftverkehr in der Form des Werkflugverkehrs am Standort Hamburg-Finkenwerder dem Allgemeinwohl dient.[225] Auch über die Allgemeinwohldienlichkeit von Rohrleitungsanlagen wird häufig in speziellen Gesetzen entschieden, so für eine Transitpipeline zur Versorgung der Tschechischen Republik mit Öl in Art. 1

220 Für die Verfassungsmäßigkeit der Vorgängerbestimmung § 11 Abs. 1 EnWG 1935: BVerfG, Urt. v. 20.3.1984 – 1 BvL 28/82, BVerfGE 66, S. 248. Trotz der in der Zwischenzeit eingetretenen tatsächlichen und rechtlichen Veränderungen im Bereich der Energieversorgung hält das BVerwG an der Vereinbarkeit des § 11 EnWG 1935 und § 12 EnWG 1998 mit Art. 14 GG fest: Urt. v. 11.7.2002 – 4 C 9/00, NJW 2003, S. 230 (230 ff.). Dazu kritisch *G. Hermes*, in: Schneider/Theobald, Handbuch zum Recht der Energiewirtschaft, § 9 Rn. 22 ff.

221 Zur Frage, inwieweit in diesen Fällen die Legalenteignung eine Alternative zur Administrativenteignung darstellt, *S. Werner*, VBlBW 1998, S. 323.

222 12. Gesetz zur Änderung des LuftVG v. 29.12.2003, BGBl. I S. 3093.

223 Hmb. GVBl. S. 95.

224 Dazu *C. Lenz*, NJW 2005, S. 257 (256 f.).

225 Ausführlich zu dieser Rechtsgrundlage *U. Battis/C.-W. Otto*, DVBl. 2004, S. 1501. Zur Anwendung des Werkflugplatz-Enteignungsgesetzes: OVG Hamburg, Beschl. v. 9.8.2004, NVwZ 2005, S. 105.

Abs. 1 des Gesetzes über die Errichtung und den Betrieb einer Rohrleitungsanlage zwischen Vohburg an der Donau und Waidhaus vom 28.4.1994[226].[227]

Die angeführten Gesetze machen die Aufgabenteilung zwischen Gesetzgeber und Behörde besonders deutlich. Der Gesetzgeber ist bei einer Enteignung zugunsten Privater gehalten, unzweideutig zu entscheiden, ob und für welche Vorhaben enteignet werden kann. Für eine eigenständige Prüfung der Allgemeinwohlqualität der verfolgten Zwecke durch die Enteignungsbehörde kann und soll (so das Bundesverfassungsgericht) daneben kein Raum mehr sein.

3. Ergebnis

Neben der Feststellung, dass das beantragte Vorhaben von den in den Enteignungsgesetzen genannten Vorhaben und Sachgebieten erfasst wird, ergibt sich für die Enteignungsbehörde hinsichtlich der Beurteilung der Allgemeinwohlqualität der mit dem Vorhaben verfolgten Zwecke nur ein beschränkter Prüfungsauftrag: Es ist nicht ihre Aufgabe, positiv festzustellen, ob die mit dem Vorhaben verfolgten Zwecke so bedeutsam sind, dass ihnen das besondere Gewicht von „Allgemeinwohlzwecken“ zukommt. Diese Kompetenz zur positiven Konkretisierung des „Wohls der Allgemeinheit“ aus Art. 14 Abs. 3 S. 1 GG kommt nicht der Verwaltung, sondern dem Gesetzgeber zu. Es verbleibt der Enteignungsbehörde nur eine Kompetenz zur negativen Abgrenzung, bei der die Behörde klären muss, ob die allgemeine gesetzgeberische Bewertung der mit dem Vorhaben verfolgten Zwecke als dem Allgemeinwohl dienend nicht im Einzelfall korrigiert werden muss. Wie gesehen, besteht dazu aber nur in den seltenen Fällen Anlass, in denen mit dem Vorhaben ausschließlich fiskalische oder private Interessen verfolgt werden.

II. Prüfungsgang Allgemeinwohldienlichkeit des Vorhabens

Immer Anlass besteht bei der Enteignungsvoraussetzung „Allgemeinwohldienlichkeit des Vorhabens“ dagegen zu folgender Prüfung: Die Enteignungsbehörde muss an dieser Stelle beurteilen, ob die mit dem einzelnen Enteignungsvorhaben verfolgten Zwecke auch tatsächlich den vom Gesetzgeber intendierten Allgemeinwohlzwecken dienen. Dafür bedarf es folgender Prüfungsschritte[228]: zu-

---

226 BayGVBl. S. 294.

227 Für die Verfassungsmäßigkeit dieser Rechtsgrundlage: BVerwG, Urt. v. 24.10.2002 – 4 C 7/01, BVerwGE 117, S. 138. Kritisch zur Vereinbarkeit mit Art. 14 Abs. 3 S. 1 GG *T. Schönfeld*, BayVBl. 1996, S. 439 (440 f.).

228 Diese Prüfung liegt parallel zu der Prüfung der Planrechtfertigung bei Planfeststellungsbeschlüssen, dazu: *H. D. Jarass*, NuR 2004, S. 69 ff.; *D. Hönig*, Fachplanung und Ent-

nächst der Feststellung, welche Zwecke mit dem konkreten Vorhaben verfolgt werden (1.). Diese Vorhabenszwecke müssen mit den gesetzgeberischen Zielvorstellungen abstrakt übereinstimmen (2.) sowie im Einzelfall diese Ziele auch fördern, insbesondere der Bedarfsdeckung dienen (3.).

1. Feststellung der mit dem Vorhaben verfolgten Zwecke

Der Bau oder die Änderung eines Vorhabens geschieht immer aus einem konkreten Anlass. Der Vorhabenträger verfolgt mit dem Unternehmen, für dessen Verwirklichung er die Enteignung von Grundeigentum beantragt hat, regelmäßig bestimmte Zwecke. Aufgabe der Enteignungsbehörde ist es, diese Ziele festzustellen – mit anderen Worten: die Gründe zusammenzutragen, die für die Durchführung des Enteignungsvorhabens sprechen. Der folgende Überblick über die Rechtsprechung zu diesem Punkt soll anschaulich machen, mit welchen Zielen in der Praxis Enteignungen beantragt werden. Da die meisten Vorhaben planfeststellungspflichtig sind oder im Bereich eines Bebauungsplans liegen, sind die Entscheidungen zu nicht planakzessorischen Enteignungen nicht sehr zahlreich.[229]

Der Bau und der Ausbau von Straßen zielt auf die Verbesserung einer Verkehrsverbindung oder auf die Erhöhung ihrer Sicherheit. Die Verbreiterung einer Ortsstraße im Außenbereich wurde durchgeführt, um ihre Erschließungsfunktion zu verbessern[230], die Verbreiterung einer Ortsstraße im unbeplanten Innenbereich, um die Sicherheit und Leichtigkeit des Straßenverkehrs zu verbessern[231].

Bei der Schaffung von Versorgungsanlagen geht es naturgemäß um die Sicherstellung der Versorgung mit dem jeweiligen Produkt. Bei der Stromversorgung steht dabei nicht nur die Schließung von möglichen Versorgungslücken im Blick, sondern auch die Gewährleistung der Versorgungssicherheit. Mit dem Bau und Betrieb von Stromfreileitungen werden daher häufig beide Ziele verfolgt.[232] Eine Wasserleitung wurde als Teil eines neuen zentralen Wasserversorgungssystems verlegt, mit dem eine Versorgung durch Hausbrunnen abgelöst

---

eignung, S. 197 ff.; *J. Kühling/N. Herrmann*, Fachplanungsrecht, S. 87 ff.; *N. Niehues*, WiVerw. 1985, S. 250 ff.

229 Zu planfeststellungspflichtigen Vorhaben vgl. den Überblick über die umfangreiche Rechtsprechung bei *D. Hönig*, Fachplanung und Enteignung, S. 197 ff.

230 BayVGH, Urt. v. 30.11.1993 – 8 B 92.762, BayVBl. 1994, S. 245.

231 BGH, Urt. v. 1.6.1978 – III ZR 170/76, NJW 1978, S. 2093.

232 BayVGH, Urt. v. 13.2.2003 – 22 A 97.40 029, NVwZ 2003, S. 1534; BVerwG, Urt. v. 11.7.2002 – 4 C 9/00, NJW 2003, S. 230; VGH BW, Urt. v. 8.9.1999 – 10 S 1406/98, NuR 2000, S. 455; VGH BW, Urt. v. 14.5.1996 – 10 S 1/96, NVwZ 1997, S. 90; BayVGH, Urt. v. 25.4.1996 – 22 B 94.3405 u.a., NuR 1996, S. 532.

werden sollte.[233] Mit der Verlegung und dem Betrieb der Mitteleuropäischen Rohölleitung durch Bayern wurde die Versorgung der Tschechischen Republik bezweckt sowie die gute Nachbarschaft der Bundesrepublik Deutschland mit der Tschechischen Republik.[234] Der Bau eines Abwasserkanals war Teil eines gemeindlichen Abwasserentsorgungskonzepts, das eine zentrale Abwasseranlage statt privater Kleinkläranlagen vorsah.[235]

Bei Einrichtungen der Daseinsvorsorge geht es den Kommunen oder dem Land darum, ein entsprechendes Angebot an öffentlichen Einrichtungen vorzuhalten. Mit einem weiteren Sportplatz sollte mehr Raum für sportliche Aktivitäten geschaffen werden.[236] Bei der Errichtung eines Sicherheitsdoppelzauns um Sendeanlagen des Süddeutschen Rundfunks ging es darum, die Rundfunkversorgung sicherzustellen.[237] Die Ausweisung eines neuen Friedhofs diente dazu, jedem Gemeindeeinwohner eine würdige Grabstelle zur Verfügung stellen zu können.[238]

2. Vorhabenszwecke konform mit gesetzgeberischen Zielvorstellungen

Nachdem die Enteignungsbehörde die Gründe, die für die Verwirklichung des Enteignungsvorhabens sprechen, zusammengestellt hat, folgt die Bewertung, ob diese Unternehmensziele den gesetzlich festgelegten Allgemeinwohlzwecken dienen. Dafür müssen die Vorhabenszwecke überhaupt von den Zielvorstellungen der Enteignungsgesetze erfasst werden. Um das beurteilen zu können, muss Klarheit über die gesetzgeberischen Zielvorstellungen bestehen. Welche Zwecke sollen nach den Vorstellungen des Gesetzgebers mit Vorhaben verfolgt werden, für deren Realisierung eine Enteignung grundsätzlich für zulässig erklärt wird? Die Antwort auf diese Frage muss sich aus den Enteignungsgesetzen ergeben.

a) Allgemeine Landesenteignungsgesetze

In den allgemeinen Landesenteignungsgesetzen befassen sich mit Enteignungsvorhaben die Bestimmungen „Enteignungszweck". An Aussagen über Unternehmensziele lassen sich diesen Vorschriften folgende entnehmen: Diese Bestimmungen enthalten zum einen die Festlegung, dass es sich um Vorhaben handeln muss, die „dem Wohl der Allgemeinheit" dienen. Die Prüfung der All-

233 BayVGH, Urt. v. 10.4.1984 – Nrn. 8 B 82 A. 954, 955 und 956, BayVBl. 1984, S. 627.
234 BVerwG, Urt. v. 24.10.2002 – 4 C 7/01, NJW 2003, S. 1336.
235 BayVGH, Beschl. v. 24.11.2006 – 22 CS 06.2884, BayVBl. 2007, S. 569.
236 BVerfG, Beschl. v. 18.11.1998 – 1 BvR 21/97, BayVBl. 1999, S. 178.
237 VGH BW, Urt. v. 15.11.1988 – 10 S 2400/87, NVwZ-RR 1989, S. 610.
238 BayVGH, Urt. v. 2.7.1980 – Nr. 9.B – 1834/79, BayVBl. 1981, S. 18.

gemeinwohlqualität der verfolgten Ziele ist aber – wie gesehen – nur selten Aufgabe der Enteignungsbehörde. Die daneben in den meisten Vorschriften enthaltene beispielhafte oder abgeschlossene Aufzählung von Vorhaben, zu deren Verwirklichung enteignet werden kann, enthält dagegen Hinweise für die rechtsanwendende Enteignungsbehörde, welche Ziele die Enteignungsvorhaben nach der Vorstellung des Gesetzgebers verfolgen sollen. So sind die meisten Aufzählungen final formuliert: Statt einfach „Einrichtungen der öffentlichen Ver- oder Entsorgung“ anzugeben, wird von „Einrichtungen, die der öffentlichen Ver- oder Entsorgung dienen“[239] oder „Einrichtungen für öffentliche Ver- und Entsorgung“[240] gesprochen. Diese Wortwahl legt die Auslegung nahe, dass es mit den Vorhaben darum gehen soll, die Nachfrage nach entsprechenden Anlagen zu stillen. Für diese Auslegung spricht auch, dass der Zweck, den der Gesetzgeber mit der Auswahl einzelner Vorhaben oder Sachgebiete verfolgt, für die dann eine zwangsweise Verwirklichung durch Enteignung zulässig ist, nur sein kann, die Versorgung mit Anlagen dieser Art sicherzustellen. Wird daher ein Vorhaben begrifflich von den in den Aufzählungen genannten erfasst und zielt es darauf ab, den Bedarf an Einrichtungen dieser Art zu decken, ist von der Übereinstimmung mit den Zielvorstellungen der Enteignungsgesetze auszugehen.

Ist geklärt, dass die allgemeinen Landesenteignungsgesetze die Deckung des Bedarfs an bestimmten Infrastruktureinrichtungen sicherstellen wollen, soll geprüft werden, inwieweit die oben zusammengestellten Unternehmenszwecke diesem Ziel entsprechen. Eindeutig positiv fällt nach dem eben Ausgeführten die Beantwortung dieser Frage hinsichtlich der Vorhaben aus, die unmittelbar darauf zielen, den Bedarf an den typischerweise mit Vorhaben dieser Art erbrachten Leistungen zu decken: der Bau von Stromleitungen zur Schließung einer Versorgungslücke, Verlegung einer Wasserleitung, Bau eines Abwasserkanals, Schaffung eines weiteren Sportplatzes oder Friedhofs. Ein wenig mehr Begründungsaufwand bedarf es dagegen bei folgenden anderen Unternehmen: bei der Straßenverbreiterung, dem Bau von Stromleitungen zur Gewährleistung der Versorgungssicherheit oder bei der Errichtung eines Zauns um Sendeanlagen des Süddeutschen Rundfunks. Hier geht es nicht mehr unmittelbar um Bedarfsdeckung, andererseits ist der Zusammenhang zur Bedarfsdeckung noch sehr eng: Es geht im weiteren Sinne um die Abwehr von Gefahren, die der ordnungsgemäßen Deckung des Bedarfs drohen. So sollen mit der Straßenverbreiterung in dem genannten Beispiel Gefahrenquellen beseitigt werden, die sich aus einem zu geringen Querschnitt ergeben; die Stromleitung soll die Versorgungssicher-

239 Art. 1 Abs. 1 S. 2 Nr. 3 BayEG.

240 § 2 Nr. 2 c) LEntG BW; § 2 Abs. 1 Nr. 2 b), c) EntGBbg; § 2 Abs. 1 Nr. 2 b) EnteigG M-V; § 2 Abs. 1 Nr. 2 b), c) EEG NW; § 2 Nr. 1 d) SächsEntEG; § 2 Nr. 2 c) EntG LSA; § 2 Abs. 1 Nr. 2 c), d) ThürEG.

heit gewährleisten; der Zaun dient dem Schutz der Sendemasten. Diese Vorhabenszwecke werden daher auch noch von dem Ziel „Bedarfsdeckung" erfasst.

b) Spezielle Enteignungsgesetze

Nicht mehr von den Zielen der allgemeinen Landesenteignungsgesetze gedeckt, wären die mit der Mitteleuropäischen Rohölleitung verfolgten Zwecke. Mit dieser Leitung wurde die Tschechische Republik an das westeuropäische Versorgungsnetz angeschlossen – für Deutschland handelt es sich um eine reine Transitpipeline. Diese Fernleitung dient zwar offensichtlich der Deckung des Bedarfs an Mineralöl, doch nicht des Bedarfs der Bundesrepublik Deutschland, sondern der Tschechischen Republik. Das wirft die Frage auf, ob es einen Unterschied macht, ob die Nutznießer eines Vorhabens im deutschen Staatsgebiet oder in einem anderen Staatsverband leben. Das Bundesverwaltungsgericht sieht darin zu Recht einen relevanten Unterschied. Der Gemeinwohlbegriff aus Art. 14 Abs. 3 S. 1 GG beschränke sich auf den Geltungsbereich des Grundgesetzes. Eine Enteignung wird daher nur zum Wohl der bundesdeutschen Allgemeinheit zugelassen.[241] Das Bundesverwaltungsgericht hat aber trotzdem die Enteignung für die Transitpipeline für zulässig erachtet. Die Leitung diene auch dem deutschen Gemeinwohl. Mit ihrer Zulassung erfülle die Bundesrepublik nämlich die auf Gegenseitigkeit beruhende Verpflichtung zum Ausbau der grenzüberschreitenden Rohrleitungsverbindungen aus einem Deutsch-Tschechischen Freundschaftsabkommen. Dieser Vertrag festige die Beziehungen zur Tschechischen Republik und helfe ihr auf dem Weg in die Europäische Union. An einer guten Nachbarschaft und der Einbindung eines Nachbarstaats in die Wertegemeinschaft der EU habe die Bundesrepublik Deutschland ein gesteigertes außen- und sicherheitspolitisches Interesse.[242] Diese Zwecke entsprächen nicht den Zielen der Landesenteignungsgesetze, bei denen es nur um die Deckung des Bedarfs an den jeweiligen Anlagen geht. In dem geschilderten Fall wurde daher die Enteignung auch nicht auf das grundsätzlich einschlägige Bayerische Gesetz über die entschädigungspflichtige Enteignung gestützt. Es wurde stattdessen ein spezielles Enteignungsgesetz geschaffen, das Gesetz über die Errichtung und den Betrieb einer Rohrleitungsanlage zwischen Vohburg an der Donau und Waidhaus vom 28.4.1994.[243] In Art. 1 Abs. 1, Abs. 2 Nr. 5 dieses Gesetzes werden die eben angegebenen im Inland eintretenden vorteilhaften Folgen als Ziele des Be-

---

241 BVerwG, Urt. v. 24.10.2002 – 4 C 7/01, BVerwGE 117, S. 138 (140 f.).
242 BVerwG, Urt. v. 24.10.2002 – 4 C 7/01, BVerwGE 117, S. 138 (141 f.)
243 BayGVBl. S. 294.

triebs der Pipeline im Einzelnen aufgeführt. Diese Ausdehnung der gesetzgeberischen Zielvorstellungen ist aber nicht ohne Kritik geblieben.[244]

3. Förderung der gesetzgeberischen Ziele, insbesondere Bedarfsdeckung

Es reicht nicht aus, dass der mit dem Vorhaben verfolgte Zweck dem von dem Gesetzgeber des jeweiligen Enteignungsgesetzes verfolgten Ziel abstrakt entspricht. Die Enteignungsbehörde muss noch in einem nächsten Schritt das Verhältnis zwischen dem einzelnen Vorhaben und den gesetzgeberischen Zielen in den Blick nehmen. Die Landesenteignungsgesetze verfolgen – wie gerade gesehen – das Ziel, den Bedarf an den dort im Einzelnen aufgelisteten Einrichtungen zu decken. Das Enteignungsvorhaben muss daher auch diesem Ziel, d.h. auch der Bedarfsdeckung, dienen.

a) Geeignetheit des Vorhabens zur Bedarfsdeckung

Bei dieser Enteignungsvoraussetzung geht es einmal um eine Betrachtung des Vorhabens. Diese Prüfung hat Ähnlichkeit mit der Prüfung der Geeignetheit im Rahmen des Verhältnismäßigkeitsgrundsatzes: Ist das Vorhaben überhaupt geeignet zur Bedarfsdeckung? Kann davon ausgegangen werden, dass bei Realisierung des Projekts der Bedarf gedeckt ist?[245] An diese Stelle gehört auch die Überprüfung der Realisierbarkeit des Vorhabens, die z.B. bei fehlender Finanzierung ausgeschlossen sein kann.

b) Vorliegen eines Bedarfs

Bedeutsamer ist in der Praxis die daneben zu prüfende Frage des Bedarfs. Ein Vorhaben kann nur dann der Bedarfsdeckung dienen, wenn im Einzelfall überhaupt ein Bedarf besteht.

Die Feststellung, ob ein konkreter Bedarf für das Enteignungsvorhaben besteht, erscheint zunächst nicht besonders schwierig. Es muss dafür eine Nachfrage nach den Leistungen bestehen, die mit dem Projekt erbracht werden sollen. Eine Nachfrage besteht bei einer Unterversorgung mit den von der jeweiligen

---

244 Gegen eine Vereinbarkeit mit Art. 14 Abs. 3 S. 1 GG *T. Schönfeld*, BayVBl. 1996, S. 439 (440 f.). Für die Verfassungsmäßigkeit dieser Rechtsgrundlage aber BVerwG, Urt. v. 24.10.2002 – 4 C 7/01, BVerwGE 117, S. 138.

245 Zu einer 110-kV-Stromfreileitung: BayVGH, Urt. v. 13.2.2003 – 22 A 97.40 029, NVwZ 2003, S. 1534 (1536); zu einem Schutzzaun für Sendemasten: VGH BW, Urt. v. 15.11.1988 – 10 S 2400/87, NVwZ-RR 1989, S. 610 (612).

Anlage erbrachten Leistungen. Bei den oben angeführten Beispielen aus der Rechtsprechung war das wie folgt der Fall: Ein Bedarf nach Stromfreileitungen bestand bei einer Versorgungslücke.[246] Eine Versorgungslücke wurde angenommen, wenn der Energiebedarf in einem Versorgungsraum gegenwärtig oder in absehbarer Zeit nicht ausreichend gedeckt werden kann.[247] Bedarf für eine öffentliche Wasserversorgung wurde bei einem niedrigen Anschlussgrad einer Region an die öffentliche Wasserversorgung gesehen.[248] Ähnlich für den Bau eines Abwasserkanals: Hier wurde der Bedarf damit begründet, dass noch keine zentrale Abwasserentsorgung in der Gemeinde bestand.[249] Für die Zulässigkeit einer Enteignung für einen (zweiten) Sportplatz in einer Gemeinde wurde nur auf die Notwendigkeit eines entsprechenden Bedarfs hingewiesen.[250] Ein Bedarf nach einem neuen Friedhof bestand, weil der alte Friedhof nicht mehr ausreichte, um jedem Einwohner eine Grabstelle zur Verfügung zu stellen.[251]

Daneben verfolgen auch Vorhaben das Ziel „Bedarfsdeckung“, die dazu dienen, Störungen der Leistungserbringung zu verhindern. Von einem „Bedarf“ nach diesen Vorhaben kann gesprochen werden, wenn tatsächlich die Gefahr besteht, dass die ordnungsgemäße Deckung des Bedarfs nicht mehr sichergestellt ist. Unter diesem Gesichtspunkt wurde der Bedarf für eine Straßenverbreiterung, die zu einer Verbesserung der Erschließungsfunktion führen sollte, abgelehnt. Zur Begründung wurde ausgeführt, die Verbreiterung sei nicht erforderlich. Der Verkehr im gesamten Ortsteil sei gering. Die Straße diene nur der Erschließung von zwölf Anliegern, deren Erhöhung unwahrscheinlich sei.[252] Gefährdungen der Bedarfsdeckung wurden dagegen aus folgenden Gründen angenommen: Die Versorgungssicherheit mit Strom wurde als gefährdet angesehen, wenn der Ausfall einer Stromleitung oder eines Kraftwerks im Versorgungsraum nicht sicher beherrscht werden konnte.[253] Anlass für die Errichtung eines Sicherheitsdoppelzauns um Sendemasten des Süddeutschen Rundfunks war die Gefahr, dass ein ungeschütztes Abspannungsseil Ziel von Anschlägen sein

---

246 BayVGH, Urt. v. 13.2.2003 – 22 A 97.40 029, NVwZ 2003, S. 1534 (1535); BVerwG, Urt. v. 11.7.2002 – 4 C 9/00, NJW 2003, S. 230 (233); VGH BW, Urt. v. 8.9.1999 – 10 S 1406/98, NuR 2000, S. 455 (457); VGH BW, Urt. v. 14.5.1996 – 10 S 1/96, NVwZ 1997, S. 90 (91 f.).

247 BVerwG, Urt. v. 11.7.2002 – 4 C 9/00, NJW 2003, S. 230 (233).

248 BayVGH, Urt. v. 10.4.1984 – Nrn. 8 B 82 A. 954, 955 und 956, BayVBl. 1984, S. 627 (629).

249 BayVGH, Beschl. v. 24.11.2006 – 22 CS 06.2884, BayVBl. 2007, S. 569.

250 BVerfG, Beschl. v. 18.11.1998 – 1 BvR 21/97, BayVBl. 1999, S. 178.

251 BayVGH, Urt. v. 2.7.1980 – Nr. 9.B – 1834/79, BayVBl. 1981, S. 18 (19).

252 BayVGH, Urt. v. 30.11.1993 – 8 B 92.762, BayVBl. 1994, S. 245.

253 BayVGH, Urt. v. 13.2.2003 – 22 A 97.40 029, NVwZ 2003, S. 1534 (1535); BVerwG, Urt. v. 11.7.2002 – 4 C 9/00, NJW 2003, S. 230 (233).

könnte. Bei Ausfall eines Sendemastes wäre die Rundfunkversorgung unterbrochen.[254]

c) Intensität des Bedarfs

Damit ist allerdings nur geklärt, wann überhaupt ein Bedarf besteht. Es fragt sich aber, ob es ausreicht, dass nur auf irgendeine Weise ein Bedarf für ein Vorhaben besteht, oder ob der Bedarf auch eine bestimmte Intensität aufweisen muss.

(1) Positionen in der Rechtsprechung

Betrachtet man die Aussagen in den zitierten Entscheidungen zu der Frage, wie intensiv der Bedarf für ein Enteignungsvorhaben sein muss, ergibt sich folgendes Bild: Begründet bei Stromfreileitungen eine Versorgungslücke den Bedarf, werden zur Intensität des Bedarfs überhaupt keine weiteren Ausführungen gemacht. Bei der Enteignung für die Wasserleitung wurde ausgeführt, dass das Vorhaben nicht „unausweichlich" sein müsse, es reiche, wenn es „vernünftigerweise geboten" sei.[255] Diese Rechtsprechung hat der Bayerische Verwaltungsgerichtshof bei der Enteignung für den Abwasserkanal fortgeführt: Es genüge, wenn die zentrale Abwasserentsorgung für das jeweilige Gebiet die vernünftigere Lösung darstelle.[256] Hinsichtlich des Bedarfs für einen weiteren Sportplatz wurde darauf hingewiesen, dass der Bedarf gewichtig sein müsse, um entgegenstehende Eigentumsrechte zu überwinden.[257] Um den Bedarf für einen neuen Friedhof zu begründen, wurde angegeben, dass der alte Friedhof „bei weitem" nicht mehr ausreiche.[258]

Bei den Vorhaben, mit denen Störungen bei der Leistungserbringung verhindert werden sollen, geht es nicht darum, wie intensiv die Nachfrage nach den von ihnen erbrachten Leistungen sein muss. Hier stellt sich vielmehr die Frage nach dem Grad der Gefahr, der für die Aufrechterhaltung einer ordnungsgemäßen Bedarfsdeckung bestehen muss. Wegen des geringen Verkehrsaufkommens wurde bei der oben erwähnten Entscheidung zur Straßenverbreiterung überhaupt keine Gefahr für die Erschließungsfunktion der Straße angenommen. Die bean-

---

254 VGH BW, Urt. v. 15.11.1988 – 10 S 2400/87, NVwZ-RR 1989, S. 610 (612).

255 BayVGH, Urt. v. 10.4.1984 – Nrn. 8 B 82.954, 955 und 956, BayVBl. 1984, S. 627 (628).

256 BayVGH, Beschl. v. 24.11.2006 – 22 CS 06.2884, BayVBl. 2007, S. 569.

257 BVerfG, Beschl. v. 18.11.1998 – 1 BvR 21/97, BayVBl. 1999, S. 178.

258 BayVGH, Urt. v. 2.7.1980 – Nr. 9.B – 1834/79, BayVBl. 1981, S. 18 (19).

tragte Enteignung für die Verbreiterung der Straße wurde daher abgelehnt.[259] Hinsichtlich der hier fraglichen Gefahr für die Bedarfsdeckung lässt sich daraus zumindest ableiten, dass für die Annahme einer Gefahr für die Sicherheit und Leichtigkeit des Verkehrs durch eine zu geringe Straßenbreite konkrete Anhaltspunkte bestehen müssen. Ein allgemeiner Erfahrungssatz, dass mit breiteren Straßen die Erschließungsfunktion sicherer wahrgenommen werden kann, soll danach nicht ausreichen. Bei dem Bau von Stromfreileitungen wegen Gefährdung der Versorgungssicherheit wurde auf das sogenannte „n-minus-1-Prinzip" abgestellt, wonach eine Gefährdung angenommen wird, wenn der Ausfall einer Stromleitung (oder eines Kraftwerks) im Versorgungsraum nicht sicher beherrscht werden kann.[260] Zur Intensität der Gefahr, die mit der Errichtung des Sicherheitsdoppelzauns abgewehrt werden sollte, wurde ausgeführt, dass die Zerstörung eines einzigen Abspannungsseils ausreiche, um einen Sendemast zum Umsturz zu bringen, wobei der Mast seinerseits zentral für die Rundfunkversorgung gewesen sei.[261]

Wie lässt sich die Position der Rechtsprechung zur notwendigen Intensität des Bedarfs nach diesen Entscheidungen beschreiben? Auch wenn die Entscheidungen zu diesem Punkt nur andeutungsweise oder auch überhaupt nicht Stellung nehmen, kann doch Folgendes festgestellt werden: Die Forderung, dass ein Vorhaben unausweichlich sein muss, wird eindeutig nicht aufgestellt. Es wird eine wesentlich geringere Intensität des Bedarfs als ausreichend angesehen, die mit der in den Urteilen zur Enteignung für eine Wasserleitung und für einen Abwasserkanal verwandten Formulierung wohl treffend bezeichnet werden kann. Danach soll es ausreichen, wenn ein Vorhaben „vernünftigerweise geboten" ist. Dieser Maßstab ist dem Planfeststellungsrecht entnommen[262] und wird dort als zweite Voraussetzung für eine Planrechtfertigung geprüft.

(2) „Allgemeinwohlerforderlichkeit" nicht maßgeblich

Es fragt sich allerdings, ob die Position der Rechtsprechung wirklich überzeugend ist, nur zu verlangen, dass ein Vorhaben „vernünftigerweise geboten" ist. Mit Blick auf Art. 14 Abs. 3 S. 1 GG könnte dies nicht weitgehend genug sein. So verlangt die Verfassung nach Ansicht von W. Böhmer, dass die Enteignung zum Zweck der Verwirklichung eines vom Gemeinwohl „geforderten" Vorha-

---

259 BayVGH, Urt. v. 30.11.1993 – 8 B 92.762, BayVBl. 1994, S. 245.

260 BayVGH, Urt. v. 13.2.2003 – 22 A 97.40 029, NVwZ 2003, S. 1534 (1535); BVerwG, Urt. v. 11.7.2002 – 4 C 9/00, NJW 2003, S. 230 (233); VGH BW, Urt. v. 8.9.1999 – 10 S 1406/98, NuR 2000, S. 455 (457).

261 VGH BW, Urt. v. 15.11.1988 – 10 S 2400/87, NVwZ-RR 1989, S. 610 (612).

262 Vgl. den entsprechenden Verweis in BayVGH, Urt. v. 10.4.1984 – Nrn. 8 B 82.954, 955 und 956, BayVBl. 1984, S. 627 (628).

bens notwendig sein müsse.[263] Diese Auffassung vermag allerdings nicht zu überzeugen. Art. 14 Abs. 3 S. 1 GG lautet: „Eine Enteignung ist nur zum Wohle der Allgemeinheit zulässig". Damit gibt das Grundgesetz zwar eine Vorgabe für die Bedeutsamkeit der mit Enteignungsvorhaben zulässigerweise verfolgbaren Ziele, nämlich „Wohl der Allgemeinheit". Der Gesetzgeber hat diese Vorgabe in den Enteignungsgesetzen mit der Bestimmung einzelner Vorhaben oder Sachgebiete umgesetzt. Hinsichtlich des Verhältnisses zwischen dem einzelnen Enteignungsvorhaben und dem Wohl der Allgemeinheit macht die Verfassung aber praktisch keine Vorgaben. Mit dem Wort „zum" wird nur aufgezeigt, dass eine finale Beziehung bestehen muss, dass aber das Vorhaben vom Gemeinwohl gefordert sein muss, lässt sich daraus nicht ableiten.

Die allgemeinen Landesenteignungsgesetze enthalten aber selber in den Bestimmungen „Zulässigkeit der Enteignung" die Formulierung, dass „Die Enteignung im einzelnen Fall nur zulässig (ist), wenn das Wohl der Allgemeinheit sie erfordert ...". Hat sich der Gesetzgeber damit doch im Sinne von W. Böhmer entschieden? Da es Ziel der allgemeinen Enteignungsgesetze ist, die Deckung des Bedarfs an bestimmten Infrastruktureinrichtungen sicherzustellen, scheint das tatsächlich zunächst zu bedeuten, dass damit eine besonders starke Intensität des Bedarfs für diese Einrichtungen gefordert wird. Das ist aber nicht der Fall. Der Begriff „Erforderlichkeit" in den Bestimmungen „Zulässigkeit der Enteignung" hat einen anderen Inhalt. Es geht nicht um den (besonders dringenden) Bedarf für das Enteignungsvorhaben. An diesem Punkt findet vielmehr eine Abwägung zwischen den für und gegen das Vorhaben sprechenden Belangen statt. Überwiegen die für das Vorhaben sprechenden Belange, dann erfordert das Wohl der Allgemeinheit das Vorhaben. Die Intensität des Bedarfs spielt dabei nur insoweit eine Rolle, als dass ein dringender Bedarf die für das Vorhaben sprechenden Gründe verstärkt bzw. ein schwächerer Bedarf ihr Gewicht verringert. So hat z.B. das Bundesverfassungsgericht bei der Enteignung für einen zweiten Sportplatz innerhalb einer Gemeinde darauf hingewiesen, dass der Bedarf gewichtig sein muss, um entgegenstehende Eigentumsrechte zu überwinden.[264]

(3) Maßstab: „vernünftigerweise geboten"

Die Frage, welche Intensität der Bedarf für ein Enteignungsvorhaben aufweisen muss, stellt sich daher nicht bei der gesetzlichen Voraussetzung „Allgemein-

263 Sondervotum zu BVerfG, Urt. v. 10.3.1981 – 1 BvR 92, 96/71, BVerfGE 56, S. 249 (278). In BVerfG, Urt. v. 18.12.1968 – 1 BvR 638, 673/64 und 200, 238, 249/65, BVerfGE, S. 367 (404) wird diese Frage als umstritten bezeichnet.

264 Beschl. v. 18.11.1998 – 1 BvR 21/97, BayVBl. 1999, S. 178.

wohlerforderlichkeit", sondern bei der hier in Rede stehenden Voraussetzung „Allgemeinwohldienlichkeit" in den Bestimmungen „Enteignungszweck".[265]

Dort wird verlangt, dass die Vorhaben dem Wohl der Allgemeinheit „dienen" sollen – welcher Maßstab lässt sich daraus ableiten? Geht man vom Wortlaut aus, ergibt sich Folgendes: „Dienen" kann mit „Fördern" oder „Unterstützen" umschrieben werden. Das Enteignungsvorhaben muss danach zwar einen Beitrag für das Allgemeinwohl leisten, aber auch nicht mehr. Aus der Perspektive des Bedarfs für das Enteignungsvorhaben betrachtet, bedeutet das, dass ein geringer Bedarf ausreichend ist.

Die Enteignungsgesetze enthalten noch an anderer Stelle, nämlich in den Vorschriften über die Besitzeinweisung eine Voraussetzung, bei der es um das Verhältnis des Enteignungsvorhabens zum Wohl der Allgemeinheit geht.[266] Die Besitzeinweisung ist ein Eilverfahren, in dem vor der Übertragung des Eigentums schon der Besitz an den für das Bauvorhaben benötigten Flächen übertragen werden kann. Voraussetzung dafür ist, dass die sofortige Ausführung der beabsichtigten Maßnahme aus Gründen des Wohls der Allgemeinheit „dringend geboten" ist. Dringend geboten kann ein Vorhaben nur sein, wenn ein hoher Bedarf nach den von ihm zu erbringenden Leistungen besteht. Ein entsprechender Bedarf wurde z.B. angenommen bei drohenden Engpässen in der öffentlichen Versorgung mit Energie oder mit sonstigen wichtigen Gütern sowie bei Verkehrsgefahren auf einer stark befahrenen Straße oder aufgrund einer Engstelle.[267] Fordern die Enteignungsgesetze diese starke Intensität des Bedarfs aufgrund der gesetzlichen Voraussetzung „dringend geboten" für das Eilverfahren Besitzeinweisung, dann spricht das ebenfalls dafür, aufgrund der gesetzlichen Voraussetzung „dienen" für eine Enteignung eine geringe Bedarfsintensität ausreichen zu lassen.

Auch mit Blick auf die verfassungsrechtlichen Vorgaben erscheint es überzeugend, keine besonders hohe Intensität des Bedarfs im Rahmen der „Allgemeinwohldienlichkeit" zu verlangen. In Art. 14 Abs. 3 S. 1 GG wird eine Enteignung zum Wohl der Allgemeinheit für zulässig erklärt, ohne dass Vorgaben hinsichtlich des Verhältnisses zwischen dem einzelnen Enteignungsvorhaben und dem Wohl der Allgemeinheit gemacht werden. Die entscheidende Frage ist

---

265 Der BayVGH wendet zwar für die Frage der geforderten Intensität des Bedarfs die Voraussetzung „Allgemeinwohlerforderlichkeit" an, hält es aber auch nach dieser Voraussetzung für ausreichend, wenn das Vorhaben „vernünftigerweise geboten ist", vgl. Beschl. v. 24.11.2006 – 22 CS 06.2884, BayVBl. 2007, S. 569.

266 § 37 LEntG BW; Art. 39 BayEG; § 5 Abs. 3 EnteigG BE i.V.m. § 116 BauGB; § 37 EntGBbg; § 6 Abs. 3 BremEntG i.V.m. § 116 BauGB; § 7 Abs. 4 HA EnteigG i.V.m. § 116 BauGB; § 17 HEG; § 10 Abs. 2 EnteigG M-V i.V.m. § 116 BauGB; § 35 NEG; § 37 EEG NW; § 38 LEnteigG RP; § 5 Abs. 3 SächsEntEG i.V.m. § 116 BauGB; § 31 EntG LSA; § 37 ThürEG.

267 Vgl. *P. Molodovsky/S. Graf v. Bernstorff*, Enteignungsrecht in Bayern, Art. 39 Anm. 4.4.3 m.w.N.

danach, ob das Enteignungsvorhaben von den in den Enteignungsgesetzen aufgeführten Vorhaben und Sachgebieten mit Allgemeinwohlqualität erfasst wird oder nicht. Wird es erfasst, kann angesichts der Bedeutsamkeit des Vorhabens auch ein geringer Bedarf ausreichen, eine Enteignung zu legitimieren. Mögliche Bedenken dergestalt, dass der Schutz des Eigentums ausgehöhlt werden könnte, wenn schon ein geringer Bedarf für ein Infrastrukturvorhaben eine Enteignung rechtfertigen kann, sind unbegründet. Die Abwägung bei dem Prüfungspunkt „Allgemeinwohlerforderlichkeit" stellt sicher, dass die Belange der betroffenen Grundeigentümer mit dem notwendigen Gewicht Berücksichtigung finden.[268]

Aus dem Gesagten folgt, dass der Maßstab der Rechtsprechung übernommen werden kann. Es ist daher im Rahmen der „Allgemeinwohldienlichkeit" ausreichend, wenn ein Vorhaben „vernünftigerweise geboten" ist.

C. Rechtmäßigkeit des Vorhabens

Jedes Vorhaben, für dessen Verwirklichung enteignet wird, muss rechtmäßig sein. Diese Enteignungsvoraussetzung ergibt sich aus dem Gedanken, dass ein rechtswidriges Vorhaben nicht dem Wohl der Allgemeinheit dienlich sein kann oder – nach der Formulierung in den Bestimmungen „Zulässigkeit der Enteignung" – dass das Wohl der Allgemeinheit nie die Verwirklichung eines rechtswidrigen Vorhabens erfordern kann.[269]

Konsequenz daraus für die Prüfung ist, dass jedes Vorhaben vor der Enteignung auf Übereinstimmung mit den für seine Verwirklichung bestehenden rechtlichen Anforderungen überprüft werden muss. Einige Landesenteignungsgesetze enthalten auch einen Hinweis auf diese Prüfung: Danach muss die Enteignungsbehörde klären, ob dem Vorhaben öffentlich-rechtliche Vorschriften entgegenstehen.[270] Auch hier lässt sich eine Parallele zur Planfeststellung ziehen: Vergleichbar ist dieser Prüfungsschritt mit der zwischen der Planrechtfertigung und dem Abwägungsgebot angesiedelten Prüfung, ob das Vorhaben sich in den Grenzen strikter Normen hält.[271] Ein Unterschied besteht allerdings zur Arbeit der Planfeststellungsbehörde: Die Enteignungsbehörde ist im Fall von vorgelagerten Zulassungsverfahren an eine in der abschließenden Entscheidung getrof-

---

268 Dazu unten S. 98 ff.

269 Dieser Gedanke wird besonders im Zusammenhang mit dem Rechtsschutz der Enteignungsbetroffenen formuliert: so gegen einen Planfeststellungsbeschluss mit enteignender Wirkung BVerwG, Urt. v. 18.3.1983 – 4 C 80.79, BVerwGE 67, S. 74 (76 f.); gegen einen Enteignungsbeschluss aufgrund eines Landesenteignungsgesetzes BVerwG, Urt. v. 6.3.1987 – 4 C 11.83, BVerwGE 77, S. 86 (91).

270 Vgl. § 22 Abs. 1 S. 2 NEG; § 23 S. 1 LEnteigG RP; § 19 Abs. 1 S. 2 EntG LSA.

271 Ausführlich zur Steuerung der Prüfung durch strikte Normen: *J. Dreier*, Normative Steuerung der planerischen Abwägung, S. 32, 98 f., bes. 125 ff.

fene Feststellung der Rechtmäßigkeit des Vorhabens gebunden[272] – relevant wird die Rechtmäßigkeitsprüfung für die Enteignungsbehörde daher nur bei nicht genehmigungspflichtigen Vorhaben[273].

Praktisch wird diese umfassende Prüfungsaufgabe besonders bei Stromfreileitungen, die in vielen Fällen ohne Genehmigung errichtet werden können.[274] Hier muss die Enteignungsbehörde anhand des § 22 BImSchG prüfen, ob sich die Anlage noch in den Grenzen des Immissionsschutzes befindet. In einem konkreten Fall war zu klären, ob die durch eine Freileitung verursachten magnetischen Felder geeignet waren, Gesundheitsgefahren, erhebliche Nachteile oder Belästigungen herbeizuführen.[275] Auch die Überprüfung des materiellen Bauplanungsrechts findet bei diesen Projekten erst im Enteignungsverfahren statt.[276] Dabei unterscheidet sich der Prüfungsmaßstab der §§ 30 ff. BauGB im Enteignungsverfahren nicht von dem im Baugenehmigungsverfahren.[277] So prüft die Enteignungsbehörde bei Außenbereichsvorhaben die Einhaltung der Voraussetzungen des § 35 BauGB[278] und bei Leitungen im Bereich eines Bebauungsplans die Übereinstimmung mit den Festsetzungen des Bebauungsplans[279]. Die Anwendung der naturschutzrechtlichen Eingriffsregelung findet in diesen Fällen ebenfalls im Enteignungsverfahren statt.[280] Auf die Masten finden Vorgaben des Bauordnungsrechts Anwendung. So hatte die Enteignungsbehörde die Gefahr eines Mastbruchs und der daraus resultierenden Gesundheitsgefahren auf dem Grundstück des Klägers anhand von VDE-Vorschriften zu beurteilen.[281] Besonders Vorschriften zur Bau- und Anlagensicherheit werden auch bei anderen

272 Dazu ausführlich unten S. 219 ff.

273 Zu den nicht genehmigungspflichtigen Vorhaben unten S. 193 ff.

274 Kritisch zur Genehmigungsfreiheit von Hochspannungsfreileitungen: *W. Labbé/H. Wölfel*, BayVBl. 1990, S. 161 (164).

275 VGH BW, Urt. v. 14.5.1996 – 10 S 1/96, NVwZ 1997, S. 90 (93 ff.); zu §§ 5, 22 und 41 BImSchG für Planfeststellungen: *J. Dreier*, Normative Steuerung der planerischen Abwägung, S. 141 ff.

276 Zur bundesrechtlichen Zulässigkeit dieser Regelungsweise: BVerwG, Beschl. v. 16.11.1998 – 6 B 110.98, NuR 1999, S. 507.

277 Vgl. BayVGH, Urt. v. 25.4.1996 – 22 B 94.3405 u.a., NVwZ-RR 1996, S. 568 (569).

278 Vgl. BayVGH, Urt. v. 25.4.1996 – 22 B 94.3405 u.a., NVwZ-RR 1996, S. 568 (569). Zur Prüfung der Einhaltung des Bauplanungsrechts im Rahmen einer enteignungsrechtlichen Planfeststellung (für einen geplanten 2,50 m hohen Doppelzaun): VGH BW, Urt. v. 15.11.1988 – 10 S 2400/87, NVwZ-RR 1989, S. 610 (612 f.).

279 Vgl. OLG Braunschweig, Urt. v. 28.3.1984 – 3 U 2/83 (Baul.), NVwZ 1984, S. 605.

280 Vgl. VGH BW, Urt. v. 8.9.1999 – 10 S 1406/98, NuR 2000, S. 455 (458 f.); BayVGH, Urt. v. 13.2.2003 – 22 A 97.40 029, NVwZ 2003, S. 1534 (1537); Urt. v. 21.6.1995 – 22 A 94.40095, NuR 1996, S. 203 (204 f.); Urt. v. 25.4.1996 – 22 B 94.3405 u.a., NVwZ-RR 1996, S. 568 (569).

281 VGH BW, Urt. v. 14.5.1996 – 10 S 1/96, NVwZ 1997, S. 90 (95).

nicht genehmigungsbedürftigen Vorhaben im Vordergrund stehen, z.B. bei Anlagen zur Trinkwasserversorgung wie Brunnenhäusern oder Hochbehältern.[282]

D. Allgemeinwohlerforderlichkeit des Vorhabens

Die Bestimmungen „Zulässigkeit der Enteignung" enthalten die zentrale vorhabenbezogene Enteignungsvoraussetzung. Nach diesen gesetzlichen Regelungen ist eine Enteignung im einzelnen Fall nur zulässig, wenn das Wohl der Allgemeinheit sie erfordert. Das Wort „sie" steht für „Enteignung", so dass danach eine Enteignung nur zulässig ist, wenn das Wohl der Allgemeinheit die Enteignung erfordert. Diese an Art. 14 Abs. 3 S. 1 GG angelehnte Formulierung ist nicht sehr glücklich gewählt, denn sie suggeriert, dass die Enteignung in einer unmittelbaren Zweckbeziehung zum Wohl der Allgemeinheit steht. Das ist aber nicht der Fall.[283] Der Rechtsvorgang Enteignung, also die Übertragung des Eigentums oder der Rechte an Grundstücken auf einen neuen Rechtsträger oder die Beschränkung zu seinen Gunsten verfolgt unmittelbar nur den Zweck, die Durchführung eines Infrastrukturvorhabens zu ermöglichen. Erst das Vorhaben steht dann in einer unmittelbaren Beziehung zum Wohl der Allgemeinheit. Treffender wäre deshalb folgende Gesetzesfassung: Eine Enteignung ist im einzelnen Fall nur zulässig, wenn das Wohl der Allgemeinheit *das Vorhaben* erfordert.

I. Vorüberlegungen

Auch mit dieser präziser gefassten Formulierung fällt es nicht leicht, den Inhalt der von dieser Enteignungsvoraussetzung geforderten Prüfung zu ermitteln. Wann erfordert das Wohl der Allgemeinheit ein Vorhaben? Welcher Prüfungsauftrag folgt aus dieser Voraussetzung für die Enteignungsbehörde?

1. Prüfungsinhalt planerische Abwägung

Blickt man auf die Punkte, die nach den bereits behandelten Enteignungsvoraussetzungen geprüft wurden, ergibt sich folgendes Bild: Es muss sich um ein Vorhaben handeln, für das die Enteignungsgesetze eine Enteignung für grundsätz-

---

282 Zu diesem Beispiel *P. Molodovsky/S. Graf v. Bernstorff*, Enteignungsrecht in Bayern, Art. 40 Anm. 4.3.2 mit der Angabe weiterer zwingender Rechtsvorschriften. Zu Vorschriften der Bau- und Anlagensicherheit im Fachplanungsrecht: *J. Dreier*, Normative Steuerung der planerischen Abwägung, S. 153 ff.

283 Dazu im Einzelnen oben S. 59 f.

lich zulässig erachten, und im Einzelfall muss ein Bedarf für die von dem Vorhaben erbrachten Leistungen bestehen. Schließlich muss das Vorhaben rechtmäßig sein. Damit ist die Betrachtung zunächst hinsichtlich der Auswirkungen des Vorhabens noch einseitig geblieben: Nur die für ein Vorhaben sprechenden Gründe wurden berücksichtigt, alle weiteren von dem Vorhaben ausgehenden Wirkungen sind noch ausgeklammert geblieben. Eine Prüfungsstruktur, die geeignet ist, auch weitere – negative – Auswirkungen eines Vorhabens zu berücksichtigen und diese in Beziehung zu den bereits ermittelten – positiven – Wirkungen zu setzen, wäre eine Abwägung. Weiter fehlt noch eine Betrachtung, die neben der Entwurfsplanung auch andere mögliche Vorhabenvarianten in den Blick nimmt – mit dem Ziel, die schonendste ausfindig zu machen. Auch für diesen Vergleich ist eine Abwägung geeignet.

Diese Überlegungen passen auch zu der Parallele, die zwischen der vorhabenbezogenen Prüfung nach den Landesenteignungsgesetzen und dem Planfeststellungsrecht besteht. Betrachtet man die Rechtmäßigkeitsprüfung im Rahmen eines Planfeststellungsverfahrens, wäre der nächste Prüfungsschritt die planerische Abwägung. Die planerische Abwägung beinhaltet sowohl eine Alternativenprüfung als auch den für Abwägungen typischen Vergleich zwischen eingriffsweise durch ein bestimmtes Verhalten betroffenen Rechtsgütern und den mit dem Eingriff verfolgten Zielen. Es liegt daher nahe, bei dem Tatbestandsmerkmal „Allgemeinwohlerforderlichkeit des Vorhabens“ eine Prüfung als gefordert zu erachten, die der planerischen Abwägung im Planfeststellungsverfahren entspricht.

Von einem entsprechenden Prüfungsauftrag der Enteignungsbehörde wird in Rechtsprechung und Literatur[284] auch tatsächlich ausgegangen. So heißt es in der Rechtsprechung, dass die Enteignungsbehörde die Rechtmäßigkeitsvoraussetzungen der beantragten Enteignung zu prüfen hat, insbesondere ob das Vorhaben zum Wohl der Allgemeinheit erforderlich ist und dem Verhältnismäßigkeitsgrundsatz entspricht. Soweit dabei eine Würdigung der für und wider das Vorhaben streitenden öffentlichen Belange untereinander und im Verhältnis zu den privaten Belangen erforderlich ist, hat die Behörde die Vorhabenplanung abwägend nachzuvollziehen.[285] Zur Prüfung von Alternativen heißt es: Kommt die Enteignungsbehörde aufgrund einer anderen Gewichtung der zu berücksich-

---

284 Als Ausgangspunkt für diese Prüfung wird allerdings nicht das Tatbestandsmerkmal „Allgemeinwohlerforderlichkeit des Vorhabens“ gesehen: vgl. *P. Molodovsky/S. Graf v. Bernstorff*, Enteignungsrecht in Bayern, Art. 3 Anm. 3.2.1, dazu unter „Erreichbarkeit des Enteignungszwecks auf andere zumutbare Weise“; *K. Puhr-Westerheide*, BayEG, Art. 3 Anm. 1.1 dazu unter „Wohl der Allgemeinheit“.

285 BVerwG, Urt. v. 17.1.1986 – 4 C 6, 7/84, BVerwGE 72, S. 365 (367); BVerwG, Urt. v. 11.7.2002 – 4 C 9/00, NJW 2003, S. 230 (234); BayVGH, Urt. v. 13.2.2003 – 22 A 97.40 029, NVwZ 2003, S. 1534 (1535); VGH BW, Beschl. v. 6.8.1993 – 10 S 1425/93, NVwZ 1994, S. 1022; VGH BW, Beschl. v. 20.12.1999 – 10 S 2699/99, NuR 2000, S. 277.

tigenden öffentlichen und privaten Belange zu der Überzeugung, dass eine schonendere Trassenführung möglich ist, so darf sie die Enteignung für das Vorhaben in der ursprünglich geplanten Form nicht anordnen.[286]

2. Struktur der planerischen Abwägung

Grundlegend für die Struktur der planerischen Abwägung ist das Urteil des Bundesverwaltungsgerichts vom 12.12.1969, das zur Bauleitplanung ergangen ist.[287] Das Gericht führt dort aus:

> „Das Gebot gerechter Abwägung ist verletzt, wenn
> (1) eine (sachgerechte) Abwägung überhaupt nicht stattfindet,
> (2) in die Abwägung an Belangen nicht eingestellt wird, was nach Lage der Dinge in sie eingestellt werden muss,
> (3) die Bedeutung der betroffenen privaten Belange verkannt oder
> (4) der Ausgleich zwischen den von der Planung berührten öffentlichen Belangen in einer Weise vorgenommen wird, der zur objektiven Gewichtigkeit einzelner Belange außer Verhältnis steht."

In der Entscheidung zur Bundesstraße 42 hat das Gericht diese Grundsätze fortentwickelt. Der Grundsatz (3) wurde auch auf öffentliche Belange erweitert und der Grundsatz (4) auch auf private Belange. Außerdem wurde das Abwägungsgebot auf das Fachplanungsrecht übertragen.[288] In dieser Entscheidung hat das Gericht nicht aus der ihm obliegenden Kontrollperspektive heraus formuliert, sondern die für diese Arbeit interessierende Perspektive der gesetzesanwendenden Verwaltung eingenommen. Danach gebietet das Abwägungsgebot,

> „dass
> (1) eine Abwägung überhaupt stattfindet,
> (2) in die Abwägung an Belangen eingestellt wird, was nach Lage der Dinge in sie eingestellt werden muss,
> (3) weder die Bedeutung der betroffenen öffentlichen und privaten Belange verkannt noch der Ausgleich zwischen ihnen in einer Weise vorgenommen wird, die zur objektiven Gewichtigkeit einzelner Belange außer Verhältnis steht."[289]

Die für die Beantwortung der Frage nach einer möglichen, schonenderen Variante erforderliche Alternativenprüfung wird ebenfalls durch das vom Bundes-

---

286 BVerwG, Urt. v. 17.1.1986 – 4 C 6, 7/84, BVerwGE 72, S. 365 (367). Vgl. zur Alternativenprüfung durch die Enteignungsbehörde auch VGH BW, Urt. v. 14.5.1996 – 10 S 1/96, NVwZ 1997, S. 90 (92).

287 4 C 105.66, BVerwGE 34, S. 301 (309).

288 BVerwG, Urt. v. 14.2.1975 – 4 C 21.74, BVerwGE 48, S. 56 ff.

289 BVerwG, Urt. v. 14.2.1975 – 4 C 21.74, BVerwGE 48, S. 56 (63 f.); so auch BVerwG, Urt. v. 7.7.1978 – 4 C 79.76, BVerwGE 56, S. 110 (117).

verwaltungsgericht entwickelte Abwägungsgebot strukturiert. Für die Alternativenprüfung haben die Anforderungen des Abwägungsgebots folgende Konsequenzen[290]:

(1) Ernsthaft sich anbietende Alternativlösungen müssen überhaupt in die Abwägung einbezogen werden.

(2) Sie müssen mit der ihnen objektiv zukommenden Bedeutung in die vergleichende Prüfung der von den möglichen Alternativen jeweils berührten öffentlichen und privaten Belange Eingang finden.

(3) Die Bevorzugung einer bestimmten Lösung darf nicht auf einer Bewertung beruhen, die zur objektiven Gewichtigkeit der von den möglichen Alternativen betroffenen Belange außer Verhältnis steht.

Das Bundesverwaltungsgericht hat zwar die Struktur der planerischen Abwägung bei der Bauleitplanung auch auf die Fachplanung übertragen, doch darf das nicht darüber hinwegtäuschen, dass das Abwägungsgebot hier einen anderen Charakter hat: Anders als die Gemeinde bei der Aufstellung eines Bebauungsplans, plant die Fachplanungsbehörde das Vorhaben nicht selber, sondern entscheidet über die Planungskonzeption eines anderen, des Vorhabenträgers. Ihre Aufgabe ist die Kontrolle der Rechtmäßigkeit der vom Vorhabenträger getroffenen Entscheidung.[291] Dafür muss sie die Vorhabenplanung des Vorhabenträgers abwägend nachvollziehen – auf diese nachvollziehende Prüfung findet bei der Planfeststellung das Abwägungsgebot Anwendung. Bei nicht planfeststellungspflichtigen Vorhaben ist es die Enteignungsbehörde, die – falls der Vorhabenträger die Enteignung zugunsten des Vorhabens beantragt – die Aufgabe hat, die Vorhabenplanung abwägend nachzuvollziehen.[292]

II. Abwägung der für und gegen das Vorhaben sprechenden Belange

Innerhalb der planerischen Abwägung lassen sich – wie gesehen – zwei Fragestellungen unterscheiden: Zum einen werden den mit dem Vorhaben bezweckten Vorteilen die von dem Vorhaben bewirkten Nachteile gegenübergestellt. Bei dieser Abwägung geht es um die Frage, ob das Vorhaben überhaupt verwirklicht werden soll (II.). Zum anderen werden mehrere mögliche Varianten des Vorhabens betrachtet, und es wird versucht, im Wege der Abwägung der von den un-

290 BVerwG, Beschl. v. 20.12.1988 – 7 NB 2/88, NVwZ 1989, S. 458 (460). Dazu *L. Schlarmann*, DVBl. 1992, S. 871 (872 f.). Zur Übertragung dieser Anforderungen auch auf die Prüfung der Enteignungsbehörde: VGH BW, Urt. v. 14.5.1996 – 10 S 1/96, NVwZ 1997, S. 90 (92).

291 Siehe dazu *J. Ziekow*, in: Ziekow (Hrsg.), Praxis des Fachplanungsrechts, Rn. 646 f. m.w.N.

292 Vgl. BVerwG, Urt. v. 17.1.1986 – 4 C 6, 7/84, BVerwGE 72, S. 365 (367).

terschiedlichen Alternativen betroffenen Belange die am wenigsten belastende ausfindig zu machen (III.).[293]

1. Durchführung einer Abwägung

Das vom Bundesverwaltungsgericht formulierte Abwägungsgebot verlangt als Erstes, dass überhaupt eine Abwägung stattfindet. Dass die Enteignungsbehörde die Vorhabenplanung abwägend nachvollzieht, erscheint eigentlich eine Selbstverständlichkeit, und in den allermeisten Fällen wird sie auch eine dem Abwägungsgebot entsprechende Prüfung durchführen. Es lassen sich aber doch einige Konstellationen denken, in denen es zu einem Abwägungsausfall kommen kann.

a) Enteignungsbehörde erkennt Prüfungsauftrag nicht

Anders als z.B. das Baugesetzbuch oder die Fachplanungsgesetze sind die Landesenteignungsgesetze nicht als Planungsgesetze ausgestaltet. Das bringt die Gefahr mit sich, dass der Prüfungsauftrag, die Planung des Vorhabenträgers abwägend nachzuvollziehen, bei der Enteignungsbehörde nicht erkannt wird.

(1) Konditionale Struktur der Enteignungsgesetze

Zum einen weisen die Enteignungsgesetze nicht die für Planungsgesetze typische finale Gesetzesstruktur auf, sie haben vielmehr eine konditionale Struktur.[294]

Diese beiden Strukturen unterscheiden sich theoretisch wie folgt. Zum Verständnis von Normen wurde aus der Datenverarbeitung der Begriff des Entscheidungsprogramms in die Verwaltungswissenschaft übernommen[295]: Danach können Normen als Programme faktischen Verhaltens verstanden werden, als Programme, die Entscheidungsverhalten von Verwaltungsstellen festlegen und dadurch die Informationsverarbeitung in Verwaltungen strukturieren. Dieser Programmbegriff wurde von N. Luhmann differenziert, der als Grundformen der Programmierung von Verwaltungsentscheidungen Konditionalprogramme und

---

293 Dazu *D. Hönig*, Fachplanung und Enteignung, S. 183 f.

294 Zur konditionalen und finalen Rechtssetzung *R. Breuer*, AöR Bd. 127 (2002), S. 523 (525 ff.).

295 Vgl. *H. A. Simon*, Perspektiven der Automation für Entscheider, S. 73 ff.; siehe auch *P. Oberndorfer*, Die Verwaltung Bd. 5 (1972), S. 257 (261) m.w.N.

Zweckprogramme angenommen hat[296]: Konditionalprogramme bestimmen Entscheidungsprozesse nach dem Wenn-Dann-Schema. Dabei knüpft das Programm an die eingehende Information an, die als auslösende Ursache des Entscheidens behandelt wird, nach dem Muster: Jedes Mal wenn der Tatbestand A gegeben ist, wird die Entscheidung B getroffen. Vom Zeithorizont her sind Konditionalprogramme rückbezogen; die Ursachen, an die als Anlass für das Verwaltungshandeln angeknüpft wird, liegen in der Vergangenheit. Zweckprogramme dagegen legen das Entscheidungsverhalten als Wahl geeigneter Mittel angesichts eines vorbestimmten Zwecks fest. In diesem Fall hat das Programm seine Identität und seinen Umweltbezug in einer erstrebten Wirkung (Zweck), die das System in der Umwelt erreichen will. Das Programm hat dann die Form: Die Wirkung A soll bewirkt werden, also müssen entweder B 1 oder B 2 oder B 3 usw. als geeignete Ursachen (Mittel) eingesetzt werden. Zeitlich betrachtet sind Zweckprogramme damit zukunftsorientiert.[297]

Rechtsnormen, auch Planungsnormen, stehen dem von ihnen geregelten Bereich nicht beziehungslos gegenüber, sondern sind Folgerungen aus der Sachstruktur des geregelten Sozialbereichs.[298] Da Planung „vorausschauendes Setzen von Zielen und gedankliches Vorwegnehmen der zu ihrer Verwirklichung erforderlichen Verhaltensweisen"[299] ist, legt bereits der auf die Zukunft angelegte Zeitaspekt des Zweckprogramms seine Verwendung für die Normierung von Planungsprozessen nahe. Planung wird daher nach verbreiteter Auffassung im Wege der Zwecksetzung programmiert.[300] So enthält z.B. das Raumordnungsgesetz in § 1 Abs. 2 Leitvorstellungen und in § 2 Grundsätze, die jeweils Zwecke

296 Vgl. *N. Luhmann*, VerwArchiv Bd. 55 (1964), S. 1 (7 ff.); *ders.*, Recht und Automation in der öffentlichen Verwaltung, S. 36.

297 Vgl. *N. Luhmann*, Recht und Automation in der öffentlichen Verwaltung, S. 36.

298 Vgl. *W. Hoppe*, DVBl. 1974, S. 641 (644 f.). Allgemein zum Zusammenhang von Regelungsbereich und Rechtsnorm *F. Müller/R. Christensen*, Juristische Methodik, Rn. 481 ff.

299 *H. J. Wolff/O. Bachof/R. Stober/W. Kluth*, Verwaltungsrecht I, § 56 Rn. 11. Kritisch zu Versuchen einer einheitlichen Definition von Planung *W. Hoppe*, in: Isensee/Kirchhof (Hrsg.), HdStR Bd. 4, § 77 Rn. 7.

300 Diesen Zusammenhang zwischen dem von N. Luhmann entwickelten Modell der Zweckprogrammierung und dem Raumordnungsrecht hat zunächst P. Oberndorfer herausgearbeitet: *ders.*, Die Verwaltung Bd. 5 (1972), S. 257 (262). Diese Auffassung wurde von einem großen Teil der Literatur übernommen, vgl. *W. Hoppe*, DVBl. 1974, S. 641 ff. m.w.N. Sie ist aber nicht unumstritten. Die Unterscheidung zwischen Konditional- und Finalprogramm sei nur von entscheidungs- und organisationstheoretischem Interesse. Für eine Übertragung auf Rechtssätze dagegen sei sie ungeeignet, da sich jedes Finalprogramm auch als Konditionalprogramm formulieren lasse. So insbesondere *R. Rubel*, Planungsermessen, S. 10 ff.; kritisch auch *H.-J. Koch*, in: Koch/Hendler, Baurecht, Raumordnungs- und Landesplanungsrecht, § 17 Rn. 4 ff. Vgl. außerdem *J. Kühling/N. Herrmann*, Fachplanungsrecht, Rn. 29 ff. und die Hinweise bei *D. Hönig*, Fachplanung und Enteignung, S. 33.

der Raumordnung bestimmen. Für die Bauleitplanung ergeben sich die Zwecke aus § 1 Abs. 5 S. 1 i.V.m. Abs. 1, 3 BauGB. Auch die Fachplanungsgesetze legen Ziele fest, und zwar den Bau unterschiedlicher Infrastrukturvorhaben.[301]

Die Normstruktur der Enteignungsgesetze sieht aber anders aus: Die Enteignungsgesetze bestimmen den Entscheidungsprozess der Enteignungsbehörde nach dem Konditionalschema und damit vom Zeithorizont her rückbezogen. So ist die hier in Rede stehende zentrale Voraussetzung in Anlehnung an Art. 14 Abs. 3 S. 1 GG wie folgt formuliert: „Die Enteignung ist im einzelnen Fall nur zulässig, wenn das Wohl der Allgemeinheit sie (= das Vorhaben) erfordert ...". Mit dieser Gesetzesfassung wird die Enteignungsbehörde nur veranlasst festzustellen, ob das Wohl der Allgemeinheit ein – bereits fertig konzipiertes – Vorhaben erfordert. Hat sie das festgestellt, dann kann sie (bei Vorliegen auch der weiteren Enteignungsvoraussetzungen) nach der Struktur dieser Regelung enteignen. Die Enteignungsbehörde wird aber nicht aufgefordert, noch Einfluss auf die Planung eines Vorhabens zu nehmen.

(2) Auftrag zur planerischen Abwägung nur schwer erkennbar

Neben der Struktur erschwert es der Enteignungsbehörde aber auch die Formulierung der Landesenteignungsgesetze, den Auftrag zur Abwägung der Vorhabenplanung zu erkennen.

(A) Kein ausdrücklicher Auftrag in den Enteignungsgesetzen

Die Planungsgesetze enthalten einen ausdrücklichen Auftrag zu einer Abwägung. So verlangt der Gesetzgeber von der Verwaltung bei der Aufstellung von Bauleitplänen, die öffentlichen und privaten Belange gegeneinander und untereinander abzuwägen (§ 1 Abs. 7 BauGB). Bei der Planfeststellung verlangt er, die von dem Vorhaben berührten öffentlichen und privaten Belange im Rahmen der Abwägung zu berücksichtigen (z.B. § 17 Abs. 1 S. 2 FStrG, § 18 Abs. 1 S. 2 AEG, § 14 Abs. 1 S. 2 WaStrG). Dieser Auftrag ist eine Konsequenz der finalen Gesetzesstruktur der Planungsgesetze, die eine Rechtsanwendung nicht im Wege der Subsumtion, sondern im Wege der Abwägung mit sich bringt.[302]

Die Landesenteignungsgesetze dagegen fordern die Enteignungsbehörde beim Erlass des Enteignungsbeschlusses nicht zu einer Abwägung der von dem Enteignungsvorhaben berührten öffentlichen und privaten Belange auf. Es bedarf sogar schon einiges Interpretationsaufwands, überhaupt zu erkennen, an

301 Zur Normstruktur der Fachplanungsgesetze auch *D. Hönig*, Fachplanung und Enteignung, S. 43 ff. m.w.N.

302 *R. Alexy*, JZ 1986, S. 701 (710), unterscheidet diese zwei Grundstrukturen der Rechtsanwendung.

welchen Stellen sich diese Gesetze mit dem Vorhaben und an welchen Stellen mit der Enteignung befassen.[303] Ist geklärt, welche Tatbestandsmerkmale sich auf das Vorhaben beziehen, nämlich das Erfordernis der Allgemeinwohldienlichkeit, der Rechtmäßigkeit sowie der Allgemeinwohlerforderlichkeit, dann ergibt sich als nächstes Problem, dass diese Gesetze die Enteignungsbehörde nicht zu einer Abwägung auffordern. Versucht man trotzdem, dafür Ansatzpunkte in den Landesenteignungsgesetzen zu finden, liegt die hier vorgeschlagene Sichtweise nahe: Hinsichtlich der für das Vorhaben sprechenden Gründe findet die Betrachtung im Rahmen der Voraussetzung „Allgemeinwohldienlichkeit" des Vorhabens in den Bestimmungen „Enteignungszweck" statt. An dieser Stelle werden die mit dem Vorhaben verfolgten Zwecke zusammengetragen und geprüft, ob sie mit den gesetzgeberischen Zielvorstellungen übereinstimmen und geeignet sind, diese zu fördern. Die gegen das Vorhaben sprechenden Gründe werden dann bei dem hier in Rede stehenden Prüfungspunkt „Allgemeinwohlerforderlichkeit" ermittelt. Bei diesem Tatbestandsmerkmal findet auch die Abwägung zwischen den für und gegen das Vorhaben sprechenden Gründen statt sowie die Prüfung von Alternativlösungen.

Angesichts dieser wenig offensichtlichen Regelungsweise erscheint bei der Enteignungsbehörde ein falsches Verständnis über die geforderte Prüfung zumindest nicht unmöglich.

(B) Abwägung nur bei nicht planakzessorischer Enteignung gefordert

Den Prüfungsauftrag zu einer Abwägung zu erkennen, wird der Enteignungsbehörde noch zudem durch folgende Besonderheit erschwert: Die Enteignungsbehörde ist in der Praxis längst nicht immer aufgefordert, die vorhabenbezogenen Enteignungsvoraussetzungen zu prüfen. In vielen Fällen laufen die in den Landesenteignungsgesetzen enthaltenen Voraussetzungen Allgemeinwohldienlichkeit, Rechtmäßigkeit sowie Allgemeinwohlerforderlichkeit leer. Nur wenn es sich um die hier behandelte nicht planakzessorische Enteignung handelt, dann muss die Enteignungsbehörde neben den enteignungsbezogenen auch die vorhabenbezogenen Enteignungsvoraussetzungen prüfen. Wurde dagegen vor dem Enteignungsverfahren bereits ein Planfeststellungsverfahren durchgeführt, beschränkt sich die Prüfung auf die enteignungsbezogenen Voraussetzungen, die vorhabenbezogenen Voraussetzungen sind bereits Gegenstand des Planfeststellungsverfahrens gewesen.[304]

Die Enteignungsgesetze selber spiegeln aber diese unterschiedlichen Prüfungsaufträge gar nicht wider, sie sind vielmehr für beide Fälle gleich formu-

303 Dazu oben im Einzelnen S. 59 f.

304 Dazu oben S. 60 ff.

liert.[305] Ist ein fachplanerisches Planfeststellungsverfahren vorgelagert, so lässt sich den Fachplanungsgesetzen wenigstens entnehmen, dass die Enteignungsgesetze nicht mehr in vollem Umfang Anwendung finden: Diese Gesetze legen eine Bindung der Enteignungsbehörde an den festgestellten Plan fest und enthalten zudem bei dem Verweis auf die Landesenteignungsgesetze noch den Hinweis, dass diese nur „im Übrigen" Anwendung finden. Anders aber bei der Planfeststellung nach § 20 Abs. 1 UVPG und nach der enteignungsrechtlichen Planfeststellung. Hier wird nur in den Landesenteignungsgesetzen die Bindung der Enteignungsbehörde festgelegt. Ein Hinweis darauf, dass sich aus dieser Bindung Auswirkungen auf den Umfang der Prüfung der in den Enteignungsgesetzen enthaltenen Enteignungsvoraussetzungen ergibt, dass in diesem Fall die Hälfte der dort formulierten Voraussetzungen leer läuft, fehlt aber.[306]

Es fällt daher nicht leicht zu erkennen, ob die Enteignungsgesetze – so im Fall eines vorgelagerten Planfeststellungsverfahrens – nur mit den enteignungsbezogenen Voraussetzungen Anwendung finden oder aber – so im Fall einer nicht planakzessorischen Enteignung – auch mit den vorhabenbezogenen Voraussetzungen und somit ihrem Wortlaut entsprechend. Nur in dem letzteren Fall wird von der Enteignungsbehörde auch eine Prüfung des Tatbestandsmerkmals „Allgemeinwohlerforderlichkeit" und damit auch eine Abwägung gefordert.

b) Vorabbindungen nicht zulässig

Zu diesen wegen der besonderen Ausgestaltung der Enteignungsgesetze nur für Enteignungsbehörden denkbaren Fällen eines Abwägungsausfalls kommen noch die auch bei anderen Planungsbehörden diskutierten Konstellationen hinzu: Vorabbindungen und die irrtümliche Vorstellung, in der Entscheidung über das Vorhaben gebunden zu sein.

Die Frage von Vorabbindungen hat sich besonders im Bereich der Bauleitplanung gestellt. Hier kommt es häufig bei Vorhaben einer gewissen Größenordnung zwischen dem Vorhabenträger und der Gemeinde schon im Vorfeld des eigentlichen Planaufstellungsverfahrens zu Kontakten: Besprechungen, Absprachen bis hin zu Verträgen, in denen bereits über den Standort des Projekts entschieden wird. Das Bundesverwaltungsgericht hält entsprechende Vorwegnahmen unter bestimmten Voraussetzungen für noch mit dem Abwägungsgebot vereinbar.[307]

Für Vorhabenträger sind frühzeitige Absprachen auch im Zusammenhang mit Enteignungsverfahren interessant: Nach Abschluss der internen Planung könnte

---

305 Dazu auch *U. Wienke*, BayVBl. 1983, S. 297 (299); *D. Hönig*, Fachplanung und Enteignung, S. 67 f.

306 Dazu im Einzelnen oben S. 51 ff.

307 BVerwG, Urt. v. 5.7.1974 – 4 C 50.72, BVerwGE 45, S. 309 (Leitsatz und S. 321).

der Vorhabenträger mit der Enteignungsbehörde Kontakt aufnehmen und ihr seine Entwürfe präsentieren. Wenn die Enteignungsbehörde signalisiert, dass sie für das Vorhaben enteignen würde, und weiter deutlich macht, welche Trassen- bzw. Standortalternative sie favorisiert, dann könnte der Vorhabenträger – ohne die weit reichenden Folgen eines ablehnenden Beschlusses fürchten zu müssen[308] – mit dem Vorhaben beginnen.

Bei bindenden Absprachen zwischen der Enteignungsbehörde und dem Vorhabenträger wird man aber immer von einem Verstoß gegen das Abwägungsgebot ausgehen müssen. Anders als bei Bebauungsplänen, bei denen längst nicht jede Festsetzung auch eine Enteignung nach sich zieht, hat die Enteignungsbehörde nur eine Entscheidung über ein Vorhaben zu treffen, wenn für die Realisierung dieses Vorhabens anschließend auch enteignet werden soll. Aus diesem Grund gilt hier auch für die Prüfung der Enteignungsvoraussetzungen, die das Vorhaben betreffen, die verfassungsrechtliche Vorgabe, dass die Entscheidung nur in einem förmlichen Verfahren getroffen werden darf. Diese besondere verfahrensmäßige Ausgestaltung für Enteignungen wird für grundrechtsgeboten gehalten, da die Enteignung den am weitesten gehenden Eingriff in das durch Art. 14 Abs. 1 S. 1 GG geschützte Eigentum darstellt.[309] Sie steht demnach noch nicht einmal zur Disposition des Gesetzgebers. Bindet sich die Enteignungsbehörde aber durch Absprachen mit dem Vorhabenträger, umgeht sie das gesetzlich angeordnete förmliche Verfahren. Ihre Entscheidung fällt in diesem Fall gerade nicht aufgrund einer mündlichen Verhandlung mit dem Vorhabenträger einerseits und den Grundstücksberechtigten andererseits, sondern bereits außerhalb des Verfahrens und ohne Beteiligung der betroffenen Rechtsinhaber. Angesichts des dargestellten hohen Stellenwerts, der dem förmlichen Enteignungsverfahren zukommt, müssen solche Absprachen aber als rechtswidrig angesehen werden. Beschränkt sich die Enteignungsbehörde dagegen auf unverbindliche Auskünfte, ist das zwar rechtlich unproblematisch – nur ist dem Vorhabenträger damit wenig gedient, da er in diesem Fall auch keine Rechtssicherheit erhält.

c) Irrige Vorstellung einer Bindung an vorgelagerte Entscheidungen

Neben den genannten Vorabbindungen kommen noch Fälle in Betracht, in denen sich die Enteignungsbehörde irrtümlich in der Entscheidung über das Vor-

---

308 Dazu unten S. 143 ff.

309 So *E. Schmidt-Aßmann*, in: Isensee/Kirchhof (Hrsg.), HdStR Bd. 5, § 109 Rn. 21; vgl. auch die rechtshistorische Darstellung von *M. Frenzel*, Der Staat Bd. 18 (1979), S. 592 ff.

haben in der einen oder anderen Hinsicht für gebunden hält.[310] Denkbar ist die Vorstellung einer Bindung an die Planungsunterlagen des Vorhabenträgers oder an vorgelagerte Entscheidungen anderer Verwaltungsstellen wie z.B. raumordnerische Entscheidungen[311]. So darf die Enteignungsbehörde ihre Abwägung nicht durch den Hinweis oder die bloße Übernahme des Ergebnisses eines vorangegangenen Raumordnungsverfahrens ersetzen. Es muss vielmehr der Enteignungsbeschluss selber die die hoheitliche Planungsentscheidung kennzeichnende und im Hinblick auf Art. 14 GG erforderliche Abwägung enthalten.[312] Vergleichbares gilt im Verhältnis zu Naturschutzbehörden: In einem Enteignungsverfahren, in dem Grundstücke zwecks Errichtung einer 110-kV-Freileitung belastet werden sollen, stellt es einen Abwägungsausfall dar, wenn sich die Enteignungsbehörde mit dem Hinweis auf naturschutzbehördliche Anordnungen und sog. Ersatzmaßnahmen (Vogelschutz nach Maßgabe einer Vereinbarung zwischen dem Stromversorger und der Naturschutzbehörde, Erwerb eines Grundstücks zu Naturschutzzwecken durch den Stromversorger) begnügt und eigenständige Prüfungen insoweit ausdrücklich ablehnt. Die Enteignungsbehörde ist vielmehr bei unvermeidbaren und nicht ausgleichbaren Eingriffen in Natur und Landschaft – wie die Errichtung einer 110-kV-Leitung mit entsprechenden Leitungsmasten (in der Regel) darstellt – verpflichtet, eine Abwägung der Belange des Natur- und Landschaftsschutzes mit dem Interesse an sicherer Stromversorgung durchzuführen.[313]

---

310 Zu dieser Konstellation bei Planfeststellungsbehörden: *F. Kopp/U. Ramsauer*, VwVfG, § 74 Rn. 57; *H. J. Bonk/W. Neumann*, in: Stelkens/Bonk/Sachs, VwVfG, § 74 Rn. 55 c. Speziell zu Weisungen vorgesetzter Behörden: *G. Maier*, BayVBl. 1990, S. 647 (649 f.); *H. J. Knack*, in: Knack, VwVfG, § 74 Rn. 95; siehe dazu auch VGH BW, Urt. v. 21.10.1988 – 5 S 1088/88, NVwZ-RR 1989, S. 354. Zum Verhältnis zum Ergebnis eines Raumordnungsverfahrens OVG RP, Urt. v. 5.8.2004 – 1 A 11787/03, NuR 2005, S. 53 (56).

311 Dazu unten S. 200 ff.

312 So BayVGH, Beschl. v. 6.12.1982 – Nr. 8 CS 82 A.1984, BayVBl. 1983, S. 308 (309); dazu auch VGH BW, Urt. v. 14.5.1996 – 10 S 1/96, NVwZ 1997, S. 90 (92 f.). Dazu auch unten S. 213.

313 So BayVGH, Urt. v. 25.4.1996 – 22 B 94.3405 u.a., NuR 1996, S. 532 (533). Zu einer Verdrängung des Konflikts zwischen Schutz des Landschaftsbilds einerseits und Energieversorgung andererseits durch bloße Bezugnahme der Enteignungsbehörde auf eine landesplanerische Beurteilung sowie durch Zuweisung der notwendigen Maßnahmen zur Folgenminderung auf die untere Naturschutzbehörde zu eigener Entscheidung: BayVGH, Urt. v. 21.6.1995 – 22 A 94.40095, NuR 1996, S. 203 (205).

2. *Ermittlung des Abwägungsmaterials*

Das Abwägungsgebot in der Formulierung des Bundesverwaltungsgerichts gebietet als Nächstes, in die Abwägung an Belangen einzustellen, was nach Lage der Dinge in sie eingestellt werden muss.[314] In die Abwägung einzustellen sind sämtliche für und gegen das Vorhaben sprechenden Gründe (a)). Diese muss die Enteignungsbehörde ermitteln (b)). Tut sie das nicht vollständig, setzt sie sich dem Einwand eines Abwägungsdefizits aus.

a) Einstellung aller Belange

Von der Prüfungsfolge ergibt sich für die Enteignungsbehörde, wie gesehen, folgende Aufteilung: Die für das Vorhaben sprechenden Gründe werden bereits bei der Prüfung der Voraussetzung „Allgemeinwohldienlichkeit" des Vorhabens in den Bestimmungen „Enteignungszweck" ermittelt, die gegen das Vorhaben sprechenden Gründe dann hier bei dem Prüfungspunkt „Allgemeinwohlerforderlichkeit".

(1) Private und öffentliche Belange

Als Gründe, die gegen das Vorhaben sprechen, kommen alle Belange in Betracht, die durch das Vorhaben beeinträchtigt werden. Der Begriff „Belang" wird weit ausgelegt. Er wird mit dem des Interesses gleichgesetzt. Damit schließt er geschützte Rechtspositionen ein, ist aber nicht darauf beschränkt.[315] Bei den Belangen werden üblicherweise private und öffentliche unterschieden. Private Belange sind zunächst private Rechte und Rechtsgüter einer natürlichen oder juristischen Person – dabei kann an die in Art. 2 Abs. 2 S. 1 GG und in Art. 14 Abs. 1 GG genannten Rechte und Rechtsgüter sowie an alle subjektiven öffentlichen Rechte gedacht werden. Beeinträchtigungen der in Art. 2 Abs. 2 S. 1 GG erwähnten Rechtsgüter Leben und körperliche Unversehrtheit kommen durch Lärm-, Abgas- oder Lichtimmissionen des Vorhabens in Betracht. Neben dem Eigentum an Grund und Boden werden von Art. 14 Abs. 1 GG auch dingliche und obligatorische Nutzungsrechte sowie das Recht am eingerichteten und ausgeübten Gewerbebetrieb umfasst. Durch das Vorhaben können diese Rechte unmittelbar und mittelbar beeinträchtigt werden. Eine unmittelbare Beeinträchtigung liegt vor, wenn die Realisierung des Vorhabens nur möglich ist, wenn

---

314 BVerwG, Urt. v. 14.2.1975 – 4 C 21.74, BVerwGE 48, S. 56 (63 f.); so auch BVerwG, Urt. v. 7.7.1978 – 4 C 79.76, BVerwGE 56, S. 110 (117).

315 Vgl. *M. Krautzberger*, in: Battis/Krautzberger/Löhr, BauGB, § 1 Rn. 101; *W. Hoppe*, in: Hoppe/Grotefels, Öffentliches Baurecht, § 7 Rn. 2.

diese Rechte entzogen oder belastet werden. Als mittelbar lassen sich Beeinträchtigungen auf Nachbargrundstücken bezeichnen. Im Rahmen der Abwägung müssen neben den unmittelbaren auch die mittelbaren Beeinträchtigungen berücksichtigt werden – enteignet werden aber nur die unmittelbar betroffenen Grundstücksrechte.[316] Entsprechend der Bedeutung des Begriffs „Belang", der nicht nur Rechtspositionen meint, spielen für die Abwägung auch noch Interessen eine Rolle, die nicht mehr dem verfassungsrechtlichen Schutz unterliegen: so z.B. das Interesse eines Unternehmers an einer Erweiterung, Umstellung oder anderweitigen Änderung seines Gewerbebetriebs.[317]

Als öffentliche Belange können verallgemeinernd die der Allgemeinheit dienenden Schutzgüter von Rechtsnormen bezeichnet werden.[318] Für den Bereich der Bauleitplanung enthalten die §§ 1 Abs. 6 und 1 a BauGB eigene Aufzählungen von öffentlichen Belangen, die bei der Aufstellung der Bauleitpläne zu berücksichtigen sind. Wie bei den Fachplanungsgesetzen fehlen aber auch bei den Enteignungsgesetzen entsprechende Kataloge. Die für diese Verfahren relevanten öffentlichen Belange müssen daher unterschiedlichen gesetzlichen Bestimmungen entnommen werden. An öffentlichen Belangen ergeben sich auf diese Weise z.B. der Immissionsschutz, der Natur- und Landschaftsschutz, der Bodenschutz, der Denkmalschutz sowie Belange der Raumordnung.[319] Systematisch sind auch die mit den Enteignungsvorhaben verfolgten Zwecke – in der Regel Deckung des Bedarfs nach den Leistungen der Vorhaben – öffentliche Belange.

(2) Beschränkungen des Abwägungsmaterials

Angesichts der dargestellten Weite des Begriffs „Belang" liegt es nahe, das Abwägungsmaterial in geeigneter Weise zu beschränken. Das Bundesverwaltungsgericht hält für die Bauleitplanung folgende Beschränkungen für sachgerecht[320]: Unbeachtet bleiben können zunächst alle durch die Planung betroffenen Interes-

---

316 Ausführlich zu den Belangen der enteignend betroffenen Grundeigentümer und denen der mittelbar betroffenen *D. Hönig*, Fachplanung und Enteignung, S. 154 ff.

317 Vgl. BVerwG, Beschl. v. 9.11.1979 – 4 N 1.78, 4 N 2-4.79, BVerwGE 59, S. 87 (101). Vgl. auch BVerwG, Urt. v. 27.3.1992 – 7 C 18.91, BVerwGE 90, S. 96 (101); *M. Krautzberger*, in: Battis/Krautzberger/Löhr, BauGB, § 1 Rn. 101, 109; *W. Hoppe*, in: Hoppe/Grotefels, Öffentliches Baurecht, § 7 Rn. 3.

318 So *M. Ibler*, JuS 1990, S. 7 (11).

319 Zu einzelnen öffentlichen Belangen z.B. *J. Ziekow*, in: Ziekow (Hrsg.), Praxis des Fachplanungsrechts, Rn. 671 f.; *J. Kühling/N. Herrmann*, Fachplanungsrecht, Rn. 377 ff. Siehe auch die Aufzählung unter Nr. 9 Abs. 3 b) PlafeR 99, VkBl. 1999, S. 511.

320 Vgl. BVerwG, Beschl. v. 9.11.1979 – 4 N 1.78, 4 N 2-4.79, BVerwGE 59, S. 87 (102 ff.). Ausführlicher zu den Beschränkungen bei der Zusammenstellung des Abwägungsmaterials: *W. Söfker*, in: Ernst/Zinkahn/Bielenberg, BauGB, § 1 Rn. 188 ff.; *W. Hoppe*, in: Hoppe/Grotefels, Öffentliches Baurecht, § 7 Rn. 46 ff.

sen, die objektiv geringwertig sind sowie solche, die nicht schutzwürdig sind. Nicht schutzwürdig sind Interessen, wenn sich ihr Träger vernünftigerweise darauf einstellen muss, dass „so etwas geschieht“. Das ist der Fall bei Interessen, die mit einem Makel behaftet sind, oder bei dem Interesse an dem Fortbestand einer bestimmten Markt- oder Verkehrslage. Außerdem sind laut Bundesverwaltungsgericht abwägungsbeachtlich nur solche Betroffenheiten, die mehr als geringfügig sind und deren Eintritt zumindest wahrscheinlich ist. Darüber hinaus muss die Betroffenheit bei der Entscheidung über den Plan als abwägungsbeachtlich erkennbar sein. Dabei braucht die Planungsbehörde das nicht zu berücksichtigen, was sie nach den gegebenen Umständen auch nicht zu „sehen“ braucht. Diese Beschränkungen lassen sich ohne weiteres auch auf die Zusammenstellung des Abwägungsmaterials durch die Enteignungsbehörde übertragen.

Als Gründe, die gegen das Vorhaben sprechen, kommen zudem nur solche Belange in Betracht, die von dem geplanten Vorhaben überhaupt berührt werden. Ein Belang kann dann als von der Planung berührt angesehen werden, wenn ein Vergleich der Sach- und Rechtslage hinsichtlich dieses Belangs vor der Verwirklichung der Planung mit der Sach- und Rechtslage nach der Verwirklichung der Planung ergibt, dass sich der Belang in irgendeiner Weise verändert hat und diese Veränderung adäquat von dem Planvorhaben verursacht wird.[321]

b) Sachverhaltsermittlung

(1) Anforderungen an die Sachverhaltsermittlung

Nach § 24 Abs. 1 VwVfG, der auch im Enteignungsverfahren gilt[322], ermittelt die Enteignungsbehörde den Sachverhalt von Amts wegen. Sie bestimmt Art und Umfang der Ermittlungen; an das Vorbringen und an die Beweisanträge der Beteiligten ist sie nicht gebunden. Welche Tatsachen und Umstände die Behörde dabei ermitteln muss, ergibt sich aus dem materiellen Recht. Maßgeblich sind die Tatbestandsvoraussetzungen derjenigen Rechtsnormen, die der Entscheidung zugrunde zu legen sind, unter die der Sachverhalt also subsumiert werden muss.[323] Das Maß der Ermittlungen wird dabei von dem verfolgten Ziel bestimmt: Die Behörde muss die entscheidungserheblichen Tatsachen und Um-

321 Zum erforderlichen Zusammenhang zwischen geplantem Vorhaben und öffentlichen und privaten Belangen: *M. Ibler*, JuS 1990, S. 7 (11 f.).

322 Bei der nicht planakzessorischen Enteignung führen Landesbehörden Landesgesetze aus, nämlich die Enteignungsbehörden die allgemeinen Enteignungsgesetze. Für diese Tätigkeit gelten daher die Landesverwaltungsverfahrensgesetze.

323 Vgl. *W. Clausen*, in: Knack, VwVfG, § 24 Rn. 8; *F. Kopp/U. Ramsauer*, VwVfG, § 24 Rn. 13.

stände soweit aufklären, dass sie von ihrem Vorliegen oder Nichtvorliegen überzeugt ist.[324] Um dieses Ziel zu erreichen, hat sich die Behörde der Beweismittel zu bedienen, die sie nach pflichtgemäßem Ermessen für erforderlich hält. Sie kann insbesondere Auskünfte einholen, Beteiligte anhören, Zeugen vernehmen, Sachverständige hinzuziehen, Urkunden und Akten beiziehen sowie den Augenschein einnehmen (§ 26 Abs. 1 VwVfG).

Im Rahmen des Tatbestandsmerkmals „Allgemeinwohldienlichkeit" muss die Enteignungsbehörde ermitteln, ob ein Bedarf für das Enteignungsvorhaben besteht. Um aufzuklären, ob für das Vorhaben, für dessen Realisierung die Enteignung beantragt wurde, ein Bedarf besteht, wird die Enteignungsbehörde je nach Art des Projekts unterschiedliche Ermittlungen anstellen. Geht es um den Neubau einer Straße, sind eventuell Verkehrszählungen erforderlich. Bei Versorgungseinrichtungen und sonstigen öffentlichen Einrichtungen muss sich die Enteignungsbehörde ein Bild von der Versorgungssituation verschaffen, das Gleiche gilt – spiegelbildlich – für Entsorgungseinrichtungen, bei denen die Entsorgungssituation geklärt werden muss. Handelt es sich um raumbedeutsame Vorhaben, wie es vereinzelt bei Leitungsvorhaben vorkommt, können auch Angaben dazu z.B. aus Landesentwicklungsplänen herangezogen werden.[325] Bei Baumaßnahmen, die zur Abwehr einer Gefahr vorgenommen werden sollen, ist die Wahrscheinlichkeit eines Schadenseintritts abzuschätzen. Dabei müssen – wie auch bei der Einschätzung einer Bedarfsentwicklung – zukünftige Sachverhalte prognostiziert werden. Bei diesen Ermittlungen kann – nach Ermessen der Enteignungsbehörde – der Einsatz aller genannten Beweismittel infrage kommen. Die Enteignungsbehörde ist dabei aber nicht verpflichtet, externen Sachverstand zu konsultieren. So lässt sich z.B. aus Art. 14 Abs. 3 S. 1, 3 GG nicht herleiten, dass vor der Enteignung zugunsten eines privaten Energieversorgungsunternehmens generell im Enteignungsverfahren ein Sachverständigengutachten zur energiewirtschaftlichen Notwendigkeit eines Freileitungsvorhabens einzuholen ist.[326]

Bei der Prüfung im Rahmen des Tatbestandsmerkmals „Allgemeinwohlerforderlichkeit" geht es darum, die gegen das Vorhaben sprechenden privaten und öffentlichen Belange zu ermitteln. Die Ermittlung der privaten Belange findet in den in allen Landesenteignungsgesetzen vorgesehenen mündlichen Ver-

---

324 Vgl. *F. Kopp/U. Ramsauer*, VwVfG, § 24 Rn. 12, 21, 33; *G. Engelhardt*, in: Obermayer, VwVfG, § 24 Rn. 235; *P. Stelkens/D. Kallerhoff*, in: Stelkens/Bonk/Sachs, VwVfG, § 24 Rn. 20.

325 So für den Bedarf für eine geplante Wasserleitung: BayVGH, Urt. v. 10.4.1984 – Nrn. 8 B 82 A. 954, 955 und 956, BayVBl. 1984, S. 627 (629).

326 Vgl. BVerwG, Urt. v. 11.7.2002 – 4 C 9/00, NJW 2003, S. 230 (233 f.); VGH BW, Urt. v. 8.9.1999 – 10 S 1406/98, NuR 2000, S. 455 (457).

handlungen mit den Grundstücksberechtigten und dem Vorhabenträger statt.[327] Die Enteignungsbehörde kann sich durch die mündliche Anhörung der Grundstücksberechtigten gut ein Bild von der Beeinträchtigung ihrer Rechte oder Rechtsgüter machen. Die Grundstücksberechtigten trifft hierbei aber auch eine Mitwirkungspflicht: Hat es ein Berechtigter unterlassen, seine Betroffenheit in diesem Rahmen vorzutragen, dann ist die Betroffenheit nur abwägungsbeachtlich, wenn sich die Tatsache dieser Betroffenheit der Enteignungsbehörde aufdrängen musste. Inwieweit öffentliche Belange durch das Vorhaben berührt werden, klärt die Enteignungsbehörde mit den Behörden, deren Aufgabengebiet von der Ausführung des Vorhabens berührt wird.[328] Je nach Lage des Falls kann die Enteignungsbehörde Stellungnahmen z.B. von Gemeinden, Naturschutzbehörden, Immissionsschutzbehörden, Wasserbehörden, Forstbehörden und Denkmalschutzbehörden einholen. Auch wenn die Enteignungsbehörde es nur mit Vorhaben zu tun hat, für die keine Verpflichtung zur Durchführung einer Umweltverträglichkeitsprüfung besteht, entbindet sie das nicht von der Aufgabe, die Umweltauswirkungen des Vorhabens soweit zu untersuchen und zu ermitteln, dass sie eine umfassende Abwägungsentscheidung treffen kann.

(2) Übernahme von Ermittlungen des Vorhabenträgers

Die Sachverhaltsermittlung der Enteignungsbehörde wird durch eine besondere Situation geprägt: Es ist der Vorhabenträger, der das Vorhaben plant. Bereits die von ihm erstellten Pläne enthalten daher regelmäßig im Rahmen der Planrechtfertigung Überlegungen zum Bedarf sowie Ermittlungen zu den Auswirkungen des Vorhabens auf Private und auf die Umwelt. Welche Konsequenzen haben diese Unterlagen für die Ermittlungstätigkeit der Enteignungsbehörde?

Eine Verpflichtung der Enteignungsbehörde zur Übernahme besteht eindeutig nicht: Mit der Entscheidungskompetenz über die Rechtmäßigkeit der vom Vorhabenträger entwickelten Vorhabenkonzeption hat die Enteignungsbehörde auch die Verantwortung, eine entsprechende Sachverhaltsaufklärung vorzunehmen. Dabei ist sie – wie § 24 Abs. 1 VwVfG ausdrücklich festlegt – an das Vorbringen der Beteiligten nicht gebunden. Sie kann daher im Prinzip den Sachverhalt gänzlich unabhängig vom Vorhabenträger erneut ermitteln. Eine entsprechende Vorgehensweise wäre aber wenig ökonomisch.

---

327 Vgl. § 23 Abs. 1 LEntG BW; Art. 26 Abs. 3 BayEG; § 5 Abs. 3 EnteigG BE i.V.m. § 112 BauGB; § 29 EntGBbg; § 6 Abs. 3 BremEntG i.V.m. § 112 BauGB; § 7 Abs. 4 HA EnteigG i.V.m. § 112 BauGB; § 29 HEG; § 10 Abs. 2 EnteigG M-V i.V.m. § 112 BauGB; § 32 NEG; § 29 EEG NW; § 34 LEnteigG RP; § 5 Abs. 3 SächsEntEG i.V.m. § 112 BauGB; § 28 Abs. 1 EntG LSA; § 21 ThürEG i.V.m. § 67 ThürVwVfG.

328 Dazu ausdrücklich § 22 NEG; § 23 LEnteigG RP; § 19 EntG LSA.

Die Frage lautet daher eher, inwieweit die Behörde die Ergebnisse des antragstellenden Unternehmens übernehmen darf. Auch bei dieser Fragestellung muss berücksichtigt werden, dass die Verantwortung für die Ermittlung des Sachverhalts bei der Enteignungsbehörde und nicht bei den Beteiligten liegt. Eine Übernahme der Ergebnisse des Vorhabenträgers ohne eine eigenständige Überprüfung durch die Enteignungsbehörde ist daher nicht zulässig.[329] Als für die Ermittlung des Sachverhalts Verantwortliche muss sie die Angaben des Antragstellers auf jeden Fall durch eine Plausibilitätsüberprüfung, durch Angaben aus anderen Quellen oder eigene Nachforschungen erhärten. Sie muss z.B. bei einer Bedarfsprüfung für eine Anlage der Energieversorgung den relevanten Versorgungsraum abgrenzen, die rechnerische Richtigkeit des überlassenen Zahlenmaterials feststellen sowie allgemein zugängliche Prognosewerte unabhängiger Forschungsinstitute heranziehen.[330]

Von großer praktischer Relevanz ist speziell die Frage, wie die Enteignungsbehörde mit Gutachten umgeht, die der Vorhabenträger bereits hat erstellen lassen. Wann stellt es einen Aufklärungsfehler dar, wenn die Behörde von der Einholung eines eigenen Gutachtens absieht und stattdessen auf das Gutachten des Antragstellers zurückgreift?

Kriterien für diese Situation lassen sich gewinnen durch einen Blick auf die Rechtsprechung des Bundesverwaltungsgerichts zur Verwertung gerichtlicher Sachverständigengutachten, die von Vorinstanzen eingeholt wurden. Diese im Rahmen des § 86 Abs. 1 VwGO entwickelten Prüfungspunkte lassen sich trotz der unterschiedlichen Konstellationen auch auf das Enteignungsverfahren übertragen. Zwar holt mit dem Vorhabenträger – anders als mit einem Gericht der Vorinstanz – ein Beteiligter das Gutachten ein, doch hat der Vorhabenträger – wie ein Gericht – kein besonderes Interesse hinsichtlich des Ergebnisses. Dem antragstellenden Unternehmen kann z.B. nicht daran gelegen sein, dass der Bedarf unzutreffend hoch eingeschätzt wird, da dies nur eine Fehlinvestition bei ihm zur Folge haben würde. Nach dem Bundesverwaltungsgericht ist die Verwertung eines gerichtlichen Sachverständigengutachtens unzulässig, wenn – erstens – das Gutachten unvollständig, widersprüchlich oder aus anderen Gründen nicht überzeugend ist, wenn – zweitens – das Gutachten von unzutreffenden tatsächlichen Voraussetzungen ausgeht, wenn – drittens – der Sachverständige erkennbar nicht über die notwendige Sachkunde verfügt oder Zweifel an seiner Unparteilichkeit bestehen, wenn – viertens – sich durch neuen entscheidungserheblichen Sachvortrag der Beteiligten oder durch eigene Ermittlungstätigkeit des Gerichts die Bedeutung der vom Sachverständigen zu klärenden Fragen verändert, wenn – fünftens – ein anderer Sachverständiger über neue oder überlegenere Forschungsmittel oder über größere Erfahrung verfügt oder wenn – sechstens

329 So auch VG Gießen, Urt. v. 12.12.1989 – I/1 E 624/83, n.v. Vgl. zur Planfeststellung auch BVerwG, Urt. v. 8.6.1979 – 4 C 1.79, DVBl. 1980, S. 593 (594).

330 So *H. Daiber*, DÖV 1990, S. 961 (963).

– das Beweisergebnis durch substantiierten Vortrag eines der Beteiligten oder durch eigene Überlegungen des Gerichts ernsthaft erschüttert wird.[331]

Dieses Prüfprogramm stellt einen guten Ausgleich dar: Einerseits kommt die Enteignungsbehörde bei einer entsprechenden Überprüfung der ihr vorgelegten Gutachten ihrer Verpflichtung zur eigenverantwortlichen Sachverhaltsermittlung ausreichend nach, andererseits kann sie – je nach Ergebnis der Überprüfung – die Einholung eines weiteren Gutachtens unterlassen, womit Kosten gespart und der Zeitaufwand verringert wird.

3. Gewichtung und Ausgleich der Belange

Wenn die Enteignungsbehörde den Bedarf nach den von dem Vorhaben zu erbringenden Leistungen sowie die von dem Vorhaben beeinträchtigten privaten und öffentlichen Belange ermittelt hat, folgt die Bewertung dieser für und gegen die Verwirklichung des Vorhabens sprechenden Belange. Dieser Bewertungsvorgang lässt sich als Kern der planerischen Abwägung bezeichnen – hier kommt der Planungsbehörde regelmäßig ein gerichtlich nicht überprüfbarer Gestaltungsspielraum zu.[332] Bei der nicht planakzessorischen Enteignung kommt dieser Gestaltungsspielraum der Enteignungsbehörde zu.[333] Wie andere Planungsbehörden ist aber auch die Enteignungsbehörde bei der Bewertung der für und gegen das Vorhaben sprechenden Belange nicht völlig frei. Auch für sie gilt das Abwägungsgebot, das verlangt, weder die Bedeutung der betroffenen öffentlichen und privaten Belange zu verkennen noch den Ausgleich zwischen ihnen in einer Weise vorzunehmen, die zur objektiven Gewichtigkeit einzelner Belange außer Verhältnis steht.[334]

---

331 BVerwG, Beschl. v. 26.6.1992 – 4 B 1 – 11.92, DVBl. 1992, S. 1435 (1436); BVerwG, Urt. v. 6.2.1985 – 8 C 15.84, BVerwGE 71, S. 38 (45). Zur Verpflichtung zur Einholung von Obergutachten im Planfeststellungsverfahren: BVerwG, Urt. v. 26.2.1999 – 4 A 47/96, NVwZ 2000, S. 560 (563); *D. Hönig*, Fachplanung und Enteignung, S. 169 f. m.w.N.

332 Vgl. *J. Kühling/N. Herrmann*, Fachplanungsrecht, Rn. 381.

333 BVerwG, Urt. v. 17.1.1986 – 4 C 6, 7/84, NVwZ 1986, S. 471. Andere Ansicht noch OLG Celle, Teilurteil v. 15.3.1985 – 4 U (Baul) 40/83, BRS 45, Nr. 165, S. 465 (466 f.).

334 Zur Geltung des Abwägungsgebots für die Enteignungsbehörde: BayVGH, Urt. v. 14.5.1997 – 22 B 96.2932, BayVBl. 1998, S. 468; BayVGH, Urt. v. 30.11.1993 – 8 B 92.762, DVBl. 1994, S. 293; BayVGH, Urt. v. 2.7.1980 – Nr. 9.B – 1834/79, BayVGH 1981, S. 18 (19). Kritisch zur Differenzierung der Rechtsprechung zwischen Gewichtung und Ausgleichsentscheidung: *D. Hönig*, Fachplanung und Enteignung, S. 148 ff. m.w.N.

a) Gewichtung

Die Enteignungsbehörde muss demnach die betroffenen Belange entsprechend ihrer „objektiven Gewichtigkeit" bewerten. Ein Abwägungsfehler – eine Abwägungsfehleinschätzung – liegt daher bei einer zu hohen oder zu niedrigen Gewichtung eines Belangs vor.[335]

(1) Bedarf

Der zentrale Grund für die Verwirklichung eines Enteignungsvorhabens ist die Deckung des Bedarfs nach einer Einrichtung dieser Art.

(A) „Allgemeinwohlerforderlichkeit": keine Vorgabe für Intensität des Bedarfs

Der Wortlaut der hier in Rede stehenden Enteignungsvoraussetzung, die verlangt, dass das Wohl der Allgemeinheit das Vorhaben „erfordern" muss, legt dabei folgende Interpretation nahe: Es ist ein besonders hoher Bedarf gefordert, das Vorhaben muss quasi unabweisbar sein.

Diese Auslegung ist aber aus folgenden Gründen abzulehnen.[336] Verfassungsrechtlich ist sie nicht geboten. Art. 14 Abs. 3 S. 1 GG macht dem Gesetzgeber die Vorgabe, dass eine Enteignung nur zum Wohl der Allgemeinheit zulässig sein darf. Daraus lässt sich aber nicht ableiten, dass das Enteignungsvorhaben vom Gemeinwohl „gefordert" sein muss. Weiter spricht die Systematik der Vorschriften „Enteignungszweck" und „Zulässigkeit der Enteignung" dagegen.[337] Die Enteignungsbehörde befasst sich mit der Intensität des Bedarfs bereits bei dem Tatbestandsmerkmal „Allgemeinwohldienlichkeit" im Rahmen der Vorschrift „Enteignungszweck". An dieser Stelle reicht, wie gesehen, die Feststellung aus, dass das Vorhaben „vernünftigerweise geboten" ist. Gesetzessystematisch erscheint es wenig plausibel, von der Enteignungsbehörde erneut die Prüfung zu verlangen, ob der Bedarf auch ausreichend hoch ist, nur jetzt im Rahmen der „Allgemeinwohlerforderlichkeit" mit der Forderung, dass der Bedarf

---

335 *J. Ziekow*, in: Ziekow (Hrsg.), Praxis des Fachplanungsrechts, Rn. 679; *J. Kühling/N. Herrmann*, Fachplanungsrecht, Rn. 383.

336 Ebenfalls dafür, dass das Vorhaben nicht „unausweichlich" sein muss, sondern es ausreicht, dass es „vernünftigerweise geboten" ist: *P. Molodovsky/S. Graf v. Bernstorff*, Enteignungsrecht in Bayern, Art. 3 Anm. 3.1.2.2; *H. Reisnecker*, in: Brügelmann, BauGB, § 87 Rn. 18; *P. Runkel*, in: Ernst/Zinkahn/Bielenberg, BauGB, § 87 Rn. 22. Zum Folgenden auch oben S. 90 f.

337 Zum Verhältnis der Bestimmungen „Enteignungszweck" und „Zulässigkeit der Enteignung": *P. Molodovsky/S. Graf v. Bernstorff*, Enteignungsrecht in Bayern, Art. 3 Anm. 1; *K. Puhr-Westerheide*, BayEG, Art. 3 Anm. 1.1.

die Verwirklichung des Vorhabens praktisch unausweichlich machen muss. Wäre diese Prüfung gewollt, hätte es näher gelegen, gleich im Rahmen der Vorschriften „Enteignungszweck" einen entsprechend intensiven Bedarf zu verlangen. Schließlich steht die Forderung nach einem derart hohen Bedarf auch im Widerspruch zu einer Prüfung, die die Vor- und Nachteile des Vorhabens miteinander abwägt: Ist der Bedarf nicht ausreichend hoch, müsste das Vorhaben bereits aus diesem Grund abgelehnt werden – eine Abwägung mit den Nachteilen fände nicht statt. Ist das Vorhaben wirklich unabweisbar, müsste es verwirklicht werden – die eventuell dagegen sprechenden Gründe würden das nicht verhindern können. Auch in diesem Fall könnte daher eine Abwägung unterbleiben. Die Enteignungsbehörde hat aber im Fall der nicht planakzessorischen Enteignung die Aufgabe, die sonst der Planfeststellungsbehörde zukommt: Sie muss die Vorhabenplanung abwägend nachvollziehen. Daran kann aber auch die von den Fachplanungsgesetzen abweichende Formulierung in den Enteignungsgesetzen nichts ändern. Diese Formulierung lässt sich durch eine Anlehnung an Art. 14 Abs. 3 GG erklären und ist ein weiterer Punkt, an dem die Landesenteignungsgesetze ihre Funktion, auch Planungsgesetze zu sein, nur ungenügend verdeutlichen.

Es bleibt daher trotz des irreführenden Wortlauts dabei: Die Enteignungsbehörde hat bei dem Tatbestandsmerkmal „Allgemeinwohlerforderlichkeit" die Vorhabenplanung abwägend nachzuvollziehen. Hinsichtlich der Intensität des Bedarfs wird an dieser Stelle keine Vorgabe gemacht – die Enteignungsbehörde muss daher hier nicht prüfen, ob der Bedarf eine bestimmte Intensität erreicht oder nicht. Sie hat vielmehr die Aufgabe zu versuchen, das Gewicht des Bedarfs absolut festzustellen.

(B) Kriterien für Gewichtung im Einzelfall

Wie lässt sich die „objektive Gewichtigkeit" eines Bedarfs aber überhaupt bewerten? Gesetzliche Bedarfsfestlegungen betreffen die Enteignungsbehörde nicht, sie beschränken sich derzeit auf Projekte aus den Bereichen Bundesfernstraßen- und Eisenbahntrassenbau.[338] Anders als Planfeststellungsbehörden bestimmt die Enteignungsbehörde daher das Gewicht des Bedarfs immer selber. Bei der Frage, wie das geschieht, bietet es sich an, an die oben vorgenommene Unterscheidung zwischen zwei Arten von Bedarf anzuknüpfen.[339] Danach kann

338 Vgl. § 1 Fernstraßenausbaugesetz vom 20.1.2005, BGBl. I S. 201; § 1 Bundesschienenwegeausbaugesetz vom 15.11.1993, BGBl. I S. 1874, zuletzt geändert durch Gesetz vom 27.4.2005, BGBl. I S. 1138.

339 S. 87 ff. Das Bundesverwaltungsgericht hat zur Planfeststellung für den Bau des Flughafens München II ausgeführt: Je dringlicher ein bestimmter Nachtflugbedarf tatsächlich ist, desto bedeutsamer ist sein Gewicht im Rahmen der Abwägung, Urt. v. 29.1.1991 – 4 C 51/89, NVwZ-RR 1991, S. 601 (615).

sich der Bedarf einmal aus der Nachfrage nach den von dem Vorhaben erbrachten Leistungen ergeben. Als Kriterien, anhand derer diese Form des Bedarfs gewichtet werden kann, kommen folgende in Betracht: das Ausmaß der schon bestehenden oder die Wahrscheinlichkeit und der Umfang einer drohenden Versorgungslücke, die Bedeutung der mit der Anlage erbrachten Leistung, die Zahl der von einer Unterversorgung mit den entsprechenden Leistungen betroffenen Personen. Ein hoher Bedarf läge demnach z.B. für den Bau einer Wasserleitung vor, mit der eine innerhalb des nächsten Jahres absehbare Lücke bei der Versorgung einer Großstadt mit Wasser vorgebeugt werden soll. Die andere Art des Bedarfs ist der Bedarf nach Projekten, mit denen Gefahren abgewehrt werden sollen, die der ordnungsgemäßen Durchführung der Leistungserbringung drohen. Statt einer Versorgungslücke muss hier festgestellt werden, wie hoch die Gefahr ist, dass die ordnungsgemäße Erbringung der Leistung gestört wird.[340] Ansonsten sind auch hier die Kriterien Art der erbrachten Leistung sowie Anzahl der von einem Störfall betroffenen Personen bedeutsam. Danach wäre z.B. der Bedarf für den Bau einer neuen Stromfreileitung hoch zu gewichten, mit der ein mit großer Wahrscheinlichkeit zu erwartender, erneuter Stromausfall für ca. 10 Millionen Menschen in Westeuropa verhindert werden soll.[341]

(2) Dem Vorhaben entgegenstehende private und öffentliche Belange

Nach dem für die Verwirklichung des Vorhabens sprechenden Bedarf muss die Enteignungsbehörde die von dem Vorhaben beeinträchtigten privaten und öffentlichen Belange gewichten.

Auch hier gelten für die Enteignungsbehörde weniger gesetzliche Vorgaben als für Planfeststellungsbehörden. Seit der Leitentscheidung des Bundesverwaltungsgerichts aus dem Jahr 1985 wird davon ausgegangen, dass es einzelne Normen gibt, die den darin genannten Belangen ein besonderes Gewicht verleihen.[342] Welche Bestimmungen nur die Berücksichtigung eines Belangs in der Abwägung verlangen und welche zudem als sogenannte Optimierungsgebote[343]

---

340 Zur Gewichtung der Störfallwahrscheinlichkeit bei einer nur zur Gewährleistung der Ausfallsicherheit erforderlichen Stromleitung: *H. Daiber*, DÖV 1990, S. 961 (965).

341 Zu einem Stromausfall dieser Art kam es am 4.11.2006, nachdem der Stromversorger eine Leitung über die Ems abgeschaltet hatte. Der Ausfall einer zweiten Leitung hat dann in einem Dominoeffekt weitere Leitungen überlastet, so deren Abschaltung ausgelöst und damit die europaweiten Stromausfälle verursacht, vgl. NOZ v. 6.11.2006, S. 1; NOZ v. 16.11.2006, S. 5.

342 BVerwG, Urt. v. 22.3.1985 – 4 C 73.82, BVerwGE 71, S. 163 (165). Dazu ausführlich *J. Dreier*, Die normative Steuerung der planerischen Abwägung, S. 215 ff. Siehe auch *W. Hoppe/H. Schlarmann/R. Buchner*, Rechtsschutz bei der Planung von Straßen, Rn. 606 ff., 707 f.; *J. Ziekow*, in: Ziekow (Hrsg.), Praxis des Fachplanungsrechts, Rn. 689 ff.

343 Kritisch zu dieser Terminologie *D. Hönig*, Fachplanung und Enteignung, S. 177 m.w.N.

dem Belang ein besonderes Gewicht verleihen, lässt sich nur durch Auslegung ermitteln. Die in der Rechtsprechung anerkannten Optimierungsgebote § 50 BImSchG und § 1 Abs. 1 FStrG gelten für raumbedeutsame Planungen und Maßnahmen bzw. für den Neubau von Fernstraßen[344] – sie betreffen daher die Enteignungsbehörde nur in dem eher seltenen Fall, dass es um die nicht planakzessorische Enteignung eines raumbedeutsamen Vorhabens geht[345].

Die Enteignungsbehörde besitzt daher einen großen Gestaltungsspielraum bei der Gewichtung der gegen das Vorhaben sprechenden Belange. Ähnlich wie beim Bedarf lassen sich aber auch hier abstrakt verschiedene Kriterien denken, die hilfreich dabei sind, die Belange entsprechend ihrer „objektiven Gewichtigkeit" zu bewerten.[346] Als Ausgangspunkt kann zum einen die Bedeutung der Belange dienen. Für die Bedeutung spielt die Knappheit oder Seltenheit eines Guts eine Rolle: Handelt es sich um ein einmaliges Zeugnis seiner Zeit, kommt dem Denkmalschutz ein besonderes Gewicht zu. Ähnlich steigt die Bedeutung der Umweltbelange in dem Umfang, in dem sich die ökologische Situation verschlechtert. Auch die Qualität eines Belangs ist für die Wertigkeit bedeutsam: Je intakter und homogener ein Ortsbild ist, desto gewichtiger sind die Denkmalbelange. Je wertvoller ein Biotop ist, desto höher muss der Naturschutzbelang gewichtet werden. Ähnlich wie beim Bedarf beeinflusst auch die Größe eines Belangs seine Bedeutung: Eine hohe Zahl von Anwohnern, die von Lärmimmissionen betroffen ist, bedeutet ein höheres Gewicht des Belangs Immissionsschutz als eine nur geringe Zahl Betroffener.

Neben der Bedeutung eines Belangs ist das Ausmaß seiner Betroffenheit ein weiterer Anknüpfungspunkt: So richtet sich das Gewicht, das dem Eigentum in der Abwägung zukommt, nach dem Umfang der Inanspruchnahme und der Stärke seiner Belastung.[347] Muss für die Verwirklichung des geplanten Vorhabens das Grundeigentum eines Landwirts in dem Maße in Anspruch genommen werden, dass die Existenz seines landwirtschaftlichen Vollerwerbsbetriebs gefährdet wird, so kommt dem Eigentum ein höheres Gewicht zu als wenn von dem Vorhaben nur wenige Quadratmeter eines nur im Nebenerwerb genutzten Grundstücks betroffen sind. Auch bei der Stärke der Belastung des Eigentums sind sehr unterschiedliche Intensitätsstufen denkbar: von nur geringen Lärmimmissionen über die zwangsweise Eintragung einer Dienstbarkeit (bei der auch je nach Inhalt große Unterschiede bestehen) bis zur Vollenteignung. Der Grad der Be-

---

344 BVerwG, Urt. v. 22.3.1985 – 4 C 73.82, BVerwGE 71, S. 163 (165 f.).

345 Zu dieser Konstellation unten S. 185 ff.

346 Entwickelt wurden die Kriterien von *J. Dreier*, Die normative Steuerung der planerischen Abwägung, S. 79 ff.; vgl. dazu auch *J. Ziekow,* in: Ziekow (Hrsg.), Praxis des Fachplanungsrechts, Rn. 681 ff.

347 Ausführlich zur unterschiedlichen Gewichtung der enteignenden Betroffenheit *D. Hönig*, Fachplanung und Enteignung, S. 179 ff.; siehe auch *P. Runkel*, in: Ernst/Zinkahn/Bielenberg, BauGB, § 87 Rn. 32.

troffenheit ist auch bei der Bewertung von Umweltbelangen bedeutsam: Es macht einen Unterschied, ob ein Biotop nur in Teilen oder insgesamt beeinträchtigt wird. Weiter ist darauf zu achten, ob ein Eingriff in Natur und Landschaft durch andere Maßnahmen abgemildert werden kann. Es bildet dabei eine erhebliche Fehleinschätzung des Belangs „Landschaftsbild“, wenn die Enteignungsbehörde bei einer 110-kV-Stromfreileitung von einem „naturverträglichen“ Vorhaben spricht, obwohl die Beeinträchtigungen des Landschaftsbilds nicht ausgleichbar sind und überdies die von der Enteignungsbehörde verfügten „Auflagen“ (Teilverkabelung einer bestehenden Leitung) nicht sicher zu realisieren sind, weil die Verfügungsbefugnis des Stromversorgers über die benötigten Grundstücke nicht feststeht und die Enteignungsbehörde dies vor ihrer positiven Entscheidung auch nicht abgewartet hat.[348]

Die angeführten Kriterien sind noch nicht erschöpfend. Angesichts der Vielzahl möglicher Einzelfälle, aus denen sie abgeleitet werden, ist das auch schwer möglich. Wichtig ist, dass die Enteignungsbehörde die Bewertung der Belange überhaupt anhand entsprechender Argumentationsstrukturen rechtfertigt – ansonsten besteht die Gefahr einer Abwägungsfehleinschätzung.

b) Ausgleich

Nach der Bewertung der Belange entsprechend ihrer „objektiven Gewichtigkeit“ muss die Enteignungsbehörde zwischen den für und gegen das Vorhaben sprechenden Belangen einen Ausgleich finden, der – wie es das Bundesverwaltungsgericht formuliert – zu der festgestellten Gewichtigkeit nicht außer Verhältnis stehen darf. Der Auftrag, einen Ausgleich zwischen den Belangen entsprechend ihrer Gewichtigkeit zu finden, bedeutet an dieser Stelle Folgendes: Die Enteignungsbehörde muss den Bedarf in Beziehung zu den durch das Vorhaben bewirkten Nachteilen für private und öffentliche Belange setzen. Zwischen den Vorteilen und den Nachteilen ist dann eine Abwägung vorzunehmen. Da es bei dieser Abwägung um die Frage geht, ob das Vorhaben überhaupt verwirklicht werden soll, muss festgestellt werden, ob den für das Vorhaben sprechenden Gründen der Vorrang zukommt. Eine Abwägungsdisproportionalität wäre danach gegeben, wenn die Enteignungsbehörde von einem Vorrang des für das Vorhaben sprechenden Bedarfs ausgeht, obwohl diese Annahme außer Verhältnis zu der vorher festgestellten „objektiven Gewichtigkeit“ der widerstreitenden Belange steht.

---

348 Vgl. BayVGH, Urt. v. 21.6.1995 – 22 A 94.40095, NuR 1996, S. 203 (204). Siehe dazu auch *P. Fischer-Hüftle,* in: Engelhardt/Brenner/Fischer-Hüftle, Naturschutzrecht in Bayern, Art. 6 c Rn. 15.

(1) Konsequenz der Gewichtung

Ähnlich wie vorher für die Gewichtung der Belange lassen sich auch für die Prüfung der Frage, ob das Vorhaben mehr nützt als schadet, nur recht allgemeine Anhaltspunkte formulieren. Eindeutig sind nur die Extremfälle: Hat die Gewichtung des Bedarfs nach den vorgeschlagenen Kriterien einen sehr hohen Bedarf ergeben und war gleichzeitig das Gewicht der von dem Vorhaben beeinträchtigten Belange sehr gering, dann kann das Vorhaben natürlich verwirklicht werden. Genauso für den umgekehrten Fall: Bei nur geringem Bedarf, dafür aber großer Bedeutung sowie intensiver Betroffenheit der gegen das Vorhaben sprechenden Belange muss das Vorhaben unterbleiben. So kann ein Projekt, für das nur ein geringes Verkehrsbedürfnis besteht, das aber den Abbruch eines mehrgeschossiges Hauses erforderlich macht, nicht realisiert werden.[349]

(2) Allgemeinwohlqualität des für das Vorhaben sprechenden Bedarfs

Anhaltspunkte für die dazwischen liegenden Fälle lassen sich dagegen nur schwerer finden. So hat das Bundesverfassungsgericht bei der Abwägung zwischen dem Bedarf nach einem (zweiten) Sportplatz für eine Gemeinde mit den entgegenstehenden Eigentumsrechten auch nur darauf hingewiesen, dass der Bedarf „gewichtig genug" sein müsse, um die Eigentumsrechte zu überwinden.[350] Bei der Abwägung mit entgegenstehenden Eigentumsrechten ist allerdings Folgendes zu bedenken: Der Gesetzgeber hat durch die Aufnahme bestimmter, im Einzelnen aufgeführter Vorhaben und Sachgebiete in die Landesenteignungsgesetze entschieden, dass es sich dabei um Gemeinwohlaufgaben handelt, die eine Enteignung legitimieren. Das heißt, dass der Gesetzgeber gleichzeitig eine Bewertung vorgenommen hat: Die Erfüllung dieser öffentlichen Aufgaben ist grundsätzlich bedeutsamer als die ihr im Einzelfall entgegenstehenden Interessen der Grundstücksberechtigten an der Erhaltung ihrer Rechte. Damit hat der Gesetzgeber für die Vorhaben, die von den Landesenteignungsgesetzen erfasst werden, den Konflikt zwischen den Interessen der Allgemeinheit und den Interessen Einzelner dahingehend entschieden, dass den Interessen der Allgemeinheit der Vorrang zukommt. Diese Entscheidung des Gesetzgebers muss aber für die Enteignungsbehörde Folgendes bedeuten: Handelt es sich um den üblichen Konflikt, der zwangsläufig zwischen der Verwirkli-

349 Vgl. zu ähnlichen Sachverhalten BVerwG, Urt. v. 23.10.1968 – IV C 84.67, BayVBl. 1969, S. 170; *H. Reisnecker*, in: Brügelmann, BauGB, § 87 Rn. 29.

350 BVerfG, Beschl. v. 18.11.1998 – 1 BvR 21/97, BayVBl. 1999, S. 178. Zur Überwindung entgegenstehenden Eigentums vgl. *D. Hönig*, Fachplanung und Enteignung, S. 190 ff. D. Hönig betont ebenfalls, dass es letztlich vom Bedarf abhängt, ob eine Planung gerechtfertigt ist oder nicht (S. 190 f.).

chung eines Infrastrukturvorhabens und den Interessen der betroffenen Eigentümer besteht, dann setzt sich das Vorhaben wie vom Gesetzgeber vorgegeben durch. Davon kann ausgegangen werden, wenn die Gewichtung im Einzelfall ergibt, dass für das Vorhaben ein „mittlerer Bedarf" spricht und auf der anderen Seite auch das Interesse des Eigentümers an der Erhaltung seines Eigentums als „mittel" zu bewerten ist. Die Enteignungsbehörde hat die Vorgabe des Gesetzgebers aber bei Abweichungen vom „Normalfall" zu korrigieren: Je atypischer die Konstellation wird, desto eher kommt den Interessen der Grundstücksberechtigten der Vorrang zu. Das bedeutet, je ungewöhnlicher die Belastung der betroffenen Grundstücksberechtigten durch das Vorhaben ist, aber auch je geringer der Bedarf nach den Leistungen des Vorhabens ist, desto eher hat die Enteignungsbehörde den Ausgleich der widerstreitenden Interessen zugunsten der betroffenen Grundstücksberechtigten vorzunehmen und eine Enteignung für das Vorhaben abzulehnen.

Diese Betrachtungsweise lässt sich auch auf die Abwägung der Vorteile des Vorhabens mit öffentlichen Belangen übertragen. Auch bei dieser Abwägung gilt: Fällt ein Vorhaben unter die in den Landesenteignungsgesetzen aufgeführten Vorhaben oder Sachgebiete, dann bedeutet das, dass den mit dem Vorhaben verfolgten Zielen Allgemeinwohlqualität zukommt. Deswegen reicht es z.B. auch nicht aus, wenn die gegen den Bau einer 110-kV-Stromfreileitung sprechenden Belange des Natur- und Landschaftsschutzes nur in der Weise beeinträchtigt werden, wie es für den Bau einer solchen Leitung typisch ist. Das Vorhaben muss vielmehr in besonderer, atypischer Weise in Konflikt zu den genannten öffentlichen Belangen stehen, damit sich diese Belange in der Abwägung gegen die Vorhabenszwecke durchsetzen können.[351]

Abschließend ist zu der Abwägung der Vorteile mit den gegen das Vorhaben sprechenden Nachteilen Folgendes zu bemerken: Hier liegt nur selten der Schwerpunkt der Prüfung. Wesentlich relevanter als die Frage, ob das Vorhaben überhaupt verwirklicht werden soll, ist in der Praxis die Frage, ob die mit dem Vorhaben verfolgten Ziele nicht auf eine andere, weniger belastende Weise realisiert werden können. Darum geht es jetzt im nächsten Abschnitt.

III. Alternativenprüfung

Praktisch sind Varianten zu dem Hauptentwurf in unterschiedlicher Hinsicht denkbar[352]: Meistens sind örtliche Alternativen gemeint, wenn von der Prüfung anderer Verwirklichungsmöglichkeiten die Rede ist. Dabei sind bei linienförmi-

351 Dazu BayVGH, Urt. v. 25.4.1996 – 22 B 94.3405 u.a., NuR 1996, S. 532 (533).

352 Zu dieser Differenzierung: *D. Hönig*, Fachplanung und Enteignung, S. 184; *B. Stüer/D. Hönig*, VerwArchiv Bd. 93 (2002), S. 350 (363); *J. Ziekow*, in: Ziekow (Hrsg.), Praxis des Fachplanungsrechts, Rn. 697.

gen Vorhaben andere Trassenverläufe denkbar und bei standortbezogenen Projekten andere Standorte. Bedacht werden müssen auch Alternativen bei der Art der Projektverwirklichung. Dabei handelt es sich häufig um technische Alternativen der Bedarfsdeckung. Schließlich können sich Alternativen aber auch hinsichtlich der Dimensionierung eines Projekts ergeben: Breite einer Straße, Länge einer Start- und Landebahn für Flugzeuge. Die Besonderheiten, die sich bei der Prüfung dieser Fälle ergeben, werden unter 4. behandelt.

1. Ermittlung der Alternativen

Die Ermittlung der Alternativen stellt eine wichtige Weichenstellung dar[353]: Nur Alternativen zum vorgelegten Entwurf sind in die Abwägung einzustellen. Andere Varianten dagegen bleiben unberücksichtigt – unabhängig davon, ob sie z.B. weniger fremden Grund und Boden beanspruchen. Für betroffene Grundstücksberechtigte liegt daher unter Umständen hier der entscheidende Punkt der Prüfung. Musste die Enteignungsbehörde für die Frage, ob das Vorhaben überhaupt verwirklicht wird, die für und gegen das Vorhaben sprechenden Gründe ermitteln, so verändert sich der Gegenstand der Ermittlung nach der genannten Rechtsprechung bei der Alternativenprüfung wie folgt[354]: Um die schonendste Variante zu finden, muss zunächst festgestellt werden, welche Alternativlösungen zu dem vorgelegten Entwurf überhaupt bestehen. Diese müssen sich ernsthaft anbieten. Für den späteren Vergleich werden dann die durch die einzelne Alternative jeweils beeinträchtigten privaten und öffentlichen Belange festgestellt.

a) „Alternativlösungen“

Wie kann die Enteignungsbehörde Alternativlösungen von „sonstigen Varianten“ abgrenzen? Als Ausgangspunkt bietet sich die Bedeutung des Begriffs „Alternativlösung“ an: Von einer „Alternativlösung“ kann nur gesprochen werden, wenn es sich zwar um einen anderen Weg handelt, auf dem aber ebenfalls das verfolgte Ziel erreicht wird.[355] Alle Vorhaben, für die enteignet werden soll, müssen ein bestimmtes Ziel erreichen: einen Bedarf zu decken. Die Enteignungsbehörde hat bereits bei dem Prüfungspunkt „Allgemeinwohldienlichkeit

353 Die Rechtsprechung hebt Planungsentscheidungen wegen Fehlern bei der Alternativenprüfung regelmäßig an diesem Prüfungspunkt und nicht bei der anschließenden Gewichtung und dem Ausgleich auf, vgl. *L. Schlarmann*, DVBl. 1992, S. 871 (877).

354 Zu den Anforderungen des Abwägungsgebots an die Alternativenprüfung oben S. 98.

355 Für diese Einschränkung des Gegenstands der Alternativenprüfung bei der Bauleitplanung *W. Spannowsky*, UPR 2005, S. 401 (405).

des Vorhabens" festgestellt, wie der Bedarf, der mit dem Vorhaben gedeckt werden soll, im Einzelfall beschaffen ist. Zu diesem Vorhabensziel müssen die anderen Verwirklichungsmöglichkeiten dann hier in Beziehung gesetzt werden. Lässt sich der festgestellte Bedarf auch bei ihrer Realisierung decken, dann erreichen sie dasselbe Ziel wie die Entwurfsplanung und können als Alternativlösung zu dieser bezeichnet werden. Können sie diesen Bedarf dagegen nicht decken, handelt es sich nicht um eine Alternativlösung. So wurde die Möglichkeit, anstelle eines Neubaus einer 110-kV-Freileitung das vorhandene 20-kV-Netz zu ertüchtigen, nicht als vollwertige Planungsalternative angesehen, weil damit nur das örtliche Versorgungsproblem zu lösen gewesen wäre, nicht aber wie mit der geplanten Hochspannungsleitung auch ein Stromausfall in weiteren Teilen des Netzes.[356] Die Versorgung von Anwesen mit Wasser durch Hausbrunnen konnte ebenfalls nicht als Alternative zu der geplanten zentralen Wasserversorgungsanlage angesehen werden: Weder das Ziel, den Feuerschutz wirksam zu verbessern, noch die Sicherung der aus gesundheitlichen Gründen notwendigen Kontrolle des Trink- und Brauchwassers ließ sich bei einer Versorgung mit Hausbrunnen erreichen.[357]

b) „ernsthaft sich anbietende"

Ähnlich wie bei der Zusammenstellung der für und gegen das Vorhaben sprechenden Belange bedarf es auch hier einer Beschränkung des Materials: Nicht jede denkbare Alternativlösung kann Eingang in die Abwägung finden. Einer Berücksichtigungspflicht unterliegen Planungsalternativen nach der Rechtsprechung deswegen auch nur, wenn sie sich nach Lage der konkreten Verhältnisse aufdrängen[358] oder zumindest ernsthaft anbieten[359]. Angesichts dessen, dass es das Ziel der Alternativenprüfung ist, die Alternative ausfindig zu machen, mit der das Vorhabensziel mit der geringsten Beeinträchtigung von privaten und öffentlichen Belangen erreicht wird, können sich solche Varianten nicht aufdrängen, bei denen schon deutlich ist, dass sie beim Erreichen des Ziels private oder öffentliche Belange stärker beeinträchtigen als die Entwurfsplanung: so z.B. eine Verkabelungslösung, die gegenüber der geplanten 110-kV-Freileitung zu

356 Vgl. BayVGH, Urt. v. 13.2.2003 – 22 A 97.40 029, NVwZ 2003, S. 1534 (1536). Ebenfalls zum Ausbau eines 20-kV-Netzes als nicht gleichwertige Alternative zu einer geplanten 110-kV-Leitung: VGH BW, Urt. v. 8.9.1999 – 10 S 1406/98, NuR 2000, S. 455 (457).

357 Vgl. BayVGH, Urt. v. 10.4.1984 – Nrn. 8 B 82 A.954, 955 und 956, BayVBl. 1984, S. 627 (629).

358 Vgl. BVerwG, Urt. v. 12.12.1996 – 4 C 29.94, BVerwGE 102, S. 331 (341 f.).

359 Vgl. BVerwG, Urt. v. 7.3.1997 – 4 C 10.96, BVerwGE 104, S. 144 (149); Nds. OVG, Beschl. v. 10.5.2007 – 7 MS 40/06, NuR 2007, S. 615 (616).

deutlichen Mehrkosten führen würde, und außerdem wegen der Durchquerung eines Überschwemmungsgebiets auch betrieblich-technische Nachteile gegenüber dieser mit sich brächte.[360] Ebenfalls nicht aufgedrängt hat sich wegen der damit verbundenen Mehrkosten und Auswirkungen auf den Straßenverkehr die Verschwenkung einer Abwasserleitung von einem Privatgrundstück in den öffentlichen Straßenraum.[361] Dagegen hätte die Enteignungsbehörde die Möglichkeit der Beseitigung einer bereits rechtswidrig durch einen landwirtschaftlichen Betrieb angelegten Straße und ihre Neuerrichtung auf – teilweise – gemeindeeigenem Grund näher überprüfen müssen.[362] Anlass für eine Alternativenprüfung besteht zudem grundsätzlich dann, wenn sie von einem Beteiligten im Planungsverfahren vorgeschlagen wurde.[363]

c) Untersuchungstiefe

Auch für die Sachverhaltsermittlung bezüglich der Alternativen gilt § 24 Abs. 1 VwVfG[364]. Damit richtet sich das Maß der Ermittlungen auch hier nach dem verfolgten Ziel: Allgemein muss die Enteignungsbehörde die entscheidungserheblichen Tatsachen und Umstände so weit aufklären, dass sie von ihrem Vorliegen oder Nichtvorliegen überzeugt ist. Bezogen auf die Tiefe, mit der die Enteignungsbehörde die sich ernsthaft anbietenden Alternativlösungen untersuchen muss, bedeutet das Folgendes[365]: Im Rahmen der Abwägung soll die Variante den Vorzug erhalten, die das Vorhabensziel mit der geringsten Beeinträchtigung von privaten und öffentlichen Belangen erreicht. Entscheidungserheblich ist damit der Umfang der Einwirkung jeder Alternative auf die genannten Belange. Dieser muss so weit aufgeklärt werden, dass bei der späteren Abwägung alle notwendigen Fakten, Daten und Interessen zur Hand sind, um eine Ausgleichsentscheidung treffen zu können.[366] So hat die Enteignungsbehörde das Abwägungsmaterial unzureichend ermittelt, wenn sie es unterlässt, die bei der Ver-

---

360 Vgl. VGH BW, Urt. v. 8.9.1999 – 10 S 1406/98, NuR 2000, S. 455 (457 f.).

361 Vgl. BayVGH, Urt. v. 14.5.1997 – 22 B 96.2932, BayVBl. 1998, S. 468 (469).

362 Vgl. BayVGH, Urt. v. 10.12.1991 – 8 B 88.3020, BayVBl. 1993, S. 117.

363 Vgl. *L. Schlarmann*, DVBl. 1992, S. 871 (874); *W. Hoppe/H. Schlarmann/R. Buchner*, Rechtsschutz bei der Planung von Straßen, Rn. 646; *J. Ziekow*, in: Ziekow (Hrsg.), Praxis des Fachplanungsrechts, Rn. 700.

364 Zur Anwendung des Art. 24 BayVwVfG auf die Prüfung aller in Betracht kommender Alternativen: BayVerfGH, Entsch. v. 15.2.1984 – Vf. 13-VII/82, NVwZ 1985, S. 106 (107).

365 Zur Untersuchungstiefe bei der Alternativenprüfung *L. Schlarmann*, DVBl. 1992, S. 871 (875 f.).

366 Zur Ermittlung von Planungsalternativen siehe auch: *W. Hoppe*, in: Hoppe/Grotefels, Öffentliches Baurecht, § 7 Rn. 43, 53 f.; *J. Kühling/N. Herrmann*, Fachplanungsrecht, Rn. 368 ff.

wirklichung einer Trassenalternative für einen Abwasserkanal[367] oder für eine 110-kV-Freileitung[368] anfallenden Kosten aufzuklären.

2. Gewichtung

Hat die Enteignungsbehörde die von verschiedenen Alternativlösungen beeinträchtigten privaten und öffentlichen Belange jeweils ermittelt, erfolgt deren Gewichtung: Das Bundesverwaltungsgericht verlangt, dass die von den möglichen Alternativen jeweils berührten öffentlichen und privaten Belange mit der ihnen objektiv zukommenden Bedeutung in die vergleichende Prüfung Eingang finden.[369] Die hier erforderliche Prüfung entspricht damit im Wesentlichen der bei der Abwägung der für und gegen das Vorhaben sprechenden Belange vorzunehmenden Gewichtung, Unterschiede ergeben sich nur aus dem anderen Untersuchungsgegenstand: Bei der Alternativenprüfung geht es um einen Vergleich der von den möglichen Alternativen beeinträchtigten Belange – das Planungsziel wird hier nicht weiter betrachtet. Inhaltlich entspricht aber die jetzt für jede Alternative vorzunehmende Gewichtung der beeinträchtigten Belange der Gewichtung der gegen die Ursprungsplanung sprechenden Gründe: Aufgabe der Behörde ist es an beiden Stellen, die betroffenen Belange entsprechend der ihnen objektiv zukommenden Bedeutung zu bewerten. Es kann daher auf die Ausführungen oben verwiesen werden: Als Kriterien hilfreich können die Bedeutung eines Belangs sowie das Ausmaß seiner Betroffenheit sein.[370]

3. Ausgleich

Schließlich muss die Enteignungsbehörde zwischen den Alternativen eine Entscheidung treffen. Diese Auswahl darf – so das Bundesverwaltungsgericht – nicht auf einer Bewertung beruhen, die zur objektiven Gewichtigkeit der von den möglichen Alternativen betroffenen Belange außer Verhältnis steht.[371] Das bedeutet, dass sich die Behörde im Ergebnis für die Alternative zu entscheiden hat, die öffentliche und private Belange am geringsten beeinträchtigt.[372] An die-

---

367 Vgl. BayVGH, Urt. v. 2.8.1989 – 22 B 88.609, NVwZ 1990, S. 574 (575).

368 VGH BW, Beschl. v. 5.3.2001 – 10 S 2700/00, NVwZ-RR 2001, S. 562 (564).

369 Vgl. BVerwG, Beschl. v. 20.12.1988 – 7 NB 2/88, NVwZ 1989, S. 458 (460); BVerwG, Urt. v. 5.12.1986 – 4 C 13/85, DVBl. 1987, S. 573 (583). Dazu auch oben S. 98.

370 Dazu im Einzelnen oben S. 116 f.

371 Dazu oben S. 98.

372 Vgl. BVerwG, Urt. v. 22.3.1985 – 4 C 15.83, NJW 1986, S. 80 (81); BVerwG, Urt. v. 25.9.1990 – 4 CB 30.89, VRS 80/91, S. 145 (149); dazu *L. Schlarmann*, DVBl. 1992, S. 871 (872).

ser Stelle wäre danach eine Abwägungsdisproportionalität gegeben, wenn sich die Enteignungsbehörde für eine Alternative entscheidet, bei der aus der Gewichtung nicht ableitbar ist, dass sie die schonendste ist.

a) Allgemein

(1) Beeinträchtigung nur derselben Kategorie von Belangen

Recht einfach ist die Auswahl, wenn von den zum Vergleich stehenden Alternativen jeweils nur ein Belang und zwar derselbe beeinträchtigt wird: z.B. ausschließlich privates Eigentum oder Belange des Natur- und Landschaftsschutzes. In diesen Fällen ergibt sich aus der Gewichtung nach Bedeutung und Betroffenheit des jeweiligen Belangs ein eindeutiges Ergebnis: Der Maststandort, für den ein übliches Mastfundament ausreicht, ist gegenüber dem vorzuziehen, der wegen der topographischen Gegebenheiten ein vergrößertes Mastfundament benötigt (und zudem noch eine zusätzliche Beeinträchtigung des Landschaftsbilds mit sich bringt).[373] Kein Anlass für eine geringfügige Verschiebung einer Leitungstrasse besteht dagegen, wenn der Entlastung des einen Grundstücks die Belastung eines anderen Grundstücks im gleichen Maße gegenübersteht.[374] Vorzugswürdig ist auch ein Standort, der ein Biotop nur in Teilen und nicht insgesamt beeinträchtigt.

Soweit von den Alternativen jeweils dieselben Belange beeinträchtigt werden, ergibt sich die Entscheidung auch bei mehreren betroffenen Belangen letztlich aus dem Ergebnis der Gewichtung: so z.B. bei folgender Entscheidung zwischen einer konventionellen Ausführung einer Hochspannungsfreileitung und einer Kompaktleitung.[375] Eine Kompaktleitung hätte zwar die Verwendung wesentlich niedrigerer Masten ermöglicht, doch hätte sich die Zahl der benötigten Masten erheblich erhöht, was stärkere Beeinträchtigungen für betroffene Eigentümer und für das Landschaftsbild, insbesondere im Bereich der Donautalquerung, mit sich gebracht hätte. Dort wären anstelle der vorgesehenen sieben Masten insgesamt zwölf Masten erforderlich gewesen. Außerdem hätten wegen der geringen Höhe einer Kompaktleitung Waldflächen nicht überspannt werden können mit der Folge, dass weitere Schneisen geschlagen oder erhebliche Umwege hätten in Kauf genommen werden müssen. Damit hat die konventionelle Hochspannungsleitung die betroffenen Belange Eigentum, Landschaftsbild und Naturschutz jeweils in geringerem Umfang beeinträchtigt – ihr war daher der Vorzug vor der Kompaktleitung zu geben.

---

373 Vgl. VGH BW, Beschl. v. 6.8.1993 – 10 S 1425/93, NVwZ 1994, S. 1022 (1023).

374 Vgl. VGH BW, Urt. v. 14.5.1996 – 10 S 1/96, NVwZ 1997, S. 90 (93).

375 Vgl. VGH BW, Urt. v. 8.9.1999 – 10 S 1406/98, NuR 2000, S. 455 (458).

(2) Beeinträchtigung unterschiedlicher Kategorien von Belangen

Deutlich schwieriger ist es dagegen, wenn von den Varianten unterschiedliche Kategorien von Belangen beeinträchtigt werden.[376] Dabei ist die Entscheidung nur eindeutig, wenn die Gewichtung erbracht hat, dass die Betroffenheit bei einer Alternative sehr hoch, bei einer anderen dagegen sehr gering ist: durch die geplante Trassenführung wird ein einmaliges Baudenkmal völlig zerstört; eine leichte Verschwenkung bringt nur geringfügige Störungen des Verkehrs mit sich. Die Fragestellung wird noch komplexer, je mehr unterschiedliche private und öffentliche Belange von den möglichen Alternativen betroffen werden. Als mögliche Kriterien denkbar sind z.B. noch[377]: Vermeidung von Immissionen durch Lärm und Abgase, geologisch-technische Schwierigkeiten einer anderen Trassenführung, Zweckmäßigkeit von Linienführung und technischer Gestaltung der Straße, Wirtschaftlichkeit einer Alternative hinsichtlich Bau und Unterhaltung, Beziehung zur Raum- und Ortsplanung, Verbesserung der Wirtschafts- und Siedlungsstruktur einer Region.

Je mehr unterschiedliche Belange miteinander verglichen werden müssen, desto eher kann davon ausgegangen werden, dass es nicht die eine, richtige Entscheidung gibt, neben der alle anderen Entscheidungen rechtswidrig sind, weil sie dem Grundsatz der geringstmöglichen Beeinträchtigung nicht gerecht werden.[378] Nach der Rechtsprechung des Bundesverwaltungsgerichts sind die Grenzen der planerischen Gestaltungsfreiheit bei der Auswahl zwischen verschiedenen Trassenvarianten auch erst dann überschritten, wenn eine andere als die gewählte Linienführung sich unter Berücksichtigung aller abwägungserheblichen Belange eindeutig als die bessere darstellt.[379]

Damit ist der Gestaltungsspielraum groß, der der Enteignungsbehörde bei der Auswahl der schonendsten Alternative zukommt: Sie darf nur nicht methodische Fehler machen und keine in der Sache unvernünftige Entscheidung treffen. Die Praxis zeigt, dass diese Grenze weit gesteckt ist: So waren die Fälle, in denen Enteignungsbeschlüsse wegen Fehlern bei der Alternativenprüfung aufgehoben wurden, immer solche bei der Ermittlung oder Gewichtung der Alternativen.[380] Wurden Alternativen dagegen gesehen und bewertet, hatten die Enteignungsbeschlüsse – soweit ersichtlich – regelmäßig Bestand[381]: so z.B. bei den verschie-

376 Zu dieser Problematik *D. Hönig*, Fachplanung und Enteignung, S. 183 ff.

377 Beispiele nach *L. Schlarmann*, DVBl. 1992, S. 871 (876 f.) m.w.N.

378 So zum Fachplanungsrecht *L. Schlarmann*, DVBl. 1992, S. 871 (877) m.w.N.

379 Vgl. BVerwG, Beschl. v. 12.4.2005 – 9 VR 41.04, DVBl. 2005, S. 916 (920). Siehe auch Nds. OVG, Beschl. v. 10.5.2007 – 7 MS 40/06, NuR 2007, S. 615.

380 So z.B. (ein enteignungsrechtlicher Planfeststellungsbeschluss) wegen Fehlern bei der vergleichenden ökologischen Beurteilung der beiden Hauptalternativen OVG SL, Urt. v. 16.2.1990 – 7 M 1/88, NuR 1992, S. 348.

381 Dieser Befund entspricht der Situation beim Fachplanungsrecht, vgl. *L. Schlarmann*, DVBl. 1992, S. 871 (877) m.w.N.

denen Entscheidungen, ob Hochspannungsleitungen als Freileitungen oder (zumindest teilweise) unter der Erde realisiert werden sollten[382]. Hier hat die Enteignungsbehörde als für eine Verkabelung sprechend folgende Gründe ermittelt: Vogelschutz, positive Effekte für das Landschaftsbild, Versorgungssicherheit gewährleistet auch bei Schnee oder Sturm, kein Elektrosmog, keine Gefahr durch Mastbruch sowie keine Belästigung durch ein surrendes Geräusch. Für Freileitungen dagegen wurden angegeben: der geringere Eingriff in das private Grundeigentum, die Tatsache einer betriebstechnisch leichteren Handhabbarkeit mit vermutlich geringeren Ausfallzeiten bei Störungen, deutlich geringere Kosten, kein Dräneffekt. Je nach Sachverhalt waren diese Belange natürlich unterschiedlich zu gewichten. Die Enteignungsbehörde hat aber bei der Entscheidung, welcher Ausführungsweise der Vorzug zu geben ist, sich regelmäßig für eine Freileitung und gegen eine Verkabelung entschieden. Dahinter stand die Bewertung, dass dem Kostenargument sowie den betriebstechnischen Vorteilen Vorrang gegenüber den für eine Verkabelung sprechenden Gründen zukommt. Diese Bewertung ist aber keineswegs zwingend: Gerade in jüngster Zeit gab es Stimmen aus der Politik, die die Aspekte Versorgungssicherheit und Elektrosmog betont haben, und sich deswegen für den unterirdischen Verlauf von Hochspannungsleitungen ausgesprochen haben.[383] Die Abwägungen der Enteignungsbehörde wurden aber trotzdem alle von den Gerichten als fehlerfrei angesehen.

b) Vorrang des Belangs Eigentum?

In fast jedem Verfahren wird von den betroffenen Grundstücksberechtigten zum Schutz des eigenen Grund und Bodens folgender Einwand erhoben: Es gäbe doch eine andere mögliche Trasse bzw. einen anderen möglichen Standort, bei dem entweder überhaupt kein fremdes Eigentum oder doch zumindest weniger benötigt wird. Bei der Behandlung dieses Einwands stellt sich – trotz des dargestellten Gestaltungsspielraums – die Frage, ob nicht möglicherweise dem Eigentum gegenüber den anderen Belangen in der Abwägung ein Vorrang zukommen muss. Als Ansatzpunkt dafür kommt folgender in Betracht: Für den Entzug oder

382 BayVGH, Urt. v. 13.2.2003 – 22 A 97.40 029, NVwZ 2003, S. 1534 (1537); BayVGH, Urt. v. 25.4.1996 – 22 B 94.3405 u.a., NuR 1996, S. 532 (533); VGH BW, Urt. v. 14.5.1996 – 10 S 1/96, NVwZ 1997, S. 90 (93).

383 In Niedersachsen hat diese Diskussion zum Erlass des Gesetzes über die Planfeststellung für Hochspannungsleitungen in der Erde (Niedersächsisches Erdkabelgesetz) vom 13.12.2007, GVBl. 2007, S. 709 geführt. In Ergänzung zum Energiewirtschaftgesetz eröffnet dieses Gesetz unter bestimmten Voraussetzungen auch für Hochspannungsleitungen, die in der Erde verlegt werden, die Möglichkeit, ein Planfeststellungsverfahren durchzuführen.

die Belastung des Eigentums gilt unstreitig das Prinzip des geringstmöglichen Eingriffs. Denkbar ist, dass dieses Prinzip nicht nur auf die Enteignung, sondern auch schon auf das Vorhaben Anwendung finden muss. Überprüft die Enteignungsbehörde das Vorbringen der Grundstücksberechtigten tatsächlich anhand des Ultima-ratio-Grundsatzes, muss sie zu folgendem Ergebnis kommen: Trifft es zu, dass die angesprochene Alternative weniger fremdes Eigentum beansprucht, dann muss sie die von dem Vorhabenträger beantragte Trasse bzw. den Standort ablehnen – unabhängig von der Betroffenheit anderer Belange. Bei dieser Prüfung wird aber von folgendem Verhältnis der beeinträchtigten Belange zueinander ausgegangen: Da alle anderen Belange nicht betrachtet werden, bedeutet das gleichzeitig, dass das Eigentum ihnen gegenüber einen generellen Vorrang genießen würde.

(1) Für Geltung des enteignungsrechtlichen Prinzips des geringstmöglichen Eingriffs auch für das Vorhaben

(A) Sichtweise: Vorhaben als Beginn der Enteignung

Für die Anwendung des Enteignungsgrundsatzes des geringstmöglichen Eingriffs auch schon auf das Vorhaben spricht folgende Überlegung: Das Vorhaben und die Enteignung sind eng miteinander verknüpft. Die enge rechtliche Verbindung wurde dabei schon erwähnt. Die Möglichkeit, ein allgemeinwohldienliches Vorhaben realisieren zu können, ist immer Zweck der Enteignung. Die „klassische" Enteignung gibt es ohne ein konkretes Unternehmen nicht. Darüber hinaus ist das Vorhaben aber auch tatsächlich eng mit der Enteignung verbunden. Die Entscheidung über den Standort oder die Linienführung eines Infrastrukturvorhabens sowie über seine räumliche Ausdehnung ist bereits die entscheidende Weichenstellung für die spätere Enteignung. Mit dieser Entscheidung wird nämlich gleichzeitig festgelegt, welche Grundstücke für das Unternehmen in Anspruch genommen werden müssen. Das bedeutet, dass damit auch schon bestimmt wird, welches Grundeigentum – im Fall des Scheiterns eines rechtsgeschäftlichen Eigentumsübergangs – enteignet werden muss.[384] Hat die Entscheidung über den Standort eines Vorhabens aber bereits die dargestellte weichenstellende Bedeutung für den späteren Eigentumsentzug, ist folgende Schlussfolgerung nicht fern liegend: Das Vorhaben muss auch den rechtlichen Anforderungen genügen, die für die Enteignung gelten.[385]

384 Zu diesem Junktim zwischen Planung und Enteignung: BVerfG, Beschl. v. 10.5.1977 – 1 BvR 514/68 und 323/69, BVerfGE 45, S. 297 (320).

385 So für den parallel liegenden Fall von Festsetzungen in Bebauungsplänen, die bereits enteignende Vorwirkung entfalten: *P. Runkel*, in: Ernst/Zinkahn/Bielenberg, BauGB, § 85 Rn. 44 ff., § 92 Rn. 24 m.w.N. Dagegen aber *U. Battis*, in: Bat-

(B) Wortlaut und Systematik der Enteignungsgesetze

Auch der Wortlaut und die Systematik der Enteignungsgesetze können für dieses Verständnis herangezogen werden. Die Landesenteignungsgesetze differenzieren sprachlich zwischen den Anforderungen an die Enteignung und denen an das Vorhaben. Bei den auf den Rechtsakt Enteignung bezogenen Formulierungen heißt es wie folgt: Die Enteignung ist nur zulässig, wenn der Enteignungszweck „auf andere zumutbare Weise" nicht erreicht werden kann (so in den mit „Zulässigkeit der Enteignung" überschriebenen Bestimmungen). Die mit § 92 Abs. 1 BauGB übereinstimmenden Regelungen weisen darauf hin, dass ein Grundstück nur in dem Umfang enteignet werden darf, in dem dies zur Verwirklichung des Enteignungszwecks „erforderlich" ist. Weiter muss sich der Vorhabenträger nach den dem § 87 Abs. 2 BauGB entsprechenden Bestimmungen vor der Enteignung zunächst ernsthaft um einen freihändigen Erwerb bemüht haben und zudem das Grundstück tatsächlich auch bald für das Vorhaben verwenden. Mit diesen Formulierungen wird eindeutig zum Ausdruck gebracht, dass der Rechtsakt Enteignung nur als letztes Mittel zulässig ist. Die hier in Rede stehende Voraussetzung, dass das Wohl der Allgemeinheit das Vorhaben „erfordern" muss, stimmt mit den genannten Formulierungen aber überein. Mit dem Begriff „erfordert" wird ebenfalls die zweite Stufe des allgemeinen Verhältnismäßigkeitsgrundsatzes – eben der Grundsatz des geringstmöglichen Eingriffs – angesprochen.[386] Das lässt sich als Hinweis auch für ein gleichlautendes inhaltliches Verständnis der vorhabenbezogenen und der enteignungsbezogenen Enteignungsvoraussetzungen an diesem Punkt deuten.

(2) Vorrang nicht mit Planung eines Vorhabens vereinbar

Die genannten Gründe dafür, Enteignungsrecht bereits auf das Vorhaben anzuwenden, erscheinen durchaus überzeugend. Problematisch ist aber die damit verbundene Konsequenz: Der Vorrang des Eigentums gegenüber anderen Belangen ist nicht mit der Planung eines Vorhabens vereinbar.

---

tis/Krautzberger/Löhr, BauGB, § 87 Rn. 3 jeweils m.w.N. Vgl. zu dieser Argumentation auch BVerwG, Urt. v. 20.8.1982 – 4 C 81/79, NJW 1983, S. 296 (296 f.); BVerwG, Urt. v. 30.4.1969 – 4 C 6/68, Buchholz 407.4, § 17 FStrG Nr. 12, S. 6 (9 f.).

386 Zur Ermittlung des „Wohls der Allgemeinheit" durch eine Prüfung nach dem allgemeinen Verhältnismäßigkeitsgrundsatz *A. v. Brünneck*, NVwZ 1986, S. 425 (427 ff.). Zum allgemeinen Verhältnismäßigkeitsgrundsatz nur *J. Ipsen*, Staatsrecht II, Rn. 169 ff.; *M. Jakobs*, DVBl. 1985, S. 97 ff.

(A) Unterschiedliche Interessenlage bei Enteignung und vorgelagerter Planung

Das Bundesverwaltungsgericht hat in zwei Entscheidungen auf die grundsätzlich unterschiedliche Interessenlage bei der Enteignung für die Verwirklichung eines Vorhabens und bei der ihr vorgelagerten Planung des Vorhabens hingewiesen und daraus Konsequenzen auch für eine unterschiedliche Struktur der Prüfung von Enteignung und Vorhaben abgeleitet, die sehr überzeugend sind[387]:

Der Grundsatz des geringstmöglichen Eingriffs gehe von der für den Rechtsakt Enteignung typischen Interessenlage aus, bei der sich zwei einander widerstreitende Interessen wechselseitig gegenüberstehen: auf der einen Seite der Vorhabenträger, der durch die Übertragung der Grundstücksrechte die Möglichkeit zur Realisierung des von ihm geplanten Vorhabens bekommen will, und auf der anderen Seite der Grundstücksberechtigte, der den drohenden Rechtsverlust sowie andere durch eine Enteignung eintretende Vermögensnachteile abzuwehren versucht. Im vorangehenden Stadium der Planung des Vorhabens sei die Interessenlage dagegen eine wesentlich andere. Bei der Planung gehe es durchweg um einen Ausgleich mehr oder weniger zahlreicher, in ihrem Verhältnis zueinander komplexer Interessen, die überdies meist in eigentümlicher Weise miteinander verschränkt sind, so dass dem einen Interesse nichts zugestanden werden kann, ohne in einer Art Kettenreaktion zahlreiche andere Interessen zu berühren. Dieser Unterschied in der Interessenlage schließe es aus, die für die Enteignung maßgebenden Grundsätze auf die Planung zu übertragen. Der Schutz privater Interessen im Allgemeinen und des Privateigentums im Besonderen müsse sich bei der Planung nach Regeln vollziehen, die dem Wesen der Planung angemessen sind. Zu diesen Regeln gehöre das für jede Planung geltende Gebot, die von der Planung berührten öffentlichen und privaten Belange gegeneinander und untereinander gerecht abzuwägen.

(B) Keine entsprechenden verfassungsrechtlichen Vorgaben

Diese Annahme steht auch nicht im Widerspruch zu verfassungsrechtlichen Vorgaben. Es lässt sich aus dem Grundgesetz kein genereller Vorrang des Eigentums gegenüber anderen Belangen herleiten, wie er sich bei Anwendung der Enteignungsgrundsätze auch auf das Vorhaben ergeben würde.

So sind neben dem Eigentum auch andere private Belange wie z.B. die körperliche Unversehrtheit durch Art. 2 Abs. 2 GG grundrechtlich geschützt. Einen Hinweis, dass der Zugriff eines Unternehmens auf das Eigentum stets schwerer

387 Vgl. im Einzelnen BVerwG, Urt. v. 20.8.1982 – 4 C 81/79, NJW 1983, S. 296 (296 f.); BVerwG, Urt. v. 30.4.1969 – 4 C 6/68, Buchholz 407.4, § 17 FStrG Nr. 12, S. 6 (9 f.). Zustimmend: *B. Bender*, DVBl. 1984, S. 301 (302 f.); *J. Dreier*, Normative Steuerung der planerischen Abwägung, S. 132. *E. Schmidt-Aßmann* spricht von „planerischer" und „vollzugsrechtlicher" Erforderlichkeit, vgl. ders., JuS 1986, S. 833 (837).

zu gewichten ist als die Beeinträchtigung der körperlichen Unversehrtheit, die z.B. eine von dem Vorhaben ausgehende Lärmentwicklung bedeuten kann, enthält die Verfassung nicht. Das Gleiche gilt auch für das Verhältnis von unmittelbaren Eingriffen in das Eigentum wie die Enteignung und mittelbaren, wie sie auch durch Lärmimmissionen verursacht werden können. Auch hier lässt sich dem Grundgesetz keine Vorgabe des Inhalts entnehmen, dass ein Eigentumsentzug stets schwerer wiegt als eine mittelbare Eigentumsbeeinträchtigung.[388]

Auch aus dem Wortlaut des Art. 14 Abs. 3 GG lässt sich eine entsprechende Gewichtungsvorgabe nicht ableiten. Ausdrücklich ergibt sich aus Art. 14 Abs. 3 S. 1 GG nur eine Anforderung an die mit dem Vorhaben verfolgten Ziele: diesen muss die Qualität von Allgemeinwohlzielen zukommen. Weitere Vorgaben für das Vorhaben, für dessen Realisierung enteignet wird, lassen sich dieser Vorschrift nicht entnehmen. Es gibt insbesondere keinen Anhaltspunkt, dass der für den unmittelbaren Eingriff in das Eigentum – für den Rechtsakt Enteignung – ungeschrieben gültige Grundsatz des geringstmöglichen Eingriffs auch auf die Planung des Vorhabens Anwendung finden muss.[389]

(C) Nicht praktikabel

Auch erscheint es fraglich, ob eine ausschließlich am Geländeverbrauch orientierte Prüfung des Vorhabens, bei der diesem Belang gegenüber allen anderen öffentlichen und privaten Belangen absoluter Vorrang zukäme, überhaupt in sich schlüssig durchgeführt werden könnte. Darauf hat das Bundesverfassungsgericht hingewiesen, das eine Auffassung zurückgewiesen hat, die davon ausging, dass der Abwägung eine entsprechende Erforderlichkeitsprüfung vorzuschalten sei.[390]

Problematisch ist einmal, dass sich zum Zeitpunkt der Planung noch nicht zuverlässig beurteilen lässt, in welchem Umfang Flächen enteignet werden müssen. Zu diesem Zeitpunkt lässt sich bei der Betrachtung der verschiedenen Standort- oder Trassenalternativen nämlich nur feststellen, welche Gestaltung mit mehr und welche mit weniger Flächenverbrauch verbunden ist. Der Flächenverbrauch, der mit den unterschiedlichen Gestaltungsalternativen verbun-

388 So BVerfG, Beschl. v. 9.6.1987 – 1 BvR 418/87, UPR 1987, S. 340 (341); zustimmend *J. Dreier*, Normative Steuerung der planerischen Abwägung, S. 132.

389 Vgl. dazu auch die Kommentierungen zu Art. 14 Abs. 3 GG, die das Erfordernis der Erforderlichkeit jeweils nur auf die Enteignung und nicht auf das Vorhaben beziehen: „Das Mittel der Enteignung muss insbesondere erforderlich sein, um das dem Wohl der Allgemeinheit dienende Vorhaben durchführen zu können“, so *J. Wieland*, in: Dreier (Hrsg.), GG Bd. 1, Art. 14 Rn. 128. Siehe auch *O. Depenheuer*, in: v. Mangoldt/Klein/Starck, GG Bd. 1, Art. 14 Rn. 426; *R. Wendt*, in: Sachs (Hrsg.), GG, Art. 14 Rn. 164.

390 Zum Planfeststellungsbeschluss und zu gerichtlichen Entscheidungen zum Flughafen München II: Beschl. v. 9.6.1987 – 1 BvR 418/87, UPR 1987, S. 340 (341).

den ist, ist aber letztlich nicht der allein entscheidende Punkt. Er lässt sich nämlich nicht mit dem Umfang des später zu enteignenden Grund und Bodens gleich setzen. Ein Teil der Flächen steht häufig schon im Eigentum des Vorhabenträgers oder der öffentlichen Hand. Weiter hängt der Umfang der zu enteignenden Flächen noch von der unterschiedlichen Veräußerungsbereitschaft der jeweils betroffenen Grundstückseigentümer ab. Ebenfalls problematisch ist die Verengung auf eine Quantitätsbetrachtung: Neben dem Umfang des in Anspruch genommenen Eigentums ist wesentlich für einen Vergleich auch die unterschiedliche Qualität der in Anspruch genommenen Eigentumspositionen – denkbar ist eine Bandbreite von brachliegenden Flächen bis hin zu Grund und Boden, ohne den die Existenz eines Betriebs nicht mehr möglich ist. Bei einem nur auf den Geländeverbrauch bezogenen Ansatz ließen sich diese Unterschiede aber nicht angemessen berücksichtigen.

(3) Rechtsprechung zum Eigentum in der Alternativenprüfung

Der Blick auf die Rechtsprechung zur Alternativenprüfung bestätigt die vorstehenden Ausführungen: Dem Eigentum wird zwar eine hohe Bedeutung zugemessen, doch genießt es bei dem Vergleich mit anderen beeinträchtigten Belangen keinen generellen Vorrang, sondern kann durch andere Belange überwunden werden.[391] So wurden folgende Auswahlentscheidungen zwischen Trassen- bzw. Standortalternativen als abwägungsfehlerfrei angesehen: Bei der Entscheidung zwischen verschiedenen Trassen für 110-kV-Freileitungen durfte die Behörde für die bevorzugte Trasse Argumente des Natur- und Landschaftsschutzes sowie den Kostenfaktor durchschlagen lassen – die deutlich geringere Inanspruchnahme von Eigentum bei einer Alternativtrasse musste dagegen zurückstehen.[392] Auch in einem Verfahren um die Vergrößerung eines Friedhofs war das öffentliche Interesse an einer kostengünstigen Lösung neben Belangen des Orts- und Landschaftsbilds und dem Aspekt der guten Erreichbarkeit für alle Dorfbewohner ausschlaggebend für die Auswahl unter mehreren Standortvarianten – der private Belang eines Landwirts, eine hofnahe Grünfläche in voller Größe sowie eine unbeeinträchtigte Hofzufahrt zu behalten, wurde dagegen als nachrangig angesehen.[393] Das Eigentum musste auch zurücktreten, wenn nur ein Belang für die Alternativlösung sprach: Dem Schutz eines größeren Waldgebiets in der

391 So zur Abwägung im Planfeststellungsverfahren BVerwG, Urt. v. 9.11.2000 – 4 A 51/98, NVwZ 2001, S. 682 (683) m.w.N.

392 Vgl. VGH BW, Urt. v. 14.5.1996 – 10 S 1/96, NVwZ 1997, S. 90 (92); BayVGH, Urt. v. 25.4.1996 – 22 B 94.3405 u.a., NuR 1996, S. 532 (533).

393 BayVGH, Urt. v. 2.7.1980 – Nr. 9.B – 1834/79, BayVBl. 1981, S. 18 (19 ff.). Ebenfalls zu einer Betroffenheit Friedhof und privates Eigentum (bei einer Planfeststellung): BVerwG, Urt. v. 8.2.1996 – 4 A 27/95, NVwZ 1996, S. 1011 (1015).

waldarmen Küstenregion wurde ein so großes Gewicht zugemessen, dass die Nachteile des Klägers durch die Überspannung seines Hofs mit einer nur 15 m vom Wohnhaus entfernt verlaufenen Hochspannungsfreileitung dagegen als hinnehmbar bewertet wurden.[394] Allerdings wurden geringe Mehrkosten, die bei dem Verlauf eines Abwasserkanals entlang der Grundstücksgrenze entstanden, in Kauf genommen, um die Zerschneidung des Grundstücks zu vermeiden.[395]

Die Beispiele zeigen auch, dass Kostenerwägungen bei der Entscheidung zwischen mehreren Alternativen durchaus eine Rolle – und häufig sogar die entscheidende – spielen können. Das ist auch unbedenklich: Der Grundsatz, dass Enteignungen aus fiskalischen Gründen unzulässig sind, hat nur Konsequenzen für den Enteignungszweck; er darf nicht ausschließlich in der Verfolgung fiskalischer Interessen bestehen.[396] Ist aber bereits geklärt, dass es um die Enteignung für ein allgemeinwohldienliches Vorhaben geht, dürfen bei der Suche nach einem optimalen Standort bzw. Trassenverlauf für dieses Vorhaben durchaus Kostenerwägungen berücksichtigt werden – und diese können im Einzelfall das Eigentum auch zurücktreten lassen.[397]

(4) „Vorrang der Inanspruchnahme von Grundbesitz des Vorhabenträgers“

Bleibt noch zu klären, wie die in mehreren Landesenteignungsgesetzen enthaltene Vorgabe, dass Grundbesitz des Vorhabenträgers vorrangig in Anspruch zu nehmen ist, auf dem Hintergrund der vorstehenden Ausführungen zu verstehen ist. Im Einzelnen ergänzen die Enteignungsgesetze aus Bayern, Sachsen-Anhalt und Thüringen den Absatz 1 der Bestimmungen „Zulässigkeit der Enteignung“ wie folgt[398]:

> „Die Enteignung ist im einzelnen Fall nur zulässig, wenn das Wohl der Allgemeinheit sie erfordert und der Enteignungszweck auf andere zumutbare Weise, *insbesondere aus Grundbesitz des Antragstellers*, nicht erreicht werden kann.“

Einen ähnlichen Zusatz enthalten die Enteignungsgesetze der Länder Hessen und Rheinland-Pfalz[399]:

---

394 OLG Celle, Teilurt. v. 15.3.1985 – 4 U (Baul) 40/83, BRS 45, Nr. 165, S. 465 (467 ff.).

395 BayVGH, Urt. v. 14.5.1997 – 22 B 96.2932, BayVBl. 1998, S. 468 (468 f.).

396 Dazu oben ausführlich S. 73 ff.

397 Das entspricht auch der Bewertung im Fachplanungsrecht, dazu BVerwG, Beschl. v. 30.9.1998 – 4 VR 9.98, NuR 1998, S. 633; BVerwG, Beschl. v. 20.12.1988 – 4 B 211/88, NVwZ-RR 1989, S. 458 (459); VGH BW, Urt. v. 14.12.2000 – 5 S 2716/99, VBlBW 2001, S. 362 (368 ff.)

398 Art. 3 Abs. 1 BayEG; § 4 Abs. 1 EntG LSA; § 4 Abs. 1 ThürEG.

399 § 5 Nr. 1 HEG; § 4 Nr. 1 LEnteigG RP.

„Die Enteignung zu dem in § ... bezeichneten Zweck ist im einzelnen Fall nur zulässig, wenn das Wohl der Allgemeinheit sie erfordert und der Enteignungszweck auf andere zumutbare Weise nicht erreicht werden kann. *Sie setzt insbesondere voraus, dass*

1. die Bereitstellung von Grundstücken aus dem Grundbesitz des Unternehmers oder einer juristischen Person, an der der Unternehmer allein oder überwiegend beteiligt ist, weder möglich noch zumutbar ist,

2. ..."

Ein wenig unglücklich an diesen Zusätzen ist bereits, dass nicht ganz deutlich wird, dass sie sich auf das Vorhaben und nicht auf den Rechtsakt Enteignung beziehen. Der Stellung innerhalb der Bestimmung nach – besonders in den Ländern Bayern, Sachsen-Anhalt und Thüringen – handelt es sich nämlich um eine enteignungsbezogene Voraussetzung: geprüft werden soll, ob der Enteignungszweck nicht auf andere zumutbare Weise, eben aus Grundbesitz des Vorhabenträgers, erreicht werden kann. Mit Enteignungszweck ist aber der unmittelbar mit dem Rechtsakt Enteignung verfolgte Zweck gemeint – nämlich durch die Veränderung der Rechtsverhältnisse die Verwirklichung eines Vorhabens auf bestimmten Grundstücken zu ermöglichen.[400] „Auf andere zumutbare Weise" verlangt daher eigentlich, nach Alternativen zu dem zwangsweisen Eingriff in das Eigentum zu suchen, z.B. der Frage nachzugehen, ob der Abschluss von Gestattungsverträgen möglich ist. Die hier noch ausdrücklich geforderte Prüfung, ob nicht Grundstücke des Unternehmers bereitgestellt werden können, bezieht sich aber ihrem Inhalt nach nicht erst auf den Rechtsakt Enteignung, sondern bereits auf das Vorhaben: Erst bei der Enteignung nach anderen Grundstücken Ausschau zu halten, ist zu spät. Welche Grundstücke in Anspruch genommen werden, wird durch die Wahl des Standorts oder der Trassenführung entschieden – schon bei der Vorhabenplanung werden die Weichen für die spätere Enteignung gestellt. Der Zusatz bezieht sich mithin auf das Vorhaben.

Doch in welcher Weise wirkt sich diese Bestimmung bei der Wahl der schonendsten Alternative aus? Sie erfasst den Fall, dass für den Verlauf der Trasse oder für den Standort des Vorhabens auch Grundbesitz des Vorhabenträgers selber in Betracht kommt – bei einer möglichen Alternative dagegen müsste privates Eigentum in Anspruch genommen werden. Die getroffene Regelung „Vorrang der Inanspruchnahme von Grundbesitz des Unternehmers" überzeugt aber nicht. Nimmt man die Konstellation, dass von den zur Auswahl stehenden Alternativen nur der Belang Eigentum beeinträchtigt wird, ergibt sich wenig Neues: Dass für das Vorhaben geeigneter Grundbesitz des Antragstellers eine Enteignung unzulässig macht, ist eigentlich selbstverständlich.[401] Auch, dass eige-

400 Dazu oben S. 59 ff.

401 So auch *K. Puhr-Westerheide*, BayEG, Art. 3 Anm. 2.3. Vgl. auch BVerwG, Urt. v. 6.6.2002 – 4 CN 6.01, BRS 65, Nr. 8, S. 35 (37): Bei Bebauungsplänen stellt es einen Abwägungsfehler dar, wenn das Grundstück eines Privaten als Fläche für den Gemein-

ner Grundbesitz heranzuziehen ist, um den Eingriff in privates Eigentum nur zu vermindern.[402]

Ebenfalls klar ist, dass nicht außer Betracht gelassen werden darf, ob dem Vorhabenträger die Inanspruchnahme überhaupt zumutbar ist[403] – und dass für diese Erwägung auch Kostengesichtspunkte eine Rolle spielen dürfen[404]. Entsprechende Überlegungen fordert aber bereits das Abwägungsgebot – diese Punkte ausdrücklich in die Landesenteignungsgesetze aufzunehmen, ist mithin zumindest für eine Abwägung Eigentum – Eigentum überflüssig.

Ein Sinn ließe sich dagegen bei folgender Konstellation denken: Neben dem Eigentum des Vorhabenträgers beeinträchtigt die auf seinem Grundbesitz geplante Trasse bzw. der dort geplante Standort noch in intensiver Weise andere Belange, so wird z.B. ein wertvolles Biotop durchschnitten oder ein Naturdenkmal zerstört, bei der Alternativtrasse dagegen wäre nur derzeit brachliegender und auch dauerhaft nicht für eine besondere Nutzung vorgesehener privater Grund und Boden betroffen, andere Belange würden nicht beeinträchtigt. Hier könnte die Regelung folgende Wirkung entfalten: Eigentlich wäre es gut vertretbar, als schonendste Variante die auszuwählen, bei der nur das private Eigentum beansprucht würde. Dagegen steht aber die Forderung, dass Grundbesitz des Vorhabenträgers vorrangig in Anspruch zu nehmen ist. Danach müsste – trotz der damit verbundenen Beeinträchtigungen anderer Belange – die Wahl auf die den Grundbesitz des Vorhabenträgers in Anspruch nehmende Variante fallen. Zwar folgt diese Interpretation aus dem Wortlaut, doch steht sie im Widerspruch zu den vorstehenden Ausführungen: Im Ergebnis würde sie auf einen generellen Vorrang des Belangs privates Eigentum gegenüber anderen Belangen herauslaufen. Ein entsprechender Vorrang lässt sich aber, wie gesehen, weder mit der Planung eines Vorhabens vereinbaren noch ist er verfassungsrechtlich gefordert.[405] Damit ist diese Bestimmung bei dieser Fallgestaltung nicht nur überflüssig, sondern sogar irreführend. Es liegt daher folgende Empfehlung nahe: Wie bei den anderen Landesenteignungsgesetzen und wie bei der Bezugsnorm § 87 Abs. 1 BauGB sollte auf diesen Zusatz verzichtet werden.

---

bedarf festgesetzt wird, obwohl gleich geeignete Grundstücke der öffentlichen Hand zur Verfügung stehen.

402 Vgl. BayVGH, Urt. v. 10.12.1991 – 8 B 88.3020, BayVBl. 1993, S. 117.

403 Zur Zumutbarkeit *P. Molodovsky/S. Graf v. Bernstorff*, Enteignungsrecht in Bayern, Art. 3, Anm. 3.2.2.2.

404 Vgl. BayVGH, Urt. v. 13.2.2003 – 22 A 97.40 029, NVwZ 2003, S. 1534 (1536).

405 Dazu auch VGH BW, Urt. v. 11.2.2004 – 5 S 385/03, NuR 2004, S. 732: Danach ist die planfestgestellte Inanspruchnahme eines Grundstücks für eine naturschutzrechtliche Ausgleichsmaßnahme nicht abwägungsfehlerhaft, wenn der Alternativstandort auf Flächen der öffentlichen Hand eine geringere naturschutzrechtliche Eignung aufweist.

(5) Ergebnis

Genießt das Eigentum keinen Vorrang in der Abwägung, bedeutet das zwar, dass letztlich auch ein möglichst idealer Standort die Überwindung privaten Eigentums rechtfertigen kann[406] – das Eigentum muss eben bei der Alternativenprüfung im Einzelfall auch gegenüber Belangen wie z.B. Kostengesichtspunkten zurückstehen. Das erscheint angesichts dessen, dass es Vorhabenszwecken mit Allgemeinwohlqualität bedarf, um für die Realisierung des Vorhabens Eigentum enteignen zu können, vielleicht zunächst unstimmig. Die vorstehenden Ausführungen haben aber gezeigt, dass eine Alternativenprüfung, die auf den Belang Eigentum verengt ist, zu Ergebnissen führt, die die spezifischen Probleme, die im Zusammenhang mit der Einbettung eines Vorhabens in den Raum entstehen, nicht löst – Vorhaben lassen sich eben nur mit einer planerischen Prüfung konzipieren.

4. Besonderheiten bei Alternativen in der Dimensionierung

Anders als bei der gerade behandelten Prüfung von örtlichen Alternativen lassen sich bei Alternativen in der Dimensionierung nicht unterschiedliche Varianten miteinander vergleichen, es findet hier vielmehr folgender Wechsel in der Betrachtungsweise statt: Ähnlich wie bei der Frage, ob das Vorhaben überhaupt verwirklicht wird, findet eine Abwägung mit dem Vorhabensziel statt. An dieser Stelle werden dem Vorhabensziel aber nicht die mit der Entwurfsplanung verbundenen Nachteile gegenübergestellt. Bezugspunkt ist jetzt vielmehr die schonender dimensionierte Variante: die kürzere Start- oder Landebahn, die schmalere Straße. Gefragt wird dann, ob die mit dieser Variante verbundenen Vorteile (z.B. für Grundeigentümer) bedeutsamer als die mit den ursprünglichen Planungszielen verbundenen Vorteile erscheinen.

Anschaulich wird diese Besonderheit z.B. bei folgendem Fall[407]: Eine Gemeinde plant die Verbreiterung einer Straße von 3,64 m auf 5,64 m. Dafür sollen die Eigentümer der auf beiden Seiten an die Straße angrenzenden Grundstücke je einen Grundstücksstreifen von 1 m Tiefe abtreten. Einige der betroffenen Eigentümer wenden sich zwar nicht generell gegen das Vorhaben, halten aber eine Verbreiterung von nur 0,80 m auf jeder Seite für ausreichend. Die Gemeinde möchte mit der Verbreiterung die Voraussetzung für eine ordnungsgemäße Erschließung der bereits teilweise ungeordnet bebauten Grundstücke schaffen: Verlegung von Ver- und Entsorgungsleitungen im öffentlichen Straßenraum,

406 Dazu ausführlich: *B. Stüer/D. Hönig*, VerwArchiv Bd. 93 (2002), S. 350 (363 ff.); *D. Hönig*, Fachplanung und Enteignung, S. 186 ff.

407 Vgl. OLG Naumburg, Urt. v. 23.10.2000 – 1 U (Baul) 1/00, n.v.; LG Magdeburg, Urt. v. 30.11.1999 – 34 O (Baul) 7/99, n.v.

Ermöglichung eines Begegnungsverkehrs LKW – PKW. Bei der von den Eigentümern favorisierten Ausbaubreite von nur je 0,80 m ließen sich die Leitungen zwar auch verlegen, und ein Begegnungsverkehr LKW – PKW wäre ebenfalls noch möglich – allerdings natürlich mit gewissen Abstrichen bei der Sicherheit und Leichtigkeit des Verkehrs.

Gegen eine Abwägung der beiden Ausbaubreiten entsprechend einer Abwägung von verschiedenen örtlichen Alternativen sprechen folgende Überlegungen: Zum einen kann schon nicht davon gesprochen werden, dass eine Verbreiterung nur um 0,80 m wirklich eine Alternativlösung zu der geplanten Verbreiterung um 1 m darstellt. Dafür fehlt es an einer Übereinstimmung der Vorhabensziele – mit der breiteren Variante wird schließlich ein höheres Maß an Verkehrssicherheit erreicht als mit der schmaleren. Selbst wenn man angesichts der nur geringfügigen Abstriche bei den Zielen doch noch von Alternativlösungen ausgehen will[408], scheidet eine Abwägung der Varianten aber auch aus folgender Überlegung heraus aus: Sie würde zu einer unangemessen starken Gewichtung der Eigentümerinteressen zuungunsten der Interessen der Allgemeinheit an der Straßenverbreiterung führen. Bei dieser Vorgehensweise käme nämlich der schmaleren Variante als der weniger privaten Grund und Boden beanspruchenden regelmäßig der Vorrang zu. Für einen solchen absoluten Vorrang des Eigentums gibt es aber, wie im vorstehenden Abschnitt ausgeführt, keinen Anhaltspunkt.

Zu einer angemessenen Berücksichtigung der widerstreitenden Belange führt dagegen die oben angesprochene Prüfung: Sie gewährleistet einerseits, dass die Enteignungsbehörde die Vorteile berücksichtigt, die eine geringere Dimensionierung mit sich bringt. Diese Vorteile können aber nur zu einer Änderung der Entwurfsplanung führen, wenn sie gewichtiger erscheinen als die mit dieser Planung verfolgten Ziele – damit bleiben auch die Interessen der Allgemeinheit gewahrt. Angesichts der Rechtfertigungsschranken, die die Entwurfsplanung bereits durchlaufen hat, erscheint ein Abweichen zugunsten einer schonenderen Variante allerdings nur in besonders gelagerten Fällen vorstellbar. So wurde die von der Gemeinde geplante Straßenverbreiterung um je 1 m bereits am Maßstab „vernünftigerweise geboten" gemessen. Damit muss es sich um eine Verbreiterung handeln, für die ein Bedarf besteht – eine überzogene Dimensionierung wäre schon an diesem Punkt gescheitert. Dass der zusätzliche Streifen von 0,20 m Breite, den die Eigentümer bei der geringeren Ausbaubreite behalten würden, bedeutsamer erscheint als die Realisierung einer vernünftigen Straßenverbreiterung, wäre vielleicht bei folgender Konstellation denkbar: Ein Gewerbebetrieb lässt sich nur bei der geringeren Ausbaubreite weiterführen. Handelt es sich dagegen – als anderer Extremfall – um nichts mehr als um einen Streifen

408 So für geringe Abstriche – allerdings ohne Differenzierung nach der Art der Alternative: *L. Schlarmann*, DVBl. 1992, S. 871 (874); *D. Hönig*, Fachplanung und Enteignung, S. 188.

eines unbebauten Wiesengrundstücks, kann die Gemeinde ihre Planung ohne weiteres realisieren.

IV. Problematik: Vorhabenbeginn vor planerischer Abwägung

Es gibt Sachverhaltskonstellationen, bei denen die Enteignungsbehörde die eben dargestellte Prüfung – Abwägung der für und gegen das Vorhaben sprechenden Belange, Abwägung verschiedener Alternativen – nicht mehr sinnvoll durchführen kann. Das ist dann der Fall, wenn der Vorhabenträger bereits, bevor die Enteignungsbehörde die Vorhabenplanung abwägend nachvollzogen hat, mit der Ausführung des Vorhabens begonnen hat. Bei der nicht planakzessorischen Enteignung hat der Vorhabenträger diese Möglichkeit (1.), macht er von ihr Gebrauch, kann das gravierende Konsequenzen haben (2.).

1. Gesetzliche Regelungen zum Vorhabenbeginn

Eigentlich scheint es eine Selbstverständlichkeit zu sein, dass der Vorhabenträger erst die Überprüfung seiner Vorhabenplanung abwarten muss, ehe er mit dem Vorhaben beginnen darf. Bei der nicht planakzessorischen Enteignung fehlen aber Regelungen, die diese Reihenfolge sicherstellen. Diese Unstimmigkeit lässt sich am besten durch einen Vergleich mit der Regelung dieses Punkts bei einer Enteignung aufgrund Planfeststellungsbeschlusses verdeutlichen: In diesem Fall hat die Planfeststellungsbehörde und nicht die Enteignungsbehörde den Auftrag, die vorhabenbezogenen Enteignungsvoraussetzungen zu prüfen[409] – durch verschiedene gesetzliche Regelungen wird hier aber sichergestellt, dass der Vorhabenträger nicht bereits vor der Überprüfung seines Entwurfs schon mit dem Vorhaben beginnt.

Der Vorhabenträger kann auf zwei Weisen mit der Realisierung des Vorhabens beginnen: mit freihändigen Rechtsänderungen im Bereich der überplanten Flächen (a)) und durch die Aufnahme der Bauarbeiten (b)).

a) Durchführung freihändiger Rechtsänderungen

Der erste Schritt, mit dem das Vorhaben die Planungsphase verlässt und anfängt, Gestalt anzunehmen, sind Rechtsänderungen im Bereich des geplanten Standorts bzw. der geplanten Trasse. Sie sind erforderlich, wenn es sich um ein Projekt handelt, für das – zumindest teilweise – fremdes Grundeigentum in Anspruch

409 Dazu oben S. 51 ff., 60 ff.

genommen werden muss. Der Vorhabenträger muss mit den betroffenen Eigentümern und den sonstigen Grundstücksberechtigten in Kontakt treten und ihnen je nach Situation Kaufangebote oder Entschädigungsangebote für die Eintragung einer Dienstbarkeit oder die Beendigung schuldrechtlicher Verträge wie Pacht oder Miete machen. Erfahrungsgemäß ist der weitaus größte Teil der betroffenen Grundstücksberechtigten bereit, auf die Angebote eines Vorhabenträgers einzugehen.[410] In diesen Fällen kommt es bereits zu Vertragsabschlüssen, die dem Vorhabenträger auf den überplanten Flächen die Verwirklichung des Unternehmens ermöglichen.

(1) Enteignung aufgrund Planfeststellungsbeschlusses

Bei planfeststellungspflichtigen Vorhaben ist folgendes zeitliche Verhältnis zwischen den freihändigen Rechtsänderungen und der Entscheidung der Planfeststellungsbehörde üblich: Da es keine gesetzlichen Vorgaben zu diesem Punkt gibt, kann der Vorhabenträger theoretisch bereits nach Abschluss seiner internen Planung anfangen, Grunderwerbsverhandlungen im Bereich des geplanten Vorhabens durchzuführen, und er kann auch schon bei Erfolg der Verhandlungen Verträge abschließen. Praktisch wird er damit aber noch bis zu dem Zeitpunkt warten, bis zu dem er davon ausgehen kann, dass die Planfeststellungsbehörde die eingereichten Pläne nicht ablehnt[411] oder nur mit Änderungen feststellt. Ansonsten bestünde die Gefahr, dass er Grundstücke erwirbt, die letztlich für das Vorhaben nicht benötigt werden. Dieses Risiko besteht sicher nicht mehr nach Bestandskraft des Planfeststellungsbeschlusses[412]; falls sich aus den Bedenken und Anregungen, die in dem Erörterungstermin nach § 73 Abs. 6 VwVfG bzw. nach den entsprechenden fachgesetzlichen Regelungen vorgebracht werden, keine für das Vorhaben relevanten Änderungen ergeben, kann der Vorhabenträger auch nach diesem Termin schon ohne Risiko mit dem Grunderwerb beginnen.[413]

---

410 Bei Verhandlungen zwischen Versorgungsunternehmen und von einer Leitungstrasse betroffenen Grundstücksberechtigten gehen erfahrungsgemäß etwa 5-10% der Betroffenen nicht auf die Angebote ein, vgl. *R. Hannemann*, NWVBl. 1997, S. 331 (332).

411 Mit der Befugnis zur Zulassung des beantragten Vorhabens ist stillschweigend auch die Befugnis zur Ablehnung des Antrags verbunden. Die Planfeststellungsbehörde kann im Rahmen des § 74 VwVfG auch eine negative Zulassungsentscheidung treffen, dazu *E. Allesch/R. Häußler*, in: Obermayer, VwVfG, § 74 Rn. 11 ff.

412 Zu diesem Zeitpunkt: BGH, Urt. v. 24.3.1977 – III ZR 32/75, BRS 34, Nr. 88, S. 174.

413 Vgl. *O. Gaßner*, Der freihändige Grunderwerb der öffentlichen Hand, S. 212 ff. (214). Auch aus einem anderen Grund empfiehlt sich für den Vorhabenträger ein Abwarten bis zu diesem Zeitpunkt: Beginnt er schon vorher, erfolgen seine Kaufangebote nicht „zur Vermeidung einer Enteignung“ und sind daher enteignungsrechtlich irrelevant, dazu unten S. 155.

(2) Nicht planakzessorische Enteignung

Bei der nicht planakzessorischen Enteignung prüft die Enteignungsbehörde die vorhabenbezogenen Voraussetzungen zusammen mit den enteignungsbezogenen einstufig im Enteignungsverfahren – anders als bei der Enteignung aufgrund Planfeststellungsbeschlusses, bei der diese Prüfung auf das Planfeststellungsverfahren und das Enteignungsverfahren verteilt ist. Dadurch ergibt sich bezüglich der Reihenfolge von freihändiger Rechtsänderung durch den Vorhabenträger und Entscheidung der Enteignungsbehörde über die Vorhabenplanung aber ein anderes Bild: Der Vorhabenträger hat in diesem Fall keine Möglichkeit, den Enteignungsbeschluss abzuwarten. Er muss nach Abschluss seiner internen Festlegung über den Trassenverlauf oder den Standort des Vorhabens und schon vor der Entscheidung der Enteignungsbehörde über seine Vorhabenplanung mit den Grundstücksverhandlungen beginnen.

Das ergibt sich aus Folgendem: Bei der Entscheidung im Enteignungsverfahren trifft die Enteignungsbehörde im abschließenden Enteignungsbeschluss eine einheitliche Entscheidung über das Vorliegen aller Enteignungsvoraussetzungen. Eine enteignungsbezogene Voraussetzung lautet aber, dass der Antragsteller sich ernsthaft um den freihändigen Erwerb des zu enteignenden Grundstücks zu angemessenen Bedingungen, ..., vergeblich bemüht hat.[414] Das bedeutet, dass der Vorhabenträger verpflichtet ist, vor der Einleitung des Enteignungsverfahrens allen Grundstücksberechtigten Kauf- oder Entschädigungsangebote zu machen, die Rechte an Flächen haben, die im Bereich der von ihm geplanten Trasse oder an dem von ihm geplanten Standort gelegen sind.[415] Da der überwiegende Teil der betroffenen Grundstücksberechtigten auf diese Angebote eingeht, sind zum Zeitpunkt auch der Entscheidung über die Vorhabenplanung auf den meisten Grundstücken schon Rechtsänderungen erfolgt – ausgenommen sind nur die Grundstücke, für die Enteignungen beantragt werden mussten.

b) Möglichkeit eines Baubeginns

Als weiterer Verwirklichungsschritt kommt zumindest auf einem Teil der überplanten Flächen der Beginn mit dem Bau des Vorhabens in Betracht. Theoretisch hat der Vorhabenträger diese Möglichkeit auf den Grundstücken, an denen er schon zu Beginn seiner Planung alle Rechte hat, sowie auf den Flächen, bei

414 § 4 Abs. 2 LEntG BW; Art. 3 Abs. 2 Nr. 1 BayEG; § 3 S. 2 EnteigG BE i.V.m. § 87 Abs. 2 S. 1 BauGB; § 4 Abs. 2 S. 1 EntGBgb; § 4 S. 2 BremEntG i.V.m. § 87 Abs. 2 S. 1 BauGB; § 5 S. 2 Nr. 2 HEG; § 3 Abs. 2 S. 1 EnteigG M-V; § 5 Nr. 1 NEG; § 4 Abs. 2 S. 1 EEG NW; § 4 S. 2 Nr. 2 LEnteigG RP; § 3 SächsEntEG i.V.m. § 87 Abs. 2 S. 1 BauGB; § 4 Abs. 2 Nr. 1 EntG LSA; § 4 Abs. 2 Nr. 1 ThürEG.

415 Dazu unten S. 151 ff.

denen es aufgrund erfolgreicher Verhandlungen mit den Berechtigten zu einer Rechtsänderung zu seinen Gunsten gekommen ist. Auf den Flächen, bei denen der Rechtserwerb gescheitert ist und Enteignungen beantragt werden müssen, muss der Vorhabenträger fraglos erst die zwangsweise Übertragung der Rechte aufgrund eines stattgebenden Beschlusses der Enteignungsbehörde abwarten.

(1) Enteignung aufgrund Planfeststellungsbeschlusses

Im Planfeststellungsrecht ist die Frage eines Baubeginns bereits vor der Entscheidung der Planfeststellungsbehörde eindeutig gesetzlich geregelt: Zur Entscheidung der Planfeststellungsbehörde gelangen planfeststellungspflichtige Vorhaben. Die Fachplanungsgesetze legen fest, dass diese Vorhaben nur gebaut werden dürfen, wenn der Plan vorher festgestellt ist.[416] Mit der Feststellung des Plans erhält der Vorhabenträger dann die Baufreigabe (vgl. § 75 Abs. 1 S. 1 1. HS VwVfG). Damit kann der Vorhabenträger nicht vor Erlass des Planfeststellungsbeschlusses mit dem Bau beginnen.

(2) Nicht planakzessorische Enteignung

Bei der nicht planakzessorischen Enteignung ergibt sich auch bei dieser Frage ein abweichendes Bild. Anders als die Planfeststellungsbehörde hat die Enteignungsbehörde im Rahmen des Enteignungsverfahrens nicht über planfeststellungspflichtige Vorhaben zu entscheiden. Die Enteignungsbehörde hat vielmehr gerade nur dann im Enteignungsverfahren eine vorhabenbezogene Prüfung vorzunehmen, wenn kein Planfeststellungsverfahren vorgeschaltet ist. Damit hat es die Enteignungsbehörde mit Vorhaben zu tun, für die die Fachplanungsgesetze keine Feststellung des Plans vor dem Bau vorsehen. Aus diesen Gesetzen ergibt sich daher kein Hinderungsgrund für den Vorhabenträger – bei Vorliegen evtl. erforderlicher Genehmigungen – auf den Grundstücken, an denen ihm bereits die erforderlichen Rechte zustehen, mit dem Bau des Vorhabens zu beginnen.

Eine Verpflichtung, auf diesen Flächen erst nach der Entscheidung im Enteignungsverfahren mit dem Vorhaben zu beginnen, könnte sich für den Vorhabenträger daher nur aus dem Enteignungsrecht ergeben. Das noch im Saarland und in Schleswig-Holstein gültige preußische Gesetz über die Enteignung von Grundeigentum vom 11.7.1874 legt fest, dass die Enteignungsbehörde *vor der Ausführung des Unternehmens* über den Gegenstand der Enteignung und über

416 Vgl. z.B. § 17 Abs. 1 S. 1 FStrG; § 18 Abs. 1 S. 1 AEG; § 28 Abs. 1 S. 1 PBefG; § 14 Abs. 1 S. 1 WaStrG. Zum Ausnahmefall einer nachträglichen Planfeststellung: BVerwG, Urt. v. 15.1.1982 – 4 C 26.78, DVBl. 1982, S. 359 (360); BVerwG, Urt. v. 5.12.1980 – 4 C 97.77, Buchholz 407.4, § 17 FStrG Nr. 36, S. 126 (130).

Art und Umfang der aufzuerlegenden Beschränkungen entscheidet.[417] Die übrigen Enteignungsgesetze enthalten aber keine Aussage zu dem zeitlichen Zusammenhang von Beginn des Unternehmens einerseits und Erlass des Enteignungsbeschlusses andererseits. Ergibt sich aus den Enteignungsgesetzen keine Vorgabe für eine spätere Ausführung des Vorhabens, gelten die Bestimmungen der Fachgesetze – der Vorhabenträger kann danach bei Vorliegen der Zulassungsvoraussetzungen mit dem Unternehmen beginnen.

2. *Konsequenzen eines vorzeitigen Vorhabenbeginns*

Macht der Vorhabenträger von der Möglichkeit Gebrauch, bereits vor dem Erlass des Enteignungsbeschlusses mit dem Vorhaben zu beginnen, hat das folgende Konsequenzen.

a) Keine Einwirkungsmöglichkeit auf Planung des Vorhabens

Eine Konsequenz ist, dass die Enteignungsbehörde die für die Tätigkeit einer Planfeststellungsbehörde charakteristische Einwirkungsmöglichkeit auf die Planung des Vorhabens nicht mehr hat.

(1) Enteignung aufgrund Planfeststellungsbeschlusses

Hat eine Planfeststellungsbehörde (auch) über die vorhabenbezogenen Enteignungsvoraussetzungen zu entscheiden, ist folgender Verlauf üblich: Die Planfeststellungsbehörde entscheidet über die eingereichten Pläne aufgrund der im Anhörungsverfahren gewonnenen Erkenntnisse. Funktion des Anhörungsverfahrens ist es, die Planfeststellungsbehörde möglichst umfassend über den für ihre Entscheidung maßgeblichen Sachverhalt zu unterrichten.[418] Das Anhörungsverfahren ist aber auch prinzipiell geeignet, den eingereichten Planentwurf infrage zu stellen, weil durch die Stellungnahmen anderer Behörden und durch die Einwendungen privater Betroffener das Entscheidungsmaterial für die Planungsentscheidung noch erweitert wird.[419] Die Planfeststellungsbehörde wird demnach in vielen Fällen den Plan nicht uneingeschränkt in der Form feststellen können, wie er ihr von dem Vorhabenträger zur Entscheidung eingereicht wurde. Theoretisch könnte die Planfeststellungsbehörde in diesen Fällen den Antrag auf Planfest-

---

417 §§ 15 Abs. 1, 21 Abs. 1 GEG SL; §§ 15 Abs. 1, 21 Abs. 1 GEG SH.

418 So BVerwG, Urt. v. 22.2.1980 – 4 C 24.77, DVBl. 1980, S. 996 (997).

419 Vgl. *H. J. Bonk/W. Neumann*, in: Stelkens/Bonk/Sachs, VwVfG, § 73 Rn. 9; *H. Dürr*, in: Kodal/Krämer, Straßenrecht, S. 1008.

stellung ablehnen. Der Vorhabenträger wäre dann gezwungen, einen geänderten Planentwurf einzureichen, über den die Planfeststellungsbehörde dann in einem neuen Verfahren entscheiden würde. Diese Vorgehensweise hätte aber Nachteile: Die Durchführung eines neuen Verfahrens ist weder im Interesse des Vorhabenträgers, dem an einer schnellen Verwirklichung seines Projekts gelegen ist, noch in dem der Planfeststellungsbehörde, die eine unnötige Doppelung von Verfahrensschritten vermeiden will. Im Fall einer Planänderung werden diese Nachteile vermieden. In der Praxis wird deshalb auch wie folgt vorgegangen: Die Planfeststellungsbehörde teilt dem Vorhabenträger ihre Bedenken mit. Der Vorhabenträger reicht daraufhin einen entsprechend den Vorstellungen der Planfeststellungsbehörde geänderten Plan ein. Die Planfeststellungsbehörde entscheidet dann, ohne ein neues Verfahren einzuleiten, über den geänderten Plan.

(2) Nicht planakzessorische Enteignung

Bei der nicht planakzessorischen Enteignung besteht diese Entscheidungsmöglichkeit nicht mehr. Anders als die Planfeststellungsbehörde kann die Enteignungsbehörde keine Änderung der eingereichten Pläne mehr erwirken – zumindest nicht, wenn der Vorhabenträger bereits mit der Realisierung des Vorhabens begonnen hat. In diesen Fällen ist der von dem Vorhabenträger vorgesehene Standort des Vorhabens bzw. die Trasse schon zu weit verfestigt.

In dem Umfang, in dem das Projekt schon Formen angenommen hat, verändern sich nämlich die Einwirkungsmöglichkeiten, die behördlicherseits auf das Vorhaben bestehen. Zum Zeitpunkt des Planfeststellungsbeschlusses existiert von dem Vorhaben nur ein Plan. Dieser lässt sich auf Veranlassung der Planfeststellungsbehörde unschwer ändern. Der Vorhabenträger kann quasi „auf dem Papier" ohne größeren Aufwand Rastplätze verschieben, Durchlässe für Gewässer vergrößern, zusätzliche Brückenbauwerke festsetzen usw.[420] Kommt die Enteignungsbehörde aber im Rahmen der Alternativenprüfung zu dem Ergebnis, dass sie den von dem Vorhabenträger geplanten Standort bzw. die Trassierung des Vorhabens oder seine Dimensionierung für rechtswidrig hält, lässt sich das im Regelfall nicht mehr einvernehmlich mit dem Vorhabenträger durch eine Änderung der Pläne beheben. Eine Planänderung macht von dem Augenblick an

420 Die Möglichkeit der Planfeststellungsbehörde, im Zusammenwirken mit dem Vorhabenträger Planänderungen vorzunehmen, reicht sehr weit. Die Grenze wird erst dann als erreicht gesehen, wenn das Gesamtkonzept der Planung in äußerst gravierendem Maß geändert wird. Vgl. *U. Kuschnerus*, DVBl. 1990, S. 235 (240), von dem auch die Beispiele stammen. Gegen den Willen des Vorhabenträgers ist eine von dem vorgelegten Planentwurf abweichende Planfeststellung allerdings nur in eingeschränktem Umfang zulässig, dazu VGH BW, Urt. v. 26.11.1981 – 5 S 448/81, VBlBW 1982, S. 202; VGH BW, Urt. v. 5.10.1982 – 5 S. 2165/82, VBlBW 1983, S. 375.

keinen Sinn mehr, von dem ab die Entwicklung des Vorhabens auf einigen Grundstücken die Planungsphase bereits verlassen hat. Denn haben im Bereich der überplanten Flächen bereits Rechtsänderungen stattgefunden oder wurde schon mit dem Bau begonnen, ist eine Planänderung eindeutig nicht mehr das geeignete Mittel, auf das Vorhaben einzuwirken.

b) Bei ablehnendem Enteignungsbeschluss: weit reichende Folgen für bereits vollzogene Realisierungsschritte

Fehlt der Enteignungsbehörde aber diese Möglichkeit, bleibt ihr – hält sie die Vorhabenplanung für rechtswidrig – nur die Möglichkeit, den Antrag auf Enteignung abzulehnen. Im Fall eines ablehnenden Beschlusses ergeben sich aber weit reichende Folgen für das begonnene Vorhaben.

(1) Regelungsinhalt des Enteignungsbeschlusses

Um die tatsächlichen Auswirkungen eines ablehnenden Enteignungsbeschlusses erfassen zu können, ist es erforderlich, sich zunächst den Regelungsinhalt dieser Beschlüsse zu verdeutlichen.

Gegenstand des Enteignungsbeschlusses sind Rechtsänderungen. Mit dem Beschluss wird positiv oder negativ über den Enteignungsantrag entschieden. Er ist privatrechtsgestaltender Verwaltungsakt[421], entfaltet jedoch im Fall positiver Entscheidung seine Rechtswirkungen weder mit seinem Erlass noch mit seiner Unanfechtbarkeit. Diese ergeben sich erst aufgrund eines gesonderten Verwaltungsakts, mit dem bei Unanfechtbarkeit des Enteignungsbeschlusses seine Ausführung angeordnet wird.[422] Mit einem stattgebenden Enteignungsbeschluss ersetzt die Enteignungsbehörde die gescheiterte rechtsgeschäftliche Einigung zwischen den Beteiligten: Die Enteignungsbehörde regelt im Enteignungsbeschluss die Rechtsverhältnisse an dem betroffenen Grundstück jetzt durch staatlichen

---

421 Zum privatrechtsgestaltenden Verwaltungsakt allgemein *J. Ipsen*, Allg. Verwaltungsrecht, Rn. 390 ff. Speziell zum Enteignungsbeschluss: *P. Molodovsky/S. Graf v. Bernstorff*, Enteignungsrecht in Bayern, Art. 30 Anm. 2.2.3, Art. 34 Anm. 3.1; *R. Breuer*, in: Schrödter, BauGB, § 112 Rn. 1.

422 Vgl. die Regelungen zur Ausführungsanordnung im Einzelnen: § 32 LEntG BW; Art. 34 BayEG; § 5 Abs. 3 EnteigG BE i.V.m. § 117 BauGB; § 33 EntGBbg; § 6 Abs. 3 BremEntG i.V.m. § 117 BauGB; § 7 Abs. 4 HA EnteigG i.V.m. § 117 BauGB; § 35 HEG; § 10 Abs. 2 EnteigG M-V i.V.m. § 117 BauGB; § 36 NEG; § 33 EEG NW; § 39 LEnteigG RP; § 5 Abs. 3 SächsEntEG i.V.m. § 117 BauGB; § 32 EntG LSA; § 32 ThürEG.

Zwangsakt umfassend neu. Der Inhalt des Enteignungsbeschlusses ähnelt dabei den Vertragsmustern der Notare.[423]

Lehnt die Enteignungsbehörde den Antrag auf Enteignung ab, gilt das, was allgemein Regelungsinhalt eines ablehnenden Verwaltungsakts ist: Durch die Ablehnung wird das Fehlen eines Anspruchs verbindlich festgestellt.[424] Die Enteignungsbehörde stellt mithin in diesen Fällen fest, dass der Vorhabenträger keinen Anspruch darauf hat, die beantragten Grundstücksrechte übertragen zu bekommen. Unmittelbare Konsequenz ist, dass dem Vorhabenträger bei diesen Flurstücken die Rechte fehlen, um das Vorhaben zu verwirklichen.

(2) Folgen für Rechtsänderungen

Welche tatsächlichen Konsequenzen ergeben sich aber aus diesem Regelungsinhalt? Was bedeutet es für die bereits auf den anderen überplanten Flächen vollzogenen Realisierungsschritte, dass das Projekt wegen eines zurückweisenden Beschlusses auf einzelnen Grundstücken, die der Vorhabenträger eigentlich für das Vorhaben eingeplant hatte, jetzt doch nicht verwirklicht werden kann?

Für Rechtsänderungen ist die entscheidende Frage folgende: Wird das Vorhaben auf den Grundstücken, bei denen bereits Rechtsänderungen erfolgt sind, noch verwirklicht oder nicht? Wird es dort trotzdem wie geplant durchgeführt, bleibt die ablehnende Entscheidung der Enteignungsbehörde für die abgeschlossenen Verträge folgenlos. Anders ist es aber, wenn der Vorhabenträger aus diesem Grund die erworbenen Grundstücke doch nicht für das Projekt verwendet.

Welche Konsequenzen sich bei dieser Konstellation ergeben, hängt von der Reaktion der beteiligten früheren Grundstücksberechtigten ab. In vielen Fällen haben frühere Grundstücksberechtigte einen zivilrechtlichen Anspruch auf Rückübertragung des Grundstücks bzw. Rückgängigmachung der erfolgten Rechtsänderung gegen den Vorhabenträger.[425] Bei Verträgen, die ausdrücklich festlegen, dass die Rechtsänderung nur für bestimmte Infrastrukturmaßnahmen

---

423 Vgl. zum Inhalt des Enteignungsbeschlusses: §§ 28, 29 LEntG BW; Art. 30, 31 BayEG; § 5 Abs. 3 EnteigG BE i.V.m. §§ 112, 113 BauGB; §§ 29, 30 EntGBbg; § 6 Abs. 3 BremEntG i.V.m. §§ 112, 113 BauGB; § 7 Abs. 4 HA EnteigG i.V.m. §§ 112, 113 BauGB; §§ 29, 30 HEG; § 10 Abs. 2 EnteigG M-V i.V.m. §§ 112, 113 BauGB; § 32 NEG; §§ 29, 30 EEG NW; §§ 34, 35 LEnteigG RP; § 5 Abs. 3 SächsEntEG i.V.m. §§ 112, 113 BauGB; § 28 EntG LSA; §§ 28, 29 ThürEG.

424 Zum Regelungsinhalt ablehnender Verwaltungakte *M.-J. Seibert*, Bindungswirkung von Verwaltungsakten, S. 511, 529 m.w.N.

425 Zu Rückübertragungsansprüchen des Eigentümers bei Projektaufgabe: *O. Gaßner*, Der freihändige Grunderwerb der öffentlichen Hand, S. 165 ff.; *M. Aust/R. Jacobs/D. Pasternak*, Die Enteignungsentschädigung, Rn. 648 ff. Zum zivilrechtlichen Charakter des Rückforderungsanspruchs: BayObLG, Urt. v. 11.12.1989 – RReg. 1 Z 99/89, BayVBl. 1990, S. 633.

zur Abwendung einer drohenden Enteignung erfolgt, ergibt sich dieser Anspruch auf der Grundlage einer ergänzenden Vertragsauslegung.[426] Wird das Vorhaben doch nicht auf dem Grundstück verwirklicht, gilt damit dieselbe Rechtsfolge wie bei der förmlichen Enteignung, die bei Nichtverwendung eines Grundstücks für den Enteignungszweck einen Anspruch auf Rückenteignung vorsieht.[427] Machen die früheren Grundstücksberechtigten von diesem Anspruch Gebrauch, muss der Vorhabenträger zwar die Rechtsänderung rückgängig machen, doch erhält er im Gegenzug auch den gezahlten Kaufpreis bzw. die gezahlte Entschädigung zurück. Es bleibt allerdings der unnötige Verwaltungsaufwand, den diese Transaktionen mit sich bringen.

Noch problematischer ist es aber, wenn die früheren Grundstücksberechtigten kein Interesse haben, die Rechtsänderung rückgängig zu machen. Der Vorhabenträger hat seinerseits keine Möglichkeit, Rückübertragungen zu verlangen.[428] Er ist gezwungen, Grundstücke oder Rechte an Grundstücken zu behalten, die er nur erworben hat, um das von ihm geplante Vorhaben verwirklichen zu können. Ist die Verwirklichung des Vorhabens auf diesen Flächen aber nicht möglich, hat der Vorhabenträger nutzlos Geld ausgegeben – um die Grundstücksberechtigten zu einem Vertragsabschluss zu bewegen, werden sogar häufig noch Summen über dem Verkehrswert gezahlt. Dazu kommt, dass er – je nach Entscheidung der Enteignungsbehörde – noch gezwungen sein kann, an anderer Stelle Grundstücke zu erwerben. Das ist der Fall, wenn die Enteignungsbehörde zu dem Ergebnis kommt, dass das Vorhaben zwar dem Wohl der Allgemeinheit dient, aber die Abwägung ergibt, dass die gewählte Trasse oder der Standort rechtswidrig sind.

(3) Folgen bei Baubeginn

Noch gravierender sind die Folgen einer ablehnenden Entscheidung, wenn der Vorhabenträger bereits mit der Verwirklichung des Unternehmens begonnen hat.

Die Konsequenzen hängen hier von ganz unterschiedlichen Faktoren ab. Einmal von solchen, die mit der Fläche zu tun haben, auf der das Vorhaben doch

---

426 Vgl. BGH, Urt. v. 14.3.1997 – V ZR 9/96 (KG), NVwZ 1997, S. 932 (933). Vgl. auch BayObLG, Urt. v. 10.2.1992 – RReg. 1 Z 392/90, NVwZ-RR 1992, S. 281 (283), wonach bei einem zur Vermeidung einer Enteignung geschlossenen Grundstückskaufvertrag die Zulässigkeit der Enteignung zur Geschäftsgrundlage zählen kann.

427 Vgl. § 42 LEntG BW; Art. 16 BayEG; § 3 S. 2 EnteigG BE i.V.m. § 102 BauGB; § 42 EntGBbg; § 6 Abs. 3 BremEntG i.V.m. § 102 BauGB; § 5 Abs. 2 HA EnteigG i.V.m. § 102 BauGB; § 47 HEG; § 5 Abs. 2 EnteigG M-V i.V.m. § 102 BauGB; § 44 NEG; § 42 EEG NW; § 45 LEnteigG RP; § 4 Abs. 2 SächsEntEG i.V.m. § 102 BauGB; § 40 EntG LSA; § 42 ThürEG.

428 Vgl. *H. Büchs*, Handbuch des Eigentums- und Entschädigungsrechts, Rn. 1777.

nicht verwirklicht werden kann: mit ihrer Lage, ihrer Größe, bei mehreren Grundstücken mit ihrer Verteilung im Bereich des geplanten Vorhabens. Dann mit der Art des geplanten Vorhabens: großflächig, linienförmig, Neubau oder Änderung. Weiter natürlich von dem Baufortschritt: ganz am Anfang oder kurz vor dem Abschluss stehend. Je nach Kombination dieser Faktoren lassen sich unterschiedlich weit reichende Konsequenzen ausmalen.

Ein möglicher Extremfall wäre dann folgender: Bei dem Vorhaben handelt es sich um den Neubau einer Abwasserleitung, der auch schon fast komplett verwirklicht ist – wie eine Insel ausgespart ist nur die Fläche, für die eine Enteignung erforderlich ist. Lehnt die Enteignungsbehörde in diesem Fall die Enteignung ab, z.B. weil sie die vom Vorhabenträger gewählte Trasse nicht für die schonendste hält und eine Alternativtrasse favorisiert, hat das folgende Konsequenzen: Ohne eine Dienstbarkeit zu seinen Gunsten kann der Vorhabenträger keine Leitung auf fremden Grundstücken verlegen und betreiben. Bekommt er diese nicht zwangsweise durch Beschluss der Enteignungsbehörde eingetragen, kann er die Lücke in der Leitung nicht schließen – das fast fertige Vorhaben ist gescheitert. Das wirkt sich in zweifacher Hinsicht aus: Der Vorhabenträger wird den bereits erfolgten Leitungsbau rückgängig machen. Das heißt, dass die schon verlegten Rohre wieder aus dem Boden geholt werden müssen und der frühere Zustand der Grundstücke wieder herzustellen ist. Damit aber nicht genug. Der Vorhabenträger muss seiner Entsorgungsaufgabe weiterhin nachkommen. Das bedeutet, dass er das Projekt Neubau einer Abwasserleitung nicht einfach aufgeben kann. Er ist vielmehr gezwungen, an dem Vorhaben an sich festzuhalten, nur muss die Leitung jetzt an einer anderen Stelle verlaufen. Damit hat der Vorhabenträger den vollen Aufwand, den die Realisierung einer Abwasserleitung mit sich bringt, noch ein zweites Mal: Planung des genauen Verlaufs, möglicherweise Verhandlungen mit Grundeigentümern sowie Enteignungsverfahren und natürlich erneut die Bauarbeiten zur Verlegung der Leitung. Im Ergebnis bedeutet das eine deutliche Zeitverzögerung und einen immensen zusätzlichen Kostenaufwand.

Geht es nicht um den Neubau eines Vorhabens, sondern um die Änderung eines bestehenden, sind die Konsequenzen zwar meist weniger gravierend, aber auch nicht völlig unwesentlich. Häufig sind Verbreiterungen bereits bestehender Straßen oder Wege, denkbar z.B. bei einem selbständig verlaufenden Radweg. Auch hier soll davon ausgegangen werden, dass der Ausbau bereits fast vollständig erfolgt ist – auf allen Flächen, die schon im Eigentum des Vorhabenträgers stehen.[429] Hält die Enteignungsbehörde dann die Verbreiterung überhaupt nicht für notwendig oder zumindest nicht in dem von dem Vorhabenträger beabsichtigten Umfang und weist aus diesem Grund den Enteignungsantrag ganz oder teilweise zurück, ergibt sich folgendes Bild: Der Vorhabenträger kann das

429 Zu einer vergleichbaren Sachverhaltskonstellation: OLG Naumburg, Urt. v. 23.10.2000 – 1 U (Baul) 1/00, n.v.; LG Magdeburg, Urt. v. 30.11.1999 – 34 O (Baul) 7/99, n.v.

Grundstück nicht wie geplant für die Verbreiterung des Radwegs verwenden – es muss daher an dieser Stelle eine Verengung bleiben. Eine „Delle“ im Radweg ist schon kurios. Denkbar ist aber natürlich auch, dass es sich nicht nur um ein Grundstück, sondern um mehrere Grundstücke handelt, bei denen eine Enteignung erforderlich gewesen wäre. In diesem Fall würden bei dem ansonsten schon auf ganzer Länge verbreiterten Radweg gleich mehrere Schmalstellen bleiben. Das wäre nicht mehr nur kurios, sondern könnte das Erreichen des typischerweise mit Straßenverbreiterungen verfolgten Zwecks, die Sicherheit und Leichtigkeit des Verkehrs zu verbessern, unmöglich machen. Auch würde nicht nur die bereits erfolgte Verbreiterung ihren Sinn verlieren, hinzu kommt noch, dass mit den entstehenden Einbuchtungen zudem auch neue Gefahrenpunkte geschaffen würden.

c) Faktische Schwierigkeiten, Enteignungsantrag abzulehnen

Angesichts der geschilderten weit reichenden Konsequenzen, die ein ablehnender Beschluss der Enteignungsbehörde für den Vorhabenträger mit sich bringen kann, stellt sich fast die Frage, ob diese Entscheidungsmöglichkeit für die Enteignungsbehörde wirklich besteht. Nimmt man den eben gebildeten Fall einer Abwasserleitung, die bei einer ablehnenden Entscheidung an anderer Stelle völlig neu verlegt werden muss, wirkt es beinahe so, als ob sich eine solche Entscheidung der Enteignungsbehörde von vornherein verbieten würde.[430]

Rechtlich ist das selbstverständlich nicht der Fall, doch darf nicht übersehen werden, dass die Enteignungsbehörde durch die gesetzliche Regelung, die ihr einerseits die Überprüfung der Vorhabenplanung auferlegt, aber andererseits den Vorhabenträger nicht verpflichtet, bis zur Durchführung dieser Prüfung mit dem Vorhabenbeginn abzuwarten, faktisch in eine schwierige Entscheidungssituation gebracht wird – zumindest, wenn sie bei Durchführung der Abwägung zu dem Ergebnis kommt, dass die gegen das Vorhaben sprechenden Gründe überwiegen oder dass der Vorhabenträger nicht die schonendste Alternative ausgewählt hat. In diesem Fall steht sie nämlich vor folgender Entscheidungssituation: Anders als die Planfeststellungsbehörde kann sie den Vorhabenträger nicht mehr einfach auffordern, einen neuen Antrag einzureichen mit entsprechend ihren Vorstellungen geänderter Vorhabenplanung – dem steht die bereits begonnene Realisierung entgegen. Sie ist vielmehr in diesem Fall gezwungen, den Antrag auf Enteignung abzulehnen. Angesichts der eben dargestellten Folgen für das bereits begonnene Vorhaben ist es für die Enteignungsbehörde aber nicht eben leicht, diese unpopuläre Entscheidung zu treffen. Eigentlich fällt es zwar in den Verantwortungsbereich des Vorhabenträgers, wenn er trotz des Risikos einer späte-

430 Vgl. *S. Langer*, BayVBl. 1989, S. 641 (643), der – zwar aus Sicht des Rechtsschutzes meint, dass schon Zwangspunkte gesetzt seien.

ren ablehnenden Entscheidung bereits mit dem Bau beginnt. Für den Vorhabenträger gibt es dafür unterschiedliche Gründe: In manchen Fällen mag er nach ersten Gesprächen Anlass haben, hinsichtlich der noch zu erwerbenden Grundstücksrechte von einem positiven Ergebnis der Verhandlungen mit den Berechtigten auszugehen. In anderen Fällen wird zwar die Notwendigkeit von Enteignungsverfahren gesehen, doch fehlt bei den – meist nur technisch geschulten – Mitarbeitern die Kenntnis vom Umfang der Prüfung im Enteignungsverfahren: Verbreitet findet sich die Auffassung, dass die Enteignungsbehörde die Vorhabenplanung durch den Vorhabenträger nicht zu überprüfen habe, dass ihre Prüfung vielmehr auf die enteignungsbezogenen Voraussetzungen beschränkt sei. Es fehlt daher oft das Bewusstsein, dass die eigene Planung des Vorhabens bei der Durchführung von Enteignungsverfahren noch korrigiert werden kann. Schließlich gibt es auch Fälle, in denen der Vorhabenträger das Projekt trotz notwendiger Enteignungsverfahren zügig verwirklichen will, und einfach darauf vertraut, dass die Enteignungsbehörde seinen Enteignungsanträgen stattgeben wird. Das sind alles keine Gründe, die den Vorhabenträger schützenswert erscheinen lassen, doch trotzdem: Die Enteignungsbehörde und nicht der Vorhabenträger selber wird für die Zeitverzögerungen und den erhöhten Kostenaufwand – häufig Steuergelder – verantwortlich gemacht. Denn Konsequenzen bringt eben erst der ablehnende Beschluss der Enteignungsbehörde mit sich. Das Zerrbild von den Juristen, die fern der Praxis mit ihrem Verweis auf die Rechtslage die Realisierung dringend erforderlicher Infrastrukturmaßnahmen erschweren, wird in diesen Fällen noch bedient. Nicht leichter wird es für die Enteignungsbehörde auch dadurch, dass der Vorhabenträger in vielen Fällen ebenfalls ein Träger öffentlicher Verwaltung ist. Die in diesen Fällen häufig bestehende Nähe erschwert eine korrigierende Entscheidung noch.

Es muss daher festgestellt werden: Die Ablehnung eines Antrags bei bereits begonnenen Vorhaben stellt sich für die Enteignungsbehörde zwar nicht rechtlich, wohl aber faktisch als ausgesprochen schwierig dar.

d) Verfassungsrechtliche Bedenken: Fehlen einer planerischen Entscheidung?

Die Möglichkeit eines Vorhabenbeginns vor Entscheidung der Enteignungsbehörde enthält auch noch eine verfassungsrechtliche Problematik: Es ist anerkannt, dass bei bestimmten Gegebenheiten – auch wenn keine ausdrückliche gesetzliche Verpflichtung besteht – eine außenwirksame Planung verfassungsrechtlich geboten ist. Diese Anforderung wird aus Art. 14 Abs. 1 S. 1, Abs. 3 S. 1 GG (und Art. 19 Abs. 4 GG) hergeleitet. Eine außenwirksame Planung soll danach immer erforderlich sein, wenn die dem Vorhaben entgegenstehenden öffentlichen oder privaten Belange nicht durch Vereinbarung ausgeräumt werden können.[431] Das ist bei einer Enteignung immer der Fall, da Voraussetzung für Enteignungen ist, dass die Verhandlungen mit den von dem Vorhaben betroffenen Bürgern über die Übertragung der erforderlichen Grundstücksrechte gescheitert sind. Danach darf es keine Enteignung ohne vorherige förmliche Planung des Vorhabens geben. Der Enteignungsbeschluss muss somit auch eine planerische Entscheidung enthalten, wovon nur ausgegangen werden kann, wenn die von der Enteignungsbehörde durchzuführende Abwägung tatsächlich als planerisch bezeichnet werden kann. Die vorstehenden Ausführungen lassen aber Zweifel aufkommen, ob dann, wenn der Vorhabenträger bereits mit dem Vorhaben begonnen hat, wirklich noch von einer planerischen Prüfung gesprochen werden kann.

Was zeichnet eine planerische Prüfung aus? Zum einen ein bestimmtes zeitliches Verhältnis von Entscheidung und dem Sachverhalt, über den entschieden werden soll. Planung wird, wie gesehen, definiert als „vorausschauendes Setzen von Zielen und gedankliches Vorwegnehmen der zu ihrer Verwirklichung erforderlichen Verhaltensweisen". Gegenstand von Planung ist nicht der derzeit bestehende, sondern ein noch zu verwirklichender Zustand; Raumplanungsentscheidungen beschäftigen sich mit der zukünftigen Struktur eines Raums. Diese Zukunftsausrichtung ist Grundlage für die besondere Art der Rechtsanwendung im Bereich der Planung, für die planerische Abwägung: Im Rahmen der gesetzlichen Vorgaben ist es Aufgabe z.B. der Gemeinde bei der Aufstellung von Bauleitplänen, die Ziele und die zu ihrer Verwirklichung erforderlichen Mittel selber festzulegen. Hierbei muss sie zwischen den widersprüchlichen Zielen und den unterschiedlichen Mitteln, sie zu erreichen, eine Entscheidung treffen. Das geschieht im Wege der Abwägung. Bei der Enteignungsbehörde ist zwar wie bei der Planfeststellungsbehörde der Gestaltungsspielraum deutlich begrenzter: Die Enteignungsbehörde plant das Vorhaben nicht selber, sondern vollzieht nur die Planung des Vorhabenträgers abwägend nach. Bei dieser Abwägung kommt der Enteignungsbehörde aber auch ein Gestaltungsspielraum zu: Ein Gericht hat in einem anschließenden Anfechtungsprozess den angefochtenen Enteignungsbeschluss darauf zu prüfen, ob die Behörde die Enteignungsvoraussetzungen zutreffend erkannt und im Einzelfall hinreichend beachtet hat. Diese rechtliche Überprüfung ist allerdings insoweit beschränkt, als die Entscheidung darüber, ob eine Maßnahme mehr schadet als nützt oder ob das Vorhaben in geeigneter Weise auch anders verwirklicht werden könnte, wertende Einschätzungen, Prognosen und Abwägungen voraussetzt, die vom Gericht nicht durch eigene zu ersetzen sind.[432]

Bei einer Umkehrung des zeitlichen Verhältnisses von Entscheidung und Entscheidungsgegenstand besteht dieser Gestaltungsspielraum aber nicht mehr.

---

431 Dazu *H.-J. Papier*, in: Achterberg/Püttner/Würtenberger (Hrsg.), Bes. Verwaltungsrecht Bd. 1, § 10 Rn. 52 ff.; *B. Kregel*, Örtliche Straßenplanung, S. 180 ff. m.w.N.

432 BVerwG, Urt. v. 17.1.1986 – 4 C 6, 7/84, BVerwGE 72, S. 365 (367).

Die Fragen, um die es in der Abwägung geht, wurden in diesem Fall faktisch schon entschieden: Soll das Vorhaben überhaupt verwirklicht werden? An welchem Standort bzw. mit welchem Trassenverlauf? Mit welcher Dimensionierung? Die dargestellten Konsequenzen eines von dem Antrag des Vorhabenträgers abweichenden Beschlusses lassen eine freie Entscheidung dieser Fragen durch die Enteignungsbehörde kaum noch möglich erscheinen.[433] Damit fällt es schwer, in diesen Fällen die von der Enteignungsbehörde durchzuführende Abwägung noch als planerisch zu bezeichnen.

Als Konsequenz ergibt sich: Die Regelung der nicht planakzessorischen Enteignung ist insoweit verfassungsrechtlich bedenklich, als sie es zulässt, dass vor der Prüfung der vorhabenbezogenen Voraussetzungen mit der Realisierung des Vorhabens begonnen wird.[434]

§ 3 Enteignungsbezogene Voraussetzungen

Die Prüfung des geplanten Vorhabens ist zwar der zentrale Teil der Prüfung, aber doch nur der erste Schritt. Hat diese Prüfung ergeben, dass das Vorhaben dem Allgemeinwohl dient sowie rechtmäßig ist, und hat die Abwägung der für und gegen das Vorhaben sprechenden Gründe sowie der unterschiedlichen Alternativen das Vorhaben als allgemeinwohlerforderlich bestätigt, steht damit zwar Folgendes fest: Für die Verwirklichung des geplanten Vorhabens ist eine Enteignung grundsätzlich zulässig. Das bedeutet aber nicht, dass die Enteignungsbehörde ohne weitere Prüfung dem Vorhabenträger die benötigten Grundstücke übertragen oder Flächen zu seinen Gunsten belasten könnte. Für die Enteignung als dem am weitesten gehenden Eingriff in das durch Art. 14 Abs. 1 S. 1 GG geschützte Eigentum ergibt sich vielmehr aus allgemeinen

433 *G. Hermes*, Staatliche Infrastrukturverantwortung, S. 439 ff. spricht von einer Überforderung der Enteignungsentscheidung. Kritisch zu einer Aufwertung der Enteignungsbehörde zu einer Planfeststellungsbehörde auch *W. Durner*, in: Ziekow (Hrsg.), Praxis des Fachplanungsrechts, Rn. 2548 m.w.N.

434 Das Bundesverwaltungsgericht hatte die Verfassungsmäßigkeit einer Enteignung für Hochspannungsleitungen nach § 11 Abs. 1 EnWG 1935 und § 12 Abs. 1 EnWG 1998 trotz fehlenden Erfordernisses einer vorherigen fachplanerischen Planfeststellung zu beurteilen. Ohne auf die Problematik eines Vorhabenbeginns vor Entscheidung der Enteignungsbehörde einzugehen, hat das Gericht die Verfassungsmäßigkeit nur wegen der bei diesen Vorschriften typischen Verfahrensstufung von Raumordnungsverfahren, Entscheidung der Energieaufsichtsbehörde über die Erforderlichkeit der Enteignung und Enteignungsbeschluss bejaht, vgl. Urt. v. 11.7.2002 – Az. 4 C 9/00, NJW 2003, S. 230 (232).

rechtsstaatlichen Grundsätzen, dass sie dem Grundsatz der Verhältnismäßigkeit unterliegt – relevant ist dabei besonders die zweite Stufe dieses Grundsatzes: Die Enteignung kommt nur als letztes Mittel, als ultima ratio in Betracht. Bei der Anwendung dieses Grundsatzes lassen sich zwei Ansatzpunkte unterscheiden: Einmal ist die Enteignung nicht erforderlich, wenn ihr Ziel, die Ermöglichung des Vorhabens, auch mit einem weniger einschneidenden Mittel erreicht werden kann. Ergibt diese Prüfung aber, dass es kein milderes Instrument als die Enteignung gibt, dann muss in einem nächsten Schritt noch die Erforderlichkeit der Art und Weise des Enteignungseingriffs geprüft werden. Die Landesenteignungsgesetze haben diese Vorgabe auch ausdrücklich aufgenommen: Die Ermöglichung des Vorhabens wird als „Enteignungszweck" bezeichnet. Das Mittel Enteignung muss dann im Hinblick auf die Erreichung dieses Zwecks unter verschiedenen Aspekten Elementen des Erforderlichkeitsgebots genügen. Zunächst instrumental: Statt der Enteignung darf nicht das mildere Mittel einer rechtsgeschäftlichen Einigung möglich sein; allgemein darf der Enteignungszweck nicht auf andere zumutbare Weise erreichbar sein (A.). Ergibt diese Prüfung keine Alternative zu einer Enteignung, muss der einzelne Enteignungseingriff erforderlich sein. Auch hier gibt es Ausprägungen in unterschiedlichen Bereichen: räumlich, rechtlich und zeitlich (B.).

A. Enteignung letztes Mittel zur Ermöglichung des geplanten Vorhabens

Die erste Frage, die sich im Rahmen einer Erforderlichkeitsprüfung stellt, ist danach die, ob es nicht noch andere, weniger einschneidende Wege als die Enteignung gibt, die Realisierung des geplanten Vorhabens zu ermöglichen. Zu dieser Frage enthalten die Landesenteignungsgesetze zwei Regelungen.

I. Milderes Mittel freihändiger Erwerb

Ausdrücklich sprechen die Enteignungsgesetze den Weg an, der „üblicherweise" zum Eigentumserwerb führt: den Grundstückskauf verbunden mit der rechtsgeschäftlichen Einigung über den Eigentumsübergang. Der Vorhabenträger muss diesen Weg erfolglos beschritten haben, wobei die Landesenteignungsgesetze bestimmte Anforderungen an seine Bemühungen stellen. In Anlehnung[435] oder

435 § 4 Abs. 2 LEntG BW; Art. 3 Abs. 2 Nr. 1 BayEG; § 4 Abs. 2 S. 1 EntGBgb; § 5 S. 2 Nr. 2 HEG; § 3 Abs. 2 S. 1 EnteigG M-V; § 5 Nr. 1 NEG; § 4 Abs. 2 S. 1 EEG NW; § 4 S. 2 Nr. 2 LEnteigG RP; § 4 Abs. 2 Nr. 1 EntG LSA; § 4 Abs. 2 Nr. 1 ThürEG.

durch Verweis auf § 87 Abs. 2 S. 1 BauGB[436] formulieren die Landesenteignungsgesetze in den Absätzen 2 der Bestimmungen „Zulässigkeit der Enteignung“ wie folgt: „Die Enteignung setzt voraus, dass der Antragsteller sich ernsthaft um den freihändigen Erwerb des zu enteignenden Grundstücks zu angemessenen Bedingungen, ..., vergeblich bemüht hat.“

1. Angemessenes Angebot

Die wesentliche Enteignungsvoraussetzung ist dabei die „angemessene Bedingung“ oder – mit anderen Worten – das „angemessene Angebot“, mit dem der Vorhabenträger sich um den freihändigen Erwerb des Grundstücks bemüht haben muss.[437]

a) Angemessenheit des Angebots

Messlatte für die Beurteilung der Angemessenheit eines Angebots sind die Regelungen für die Festlegung der Enteignungsentschädigung[438] – schließlich ersetzt der bei einem freihändigen Eigentumsübergang zu zahlende Kaufpreis die Enteignungsentschädigung. Hierfür gilt: Die Entschädigung wird gewährt für den durch die Enteignung eintretenden Rechtsverlust und für andere durch die Enteignung eintretende Vermögensnachteile. Die Entschädigung für den Rechtsverlust bemisst sich nach dem Verkehrswert des zu enteignenden Grundstücks. Als andere Vermögensnachteile, die neben dem Rechtsverlust entschädigt werden können, zählen die Enteignungsgesetze beispielhaft Erwerbsverluste des Eigentümers, Wertminderung des Restgrundstücks sowie Umzugskosten auf. Auf der anderen Seite sind aber auch Vermögensvorteile, die dem Entschädigungsberechtigten infolge der Enteignung entstehen, bei der Festsetzung der Entschädigung zu berücksichtigen.[439]

---

436 § 3 S. 2 EnteigG BE; § 4 S. 2 BremEntG; § 3 SächsEntEG.

437 Das angemessene Angebot ist nicht nur als Enteignungsvoraussetzung rechtserheblich, es ist außerdem maßgebend für die Bestimmung des Bewertungsstichtags und damit gleichzeitig Teil des materiellen Entschädigungsrechts. Vgl. § 9 Abs. 3 Nr. 3 LEntG BW; Art. 10 Abs. 3 Nr. 3 BayEG; § 4 EnteigG BE i.V.m. § 95 Abs. 2 Nr. 3 BauGB; § 10 Abs. 2 Nr. 3 EntGBgb; § 5 BremEntG i.V.m. § 95 Abs. 2 Nr. 3 BauGB; § 5 Abs. 2 S. 1 HA EnteigG i.V.m. § 95 Abs. 2 Nr. 3 BauGB; § 40 Abs. 2 Nr. 2 HEG; § 5 Abs. 2 S. 1 EnteigG M-V i.V.m. § 95 Abs. 2 Nr. 3 BauGB; § 13 Abs. 2 Nr. 3 NEG; § 10 Abs. 2 Nr. 3 EEG NW; § 13 Abs. 2 Nr. 2 LEnteigG RP; § 4 Abs. 1 SächsEntEG i.V.m. § 95 Abs. 2 Nr. 3 BauGB; § 9 Abs. 2 Nr. 3 EntG LSA; § 10 Abs. 3 Nr. 3 ThürEG.

438 Vgl. BGH, Urt. v. 26.6.1966 – III ZR 202/65, NJW 1966, S. 2012 (2013).

439 Vgl. §§ 7 Abs. 2, 9 Abs. 1, 10 Abs. 1, 7 Abs. 3 LEntG BW; Art. 8 Abs. 2, 10 Abs. 1, 11 Abs. 1, 8 Abs. 3 BayEG; § 4 EnteigG BE i.V.m. §§ 93 Abs. 2, 95 Abs. 1, 96 Abs. 1, 93

Unproblematisch ist der Fall, dass die Enteignungsbehörde bei Anwendung dieser Grundsätze zu dem Ergebnis kommt, dass die Enteignungsentschädigung geringer anzusetzen ist als das Angebot, das der Vorhabenträger dem Eigentümer gemacht hat – ein solches Kaufangebot ist eindeutig angemessen. Schwieriger ist es dagegen, wenn die Enteignungsbehörde eine höhere Entschädigung festsetzen will: Hier ließe sich argumentieren, dass die rechtsgeschäftliche Einigung über den Eigentumsübergang schließlich gegenüber der Enteignung als milderes Mittel angesehen wird und ihr aus diesem Grund nach dem Erforderlichkeitsgrundsatz Vorrang gegenüber dem staatlicherseits verfügten Eigentumsübergang zukommt. Diese Bewertung kann aber nicht aufrecht erhalten werden, wenn sie im Einzelfall für den Eigentümer zu einer Schlechterstellung führt: Angemessen kann ein Angebot daher nur sein, wenn es mindestens dem entspricht, was er auch im Fall einer Enteignung als Entschädigung zu erwarten hätte. Nur in diesem Fall lässt sich tatsächlich davon sprechen, dass der Kauf im Vergleich zur Enteignung das mildere Mittel ist.

Diese Sichtweise ist aber zu wenig an den Besonderheiten orientiert, die die Ermittlung der Enteignungsentschädigung prägen. Die Bewertung von Rechten und von Folgeschäden, die der Eigentümer aufgrund der Enteignung erleidet, ist keine bloße Rechenaufgabe; bestimmte Ansätze, wie z.B. Zu- oder Abschläge für besondere Umstände, lassen sich häufig nur schätzen. Das führt dazu, dass in der Praxis zwei Sachverständige, die unabhängig voneinander dasselbe Objekt bewerten, nie zu einem völlig gleichlautenden Ergebnis kommen. Damit lässt sich aber nicht das Ergebnis eines Gutachtens als angemessen und das des anderen als nicht angemessen bezeichnen.[440] Der Bundesgerichtshof lässt es daher auch für die Angemessenheit des Angebots ausreichend sein, wenn seine Höhe „in etwa" der Enteignungsentschädigung entspricht.[441] Folgende Kaufangebote (vor Einführung des Euro) waren danach aber nicht mehr angemessen: 120 DM/m² bei einem später angenommenen Verkehrswert von 155 DM/m²[442] und

---

Abs. 3 BauGB; §§ 8 Abs. 2, 10 Abs. 1, 11 Abs. 1, 8 Abs. 3 EntGBgb; § 5 BremEntG i.V.m. §§ 93 Abs. 2, 95 Abs. 1, 96 Abs. 1, 93 Abs. 3 BauGB; § 5 Abs. 2 S. 1 HA EnteigG i.V.m. §§ 93 Abs. 2, 95 Abs. 1, 96 Abs. 1, 93 Abs. 3 BauGB; §§ 38 Abs. 2, 40 Abs. 1, 41 Abs. 1, 38 Abs. 3 HEG; § 5 Abs. 2 S. 1 EnteigG M-V i.V.m. §§ 93 Abs. 2, 95 Abs. 1, 96 Abs. 1, 93 Abs. 3 BauGB; §§ 11 Abs. 2, 13 Abs. 1, 14 Abs. 1, 11 Abs. 3 NEG; §§ 8 Abs. 2, 10 Abs. 1, 11 Abs. 1, 8 Abs. 3 EEG NW; §§ 11 Abs. 2, 13 Abs. 1, 14 Abs. 1, 11 Abs. 3 LEnteigG RP; § 4 Abs. 1 SächsEntEG i.V.m. §§ 93 Abs. 2, 95 Abs. 1, 96 Abs. 1, 93 Abs. 3 BauGB; §§ 7 Abs. 2, 9 Abs. 1, 10 Abs. 1, 7 Abs. 3 EntG LSA; §§ 8 Abs. 2, 10 Abs. 1, 11 Abs. 1, 8 Abs. 3 ThürEG.

440 Vgl. *M. Aust/R. Jacobs/D. Pasternak*, Die Enteignungsentschädigung, Rn. 14; *P. Runkel*, in: Ernst/Zinkahn/Bielenberg, BauGB, § 87 Rn. 88.

441 Vgl. BGH, Urt. v. 18.9.1986 – III ZR 22/85, BRS 45, Nr. 101, S. 232 (234); BGH, Urt. v. 16.12.1982 – III ZR 123/81, BRS 45, Nr. 105, S. 243 (244); BGH, Urt. v. 26.6.1966 – III ZR 202/65, NJW 1966, S. 2012 (2013).

442 BGH, Urt. v. 16.12.1982 – III ZR 123/81, BRS 45, Nr. 105, S. 243 (244).

60 DM/m² bei einem wirklichen Grundstückswert von 90 DM/m²[443]. Ebenfalls nicht mehr angemessen war ein Angebot, das bei einer Gesamtentschädigung von 35 200 DM um 8 800 DM nach unten abwich.[444] Nicht immer haben aber Zivilgerichte über die Enteignungsvoraussetzung „angemessenes Angebot" zu entscheiden.[445] Das Bundesverwaltungsgericht stellt dagegen nicht so sehr auf die Höhe des Angebots ab als vielmehr auf seine Vertretbarkeit. Dabei wird ein auf das Gutachten eines Gutachterausschusses gestütztes Angebot regelmäßig als vertretbar angesehen, außer das Gutachten beruht ausnahmsweise offensichtlich auf einem schweren Fehler.[446]

Bei der Frage der Angemessenheit des Angebots kann es aber auch um die Bewertung von Ersatzland gehen. Neben der Entschädigung in Geld sehen alle Enteignungsgesetze die Möglichkeit vor, den Eigentümer auf seinen Antrag hin[447] in Land zu entschädigen.[448] Dafür muss der Eigentümer zur Sicherung seiner Existenz auf Ersatzland angewiesen sein und für den Vorhabenträger muss die Beschaffung von Ersatzland zumutbar sein. Liegen diese Voraussetzungen für eine Entschädigung in Land vor, so verpflichten die meisten Landesenteignungsgesetze den Vorhabenträger, statt Geld geeignetes anderes Land anzubieten.[449]

---

443 BGH, Urt. v. 1.3.1984 – III ZR 197/82, NJW 1984, S. 1879 (1880).

444 BGH, Urt. v. 18.9.1986 – III ZR 22/85, BRS 45, Nr. 101, S. 232 (234).

445 Art. 14 Abs. 3 S. 4 GG gibt nur für die Feststellung der Höhe der Entschädigung den Rechtsweg zu den ordentlichen Gerichten vor. Einige Landesenteignungsgesetze sehen eine Teilung beim Rechtsweg vor: Für Klagen gegen die Enteignung ist der Verwaltungsrechtsweg gegeben, Art. 44 BayEG; § 50 HEG; § 50 EEG NW; § 48 LEnteigG RP. Der Verwaltungsrechtsweg ist auch für die Anfechtung einer Enteignung nach dem Landbeschaffungsgesetz gegeben, § 58 LBG.

446 Vgl. BVerwG, Beschl. v. 27.2.1969 – IV B 248.68, BRS 26, Nr. 80, S. 150 f.; BVerwG, Urt. v. 22.11.1968 – IV C 49.67, BRS 26, Nr. 47, S. 81 (85). Siehe auch BayVGH, Urt. v. 21.12.1982 – Nr. 9 B 81 A.2803, BayVBl. 1983, S. 469 (470); BayVGH, Urt. v. 2.7.1980 – Nr. 9 B 1834/79, BayVBl. 1981, S. 18 (21).

447 Der Eigentümer ist nicht verpflichtet, eine Entschädigung in Ersatzland anzunehmen, vgl. BGH, Urt. v. 13.7.1978 – III ZR 112/75, NJW 1979, S. 923.

448 Vgl. § 14 LEntG BW; Art. 14 BayEG; § 4 EnteigG BE i.V.m. § 100 BauGB; § 16 EntGBgb; § 5 BremEntG i.V.m. § 100 BauGB; § 5 Abs. 2 S. 1 HA EnteigG i.V.m. § 100 BauGB; § 45 HEG; § 5 Abs. 2 S. 1 EnteigG M-V i.V.m. § 100 BauGB; § 18 NEG; § 16 EEG NW; § 18 LEnteigG RP; § 4 Abs. 1 SächsEntEG i.V.m. § 100 BauGB; § 15 EntG LSA; § 14 ThürEG.

449 So ausdrücklich § 3 EnteigG BE i.V.m. § 87 Abs. 2 S. 1 BauGB; § 4 Abs. 2 EntGBgb; § 4 S. 2 BremEntG i.V.m. § 87 Abs. 2 S. 1 BauGB; § 5 S. 2 Nr. 2 HEG; § 3 Abs. 2 S. 1 EnteigG M-V; § 5 Nr. 1 NEG; § 4 Abs. 2 S. 1 EEG NW; § 4 S. 2 Nr. 2 LEnteigG RP; § 3 SächsEntEG i.V.m. § 87 Abs. 2 S. 1 BauGB. Zur Situation, wenn das Enteignungsgesetz keine ausdrückliche Verpflichtung enthält, Ersatzland anzubieten: *P. Molodovsky/S. Graf v. Bernstorff*, Enteignungsrecht in Bayern, Art. 3 Anm. 4.2.2.3.

b) Zeitpunkt

Der Vorhabenträger ist hinsichtlich des Zeitpunkts, zu dem er den Grundstücksberechtigten ein Angebot machen muss, nicht völlig frei: Ein Angebot kann zu früh oder auch zu spät erfolgen.

(1) Frühestmöglicher

Der Grund, von dem Vorhabenträger ein angemessenes Angebot gegenüber dem Eigentümer zu fordern, gibt auch Hinweise auf den frühestmöglichen Zeitpunkt für dieses Angebot: Das Angebot muss zur Abwendung einer Enteignung erfolgen; die Enteignungsgesetze sprechen von dem Bemühen, das „zu enteignende" Grundstück freihändig zu erwerben.

Daraus ergibt sich: Die Planung des Vorhabens muss bereits so konkret sein, dass erkennbar ist, welches Grundstück im Bereich der Trasse oder im Bereich des Standorts des Vorhabens liegt, und mit einer Änderung dieser Planung darf nicht mehr zu rechnen sein. Davon kann bei förmlichen Verfahren wie dem Planfeststellungsverfahren oder dem Verfahren zur Aufstellung eines Bebauungsplans eindeutig nach Bestandskraft des Planfeststellungsbeschlusses[450] bzw. nach Rechtsverbindlichkeit des Bebauungsplans[451] ausgegangen werden. Ausreichend wird aber auch sein, dass der Plan öffentlich ausgelegen hat und die daraufhin vorgebrachten Bedenken und Anregungen erörtert worden sind – zumindest, wenn sich dabei für das Vorhaben keine relevanten Änderungen ergeben haben.[452] Bei der nicht planakzessorischen Enteignung geht dem Enteignungsverfahren aber kein förmliches Planungsverfahren voraus. Hier lässt sich daher nur allgemein sagen, dass der Vorhabenträger seine Planung intern abgeschlossen haben muss, bevor seine Erwerbsangebote enteignungsrechtlich relevant werden können. Ein Hinweis dafür kann die Fertigstellung des Planentwurfs sowie das Vorliegen eventuell erforderlicher Genehmigungen für das Vorhaben sein.

450 Zu diesem Zeitpunkt: BGH, Urt. v. 24.3.1977 – III ZR 32/75, BRS 34, Nr. 88, S. 170 (174).

451 Zu diesem Zeitpunkt: BGH, Urt. v. 24.1.1980 – III ZR 26/78, BRS 45, Nr. 103, S. 239 (240 f.).

452 Vgl. *O. Gaßner*, Der freihändige Grunderwerb der öffentlichen Hand, S. 212 ff. (214). Für den Bebauungsplan trifft § 108 Abs. 2 BauGB eine entsprechende Regelung, bei Planfeststellungen ist das der Zeitpunkt nach dem Erörterungstermin gemäß § 73 Abs. 6 VwVfG bzw. gemäß den entsprechenden fachgesetzlichen Vorschriften.

(2) Spätestmöglicher

Auch für die Frage nach dem spätesten Zeitpunkt ergeben sich aus der Funktion des Erwerbsangebots Hinweise: Damit die Enteignung durch eine rechtsgeschäftliche Einigung überflüssig werden kann, muss das Angebot vor Einleitung des Enteignungsverfahrens abgeben werden. Dies muss so rechtzeitig geschehen, dass der Eigentümer – wie auch sonst bei privaten Verhandlungen – ausreichend Zeit hat, sich mit dem Vertragsangebot zu befassen und seine Angemessenheit zu prüfen. Rückt der Vorhabenträger allerdings noch vor Einleitung des Enteignungsverfahrens von seinem angemessenen Angebot ab, verliert das Angebot seine Wirkung als Zulässigkeitsvoraussetzung der Enteignung wieder.[453]

Zwar ist die Vorgabe theoretisch eindeutig, dass das Angebot bis zur Einleitung des Enteignungsverfahrens vorliegen muss, bei ihrer Umsetzung ergeben sich allerdings Schwierigkeiten: Nicht immer lässt sich bereits zu diesem Zeitpunkt abschließend feststellen, ob das Angebot des Vorhabenträgers auch angemessen ist. Aus diesem Grund gibt die Enteignungsbehörde während des Enteignungsverfahrens meist selber Gutachten in Auftrag. Deren Ergebnisse sind häufig Anlass dafür, die zunächst vorgenommene Bewertung des Angebots des Vorhabenträgers als angemessen zu korrigieren. In diesen Fällen muss der Vorhabenträger auch noch nach Einleitung des Verfahrens auf einen Hinweis der Enteignungsbehörde hin die Möglichkeit haben, sein früheres Angebot durch ein Angebot auf der Grundlage des von der Enteignungsbehörde eingeholten Gutachtens zu ersetzen.[454] Eine andere Vorgehensweise wäre mit dem Grundsatz der Verfahrensbeschleunigung[455] nicht zu vereinbaren: Die Enteignungsbehörde müsste ansonsten die Enteignung zunächst wegen Fehlens eines angemessenen Angebots ablehnen; der Vorhabenträger müsste dann nach möglicherweise erfolglosen Verhandlungen auf der Grundlage der in dem Gutachten als angemessen ermittelten Entschädigung erneut die Enteignung beantragen und die Enteignungsbehörde würde erst daraufhin dem Antrag stattgeben.

---

453 Vgl. BGH, Urt. v. 1.3.1984 – III ZR 197/82, NJW 1984, S. 1879 (1880).

454 So auch *R. Breuer*, in: Schrödter, BauGB, § 87 Rn. 34; *H. Reisnecker*, in: Brügelmann, BauGB, § 87 Rn. 38; *P. Runkel*, in: Ernst/Zinkahn/Bielenberg, BauGB, § 87 Rn. 96 f. Siehe hierzu auch BGH, Urt. v. 27.6.1966 – III ZR 202/65, NJW 1966, S. 2012 (2014).

455 Vgl. § 22 Abs. 1 S. 1 LEntG BW; Art. 26 Abs. 1 S. 1 BayEG; § 5 Abs. 3 EnteigG BE i.V.m. § 107 Abs. 1 S. 1 BauGB; § 24 Abs. 1 S. 1 EntGBgb; § 6 Abs. 3 BremEntG i.V.m. § 107 Abs. 1 S. 1 BauGB; § 7 Abs. 4 S. 1 HA EnteigG i.V.m. § 107 Abs. 1 S. 1 BauGB; § 25 S. 1 HEG; § 10 Abs. 2 S. 1 EnteigG M-V i.V.m. § 107 Abs. 1 S. 1 BauGB; § 24 Abs. 1 S. 1 EEG NW; § 30 Abs. 1 S. 1 LEnteigG RP; § 5 Abs. 3 SächsEntEG i.V.m. § 107 Abs. 1 S. 1 BauGB; § 24 Abs. 1 S. 1 ThürEG.

c) Rechtsfolge des Fehlens

Grundsätzlich bedarf die Rechtsfolge, die eine fehlende Enteignungsvoraussetzung nach sich zieht, keiner weiteren Erörterung: Ihr Fehlen macht eine Enteignung rechtswidrig, die Enteignungsbehörde lehnt deshalb den Antrag auf Enteignung ab.

Bei der Enteignungsvoraussetzung „angemessenes Angebot" wird aber noch eine andere Möglichkeit diskutiert: Nach einem Teil der Literatur soll die Enteignungsbehörde – wenn sie zu dem Ergebnis kommt, dass ein angemessenes Angebot fehlt – den Enteignungsantrag in der Regel nicht abweisen können, sondern vielmehr die Enteignung unter Festsetzung der gesetzlich vorgesehenen Entschädigung aussprechen; nur bei einem offensichtlich unangemessenen Angebot soll diese Möglichkeit nicht bestehen.[456] Der Bundesgerichtshof hat diese Frage für eine Entscheidung der Baulandgerichte ausdrücklich offen gelassen.[457] In der Literatur stößt die Annahme, dass die Enteignungsbehörde ein fehlendes angemessenes Angebot ersetzen können soll, auch auf Kritik.[458]

Der Kritik ist zu folgen. Dafür, ein fehlendes angemessenes Angebot des Vorhabenträgers durch die Festsetzung einer angemessenen Entschädigung im Enteignungsbeschluss zu ersetzen, wird mit dem Gebot argumentiert, dass die Enteignungsbehörde das Enteignungsverfahren beschleunigt durchzuführen hat. Diese Argumentation überzeugt aber nicht. Die Beschleunigung des Verfahrens ist eindeutig ein wichtiger Gesichtspunkt bei der eben erörterten Frage, bis zu welchem Zeitpunkt der Vorhabenträger ein angemessenes Angebot spätestens abgeben kann. Hier muss der Vorhabenträger noch die Möglichkeit haben, sein früheres Angebot auf der Grundlage eines Gutachtens, das erst während des Enteignungsverfahrens erstellt wurde, zu korrigieren. Bei der Frage, ob die Enteignungsbehörde ein fehlendes angemessenes Angebot einfach durch Festsetzung der angemessenen Entschädigung im Enteignungsbeschluss ersetzen darf, ist aber gar nicht klar, welcher Verfahrensgang überhaupt schneller zu einem Abschluss führt: Kommt die Enteignungsbehörde aufgrund eines von ihr in Auftrag gegebenen Gutachtens zu dem Ergebnis, dass die Enteignungsentschädigung deutlich über dem Angebot des Vorhabenträgers liegt, wird sie ihn auffordern, ein neues Angebot auf der Grundlage des Gutachtens zu machen. Der Vorhabenträger wird diese Vorgehensweise nur ablehnen, wenn er substantiierte

456 Vgl. *H. Reisnecker*, in: Brügelmann, BauGB, § 87 Rn. 38; ähnlich *P. Runkel*, in: Ernst/Zinkahn/Bielenberg, BauGB, § 87 Rn. 96 f.

457 Vgl. BGH, Urt. v. 1.3.1984 – III ZR 197/82, NJW 1984, S. 1879 (1880). Zu der offensichtlich fehlerhaften Festsetzung der Vorauszahlung bei einer Vorabentscheidung über den Grund der Enteignung (§ 112 Abs. 2 BauGB): BGH, Urt. v. 8.5.1980 – III ZR 27/77, BGHZ 77, S. 338 (346).

458 *R. Breuer*, in: Schrödter, BauGB, § 87 Rn. 34; *G. Halama*, in: Berliner Kommentar, BauGB, § 87 Rn. 78.

Kritik an dem Gutachten hat. Setzt die Enteignungsbehörde daraufhin die Höhe der Entschädigung trotzdem entsprechend dem Gutachtenergebnis fest, liegt es nahe, dass der Vorhabenträger gegen diesen Enteignungsbeschluss vorgehen wird. Als Entschädigungsverpflichteter wird er nicht ohne weiteres eine deutlich über seinen Vorstellungen liegende Entschädigung akzeptieren. Häufig geht es dabei inhaltlich um grundlegende Bewertungsfragen, die – gerade bei Großprojekten – auch Bedeutung für die Entschädigungshöhe in weiteren Verfahren haben. Damit ergibt sich aber kein Unterschied zu einer Abweisung der Enteignung wegen Fehlens eines angemessenen Angebots: In beiden Fällen wird der Vorhabenträger gegen den Beschluss der Enteignungsbehörde klagen und dabei die Höhe des angemessenen Angebots bzw. der gesetzlich vorgesehenen Entschädigung gerichtlich feststellen lassen – beides kostet aber gleich viel Zeit. Im Übrigen dient der Grundsatz der Verfahrensbeschleunigung im Wesentlichen dem Schutz des Vorhabenträgers: Er soll möglichst schnell in die Lage versetzt werden, sein Infrastrukturvorhaben zu verwirklichen. Ist er es aber selber, der mit der Weigerung, ein angemessenes Angebot abzugeben, das Verfahren verzögert, dann bedarf er dieses Schutzes nicht mehr.[459]

Letztlich entscheidend ist aber folgende Erwägung: Die Enteignungsgesetze formulieren ausdrücklich, dass die Enteignung voraussetzt, dass der Antragsteller sich zu angemessenen Bedingungen vergeblich um den freihändigen Erwerb des zu enteignenden Grundstücks bemüht haben muss. Diese Voraussetzung folgt aus dem verfassungsrechtlich vorgegebenen Grundsatz, dass die Enteignung nur das letzte Mittel sein darf, um das allgemeinwohlerforderliche Vorhaben zu ermöglichen. Wenn der Vorhabenträger aber kein angemessenes Angebot gemacht hat, fehlt es an dieser Enteignungsvoraussetzung bzw. es lässt sich noch gar nicht beurteilen, ob nicht das mildere Mittel Kauf möglich ist. Die Enteignungsbehörde kann aber nur enteignen, wenn alle Enteignungsvoraussetzungen vorliegen – ansonsten ist die Enteignung rechtswidrig.[460] Es gibt auch keinen Anhaltspunkt dafür, dass die Festsetzung der gesetzlich vorgesehenen Entschädigung das Fehlen eines angemessenen Angebots ersetzen könnte. Eine entsprechende Ausnahme ist auch nicht vorstellbar: Damit würde nämlich durch den zweiten Schritt Entschädigungsfestsetzung eine Voraussetzung des ersten Schritts Enteignung ersetzt werden können.

2. *Ernsthaftes Bemühen*

Die Landesenteignungsgesetze fordern von dem Vorhabenträger nicht nur, dass er sich zu angemessenen Bedingungen um den freihändigen Erwerb des zu ent-

459 Vgl. auch *R. Breuer*, in: Schrödter, BauGB, § 87 Rn. 34.
460 So auch *R. Breuer*, in: Schrödter, BauGB, § 87 Rn. 34.

eignenden Grundstücks bemüht hat, daneben soll dieses Bemühen auch „ernsthaft“ gewesen sein.

Neben dem angemessenen Angebot lässt sich aus dieser Voraussetzung positiv nur wenig für das Verhalten des Vorhabenträgers ableiten: Hat er dem betroffenen Eigentümer ein angemessenen Angebot unterbreitet, stellt dieses Angebot auch gleichzeitig das zentrale Element eines ernsthaften Bemühens um den Grundstückserwerb dar. „Ernsthaftes“ Bemühen kann sich daneben nur noch auf die Umstände beziehen, auf den Kontext, in dem dieses Angebot erfolgt ist. Neben allgemeinen Anforderungen an die Verhandlungsführung wie Seriosität und Zielgerichtetheit wird man hier fordern können, dass dem Eigentümer der Zusammenhang erläutert wird, in dem das Angebot zu sehen ist: Der Vorhabenträger muss ihn über das geplante Vorhaben aufklären und darstellen, dass sein Grundstück benötigt wird, um das Vorhaben verwirklichen zu können – ohne diese Information hat ein Grundstückseigentümer wenig Anlass, über eine Veräußerung seines Grundbesitzes nachzudenken.[461] Dabei ist es auch sinnvoll, den Eigentümer darauf hinzuweisen, dass im Fall eines Scheiterns der Verhandlungen die Möglichkeit besteht, das Grundstück enteignen zu lassen. Dieser Hinweis und auch die Ankündigung, von dieser Möglichkeit Gebrauch zu machen, stellt keine zur Anfechtung des Vertrags berechtigende widerrechtliche Drohung dar. Ein entsprechender Verweis informiert den Eigentümer nur über die bestehende Rechtslage.[462] Auch für die Form des Angebots sind Rückschlüsse möglich: Man wird wohl sagen müssen, dass von einem ernsthaften Bemühen nur gesprochen werden kann, wenn der Vorhabenträger schriftliche und nicht nur mündliche Vertragsangebote macht.[463] Da der Vorhabenträger gegenüber der Enteignungsbehörde seine Erwerbsbemühungen nachweisen muss, wird er aber schon aus diesem Grund die Schriftform wählen. Weitere formelle Anforderungen wie z.B. eine notarielle Beglaubigung des Angebots sind im Grundstücksverkehr nicht üblich und können daher von dem Vorhabenträger auch nicht gefordert werden.[464]

Damit stellt sich bei dieser Voraussetzung eher die Frage, wann ein ernsthaftes Bemühen des Vorhabenträgers um einen freihändigen Erwerb möglicherweise entbehrlich ist. Nach der Rechtsprechung des Bundesgerichtshofs endet die

---

461 Vgl. BGH, Urt. v. 24.3.1977 – III ZR 32/75, BRS 34, Nr. 88, S. 172. *P. Runkel*, in: Ernst/Zinkahn/Bielenberg, BauGB, § 87 Rn. 78; *H. Reisnecker*, in: Brügelmann, BauGB, § 87 Rn. 33.

462 Vgl. BayObLG, Urt. v. 17.6.1991 – RReg. 1 Z 107/90, NVwZ-RR 1992, S. 606 (607).

463 Nach BGH, Urt. v. 24.3.1977 – III ZR 32/75, BRS 34, Nr. 88, S. 170 (172) sollen auch mündliche Angebote ausreichend sein. Dagegen gehen *H. Behre/K.-H. Wagenknecht*, NEG, § 4 Anm. 5 auch davon aus, dass nur bei einem schriftlichen Angebot von einem ernsthaften Bemühen gesprochen werden kann.

464 Vgl. BGH, Urt. v. 24.3.1977 – III ZR 32/75, BRS 34, Nr. 88, S. 170 (172). *H. Reisnecker*, in: Brügelmann, BauGB, § 87 Rn. 33; *P. Runkel*, in: Ernst/Zinkahn/Bielenberg, BauGB, § 87 Rn. 79; *R. Breuer*, in: Schrödter, BauGB, § 87 Rn. 32.

Verpflichtung zu einem ernsthaften Bemühen um einen freihändigen Ankauf zu angemessenen Bedingungen grundsätzlich dann, wenn ein Angebot zu einer leeren Förmelei würde. Das solle der Fall sein, wenn der Eigentümer zu erkennen gebe, er werde ein Angebot ablehnen, gleichviel welches Angebot ihm gemacht werde, und es auf die Enteignung seines Grundbesitzes ankommen lassen.[465] Hier sind verschiedene Konstellationen denkbar, bei denen das Verhalten des Eigentümers (weitere) Verhandlungen überflüssig erscheinen lässt: Der Eigentümer lehnt das Projekt grundsätzlich ab[466] oder stellt die Zulässigkeit der Enteignung aus Gründen des Planungs- und des Sanierungsrechts in Zweifel[467]. Seine Forderungen sind völlig überhöht.[468] Er erwartet eine in jedem Fall unangemessene Entschädigung nach Baulandpreisen.[469] Er weigert sich grundsätzlich, das betroffene Grundstück gegen Geld zu veräußern, und fordert gleichzeitig, in Ersatzland entschädigt zu werden, obwohl die Voraussetzungen für einen Anspruch auf Ersatzland nicht gegeben sind.[470] Für die Einschätzung der Verhandlungsbereitschaft des Eigentümers muss aber auch immer Folgendes im Blick behalten werden: Nicht jede spontane Reaktion über den drohenden Verlust von Grundeigentum darf von dem Vorhabenträger gleich als grundsätzliche Ablehnung gedeutet werden.[471]

3. Entsprechende Verpflichtung des Vorhabenträgers

Die Enteignungsgesetze zählen neben dem Eigentum auch noch andere Rechte an Grundstücken auf, die Gegenstand einer Enteignung sein können: dingliche Rechte wie z.B. Dienstbarkeiten, Nießbrauch, dingliche Vorkaufsrechte, Reallasten, Hypotheken, Grund- und Rentenschulden, Dauerwohn- und Dauernutzungsrechte sowie persönliche Rechte, die zum Erwerb, zum Besitz oder zur

---

465 Vgl. BGH, Urt. v. 27.6.1966 – III ZR 202/65, NJW 1966, S. 2012 (2014). So auch OLG Stuttgart, Urt. v. 13.12.1983 – 10 U (Baul) 104/83, VBlBW 1985, S. 113 (115); BayVGH, Urt. v. 10.4.1984 – Nrn. 8 B 82 A. 954, 955 und 956, BayVBl. 1984, S. 627 (628).

466 BayVGH, Urt. v. 10.4.1984 – Nrn. 8 B 82 A. 954, 955 und 956, BayVBl. 1984, S. 627 (628).

467 BGH, Urt. v. 8.5.1980 – III ZR 27/77, BRS 45, Nr. 115, S. 278 (281).

468 BGH, Urt. v. 27.6.1966 – III ZR 202/65, NJW 1966, S. 2012 (2014); OLG Stuttgart, Urt. v. 13.12.1983 – 10 U (Baul) 104/83, VBlBW 1985, S. 113 (115).

469 BVerwG, Urt. v. 17.1.1986 – 4 C 6, 7/84, NVwZ 1986, S. 471 (472).

470 BGH, Urt. v. 2.2.1984 – III ZR 170/82, NJW 1984, S. 1879 (1880); BGH, Urt. v. 16.12.1982 – III ZR 123/81, BRS 45, Nr. 105, S. 243 (245). Zu unbegründeten Ersatzlandforderungen auch: BayVGH, Urt. v. 14.5.1997 – 22 B 96.2932, BayVBl. 1998, S. 468 (469); BayVGH, Urt. v. 2.7.1980 – Nr. 9. B – 1834/79, BayVBl. 1981, S. 18 (21).

471 Darauf weisen hin *P. Runkel*, in: Ernst/Zinkahn/Bielenberg, BauGB, § 87 Rn. 81; *G. Halama*, in: Berliner Kommentar, BauGB, § 87 Rn. 69.

Nutzung von Grundstücken berechtigen wie z.B. Rechte aus Kauf-, Schenkungs- und Tauschverträgen, aus Miet-, Pacht- oder Leihverträgen. Außerdem kann durch Enteignung das Eigentum an Grundstücken und an den weiteren Grundstücksrechten nicht nur entzogen werden: Für das Eigentum und für dingliche Rechte an Grundstücken wird daneben auch ausdrücklich die Möglichkeit erwähnt, diese Rechte durch Enteignung zu belasten.[472] Damit ist die zitierte Bestimmung aus den Landesenteignungsgesetzen, die den Vorhabenträger verpflichtet, sich ernsthaft um den freihändigen Erwerb des zu enteignenden Grundstücks zu angemessenen Bedingungen vergeblich zu bemühen, zu eng gefasst. Auch für die eben genannten Formen von Enteignungen gilt der Grundsatz, dass sie nur als letztes Mittel zur Ermöglichung des geplanten Vorhabens zulässig sind.

a) Vor einer Enteignung im Wege der Belastung des Grundstücks

Es ist daher anerkannt, dass der Vorhabenträger auch vor einer Belastung des Eigentums an Grundstücken durch Enteignung zunächst erfolglos versucht haben muss, eine rechtsgeschäftliche Einigung mit dem Eigentümer über die Einräumung des benötigten Rechts zu erzielen.[473] Für den Einigungsversuch gelten auch ohne ausdrücklichen Hinweis im Gesetz die Vorgaben für den Erwerb: Der Vorhabenträger muss dem Eigentümer ein angemessenes Angebot unterbreiten und ernsthaft mit ihm verhandeln.[474] Praktisch geht es dabei in den meisten Fällen um die Einräumung von Dienstbarkeiten, mit denen ein geplantes Leitungsvorhaben gesichert werden soll.[475]

---

472 Vgl. § 3 Abs. 1 Nr. 1-3 LEntG BW; Art. 2 Abs. 1 Nr. 1-3 BayEG; § 2 EnteigG BE i.V.m. § 86 Abs. 1 Nr. 1-3 BauGB; § 3 Abs. 1 Nr. 1, 3-4 EntGBgb; § 3 Abs. 1 a)-c) BremEntG; § 4 Abs. 1 Nr. 1-3 HA EnteigG; § 4 Abs. 1 Nr. 1-3 HEG; § 4 Abs. 1 Nr. 1-3 EnteigG M-V; § 3 Abs. 1 Nr. 1-3 NEG; § 3 Abs. 1 Nr. 1-3 EEG NW; § 3 Abs. 1 Nr. 1-3 LEnteigG RP; § 3 SächsEntEG i.V.m. § 86 Abs. 1 Nr. 1-3 BauGB; § 3 Abs. 1 Nr. 1-3 EntG LSA; § 3 Abs. 1 Nr. 1-3 ThürEG.

473 Vgl. *P. Molodovsky/S. Graf v. Bernstorff*, Enteignungsrecht in Bayern, Art. 3 Anm. 4.1.3; *H. Reisnecker*, in: Brügelmann, BauGB, § 87 Rn. 31; *P. Runkel*, in: Ernst/Zinkahn/Bielenberg, BauGB, § 87 Rn. 68.

474 Zur Angemessenheit eines Angebots zur Einräumung von Dienstbarkeiten *M. Aust/R. Jacobs/D. Pasternak*, Die Enteignungsentschädigung, Rn. 179 ff. Siehe auch OLG Celle, Urt. v. 12.10.1979 – 4 U (Baul) 82/79, DVBl. 1980, S. 689 (690).

475 Vgl. BVerwG, Urt. v. 17.1.1986 – 4 C 6, 7/84, NVwZ 1986, S. 471 (472) – Gasleitung –; VGH BW, Urt. v. 14.5.1996 – 10 S 1/96, NVwZ 1997, S. 90 (95) – Stromfreileitung –; BayVGH, Urt. v. 10.4.1984 – Nrn. 8 B 82 A. 954, 955 und 956, BayVBl. 1984, S. 627 (628) – Wasserleitung.

b) Vor einer Enteignung von Grundstücksrechten

Für die Entziehung oder Belastung von dinglichen oder persönlichen Grundstücksrechten enthalten die Enteignungsgesetze eine ausdrückliche Bestimmung: Sie erklären die für die Entziehung oder Belastung des Eigentums an Grundstücken geltenden Vorschriften für entsprechend anwendbar.[476] Das bedeutet, dass die Enteignung von Grundstücksrechten ebenfalls ein Scheitern ernsthafter Bemühungen des Vorhabenträgers voraussetzt, durch eine rechtsgeschäftliche Einigung eine Enteignung zu vermeiden.[477] Nach der Systematik der Enteignungsgesetze gilt dieser Verweis auf die für den Entzug von Eigentum geltenden Vorschriften aber nicht für jede Enteignung von Grundstücksrechten: Die Enteignungsgesetze unterscheiden danach, ob ein Recht an einem Grundstück Gegenstand einer selbständigen Enteignung ist oder unselbständiger Gegenstand einer Enteignung.[478]

(1) Recht Gegenstand einer selbständigen Enteignung

Ein Recht an einem Grundstück ist dann Gegenstand einer selbständigen Enteignung, wenn nur dieses Recht und nicht auch das Eigentum am Grundstück der Verwirklichung des Vorhabens entgegensteht. Das ist z.B. dann der Fall, wenn der Eigentümer des Grundstücks verkaufsbereit ist, nicht aber der Inhaber einer mit dem Vorhaben unvereinbaren Dienstbarkeit. Denkbar ist auch, dass der Vorhabenträger zwar schon Eigentümer des Grundstücks ist, an dem Grundstück aber noch eine für ihn nicht kündbare Hypothek besteht. In diesem Fall könnte der Hypothekengläubiger nach § 1134 BGB auf Unterlassung klagen, falls das geplante Vorhaben eine die Sicherheit der Hypothek gefährdende Verschlechterung des Grundstücks mit sich bringt.[479] Bei diesen Konstellationen tritt das

---

476 Vgl. § 3 Abs. 5 LEntG BW; Art. 2 Abs. 6 BayEG; § 2 EnteigG BE i.V.m. § 86 Abs. 3 BauGB; § 3 Abs. 4 EntGBgb; § 3 Abs. 3 BremEntG; § 4 Abs. 3 HA EnteigG; § 4 Abs. 4 HEG; § 4 Abs. 2 EnteigG M-V; § 3 Abs. 4 NEG; § 3 Abs. 4 EEG NW; § 3 Abs. 3 LEnteigG RP; § 6 GEG SL; § 3 SächsEntEG i.V.m. § 86 Abs. 3 BauGB; § 3 Abs. 4 EntG LSA; § 6 GEG SH; § 3 Abs. 6 ThürEG.

477 So, allerdings ohne Konsequenzen zu ziehen aus der folgenden Unterscheidung zwischen selbständiger Enteignung eines Grundstücksrechts und den Fällen, in denen das Recht als unselbständiger Gegenstand einer Enteignung des Eigentums am Grundstück behandelt wird: *P. Molodovsky/S. Graf v. Bernstorff*, Enteignungsrecht in Bayern, Art. 2 Anm. 9.3, Art. 3 Anm. 4.1.3; *H. Reisnecker*, in: Brügelmann, BauGB, § 87 Rn. 31; *P. Runkel*, in: Ernst/Zinkahn/Bielenberg, BauGB, § 87 Rn. 68.

478 Zu dieser Unterscheidung: *P. Molodovsky/S. Graf v. Bernstorff*, Enteignungsrecht in Bayern, Art. 2 Anm. 3, 4; *H. Reisnecker*, in: Brügelmann, BauGB, § 86 Rn. 28, 34; *P. Runkel*, in: Ernst/Zinkahn/Bielenberg, BauGB, § 86 Rn. 55, 60.

479 Zu diesem Beispiel *H. Behre/K.-H. Wagenknecht*, NEG, § 3 Anm. 2.

Grundstücksrecht quasi an die Stelle des Grundeigentums: Im Enteignungsbeschluss wird statt des Eigentums z.B. die Dienstbarkeit, das Pacht- oder Mietrecht oder das Grundpfandrecht aufgehoben.[480] Behandeln die Enteignungsgesetze in diesen Fällen das Recht am Grundstück wie sonst das Eigentum am Grundstück, so gilt hier auch der Verweis auf die Vorschriften über die Enteignung des Eigentums: Der Vorhabenträger muss sich daher zunächst um eine rechtsgeschäftliche Einigung zu angemessenen Bedingungen bemüht haben.

(2) Recht unselbständiger Gegenstand einer Enteignung

Sehr viel häufiger sind Grundstücksrechte aber nur unselbständiger Gegenstand der Enteignung: Immer dann, wenn auch das Eigentum an dem Grundstück, auf das sich das Recht bezieht, enteignet werden muss. In diesem Fall behandeln die Enteignungsgesetze diese Rechte als Nebenrechte[481]: Die Aufhebung einer Dienstbarkeit, eines Pacht- oder Mietrechts muss neben der Aufhebung des Eigentums keine Erwähnung im Enteignungsbeschluss finden. Das bedeutet, dass es keines eigenen gegen diese Rechte gerichteten Verwaltungsakts bedarf – sie erlöschen ohne weiteres durch die Ausführungsanordnung, wenn sie nicht ausdrücklich im Enteignungsbeschluss als bestehen bleibend bezeichnet werden.[482] Das soll selbst dann gelten, wenn das Recht am Grundstück zu Unrecht gelöscht worden ist, der Berechtigte am Enteignungsverfahren nicht beteiligt war und das Recht im Enteignungsverfahren nicht erwähnt worden ist.[483] In diesem Fall weicht die Ausgestaltung der Enteignung von Grundstücksrechten aber so stark von der Enteignung des Eigentums an Grundstücken ab, dass die für das Eigentum geltenden Vorschriften der Enteignungsgesetze nicht „entsprechend" anwendbar sind. Der Vorhabenträger kann daher nur verpflichtet sein, dem Eigentümer des Grundstücks ein angemessenes Erwerbsangebot zu machen, mit den

480 Vgl. § 29 Abs. 1 Nr. 4 b), c) LEntG BW; Art. 31 Abs. 1 Nr. 4 b), c) BayEG; § 5 Abs. 3 EnteigG BE i.V.m. § 113 Abs. 1 Nr. 4 b), c) BauGB; § 30 Abs. 1 Nr. 4 b), c) EntGBgb; § 6 Abs. 3 BremEntG i.V.m. § 113 Abs. 1 Nr. 4 b), c) BauGB; § 7 Abs. 4 HA EnteigG i.V.m. § 113 Abs. 1 Nr. 4 b), c) BauGB; § 30 Abs. 3 Nr. 4 b), c) HEG; § 10 Abs. 2 EnteigG M-V i.V.m. § 113 Abs. 1 Nr. 4 b), c) BauGB; § 32 Abs. 2 Nr. 4 b), c) NEG; § 30 Abs. 1 Nr. 4 b), c) EEG NW; § 35 Abs. 2 Nr. 4 b), c) LEnteigG RP; § 5 Abs. 3 SächsEntEG i.V.m. § 113 Abs. 1 Nr. 4 b), c) BauGB; § 28 Abs. 2 Nr. 4 b), c) EntG LSA; § 29 Abs. 1 Nr. 4 b), c) ThürEG.

481 Vgl. § 11 LEntG BW; Art. 12 BayEG; § 4 EnteigG BE i.V.m. § 97 BauGB; § 12 EntGBgb; § 5 BremEntG i.V.m. § 97 BauGB; § 5 Abs. 2 HA EnteigG i.V.m. § 97 BauGB; § 42 HEG; § 5 Abs. 2 EnteigG M-V i.V.m. § 97 BauGB; § 15 NEG; § 12 EEG NW; § 15 LEnteigG RP; § 4 SächsEntEG i.V.m. 97 BauGB; § 11 EntG LSA; § 12 ThürEG.

482 Vgl. BayVGH, Urt. v. 7.5.1965 – Nr. 289 VIII 61, BayVBl. 1965, S. 427.

483 So OLG Hamm, Beschl. v. 16.12.1965 – 15 W 243/64, NJW 1966, S. 1132.

Inhabern weiterer Rechte an dem Grundstück braucht er nach den Enteignungsgesetzen nicht in Kontakt zu treten.

Die Differenzierung bei Grundstücksrechten zwischen selbständiger Enteignung und unselbständigem Gegenstand einer Enteignung ist wenig überzeugend: Es lässt sich kaum rechtfertigen, warum Rechte als Nebenrechte plötzlich eine deutlich geringere Bedeutung haben sollen als im Fall einer selbständigen Enteignung. Ob es sich um die eine oder die andere Art von Enteignung handelt, wird sich im Übrigen häufig erst am Ende der mündlichen Verhandlung sagen lassen – bis zu diesem Zeitpunkt kann es noch zu einer Einigung zwischen dem Vorhabenträger und dem Eigentümer kommen. In der Praxis wird diese Unterscheidung auch häufig nicht berücksichtigt: Die Enteignungsbehörde hebt – auch neben dem Eigentum am Grundstück – die dinglichen und persönlichen Rechte an dem Grundstück im Enteignungsbeschluss ausdrücklich auf.[484] Der Vorhabenträger wird regelmäßig auch mit den Inhabern dieser Rechte Verhandlungen führen – geht es ihm darum, das Vorhaben schnell zu verwirklichen, müssen auch diese Rechte in die Verhandlungen einbezogen werden.

II. Sonstige weniger einschneidende Mittel

Die Enteignungsgesetze enthalten darüber hinaus auch noch in den Absätzen 1 der Bestimmungen „Zulässigkeit der Enteignung“ eine allgemeine Subsidiaritätsklausel: Danach ist die Enteignung nur zulässig, wenn der Enteignungszweck auf andere zumutbare Weise nicht erreicht werden kann.[485] Welche Fallgruppen werden aber von dieser Klausel noch erfasst?

1. Abschluss schuldrechtlicher Nutzungsverträge, insbesondere Gestattungsverträge

Der nächstliegende Weg, eine Enteignung zu vermeiden, ist eine rechtsgeschäftliche Einigung zwischen dem Vorhabenträger und den Grundstücksberechtigten. Mit dieser Möglichkeit befasst sich die eben besprochene Regelung. Ihr Anwendungsbereich ist aber begrenzt: Sie betrifft nur die Vermeidung der gesetzlich

---

484 Vgl. auch folgende Muster für Enteignungsbeschlüsse: Anlage 2 zur IMBek. über den Vollzug des Bayerischen Gesetzes über die entschädigungspflichtige Enteignung vom 14.10.1978 (MABl. S. 777), geändert durch IMBek. vom 10.7.1987 (MABl. S. 505); *H. Reisnecker*, in: Brügelmann, BauGB, Anhang zu § 113.

485 § 4 Abs. 1 LEntG BW; Art. 3 Abs. 1 BayEG; § 3 S. 1 EnteigG BE; § 4 Abs. 1 EntGBgb; § 4 S. 1 BremEntG; § 3 Abs. 1 S. 1 HA EnteigG; § 5 S. 1 HEG; § 3 Abs. 1 S. 1 EnteigG M-V; § 4 NEG; § 4 Abs. 1 EEG NW; § 4 S. 1 LEnteigG RP; § 3 SächsEntEG i.V.m. § 87 Abs. 1 BauGB; § 4 Abs. 1 EntG LSA; § 4 Abs. 1 ThürEG.

vorgegebenen Enteignungsgegenstände, d.h. den Entzug oder die Belastung von Eigentum sowie den Entzug oder die Belastung von dinglichen oder persönlichen Rechten. Die Begründung von persönlichen Rechtsverhältnissen durch Enteignung ist dagegen nur in wenigen, in den Enteignungsgesetzen ausdrücklich benannten Fällen möglich.[486] Hier ergibt sich daher ein Anwendungsfall der allgemeinen Subsidiaritätsklausel: Eine andere zumutbare Weise, den Enteignungszweck zu erreichen, kann auch der Abschluss eines schuldrechtlichen Vertrags über die Nutzung des Grundstücks für Zwecke des Vorhabens sein.[487]

In der Praxis kommen im Wesentlichen folgende schuldrechtliche Verträge als milderes Mittel gegenüber der Enteignung in Betracht: Gestattungsverträge.[488] Als Gestattungsverträge werden Verträge zwischen Straßeneigentümern und Leitungsunternehmen bezeichnet, mit denen die Benutzung der Grundstücke durch Strom-, Gas-, Fernwärme-, Wasser- oder Abwasserleitungen geregelt werden. Anlass dazu besteht, wenn ein Versorgungsunternehmen mit seiner Leitung eine bestehende Straße kreuzen oder die Leitung in Längsrichtung in die Straße legen möchte. Der Abschluss eines Gestattungsvertrags ist eindeutig eine andere Weise als die Enteignung, die Benutzung der Grundstücke durch Versorgungsleitungen zu ermöglichen. Gegenüber dem zwangsweisen Entzug des Eigentums an einem Straßengrundstück oder seiner Belastung mit einer beschränkt persönlichen Dienstbarkeit handelt es sich auch um ein milderes Mittel.

Es fragt sich nur, ob der Abschluss eines Gestattungsvertrags auch eine Weise ist, den Enteignungszweck zu erreichen, die zumutbar ist. Die Zumutbarkeit muss für den Enteignungsbetroffenen, für den Enteignungsbegünstigten und für die Allgemeinheit gegeben sein. Unzumutbar ist ein Ersatzmittel, das für den Enteignungsbegünstigten oder den Enteignungsbetroffenen Belastungen und Erschwerungen mit sich bringt, die nach den gesamten persönlichen und wirtschaftlichen Verhältnissen für sie nicht tragbar sind und den Enteignungszweck gefährden.[489] Problematisch ist hier die Zumutbarkeit für den Enteignungsbegünstigten. Dem Versorgungsträger kommt es im Wesentlichen auf zwei Gesichtspunkte an: Der Bestand seiner Anlagen sowie die Befugnis zu ihrer Unter-

---

486 Vgl. § 3 Abs. 1 Nr. 4 LEntG BW; Art. 2 Abs. 1 Nr. 4 BayEG; § 2 EnteigG BE i.V.m. § 86 Abs. 1 Nr. 4 BauGB; § 3 Abs. 2 EntGBgb; § 3 Abs. 1 d) BremEntG; § 4 Abs. 1 Nr. 4 HA EnteigG i.V.m. § 86 Abs. 1 Nr. 4 BauGB; § 4 Abs. 1 Nr. 4 HEG; § 4 Abs. 1 Nr. 4 EnteigG M-V i.V.m. § 86 Abs. 1 Nr. 4 BauGB; § 3 Abs. 1 Nr. 4 NEG; § 3 Abs. 1 Nr. 4 EEG NW; § 3 Abs. 1 Nr. 4 LEnteigG RP; § 3 SächsEntEG i.V.m. § 86 Abs. 1 Nr. 4 BauGB; § 3 Abs. 1 Nr. 4 EntG LSA; § 3 Abs. 1 Nr. 4 ThürEG.

487 Zu den Pflichten der Enteignungsbehörde, auf das Zustandekommen eines obligatorischen Nutzungsverhältnisses hinzuwirken: BVerwG, Urt. v. 22.11.1968 – 4 C 49.67, DVBl. 1969, S. 210.

488 Ausführlich zu diesem Anwendungsfall *P. Molodovsky/S. Graf v. Bernstorff*, Enteignungsrecht in Bayern, Art. 3 Anm. 3.2.3.1.

489 Vgl. *R. Breuer*, in: Schrödter, BauGB, § 87 Rn. 28; *H. Reisnecker*, in: Brügelmann, BauGB, § 87 Rn. 24.

haltung müssen rechtlich dauerhaft gewährleistet und auch etwaige Nachfolger des derzeitigen Grundstückseigentümers müssen gleichermaßen zur Duldung verpflichtet sein.[490] Beides ist bei schuldrechtlichen Verträge zwar grundsätzlich nicht der Fall: Sie sind kündbar und binden nur die Vertragsparteien. Je nach Ausgestaltung kann aber auch ein Gestattungsvertrag diese Interessen des Versorgungsträgers ausreichend berücksichtigen.[491] So hat der Bund für die Benutzung der Bundesfernstraßen mit den Verbänden der Versorgungswirtschaft verschiedene Musterverträge vereinbart[492]: Rahmenvertrag[493], Mustervertrag und Gegenvertrag[494]. Es ist anerkannt, dass die Verwendung der genannten Musterverträge für die Versorgungsunternehmen zumutbar ist.[495] Bietet die Bundesstraßenverwaltung als Straßeneigentümerin den Abschluss eines entsprechenden Vertrags an, ist damit der Entzug des Eigentums an dem Straßengrundstück oder seine Belastung mit einer beschränkt persönliche Dienstbarkeit unzulässig.

Ansonsten kommen schuldrechtliche Nutzungsverträge nur in Ausnahmefällen als milderes Mittel gegenüber der Enteignung in Betracht: so z.B. der Abschluss eines Pachtvertrags über ein Grundstück, das bereits seit Jahren von der Gemeinde als Sportplatz genutzt wird und bei dem diese Nutzung tatsächlich auch nicht mehr unterbunden werden kann.[496]

2. *Unternehmensflurbereinigung nach §§ 87 ff. FlurbG*

Neben bestimmten schuldrechtlichen Nutzungsverträgen ist weiter die Unternehmensflurbereinigung nach § 87 FlurbG als milderes Mittel gegenüber der Enteignung anerkannt, da durch dieses Verfahren der Landverlust, den ein Unternehmen zur Folge hat, auf einen größeren Kreis von Eigentümern verteilt werden kann und damit Härten für die Betroffenen vermieden werden können.[497]

---

490 Vgl. *E. H. Schulke*, BayVBl. 1963, S. 170 (171).

491 Zur Zumutbarkeit jeweils unterschiedlich gestalteter Gestattungsverträge: BVerwG, Urt. v. 4.3.1983 – 4 C 9/80, NVwZ 1984, S. 649; BVerwG, Urt. v. 29.3.1968 – 4 C 100.65, BVerwGE 29, S. 248. Vgl. auch BayVGH, Urt. v. 13.6.1975 – Nr. 10 IX 74, BayVBl. 1976, S. 19; kritisch dazu *K. Puhr-Westerheide*, BayVBl. 1976, S. 460.

492 Zu diesen Verträgen im Einzelnen: *K. Bauer*, in: Kodal/Krämer, Straßenrecht, S. 751 ff.; *K. Grupp*, in: Marschall/Schroeter/Kastner, FStrG, § 8 Rn. 50 ff.

493 Vgl. ARS des BMV vom 9.12.1974, VkBl. 1975, S. 169.

494 Für beide: ARS des BMV vom 27.4.1987, VkBl. 1987, S. 398.

495 *K. Grupp*, in: Marschall/Schroeter/Kastner, FStrG, § 8 Rn. 49; zur Zumutbarkeit von Gestattungsverträgen auch *K. Bauer*, in: Kodal/Krämer, Straßenrecht, S. 748 ff.

496 Dazu BVerfG, Beschl. v. 18.11.1998 – 1 BvR 21/97, BayVBl. 1999, S. 178. Ebenfalls zum Abschluss eines Pachtvertrags für die Benutzung eines Grundstücks als Sportplatz: Nds. OVG, Urt. v. 25.6.1964 – 1 A 240/61, BRS 19, Nr. 57, S. 94 (96 f.).

497 Vgl. BVerwG, Urt. v. 14.3.1985 – 5 C 130.83, BVerwGE 71, S. 108 (123). Siehe auch *P. Molodovsky/S. Graf v. Bernstorff*, Enteignungsrecht in Bayern, Art. 3 Anm. 3.2.3.2.

Die Unternehmensflurbereinigung wird auf Antrag der Enteignungsbehörde bei der Flurbereinigungsbehörde durchgeführt. Die materiellen Voraussetzungen für die Einleitung eines Flurbereinigungsverfahrens ergeben sich aus § 87 Abs. 1 S. 1 FlurbG[498]: Danach kann ein Unternehmensflurbereinigungsverfahren eingeleitet werden, wenn aus besonderem Anlass eine Enteignung zulässig ist[499], durch die ländliche Grundstücke in großem Umfang in Anspruch genommen würden und wenn der den Betroffenen entstehende Landverlust auf einen größeren Kreis von Eigentümern verteilt oder Nachteile für die allgemeine Landeskultur, die durch das Unternehmen entstehen, vermieden werden sollen. Da dieses Verfahren nur durchgeführt werden kann, wenn der für das Unternehmen erforderliche Landbedarf von großem Umfang ist – als Orientierungswert gilt eine Größe ab 5 ha[500] –, wird diese Alternative bei der nicht planakzessorischen Enteignung nur selten in Betracht kommen. Hier hat es die Enteignungsbehörde im Regelfall mit kleineren Vorhaben zu tun.

3. Nicht: Inanspruchnahme von Grundbesitz des Vorhabenträgers

Die Inanspruchnahme von Grundbesitz des Vorhabenträgers ist keine andere zumutbare Weise, den Enteignungszweck zu erreichen – obwohl einige Enteignungsgesetze einen entsprechenden Hinweis enthalten[501]. Die Prüfung dieser Frage gehört nicht an diese Stelle; dieser Zusatz bezieht sich vielmehr bereits auf das Vorhaben[502]: Die Frage, ob Grundbesitz des Antragstellers statt Grundbesitz unbeteiligter Grundeigentümer in Anspruch genommen werden kann, stellt sich bei der Abwägung von Trassen- und Standortalternativen. Mit der Entscheidung über die Trasse oder den Standort wird dann gleichzeitig schon festgelegt, welche Grundstücke durch das Vorhaben in Anspruch genommen werden. Eine Prüfung dieser Frage erst bei der Enteignung ist somit nicht mehr möglich.

B. Erforderlichkeit des Enteignungseingriffs

Wenn feststeht, dass es keine andere, weniger einschneidende Möglichkeit als die Enteignung gibt, um an die für das Vorhaben benötigten Grundstücke zu ge-

498 Dazu sehr instruktiv BbgOVG, Urt. v. 17.9.2003 – 8 D 35/01.G, NuR 2004, S. 183.

499 Zur Geltung des Verhandlungsgebots: BayVGH, Beschl. v. 18.9.2006 – 13 AS 06.2191, BayVBl. 2007, S. 180.

500 Vgl. BVerwG, Urt. v. 5.5.1983 – 5 C 2.81, RdL 1983, S. 293.

501 Art. 3 Abs. 1 BayEG; § 4 Abs. 1 EntG LSA; § 4 Abs. 1 ThürEG. Ähnlich: § 5 Nr. 1 HEG; § 4 Nr. 1 LEnteigG RP.

502 Dazu oben S. 132 ff.

langen, bleibt als Konsequenz des Erforderlichkeitsgrundsatzes nur noch, die Belastung durch die Enteignung für die betroffenen Grundstücksberechtigten so gering wie möglich zu halten: Der Eingriff muss räumlich (I.), rechtlich (II.) und zeitlich (III.) erforderlich sein.

I. Räumlich

Die Enteignungsgesetze enthalten zur räumlichen Erforderlichkeit in den Absätzen 1, Satz 1 der Bestimmungen „Umfang, Beschränkung und Ausdehnung der Enteignung“ folgende Regelung: „Ein Grundstück darf nur in dem Umfang enteignet werden, in dem dies zur Verwirklichung des Enteignungszwecks erforderlich ist.“[503]

1. Nur zur Verwirklichung des Vorhabens

Da unmittelbarer Zweck der Enteignung die Ermöglichung eines Vorhabens ist, bedeutet die Formulierung zur Verwirklichung „des Enteignungszwecks“ zur Verwirklichung „des Vorhabens“. Der Prüfungsauftrag lässt sich somit auch wie folgt fassen: Von einem Grundstück darf nur die Fläche enteignet werden, die auch für die Realisierung des Vorhabens benötigt wird.

Welche Fläche für die Realisierung des Vorhabens benötigt wird, ergibt sich aus der räumlichen Ausdehnung des Vorhabens. Die in dem Planentwurf des Vorhabenträgers vorgesehene Größe des Projekts wurde aber bereits im Rahmen der vorhabenbezogenen Voraussetzungen überprüft: Ob z.B. Schulsportanlagen noch Teil des Vorhabens „Einrichtung für Zwecke der Bildung“ sind, ist bereits Gegenstand der Prüfung gewesen, inwieweit das Vorhaben von den Enteignungsgesetzen erfasst wird. Die Fragen, ob nicht eine Trasse verwirklicht werden könnte, die weniger Eigentum beansprucht, oder ob der Bedarf nach den Leistungen des Vorhabens nicht möglicherweise auch mit einer geringer dimensionierten Ausführung gedeckt werden könnte, wurden im Rahmen der Abwägung von Alternativen bei der Voraussetzung „Allgemeinwohlerforderlichkeit“

503 § 5 Abs. 1 S. 1 LEntG BW; Art. 6 Abs. 1 S. 1 BayEG; § 3 S. 2 EnteigG BE i.V.m. § 92 Abs. 1 S. 1 BauGB; § 7 Abs. 1 S. 1 EntGBbg; § 4 S. 2 BremEntG i.V.m. § 92 Abs. 1 S. 1 BauGB; § 3 Abs. 3 HA EnteigG i.V.m. § 92 Abs. 1 S. 1 BauGB; § 8 Abs. 1 S. 1 HEG; § 3 Abs. 4 EnteigG M-V i.V.m. § 92 Abs. 1 S. 1 BauGB; § 8 Abs. 1 S. 1 NEG; § 7 Abs. 1 S. 1 EEG NW; § 7 Abs. 1 S. 1 LEnteigG RP; § 3 SächsEntEG i.V.m. § 92 Abs. 1 S. 1 BauGB; § 5 Abs. 1 S. 1 EntG LSA; § 7 Abs. 1 S. 1 ThürEG.

behandelt. Damit werden bereits bei der Prüfung des Vorhabens die Weichen für den räumlichen Umfang der Enteignung gestellt.[504]

Bei der Prüfung der räumlichen Erforderlichkeit der Enteignung geht es dann nur noch darum, nicht mehr Fläche zu enteignen als für die Verwirklichung des Vorhabens benötigt wird.[505] Ausgangspunkt für die Prüfung an dieser Stelle ist der Plan für das Vorhaben: Die Enteignungsbehörde muss die Übereinstimmung des beantragten Umfangs der Enteignung mit den Planunterlagen feststellen. Die Enteignung ist nur dann räumlich erforderlich, wenn sich aus den Unterlagen ergibt, dass die von der Enteignung betroffene Fläche auch für die Verwirklichung des Vorhabens benötigt wird. Nur hier gilt das enteignungsrechtliche Prinzip des geringstmöglichen Eingriffs – wie gesehen nicht aber schon für das Vorhaben.[506]

2. *Exkurs: Ausdehnungsverlangen des Eigentümers*

In vielen Fällen muss ein Grundstück oder ein räumlich oder wirtschaftlich zusammenhängender Grundbesitz nur zu einem Teil enteignet werden: bei Leitungsvorhaben oder bei der Verbreiterung von Straßen ist das der Regelfall. Für die Prüfung der räumlichen Erforderlichkeit durch die Enteignungsbehörde ergeben sich deswegen keine Besonderheiten – sie muss auch hier die Übereinstimmung der nach dem Plan für das Vorhaben benötigten Flächen mit den Flächen, für die die Enteignung beantragt ist, feststellen. Die modernen Enteignungsgesetze sehen aber für diesen Fall in den Absätzen 3 der Bestimmungen „Umfang, Beschränkung und Ausdehnung der Enteignung" zusätzlich einen Anspruch des Eigentümers vor: Der Eigentümer kann die Ausdehnung der Enteignung auf das Restgrundstück oder den Restbesitz verlangen.[507]

Verfassungsrechtlich handelt es sich bei diesem Anspruch nicht um ein „ausführendes" Gesetz zu Art. 14 Abs. 3 S. 1 GG – es handelt sich ersichtlich nicht um eine Voraussetzung für die Enteignung –, sondern um eine gesetzliche Ausfüllung von Art. 14 Abs. 3 S. 3 GG, der vorgibt, dass die Entschädigung unter gerechter Abwägung der Interessen der Allgemeinheit und der Beteiligten zu bestimmen ist.[508] Statt der Aufnahme bei den Regelungen über die Zulässigkeit

504 Zur Bindung der Enteignungsbehörde an das räumliche Ausmaß einer im Bebauungsplan ausgewiesenen Fläche: *B. Müller*, DVBl. 1969, S. 178 (179).

505 Anderer Ansicht *P. Molodovsky/S. Graf v. Bernstorff*, Enteignungsrecht in Bayern, Art. 6 Anm. 2.1.3, die auch an dieser Stelle vorhabenbezogene Fragestellungen behandeln.

506 Dazu oben S. 126 ff.

507 Systematisch zu Übernahmeansprüchen im Enteignungsrecht *E. Schmidt-Aßmann*, BauR 1976, S. 145 ff.

508 Zur verfassungsrechtlichen Einordnung: *H. Reisnecker*, in: Brügelmann, BauGB, § 92 Rn. 1 ff.; *G. Halama*, in: Berliner Kommentar, BauGB, § 92 Rn. 6 ff.; *P. Runkel*, in:

der Enteignung hätte daher systematisch die Einordnung dieses Anspruchs bei den Entschädigungsvorschriften näher gelegen – so wie es das noch im Saarland und in Schleswig-Holstein gültige preußische Gesetz über die Enteignung von Grundeigentum auch vornimmt[509]. So findet sich bei den Entschädigungsvorschriften auch bereits eine ausdrückliche Regelung für den Fall einer Teilenteignung: Die Wertminderung, die sich bei dem Restbesitz ergibt, ist als „anderer Vermögensnachteil" zu entschädigen.[510] Dieser Anspruch lässt sich als ein „Weniger" zu dem Übernahmeanspruch verstehen.[511]

Für den Übernahmeanspruch reicht eine Wertminderung des Restbesitzes nicht aus. So kann der Eigentümer die Ausdehnung der Enteignung auf das Restgrundstück oder den Restbesitz vielmehr nur insoweit verlangen, als das Restgrundstück oder der Restbesitz nicht mehr in angemessenem Umfang baulich oder wirtschaftlich genutzt werden kann.[512] Manche Enteignungsgesetze lassen eine Ausdehnung zu, wenn der verbleibende Restgrundbesitz nicht mehr in angemessenem Umfang in der bisherigen[513] oder einer anderen zulässigen Art genutzt werden kann[514]. Verfügt eine Restfläche infolge einer Teilenteignung über keinen Zugang zum öffentlichen Straßennetz mehr, kann sie objektiv nicht mehr in angemessenem Umfang einer zulässigen Nutzung zugeführt werden.[515]

Der Bundesgerichtshof hat in einer jüngeren Entscheidung zu § 8 Abs. 3 NEG die Auslegung der leicht voneinander abweichenden Voraussetzungen für das Ausdehnungsverlangen des Eigentümers faktisch vereinheitlicht[516]: Obwohl

---

Ernst/Zinkahn/Bielenberg, BauGB, § 92 Rn. 5 f. Trotzdem soll nach dem BayEG – wie für die Enteignung – auch für diesen Anspruch der Verwaltungsrechtsweg gegeben sein: BayVGH, Urt. v. 18.10.2006 – 22 B 05.233, BayVBl. 2007, S. 402.

509 Vgl. § 9 Abs. 1 GEG SL; § 9 Abs. 1 GEG SH.

510 Vgl. § 10 Abs. 1 S. 2 Nr. 2 LEntG BW; Art. 11 Abs. 1 S. 2 Nr. 2 BayEG; § 4 EnteigG BE i.V.m. § 96 Abs. 1 S. 2 Nr. 2 BauGB; § 11 Abs. 1 S. 2 Nr. 2 EntGBgb; § 5 BremEntG i.V.m. § 96 Abs. 1 S. 2 Nr. 2 BauGB; § 5 Abs. 2 S. 1 HA EnteigG i.V.m. § 96 Abs. 1 S. 2 Nr. 2 BauGB; § 41 Abs. 1 S. 2 Nr. 2 HEG; § 5 Abs. 2 S. 1 EnteigG M-V i.V.m. § 96 Abs. 1 S. 2 Nr. 2 BauGB; § 14 Abs. 1 S. 3 Nr. 2 NEG; § 11 Abs. 1 S. 2 Nr. 2 EEG NW; § 14 Abs. 1 S. 2 Nr. 2 LEnteigG RP; § 4 Abs. 1 SächsEntEG i.V.m. § 96 Abs. 1 S. 2 Nr. 2 BauGB; § 10 Abs. 1 S. 3 Nr. 2 EntG LSA; § 11 Abs. 1 S. 2 Nr. 2 ThürEG.

511 In diese Richtung *M. Aust/R. Jacobs/D. Pasternak*, Die Enteignungsentschädigung, Rn. 570; BGH, Urt. v. 9.11.2000 – III ZR 18/00, NVwZ 2001, S. 351 (352).

512 § 5 Abs. 3 LEntG BW; § 3 S. 2 EnteigG BE i.V.m. § 92 Abs. 3 BauGB; § 7 Abs. 3 EntGBbg; § 4 S. 2 BremEntG i.V.m. § 92 Abs. 3 BauGB; § 3 Abs. 3 HA EnteigG i.V.m. § 92 Abs. 3 BauGB; § 8 Abs. 3 HEG; § 3 Abs. 4 EnteigG M-V i.V.m. § 92 Abs. 3 BauGB; § 7 Abs. 3 EEG NW; § 7 Abs. 3 LEnteigG RP; § 3 SächsEntEG i.V.m. § 92 Abs. 3 BauGB.

513 § 8 Abs. 3 NEG; § 9 Abs. 1 GEG SL; § 5 Abs. 3 EntG LSA; § 9 Abs. 1 GEG SH.

514 Art. 6 Abs. 3 BayEG; § 7 Abs. 3 ThürEG.

515 BayVGH, Urt. v. 18.10.2006 – 22 B 05.233, BayVBl. 2007, S. 402 (403).

516 Zu dieser Sichtweise *E. Rinne/W. Schlick*, NVwZ-Beilage II 3/2002, S. 3.

das Niedersächsische Enteignungsgesetz seinem Wortlaut nach den Anspruch nur zuerkennt, wenn eine Nutzung entsprechend der bisherigen Bestimmung nicht mehr möglich ist, hat das Gericht § 8 Abs. 3 NEG dahin ausgelegt, dass nicht nur auf die bisherige Bestimmung, etwa in Gestalt der ausgeübten Nutzung, sondern auch auf die nach der „Situation" des Grundstücks objektiv sich anbietende zulässige Nutzbarkeit abgestellt werden kann.[517]

II. Rechtlich

Der Grundsatz, dass die Enteignung nur als letztes Mittel in Betracht kommt, hat auch Konsequenzen für den rechtlichen Umfang des Enteignungseingriffs. Dabei lässt sich differenzieren hinsichtlich des Eingriffs in das Eigentum (1.) und hinsichtlich des Eingriffs in Grundstücksrechte (2.).

1. Hinsichtlich des Eingriffs in das Eigentum

Für den Eingriff in das Eigentum hat das Bundesverwaltungsgericht die Wirkung des Erforderlichkeitsgrundsatzes sehr anschaulich formuliert: „Unter den im Einzelfall geeigneten Arten der Enteignung ist diejenige zu wählen, die den Betroffenen am geringsten belastet. Von der Entziehung des Eigentums („Vollenteignung") ist mithin abzusehen, wenn der Eingriff in das Eigentum durch Belastung mit einem dinglichen Recht genügt (...). Da jede über das unumgänglich notwendige Maß hinausgehende Belastung des Eigentümers den verfassungsmäßigen Schutz des Eigentums verletzt, hat aber auch die Belastung des Grundstücks mit einem dinglichen Recht zu unterbleiben, wenn die Begründung eines obligatorischen Nutzungsverhältnisses zur Verwirklichung des Enteignungszwecks ausreicht und den Eigentümer weniger beschwert als die dingliche Belastung des Grundstücks."[518]

a) Begründung schuldrechtlicher Nutzungsverträge

Danach bietet es sich für die Enteignungsbehörde an, als Erstes zu prüfen, ob es nicht ausreichend ist, durch Enteignung ein schuldrechtliches Nutzungsverhältnis zu begründen.[519] Anders als das Landbeschaffungsgesetz in § 12 Abs. 2 er-

517 BGH, Urt. v. 9.11.2000 – III ZR 18/00, NVwZ 2001, S. 351 f. Zu § 7 Abs. 3 EEG NW vgl. OVG NW, Urt. v. 11.6.1997 – 23 A 169/94, NWVBl. 1998, S. 237.

518 BVerwG, Urt. v. 18.8.1964 – 1 C 48.63, BVerwGE 19, S. 171 (173).

519 Ausdrücklich für diese Prüfungsreihenfolge auch *P. Runkel*, in: Ernst/Zinkahn/Bielenberg, BauGB, § 92 Rn. 38.

wähnen die allgemeinen Enteignungsgesetze der Länder diese Alternative zu einem Entzug des Eigentums nicht ausdrücklich. Als milderes Mittel wird nur in den Absätzen 1, Satz 2 der Bestimmungen „Umfang, Beschränkung und Ausdehnung der Enteignung" die Belastung des Grundstücks mit einem dinglichen Recht angesprochen.[520] Denkbare Ausgangspunkte für diese Prüfung sind aber folgende: zum einen ein weiteres Verständnis der eben behandelten Bestimmung, wonach ein Grundstück nur in dem Umfang enteignet werden darf, in dem dies zur Verwirklichung des Enteignungszwecks erforderlich ist. So kann „Umfang" neben räumlich auch rechtlich verstanden werden.[521] Zum anderen der Rückgriff auf das allgemeine verfassungsrechtliche Gebot, dass eine Enteignung nicht weiter gehen darf als unbedingt erforderlich, das Niederschlag in allen enteignungsbezogenen Enteignungsvoraussetzungen gefunden hat.

Zwar kommt der Begründung obligatorischer Rechte nach den genannten Bestimmungen bzw. Rechtsgedanken Vorrang vor der dinglichen Belastung von Grundstücken und Vorrang vor dem Entzug des Eigentums zu, doch begrenzen die Enteignungsgesetze gleichzeitig die Begründung obligatorischer Rechtsverhältnisse: Sie ist nur in wenigen, in den Enteignungsgesetzen ausdrücklich benannten Fällen möglich.[522] Liegt keiner der gesetzlich vorgesehenen Fälle vor, braucht die Enteignungsbehörde die Begründung persönlicher Rechtsverhältnisse durch Enteignung nicht zu prüfen.[523] Relevant werden obligatorische Nutzungsverhältnisse daher eher als milderes Mittel gegenüber der Enteignung[524]: So kann der freihändige Abschluss insbesondere von Gestattungsverträgen eine Enteignung entbehrlich machen.[525]

---

520 § 5 Abs. 1 S. 2 LEntG BW; Art. 6 Abs. 1 S. 2 BayEG; § 3 S. 2 EnteigG BE i.V.m. § 92 Abs. 1 S. 2 BauGB; § 7 Abs. 1 S. 2 EntGBbg; § 4 S. 2 BremEntG i.V.m. § 92 Abs. 1 S. 2 BauGB; § 3 Abs. 3 HA EnteigG i.V.m. § 92 Abs. 1 S. 2 BauGB; § 8 Abs. 1 S. 2 HEG; § 3 Abs. 4 EnteigG M-V i.V.m. § 92 Abs. 1 S. 2 BauGB; § 8 Abs. 1 S. 2 NEG; § 7 Abs. 1 S. 2 EEG NW; § 7 Abs. 1 S. 2 LEnteigG RP; § 3 SächsEntEG i.V.m. § 92 Abs. 1 S. 2 BauGB; § 5 Abs. 1 S. 2 EntG LSA; § 7 Abs. 1 S. 2 ThürEG.

521 Für diese Auslegung: *P. Molodovsky/S. Graf v. Bernstorff*, Enteignungsrecht in Bayern, Art. 6 Anm. 2, 2.2.1; *H. Reisnecker*, in: Brügelmann, BauGB, § 92 Rn. 6, 17; *P. Runkel*, in: Ernst/Zinkahn/Bielenberg, BauGB, § 92 Rn. 38.

522 Vgl. § 3 Abs. 1 Nr. 4 LEntG BW; Art. 2 Abs. 1 Nr. 4 BayEG; § 2 EnteigG BE i.V.m. § 86 Abs. 1 Nr. 4 BauGB; § 3 Abs. 2 EntGBgb; § 4 Abs. 1 Nr. 4 HA EnteigG i.V.m. § 86 Abs. 1 Nr. 4 BauGB; § 4 Abs. 1 Nr. 4 HEG; § 4 Abs. 1 Nr. 4 EnteigG M-V i.V.m. § 86 Abs. 1 Nr. 4 BauGB; § 3 Abs. 1 Nr. 4 NEG; § 3 Abs. 1 Nr. 4 EEG NW; § 3 Abs. 1 Nr. 4 LEnteigG RP; § 3 SächsEntEG i.V.m. § 86 Abs. 1 Nr. 4 BauGB; § 3 Abs. 1 Nr. 4 EntG LSA; § 3 Abs. 1 Nr. 4 ThürEG.

523 Zu dieser Einschränkung: *P. Molodovsky/S. Graf v. Bernstorff*, Enteignungsrecht in Bayern, Art. 6 Anm. 2.2.2; *H. Reisnecker*, in: Brügelmann, BauGB, § 92 Rn. 19; *G. Halama*, in: Berliner Kommentar, BauGB, § 92 Rn. 44.

524 Zu diesem Zusammenhang auch Nds. OVG, Urt. v. 25.6.1964 – 1 A 240/61, BRS 19, Nr. 57, S. 94 (95); *H. Reisnecker*, in: Brügelmann, BauGB, § 92 Rn. 19.

525 Dazu oben S. 164 ff.

b) Belastung mit dinglichen Rechten

Nach dem Katalog der zulässigen Enteignungsmaßnahmen ist dagegen die Belastung des Eigentums an Grundstücken ohne Einschränkung möglich[526] – praktisch deutlich relevanter ist daher der nächste Prüfungsschritt: Lässt sich die sog. Vollenteignung durch eine Belastung mit einem dinglichen Recht vermeiden? Zu diesem Punkt enthalten die Enteignungsgesetze in den Absätzen 1, Satz 2 der Bestimmungen „Umfang, Beschränkung und Ausdehnung der Enteignung" folgende Regelung: „Reicht die Belastung eines Grundstücks mit einem Recht zur Verwirklichung des Enteignungszwecks aus, so ist die Enteignung hierauf zu beschränken."[527] Da es auch hier um die Frage geht, wie zwar durch Enteignung, aber für die Betroffenen auf die schonendste Weise, die Realisierung des Vorhabens ermöglicht werden kann, wäre folgende Formulierung treffender: „Reicht die Belastung eines Grundstücks mit einem Recht zur Verwirklichung des *Vorhabens* aus, so ist die Enteignung hierauf zu beschränken." Die Belastung eines Grundstücks mit einem Recht kann nur dann ausreichend sein, wenn das Recht dem Vorhabenträger die Befugnis verleiht, das Vorhaben auf dem Grundstück wie geplant zu verwirklichen. Bei dieser Prüfung ist die Enteignungsbehörde an die Rechtstypen gebunden, die das bürgerliche Recht bereitstellt; außerhalb des „numerus clausus der Sachenrechte" können im Wege der Enteignung keine Rechte begründet werden.[528]

(1) Dienstbarkeiten

Praktisch weitaus am bedeutsamsten ist die Begründung von beschränkt persönlichen Dienstbarkeiten nach § 1090 i.V.m. § 1018 BGB. Mit der Dienstbarkeit kann die aus dem Grundeigentum fließende Befugnis (§§ 903 ff. BGB) unter anderem wie folgt beschränkt werden: Dem Berechtigten kann das Recht verliehen werden, das Grundstück in einzelnen Beziehungen zu benutzen; zum ande-

---

526 Vgl. § 3 Abs. 1 Nr. 1 LEntG BW; Art. 2 Abs. 1 Nr. 1 BayEG; § 2 EnteigG BE i.V.m. § 86 Abs. 1 Nr. 1 BauGB; § 3 Abs. 2 EntGBgb; § 3 Abs. 1 a) BremEntG; § 4 Abs. 1 Nr. 1 HA EnteigG i.V.m. § 86 Abs. 1 Nr. 1 BauGB; § 4 Abs. 1 Nr. 1 HEG; § 4 Abs. 1 Nr. 4 EnteigG M-V i.V.m. § 86 Abs. 1 Nr. 1 BauGB; § 3 Abs. 1 Nr. 1 NEG; § 3 Abs. 1 Nr. 1 EEG NW; § 3 Abs. 1 Nr. 1 LEnteigG RP; § 3 SächsEntEG i.V.m. § 86 Abs. 1 Nr. 1 BauGB; § 3 Abs. 1 Nr. 1 EntG LSA; § 3 Abs. 1 Nr. 1 ThürEG.

527 § 5 Abs. 1 S. 2 LEntG BW; Art. 6 Abs. 1 S. 2 BayEG; § 3 S. 2 EnteigG BE i.V.m. § 92 Abs. 1 S. 2 BauGB; § 7 Abs. 1 S. 2 EntGBbg; § 4 S. 2 BremEntG i.V.m. § 92 Abs. 1 S. 2 BauGB; § 3 Abs. 3 HA EnteigG i.V.m. § 92 Abs. 1 S. 2 BauGB; § 8 Abs. 1 S. 2 HEG; § 3 Abs. 4 EnteigG M-V i.V.m. § 92 Abs. 1 S. 2 BauGB; § 8 Abs. 1 S. 2 NEG; § 7 Abs. 1 S. 2 EEG NW; § 7 Abs. 1 S. 2 LEnteigG RP; § 3 SächsEntEG i.V.m. § 92 Abs. 1 S. 2 BauGB; § 5 Abs. 1 S. 2 EntG LSA; § 7 Abs. 1 S. 2 ThürEG.

528 Vgl. BVerwG, Urt. v. 4.3.1983 – 4 C 9/80, NVwZ 1984, S. 649 (650).

ren kann der Eigentümer verpflichtet werden, auf dem Grundstück gewisse Handlungen nicht vorzunehmen. Diese Beschränkung der Eigentümerbefugnisse reicht in der Regel für die Verwirklichung folgender Vorhaben aus: für Leitungsvorhaben wie Stromfreileitungen[529], Gas-[530] und Wasserleitungen[531] (falls hier nicht sogar die Möglichkeit gegeben ist, eine Enteignung durch den Abschluss von Gestattungsverträgen abzuwenden[532]); für die Schaffung eines Wegs[533]; für die Untertunnelung eines Grundstücks für den Bau einer Straße[534] oder einer U-Bahn[535]. Den genauen Inhalt der Dienstbarkeit muss die Enteignungsbehörde im Enteignungsbeschluss formulieren.[536] Handelt es sich um oberirdisch verlaufende Leitungen, wird dem Versorgungsunternehmen z.B. das Recht verliehen, das Grundstück zu überspannen, die Leitung dauernd dort zu belassen sowie das Grundstück zur Überwachung der Leitung zu begehen und für Unterhaltungs- und Auswechslungsarbeiten zu benutzen; der Eigentümer wird verpflichtet, unterhalb der Leitung innerhalb eines sog. Schutzstreifens bestimmte Nutzungen, die den Bestand der Leitung gefährden könnten, zu unterlassen. Nicht zulässig wäre eine Dienstbarkeit, in der dem Berechtigten ein spezifiziertes Nutzungsrecht am ganzen Grundstück verliehen wird, das jede sinnvolle Eigentümerbenutzung ausschließt.[537] Diese Einschränkung kann besonders für naturschutzrechtliche Ausgleichs- oder Ersatzmaßnahmen relevant werden, bei denen es häufig darum geht, das Grundstück aus der Nutzung zu nehmen.[538]

(2) Erbbaurecht

Das Erbbaurecht ist das Recht, auf oder unter der Oberfläche eines fremden Grundstücks ein Bauwerk zu haben (§ 1 Abs. 1 ErbbauVO). Für den privaten

529 Vgl. VGH BW, Urt. v. 14.5.1996 – 10 S 1/96, NVwZ 1997, S. 90 (95).
530 Vgl. BVerwG, Urt. v. 17.1.1986 – 4 C 6, 7/84, NVwZ 1986, S. 471 (472).
531 Vgl. BayVGH, Urt. v. 10.4.1984 – Nrn. 8 B 82 A. 954, 955 und 956, BayVBl. 1984, S. 627 (628).
532 Dazu oben S. 164 ff.
533 Vgl. BGH, Urt. v. 23.1.1969 – III ZR 84/68, BRS 26, Nr. 44, S. 76.
534 Vgl. BVerwG, Urt. v. 28.2.1996 – 4 A 28/95, NJW 1996, S. 2113.
535 Vgl. BGH, Urt. v. 1.2.1982 – III ZR 93/80, NJW 1982, S. 2179.
536 Vgl. § 29 Abs. 1 Nr. 5 LEntG BW; Art. 31 Abs. 1 Nr. 4 e) BayEG; § 5 Abs. 3 EnteigG BE i.V.m. § 113 Abs. 2 Nr. 5 BauGB; § 30 Abs. 1 Nr. 5 EntGBbg; § 6 Abs. 3 BremEntG i.V.m. § 113 Abs. 2 Nr. 5 BauGB; § 7 Abs. 4 HA EnteigG i.V.m. § 113 Abs. 2 Nr. 5 BauGB; § 30 Abs. 3 Nr. 5 HEG; § 10 Abs. 2 EnteigG M-V i.V.m. § 113 Abs. 2 Nr. 5 BauGB; § 32 Abs. 2 Nr. 5 NEG; § 30 Abs. 1 Nr. 5 EEG NW; § 35 Abs. 2 Nr. 5 LEnteigG RP; § 5 Abs. 3 SächsEntEG i.V.m. § 113 Abs. 2 Nr. 5 BauGB; § 28 Abs. 2 Nr. 5 EntG LSA; § 29 Abs. 1 Nr. 4 e) ThürEG.
537 Vgl. *P. Bassenge*, in: Palandt, BGB, § 1018 Rn. 15 m.w.N.
538 Zur Unzulässigkeit einer Dienstbarkeit bei einer Nutzung mit Wohngebäuden: BVerwG, Urt. v. 24.3.1964 – I C 4.60, BRS 19, Nr. 56, S. 93 (94).

Wohnungsbau kommt dem Erbbaurecht durchaus Bedeutung zu: Da der Erbbauberechtigte den Kaufpreis für das Grundstück spart und trotzdem Eigentümer des Bauwerks wird, ermöglicht es breiten Schichten, im eigenen Haus zu leben. Die zwangsweise Begründung eines Erbbaurechts als milderes Mittel gegenüber dem Entzug des Eigentums wird aber nur selten möglich sein: Das Erbbaurecht ist seinem Wesen nach ein Recht „auf Zeit". Dementsprechend ist die Bestellung eines Erbbaurechts der Eigentumsentziehung grundsätzlich dann nicht gleichwertig, wenn das Vorhaben auf dem Grundstück auf lange und völlig unabsehbare Dauer bestehen bleiben soll[539] – das ist aber bei den meisten Infrastrukturvorhaben der Fall. Außerdem ist nach der Rechtsprechung des Bundesverwaltungsgerichts nicht für alle Bauwerke, die auf Grund eines Erbbaurechts errichtet werden können – außer Gebäuden z.B. auch Leitungsmasten, Brücken, Seilbahnträger, Windenergieanlagen, Straßen, Kinderspielplätze[540] –, auch die zwangsweise Begründung eines Erbbaurechts zulässig. Das Bauwerk muss vielmehr im Verhältnis zum Erbbaurecht als Institut noch hinreichend sinngerecht sein, wovon nach den Kriterien des Gerichts letztlich nur bei Wohngebäuden ausgegangen werden kann.[541] Damit scheidet das Erbbaurecht für die Vorhaben, für die eine nicht planakzessorische Enteignung in Betracht kommt, praktisch aus. Es wäre aber wohl bei diesen Vorhaben in vielen Fällen auch unzulässig, da hier oft die Begründung einer Dienstbarkeit ausreichend ist, die das Eigentumsrecht weniger umfassend beschränkt.

(3) Nießbrauch

Auch die Belastung eines Grundstücks mit einem Nießbrauch ist nur für wenige Konstellationen denkbar: Der Nießbraucher ist zwar zum Besitz der Sache berechtigt (§ 1036 Abs. 1 BGB) und zur grundsätzlich unbeschränkten Ziehung der Nutzungen (§ 1030 BGB); andererseits muss er aber die bisherige wirtschaftliche Bestimmung der Sache aufrechterhalten (§ 1036 Abs. 2 BGB) und darf die Sache nicht umgestalten oder wesentlich verändern (§ 1037 Abs. 1 BGB). Die Verwirklichung eines Vorhabens bringt aber häufig entweder eine wesentliche Veränderung des betroffenen Grundstücks mit sich[542] oder aber das Vorhaben erfordert die Nutzung des Grundstücks nur in einzelnen Beziehungen, wofür wiederum die Begründung einer Dienstbarkeit ausreichend ist. Ein Vorhaben, für dessen Realisierung trotz dieser Einschränkungen ein Nießbrauch

539 Vgl. BVerwG, Urt. v. 6.12.1967 – IV C 53.65, BRS 19, Nr. 61, S. 108 (109).
540 Vgl. *P. Bassenge*, in: Palandt, ErbbauVO, § 1 Rn. 7 m.w.N.
541 Vgl. BVerwG, Urt. v. 6.12.1967 – IV C 53.65, BRS 19, Nr. 61, S. 108 (110).
542 Für einen Hausbau: BVerwG, Urt. v. 24.3.1964 – I C 4.60, BRS 19, Nr. 56, S. 93 (94).

(nach dem Landbeschaffungsgesetz) begründet wurde, war ein Golfplatz für die alliierten Streitkräfte.[543]

c) Entzug des Eigentums

In manchen Fällen liegt es näher, mit der Prüfung an einem anderen Punkt anzusetzen: nicht zunächst zu fragen, ob die Belastung eines Grundstücks mit einem Recht zur Verwirklichung des Vorhabens ausreicht, sondern direkt zu prüfen, ob nicht nur der Entzug des Eigentums in Frage kommt. Wann das der Fall sein kann, ist bei der Behandlung der dinglichen Nutzungsrechte schon angeklungen: bei einem Vorhaben, das auf Dauer angelegt ist[544], für das Grund und Boden vollständig oder in fast jeder Beziehung in Anspruch genommen werden muss und zu dessen Verwirklichung das Grundstück wesentlich verändert werden muss.[545] Entscheidend ist zwar immer der Einzelfall, doch für folgende Vorhaben wird danach im Regelfall nur der Entzug des Eigentums infrage kommen: für den Bau öffentlicher Straßen[546] und öffentlichen Parkraums[547]; für öffentliche Einrichtungen wie Schulen, Krankenhäuser, Theater, Museen oder Ver- und Entsorgungsanlagen wie Heizkraftwerke, Elektrizitätswerke, Klärwerke, bei denen jeweils bauliche Anlagen errichtet werden müssen[548]; für die Schaffung öffentlicher Grünflächen oder Landschaftsparks.

d) Exkurs: Ausdehnungsverlangen des Eigentümers

Der Eigentümer hat nicht nur bei Teilflächenenteignungen das Recht, die Übernahme der Gesamtfläche durch den Vorhabenträger zu verlangen, er kann auch anstelle einer an sich nur notwendigen Belastung seines Grundstücks die Entziehung des Eigentums verlangen. Das ergibt sich aus den Absätzen 2 der Bestimmungen „Umfang, Beschränkung und Ausdehnung der Enteignung".[549] Auch

543 Vgl. BGH, Urt. v. 24.11.1975 – III ZR 113/73, BRS 34, Nr. 82, S. 153.

544 Zu diesem Kriterium: BVerfG, Urt. v. 18.12.1968 – 1 BvR 638, 673/64 und 200, 238, 249/65, BVerfGE 24, S. 367 (407).

545 Zu diesen Kriterien auch: *P. Molodovsky/S. Graf v. Bernstorff*, Enteignungsrecht in Bayern, Art. 6 Anm. 2.2.4; *H. Reisnecker*, in: Brügelmann, BauGB, § 92 Rn. 24; *P. Runkel*, in: Ernst/Zinkahn/Bielenberg, BauGB, § 92 Rn. 48.

546 BGH, Urt. v. 16.12.1982 – III ZR 123/81, BRS 45, Nr. 105, S. 243 (244).

547 BGH, Urt. v. 15.6.1967 – III ZR 17/66, BRS 19, Nr. 47, S. 71 (74).

548 Vgl. *P. Runkel*, in: Ernst/Zinkahn/Bielenberg, BauGB, § 92 Rn. 49; *H. Reisnecker*, in: Brügelmann, BauGB, § 92 Rn. 24.

549 § 5 Abs. 2 LEntG BW; Art. 6 Abs. 2 BayEG; § 3 S. 2 EnteigG BE i.V.m. § 92 Abs. 2 BauGB; § 7 Abs. 2 EntGBbg; § 4 S. 2 BremEntG i.V.m. § 92 Abs. 2 BauGB; § 3 Abs. 3 HA EnteigG i.V.m. § 92 Abs. 2 BauGB; § 8 Abs. 2 HEG; § 3 Abs. 4 EnteigG M-V

bei diesem Anspruch handelt es sich trotz seiner Einordnung durch die neueren Enteignungsgesetze bei den Regelungen über die Zulässigkeit der Enteignung nicht um eine enteignungsrechtliche, sondern um eine entschädigungsrechtliche Regelung.[550]

Soll ein Grundstück mit einem Erbbaurecht belastet werden, kann der Eigentümer ohne weiteres den Anspruch auf Entziehung des Eigentums geltend machen – ein Erbbaurecht belastet ein Grundstück in jedem Fall schwerwiegend. Anders, wenn ein Grundstück mit einem anderen Recht belastet werden soll: Hier kann der Eigentümer die Entziehung des Eigentums nur verlangen, wenn die Belastung mit dem dinglichen Recht im Einzelfall für ihn „unbillig"[551] bzw. „unzumutbar"[552] ist. Zwei Enteignungsgesetze formulieren konkreter: Die Entziehung des Eigentums kann – wie beim räumlichen Ausdehnungsanspruch – nur verlangt werden, „wenn durch die Belastung mit dem dinglichen Recht das Grundstück nicht mehr in angemessenem Umfang in der bisherigen oder einer anderen zulässigen Art genutzt werden kann".[553] Sachliche Unterschiede ergeben sich aus den unterschiedlichen Gesetzesfassungen nicht. Die Regelungen aus Bayern und Thüringen stellen vielmehr ausdrücklich dar, wann eine Belastung als „unbillig" bzw. „unzumutbar" angesehen werden kann.[554]

2. *Hinsichtlich des Eingriffs in Grundstücksrechte*

Nicht nur für den rechtlichen Umfang des Eingriffs in das Eigentum am Grundstück, sondern auch für den rechtlichen Umfang des Eingriffs in dingliche Rechte an Grundstücken sowie in persönliche Rechte, die zum Erwerb, zum Besitz oder zur Nutzung des Grundstücks berechtigen, hat der Erforderlichkeitsgrundsatz Konsequenzen. Auch für die Grundstücksrechte gilt, dass unter den im Einzelfall geeigneten Arten der Enteignung diejenige zu wählen ist, die den Betroffenen am geringsten belastet. Bei den Grundstücksrechten lässt sich zudem noch

---

i.V.m. § 92 Abs. 2 BauGB; § 8 Abs. 2 NEG; § 7 Abs. 2 S. 2 EEG NW; § 7 Abs. 2 LEnteigG RP; § 3 SächsEntEG i.V.m. § 92 Abs. 2 BauGB; § 5 Abs. 2 EntG LSA; § 7 Abs. 2 ThürEG.

550 Systematisch zu Übernahmeansprüchen im Enteignungsrecht: *E. Schmidt-Aßmann*, BauR 1976, S. 145.

551 § 5 Abs. 2 S. 2 LEntG BW; § 3 S. 2 EnteigG BE i.V.m. § 92 Abs. 2 S. 2 BauGB; § 7 Abs. 2 S. 2 EntGBbg; § 4 S. 2 BremEntG i.V.m. § 92 Abs. 2 S. 2 BauGB; § 3 Abs. 3 HA EnteigG i.V.m. § 92 Abs. 2 S. 2 BauGB; § 3 Abs. 4 EnteigG M-V i.V.m. § 92 Abs. 2 S. 2 BauGB; § 8 Abs. 2 S. 2 NEG; § 7 Abs. 2 S. 2 EEG NW; § 7 Abs. 2 S. 2 LEnteigG RP; § 3 SächsEntEG i.V.m. § 92 Abs. 2 S. 2 BauGB; § 5 Abs. 2 S. 2 EntG LSA.

552 § 8 Abs. 2 S. 2 HEG.

553 Art. 6 Abs. 2 S. 2 BayEG; § 7 Abs. 3 S. 2 ThürEG. Vgl. dazu *P. Molodovsky/S. Graf v. Bernstorff*, Enteignungsrecht in Bayern, Art. 6 Anm. 3.3.

554 So auch *G. Halama*, in: Berliner Kommentar, BauGB, § 92 Rn. 59.

eine weitere Alternative denken: Durch das Vorhaben muss zwar das Eigentum am Grundstück in Anspruch genommen werden, ein am Grundstück bestehendes Recht kann aber davon unabhängig aufrechterhalten werden.

a) Aufrechterhalten

Die Enteignungsgesetze differenzieren danach, ob ein Recht an einem Grundstück Gegenstand einer selbständigen Enteignung ist oder unselbständiger Gegenstand einer Enteignung.[555] Ist ein Grundstücksrecht Gegenstand einer selbständigen Enteignung, wird die Möglichkeit, das Recht aufrechtzuerhalten, nicht gesondert erwähnt – es ist schlicht die Situation, die bei Ablehnung des Enteignungsantrags gegeben ist. Anders, wenn das Grundstücksrecht nur neben dem Eigentum unselbständiger Gegenstand der Enteignung ist. Hier liegt eine ausdrückliche Regelung über das Aufrechterhalten von Rechten nahe, die die Enteignungsgesetze auch enthalten: „Rechte an dem zu enteignenden Grundstück sowie persönliche Rechte, die zum Besitz oder zur Nutzung des Grundstücks berechtigen oder den Verpflichteten in der Benutzung des Grundstücks beschränken, können aufrechterhalten werden, soweit dies mit dem Enteignungszweck vereinbar ist."[556] „Enteignungszweck" ist wieder, die Verwirklichung eines Vorhabens zu ermöglichen – bleibt das gewährleistet, kann das Recht aufrechterhalten werden.

Unabhängig von der unterschiedlichen rechtlichen Behandlung stellt sich in beiden Fällen dieselbe Frage: Wann lässt sich das Vorhaben ohne Einschränkungen verwirklichen – trotz eines bestehenden Grundstücksrechts? Bei bestimmten Grundstücksrechten hat der Gesetzgeber schon vorweggenommen, dass sie nicht mit der Verwirklichung eines „fremden" Vorhabens auf dem Grundstück vereinbar sein können: So werden persönliche Erwerbsrechte bei den Rechten, die aufrechterhalten werden können, nicht erwähnt. Gleiches muss für Grundpfandrechte wie Hypotheken oder Grundschulden gelten, die auf Befriedigung des Gläubigers aus dem Grundstück durch Zwangsvollstreckung angelegt sind.[557] Bei persönlichen Rechten, die als Besitz-, Nutzungsrechte oder als nutzungsbeschränkende Rechte ausgestaltet sind, sowie bei den sonstigen

---

555 Zu dieser Differenzierung oben S. 162 ff.

556 Vgl. § 11 Abs. 1 LEntG BW; Art. 12 Abs. 1 BayEG; § 4 EnteigG BE i.V.m. § 97 Abs. 1 BauGB; § 12 Abs. 1 EntGBgb; § 5 BremEntG i.V.m. § 97 Abs. 1 BauGB; § 5 Abs. 2 HA EnteigG i.V.m. § 97 Abs. 1 BauGB; § 42 Abs. 1 HEG; § 5 Abs. 2 EnteigG M-V i.V.m. § 97 Abs. 1 BauGB; § 15 Abs. 1 NEG; § 12 Abs. 1 EEG NW; § 15 Abs. 1 LEnteigG RP; § 4 SächsEntEG i.V.m. 97 Abs. 1 BauGB; § 11 Abs. 1 EntG LSA; § 12 Abs. 1 ThürEG.

557 Zum Teil wird vertreten, dass sich der Ausschluss dieser Rechte bereits aus dem Gesetzeswortlaut ergibt: *P. Molodovsky/S. Graf v. Bernstorff*, Enteignungsrecht in Bayern, Art. 12 Anm. 2; *K. Puhr-Westerheide*, BayEG, Art. 12 Erl. 2.1.1.

dinglichen Rechten muss dagegen für jeden Einzelfall geprüft werden, ob sie nicht mit dem Vorhaben vereinbar sind. Handelt es sich um Infrastrukturvorhaben, für die nur der Entzug des Eigentums in Betracht kommt, die also auf Dauer angelegt sind und für die das Grundstück vollständig in Anspruch genommen werden muss, kommt eine Erhaltung der Rechte in der Regel nicht in Betracht.[558] Etwas anderes gilt aber für den Sonderfall einer räumlichen Ausdehnung der Enteignung: Nimmt das Vorhaben nur einen Teil des Grundstücks oder einen Teil eines räumlich oder wirtschaftlich zusammenhängenden Grundbesitzes in Anspruch, dann sind Rechte, die sich nur auf das Restgrundstück oder den Restbesitz beziehen, ohne weiteres mit dem Vorhaben vereinbar. So bedeutet es keine Einschränkung für die Verwirklichung des Neubaus einer Straße, wenn – zwar auf demselben Grundstück oder Grundbesitz, aber an einer Stelle, die für die Straße nicht benötigt wird – durch eine Dienstbarkeit noch ein Wegerecht gesichert wird. Vergleichbar ist die Situation, wenn, wie bei Leitungsvorhaben, das Vorhaben das Grundstück nur in einzelnen Beziehungen in Anspruch nimmt und deswegen statt eines Eigentumsentzugs die Belastung des Grundstücks mit einer Dienstbarkeit ausreicht. Solange bereits bestehende Besitz- oder Nutzungsrechte das Leitungsvorhaben räumlich nicht tangieren, lässt es sich ohne Einschränkungen verwirklichen – die bereits bestehenden Rechte können somit aufrechterhalten werden.

b) Rangrücktritt

Insbesondere bei der Belastung eines Grundstücks mit einer Dienstbarkeit kommt für bereits an dem Grundstück bestehende dingliche Rechte noch folgende Möglichkeit in Betracht: der Rangrücktritt. Auf diese Weise kann gesichert werden, dass das Vorhaben ohne Einschränkungen verwirklicht wird – ohne dass das dingliche Recht aufgehoben oder belastet werden muss. Obwohl der Rangrücktritt somit der mildeste Eingriff in ein Grundstücksrecht ist und daher bei einer entsprechenden Konstellation verfassungsrechtlich geboten ist, enthalten die Enteignungsgesetze kaum Hinweise auf diese Möglichkeit: Für die selbständige Enteignung von Grundstücksrechten erwähnen nur wenige Enteignungsgesetze neben der Aufhebung oder der Belastung von dinglichen Rechten als dritte Möglichkeit, dass durch Enteignung das Recht auch geändert werden kann.[559] Bei der unselbständigen Enteignung von Grundstücksrechten heißt es, dass dingliche Rechte aufrechterhalten werden können, „soweit" dies mit dem Enteignungszweck vereinbar ist. Auch ein teilweises Aufrechterhalten des Ne-

558 Vgl. auch *H. Reisnecker*, in: Brügelmann, BauGB, § 97 Rn. 8; *E. Streck*, in: Berliner Kommentar, BauGB, § 97 Rn. 2.

559 Vgl. § 3 Abs. 1 Nr. 2 LEntG BW; Art. 2 Abs. 1 Nr. 2 BayEG; § 3 Abs. 1 Nr. 2 ThürEG.

benrechts soll deswegen möglich sein[560] – damit kann wohl auch eine Änderung des Rangs gemeint sein.

Dass der Rangrücktritt durchaus von praktischer Relevanz ist, zeigen folgende Überlegungen[561]: An einem Grundstück, das im Wege der Enteignung mit einer beschränkt persönlichen Dienstbarkeit zur Sicherung eines Vorhabens belastet werden soll, können bereits ganz unterschiedliche Rechte bestehen. So kann ein Grundstück, das mit einer Stromfreileitung überspannt werden soll, bereits mit einer Auflassungsvormerkung belastet sein. Nach § 883 Abs. 2 BGB sind alle Verfügungen, die nach der Eintragung einer Vormerkung über ein Grundstück getroffen werden, insoweit unwirksam, als sie den Anspruch vereiteln oder beeinträchtigen würden. Der Vormerkungsberechtigte hat nach § 888 Abs. 1 BGB die Möglichkeit, von dem Erwerber eines trotzdem eingetragenen Rechts die Zustimmung zu der Löschung des Rechts zu verlangen. Damit ist eine Auflassungsvormerkung grundsätzlich nicht mit der Verwirklichung des Leitungsvorhabens vereinbar, da sie zum Erlöschen der das Vorhaben sichernden Dienstbarkeit führen kann. Diese Möglichkeit besteht aber nicht, wenn die Dienstbarkeit der Vormerkung im Rang vorgeht. In diesem Fall wird die Dienstbarkeit so behandelt, als sei sie zeitlich vor der Vormerkung eingetragen worden.[562] Vergleichbar ist die Wirkung eines Rangrücktritts einer bereits an dem Grundstück bestehenden Hypothek: Würde die Dienstbarkeit im Rang hinter der Hypothek eingetragen, käme es, wenn der Hypothekengläubiger die Zwangsversteigerung betreiben sollte, zum Erlöschen der Dienstbarkeit (§§ 44, 52, 91 ZVG) und damit zum Erlöschen der Sicherung der Stromfreileitung. Geht die Dienstbarkeit der Hypothek dagegen im Rang vor, bleibt sie auch im Fall einer Zwangsversteigerung bestehen (§§ 44, 52 ZVG). Das Bayerische Oberste Landesgericht hatte schließlich den Fall zweier konkurrierender beschränkter persönlicher Dienstbarkeiten zu entscheiden: Ein Recht zur Ausbeutung eines Gipsvorkommens musste im Rang hinter ein Rohr- und Kabelleitungsrecht treten – das Abbauunternehmen musste deswegen die Verlegung einer Erdgasleitung auf dem eigentlich vollständig zum Gipsabbau vorgesehenen Grundstück dulden (vgl. §§ 1090 Abs. 2, 1024 BGB).[563]

560 Vgl. *P. Runkel*, in: Ernst/Zinkahn/Bielenberg, BauGB, § 92 Rn. 6; *H. Reisnecker*, in: Brügelmann, BauGB, § 97 Rn. 9.

561 Für kaum praxisrelevant hält den Rangrücktritt dagegen *P. Runkel*, in: Ernst/Zinkahn/Bielenberg, BauGB, § 86 Rn. 56.

562 Zu dieser Konstellation *R. Lehmann*, NJW 1999, S. 3318 (3318 f.).

563 BayObLG, Urt. v. 25.10.1993 – 1 Z RR 254/92, BayVBl. 1994, S. 540.

c) Belasten

Anders als die Änderung des Rangs sehen alle Enteignungsgesetze als Eingriffsart in dingliche Rechte neben dem Entzug auch die Belastung vor.[564] Für die selbständige Enteignung von Grundstücksrechten wird die Belastung auch ausdrücklich als milderes Mittel gegenüber dem Entzug erwähnt: Es wird sinngemäß auf die für die Entziehung oder Belastung des Eigentums geltenden Vorschriften verwiesen[565], so dass danach gilt, dass, wenn die Belastung eines Rechts mit einem Recht zur Verwirklichung des Vorhabens ausreicht, die Enteignung hierauf zu beschränken ist. Werden die Rechte als Nebenrechte enteignet, lässt sich wieder aus der Formulierung, dass sie aufrechterhalten werden können, „soweit" dies mit dem Enteignungszweck vereinbar ist, ableiten, dass auch hier nur der mildeste Eingriff zulässig sein soll – also die Belastung dem Entzug vorgeht.

Die deutlichere Berücksichtigung in den Enteignungsgesetzen lässt aber keinen Rückschluss auf die praktische Relevanz zu. Die Belastung von dinglichen Rechten an Grundstücken im Wege der Enteignung ist nämlich tatsächlich kaum vorstellbar: Von Rechten kann entweder die Nutzungsbefugnis (durch Begründung eines Nießbrauchs) oder die Verwertungsbefugnis (durch Begründung eines Pfandrechts) abgespalten werden.[566] Bei der Verwirklichung eines Vorhabens geht es aber nie um die Verwertung eines Grundstücks, sondern immer um dessen Nutzung. Aber auch die Abspaltung der Nutzungsbefugnis von einem dinglichen Nutzungsrecht scheidet aus: Ein Nießbrauch ist nicht belastbar (§ 1059 S. 1 BGB). Eine Dienstbarkeit, mit der ein Vorhaben gesichert werden soll, wird nie inhaltsgleich mit einer bereits am Grundstück bestehenden Dienstbarkeit sein – hier ist der Rangrücktritt die passende Eingriffsart.

---

564 Vgl. § 3 Abs. 1 Nr. 2 LEntG BW; Art. 2 Abs. 1 Nr. 2 BayEG; § 2 EnteigG BE i.V.m. § 86 Abs. 1 Nr. 2 BauGB; § 3 Abs. 1 Nr. 3 EntGBgb; § 3 Abs. 1 b) BremEntG; § 4 Abs. 1 Nr. 2 HA EnteigG; § 4 Abs. 1 Nr. 2 HEG; § 4 Abs. 1 Nr. 2 EnteigG M-V; § 3 Abs. 1 Nr. 2 NEG; § 3 Abs. 1 Nr. 2 EEG NW; § 3 Abs. 1 Nr. 2 LEnteigG RP; § 6 GEG SL; § 3 SächsEntEG i.V.m. § 86 Abs. 1 Nr. 2 BauGB; § 3 Abs. 1 Nr. 2 EntG LSA; § 6 GEG SH; § 3 Abs. 1 Nr. 2 ThürEG.

565 Vgl. § 3 Abs. 5 LEntG BW; Art. 2 Abs. 6 BayEG; § 2 EnteigG BE i.V.m. § 86 Abs. 3 BauGB; § 3 Abs. 4 EntGBgb; § 3 Abs. 3 BremEntG; § 4 Abs. 3 HA EnteigG; § 4 Abs. 4 HEG; § 4 Abs. 2 EnteigG M-V; § 3 Abs. 4 NEG; § 3 Abs. 4 EEG NW; § 3 Abs. 3 LEnteigG RP; § 6 GEG SL; § 3 SächsEntEG i.V.m. § 86 Abs. 3 BauGB; § 3 Abs. 4 EntG LSA; § 6 GEG SH; § 3 Abs. 6 ThürEG.

566 *J. Baur/R. Stürner*, Sachenrecht, § 60 Rn. 1.

d) *Entzug*

Ist weder das Aufrechterhalten, noch der Rangrücktritt, noch die Belastung des Rechts mit der Verwirklichung des Vorhabens vereinbar, kommt nur die stärkste Eingriffsart in Betracht: Das Recht muss entzogen werden. In der Praxis ist der Entzug eines Rechts auch der Normalfall. Für Rechte, die nur neben dem Eigentum an dem Grundstück enteignet werden, ergibt sich das auch aus der Regelungsweise der Enteignungsgesetze: Die Gesetze sehen grundsätzlich den Untergang der dinglichen und persönlichen Rechte vor, die (teilweise) Aufrechterhaltung dieser Rechte kommt, wie gesehen, nur unter bestimmten Voraussetzungen in Betracht.

III. Zeitlich

Der Erforderlichkeitsgrundsatz hat schließlich auch Konsequenzen für den Zeitpunkt, zu dem die Enteignung erfolgen soll: Zu dem gewählten Zeitpunkt muss die Enteignung – schon und noch – erforderlich sein.[567] Anders als bei der räumlichen und rechtlichen Erforderlichkeit des Enteignungseingriffs fehlt in den Enteignungsgesetzen eine Bestimmung, die dieses Erfordernis ausdrücklich formuliert. Die Enteignungsgesetze erwähnen diese Enteignungsvoraussetzung nur im Zusammenhang mit einer Verpflichtung des Vorhabenträgers, diese Voraussetzung und bestimmte vorhabenbezogene Voraussetzungen gegenüber der Enteignungsbehörde glaubhaft zu machen. Sie formulieren (mit kleinen Abweichungen im Detail) in den Absätzen 2 der Bestimmungen „Zulässigkeit der Enteignung“ wie folgt: „Der Antragsteller hat glaubhaft zu machen, dass das Grundstück innerhalb angemessener Frist zu dem vorgesehenen Zweck verwendet wird.“[568] Der vorgesehene Zweck, zu dem das Grundstück verwendet werden soll, ist das Vorhaben – d. h. der Vorhabenträger muss das Vorhaben innerhalb angemessener Frist ausführen[569]. Da eine Frist nur dann angemessen sein kann, wenn die Grundstücksberechtigten nicht früher, als es für die Durchführung des Vorhabens wirklich notwendig ist, ihre Rechte verlieren, bekommt der

567 Vgl. *P. Runkel*, in: Ernst/Zinkahn/Bielenberg, BauGB, § 87 Rn. 56; *H. Reisnecker*, in: Brügelmann, BauGB, § 87 Rn. 28.

568 Vgl. § 4 Abs. 2 LEntG BW; Art. 3 Abs. 2 Nr. 2 BayEG; § 3 S. 2 EnteigG BE i.V.m. § 87 Abs. 2 S. 2 BauGB; § 4 Abs. 2 S. 2 EntGBgb; § 4 S. 2 BremEntG i.V.m. § 87 Abs. 2 S. 2 BauGB; § 3 Abs. 1 S. 2 HA EnteigG; § 5 S. 2 Nr. 3 HEG; § 3 Abs. 2 S. 2 EnteigG M-V; § 5 Nr. 2 NEG; § 4 Abs. 2 S. 2 EEG NW; § 4 S. 2 Nr. 3 LEnteigG RP; § 3 SächsEntEG i.V.m. § 87 Abs. 2 S. 2 BauGB; § 4 Abs. 2 Nr. 2 EntG LSA; § 4 Abs. 2 Nr. 2 ThürEG.

569 So ausdrücklich § 3 Abs. 1 S. 2 HA EnteigG; § 3 Abs. 2 S. 2 EnteigG M-V.

Grundsatz der zeitlichen Erforderlichkeit hier bei der Frage der Angemessenheit der Frist Geltung.

1. Ausführung des Vorhabens innerhalb angemessener Frist

Unzulässig wäre etwa eine Enteignung „auf Vorrat".[570] Davon kann gesprochen werden, wenn zum Zeitpunkt der Enteignung noch nicht absehbar ist, wann der Bau des Vorhabens überhaupt verwirklicht werden kann. Das Gleiche gilt, wenn Vorhaben noch von Bedingungen abhängen oder erst in ferner Zukunft durchgeführt werden sollen.[571] Nicht angemessen wäre daher jede Frist, die dem Vorhabenträger eine solche Vorgehensweise ermöglicht. Angemessen sind dagegen Fristen, die von folgenden Zeitplanungen für die Realisierung des Vorhabens ausgehen: Solche, die von einem sofortigen Tätigwerden des Vorhabenträgers nach der Enteignung ausgehen und im Übrigen den Zeitraum ansetzen, der bei einem normalen Baugeschehen zu erwarten ist.[572] Dabei wird für ein größeres Bauvorhaben regelmäßig eine längere Frist als für ein kleineres Vorhaben erforderlich sein. Steht ein Enteignungsvorhaben, z.B. die Anlage eines Spielplatzes, im engen Zusammenhang mit einem anderen Vorhaben, z.B. der Errichtung einer Kindertagesstätte, muss die Errichtung des anderen Vorhabens nicht bereits durchgeführt oder in Angriff genommen worden sein. Es kann genügen, dass ihre Verwirklichung für die nahe Zukunft tatsächlich bevorsteht.[573] Zu beachten ist schließlich, dass das Wort „verwenden" nicht bedeutet, das Vorhaben müsse innerhalb der Frist beendet sein. Es soll vielmehr genügen, wenn innerhalb der Frist mit der Ausführung der Zweckverwirklichung begonnen und diese dann stetig gefördert wird.[574]

2. Glaubhaftmachung

Die Enteignungsgesetze verpflichten den Vorhabenträger, gegenüber der Enteignungsbehörde glaubhaft zu machen, dass das Vorhaben innerhalb angemessener Frist ausgeführt wird. Die eigene Pflicht der Enteignungsbehörde, den

570 *H. Behre/K.-H. Wagenknecht*, NEG, § 5 Anm. 2 sprechen von „Grundstückshortungen", die verhindert werden sollen.

571 Vgl. *K. Puhr-Westerheide*, BayEG, Art. 3 Anm. 3.2.

572 Vgl. *P. Runkel*, in: Ernst/Zinkahn/Bielenberg, BauGB, § 87 Rn. 106; *G. Halama*, Berliner Kommentar, BauGB, § 87 Rn. 81.

573 Vgl. BGH, Urt. v. 22.9.1966 – III ZR 187/65, NJW 1967, S. 103 (105).

574 Vgl. BGH, Urt. v. 19.12.1966 – III ZR 62/66, BRS 19, Nr. 45, S. 63 (68).

Sachverhalt von Amts wegen aufzuklären (§ 24 VwVfG), bleibt daneben unberührt.[575]

Glaubhaftmachen ist ein Begriff aus dem Beweisrecht des Zivilprozesses. Er bezeichnet ein bestimmtes Beweismaß: Beim Vollbeweis ist das Gericht von der Wahrheit der zu beweisenden Tatsache überzeugt. Die Glaubhaftmachung dagegen will dem Gericht nur einen gewissen Grad von Überzeugung vermitteln, etwa die gute Möglichkeit, dass sich der Vorgang so zugetragen hat. Andere sprechen von einem Nachweis überwiegender Wahrscheinlichkeit.[576] Als Mittel der Glaubhaftmachung kommen alle Beweismittel in Betracht (§ 294 ZPO), wobei im Enteignungsverfahren wegen § 27 VwVfG eine Versicherung an Eides statt unzulässig ist.

Wie kann der Vorhabenträger der Enteignungsbehörde gegenüber glaubhaft machen, dass er das Vorhaben innerhalb angemessener Frist ausführt? In diesem Fall muss er durch die Darlegung vergangener oder gegenwärtiger Tatsachen die Enteignungsbehörde von der zukünftigen Entwicklung des Projekts überzeugen.[577] Das ist denkbar durch Nachweise über die Bereitstellung der notwendigen finanziellen Mittel, durch einen Bauzeitenplan, eventuell auch schon durch Belege über bereits vergebene Aufträge. In manchen Fällen ergibt sich eine baldige Verwendung des Grundstücks für das Vorhaben auch schon aus der Natur der Sache: Eine Straße wurde bereits komplett verbreitert – ausgenommen das eine Grundstück, für das die Enteignung beantragt ist.[578]

575 *H. Reisnecker*, in: Brügelmann, BauGB, § 87 Rn. 39.

576 Vgl. *L. Rosenberg/K. H. Schwab/P. Gottwald*, Zivilprozessrecht, § 109 Rn. 1 ff. m.w.N.; *K. Schellhammer*, Zivilprozess, Rn. 506 ff.

577 Vgl. BGH, Urt. v. 19.12.1966 – III ZR 62/66, BRS 19, Nr. 45, S. 63 (68).

578 Vgl. *H. Reisnecker*, in: Brügelmann, BauGB, § 87 Rn. 40.

3. Teil: Bindung der Enteignungsbehörde an vorgelagerte Planungs- und Zulassungsentscheidungen

Die nicht planakzessorische Enteignung wurde zwar charakterisiert als die Enteignung zugunsten von Vorhaben, für die weder Flächen in einem Bebauungsplan festgesetzt wurden und die auch nicht vor dem Enteignungsverfahren Gegenstand eines Planfeststellungsverfahrens waren. Das bedeutet aber nicht, dass diese Vorhaben noch überhaupt kein behördliches Verfahren durchlaufen haben. In diesem Teil soll untersucht werden, in welcher Weise sich der Enteignung vorgelagerte Entscheidungen auf die Prüfung der vorhabenbezogenen Voraussetzungen durch die Enteignungsbehörde auswirken. Betrachtet werden sollen die Auswirkungen von raumordnerischen Entscheidungen sowie von Zulassungsentscheidungen.

§ 1 Vorgelagerte Planungs- und Zulassungsentscheidungen

Bei der nicht planakzessorischen Enteignung geht es um die Enteignung mit dem Ziel, die Verwirklichung im Wesentlichen folgender Vorhaben zu ermöglichen[579]: kleinere Gemeindestraßen, Leitungsvorhaben mit einem geringen Durchmesser oder einer geringen Länge, öffentliche Einrichtungen, Energieerzeugungsanlagen, bestimmte Abfallbeseitigungsanlagen, bestimmte Anlagen zur Trinkwasserversorgung und bestimmte Abwasseranlagen, die Unterhaltung von Bundeswasserstraßen und Gewässern. Die meisten dieser Vorhaben haben vor dem Enteignungsverfahren bereits ein anderes behördliches Verfahren durchlaufen: Ein kleiner Teil davon ist Gegenstand einer raumordnerischen Entscheidung gewesen (A.), für die meisten muss eine behördliche Zulassungsentscheidung ergehen (B.). Nur wenige können ohne Zulassungsverfahren errichtet werden (C.).

A. Raumordnerische Entscheidungen

Größere Vorhaben können Gegenstand einer raumordnerischen Entscheidung sein.[580]

---

579 Im Einzelnen zu diesen Vorhaben oben S. 48 ff.

580 Die Föderalismusreform hat die Raumordnung von der Rahmengesetzgebung in die konkurrierende Gesetzgebungskompetenz des Bundes überführt, Art. 74 Abs. 1 Nr. 31 GG. Die Länder haben die Möglichkeit bekommen, von einer bundesgesetzlichen Rege-

I. Raumordnungspläne

Nach der Legaldefinition in § 3 Nr. 7 ROG sind Raumordnungspläne der Raumordnungsplan für das Landesgebiet nach § 8 ROG und die Pläne für Teilräume der Länder (Regionalpläne) nach § 9 ROG.

Als Kerninhalte sollen die Raumordnungspläne Festlegungen zu der anzustrebenden Siedlungsstruktur, der anzustrebenden Freiraumstruktur sowie den zu sichernden Standorten und Trassen für Infrastruktur enthalten (§ 7 Abs. 2 S. 1 Nr. 1-3 ROG). Danach könnte grundsätzlich jedes der eben genannten Vorhaben grob einem dieser Festlegungsmöglichkeiten zugeordnet werden: die Einrichtungen für soziale, kulturelle, gesundheitliche und sportliche Zwecke sowie für Zwecke der Bildung und Wissenschaft der Siedlungsstruktur, die Unterhaltung von Bundeswasserstraßen und Gewässern der Freiraumstruktur und schließlich die Verkehrswege und Verkehrsanlagen sowie die Ver- und Entsorgungsanlagen den Standorten und Trassen für Infrastruktur.

Da es sich bei den Raumordnungsplänen aber um übergeordnete Pläne handelt, werden nicht alle Maßnahmen eingebunden, sondern nur solche, die raumbedeutsam sind. Raumbedeutsame Vorhaben und sonstige Maßnahmen sind nach der Legaldefinition in § 3 Nr. 6 ROG solche, durch die Raum in Anspruch genommen oder die räumliche Entwicklung oder Funktion eines Gebiets beeinflusst wird. Mit dem Kriterium der Raumbeanspruchung sollen solche Maßnahmen erfasst werden, die bereits wegen ihrer Größenordnung herausragen und daher der raumordnerischen Einordnung bedürfen. Gemeint sind damit in erster Linie Großvorhaben.[581] Die räumliche Entwicklung beeinflussen solche Vorhaben, von denen regional bedeutsame Wirkungen oder Effekte ausgehen, z.B. auf den ausgelösten zusätzlichen Verkehr oder die regionale Umweltsituation.[582] Eine Vielzahl von Vorhaben sind danach nicht raumbedeutsam und können somit auch nicht in Raumordnungsplänen festgesetzt werden. So scheiden die Einrichtungen für soziale, kulturelle und ähnliche Zwecke aus, da es sich dabei in der Regel nur um einzelne Gebäude oder kleinere Gebäudekomplexe handelt. Die Unterhaltung von Bundeswasserstraßen und Gewässern wird auch kaum festgesetzt werden können. Bei den Verkehrswegen und Verkehrsanlagen sowie den Ver- und Entsorgungsanlagen können nur die größeren Standorte und Trassen festgesetzt werden.

---

lung abzuweichen, Art. 72 Abs. 3 Nr. 4 GG. Damit besteht derzeit ein an den Bund gerichteter Gestaltungsauftrag, eine alle föderalen Ebenen der überörtlichen Planung umfassende Vollregelung in einem Raumordnungsgesetz zu treffen. Zur Raumordnung nach der Föderalismusreform: *U. Battis/J. Kersten,* DVBl. 2007, S. 152.

581 Vgl. *P. Runkel*, in: Bielenberg/Runkel/Spannowsky, Raumordnungs- und Landesplanungsrecht, ROG Bund, § 3 Rn. 248 f.

582 Vgl. *P. Runkel*, in: Bielenberg/Runkel/Spannowsky, Raumordnungs- und Landesplanungsrecht, ROG Bund, § 3 Rn. 255 ff.

II. Raumordnungsverfahren

Vorhaben, für deren Realisierung die Enteignungsbehörde enteignen soll, können vorher auch Gegenstand eines Raumordnungsverfahrens gewesen sein. Das kommt besonders in Betracht, wenn die Raumordnungspläne nur eine geringe Regelungsdichte aufweisen[583] oder wenn das Vorhaben erst zeitlich nach Erstellung des Plans in Angriff genommen wird[584].

In § 1 S. 3 Nr. 1-19 der Raumordnungsverordnung (RoV) vom 13.12.1990[585] werden die Vorhaben bestimmt, für die ein Raumordnungsverfahren durchgeführt werden soll, wenn sie im Einzelfall raumbedeutsam sind und überörtliche Bedeutung haben (§ 17 Abs. 2 ROG). Da für diese Arbeit nur die Vorhaben interessieren, für deren Realisierung eine Enteignung möglich ist und die nicht planfeststellungspflichtig sind, sind von § 1 S. 3 Nr. 1-19 RoV nur die Nr. 1 und die Nr. 5 relevant.

Nach § 1 S. 3 Nr. 1 RoV ist für sämtliche Anlagen im Außenbereich, die einer Genehmigung nach § 4 BImSchG bedürfen und die in den Nummern 1-10 der Anlage zu § 3 UVPG aufgeführt sind, ein Raumordnungsverfahren durchzuführen. Darunter fallen Energieerzeugungsanlagen wie Kraftwerke, Heizkraftwerke, Heizwerke, Gasturbinen, Verbrennungsmotoranlagen und sonstige Feuerungsanlagen, die eine bestimmte Feuerungswärmeleistung aufweisen, sowie Windfarmen mit mindestens drei Windkraftanlagen. Weiter werden bestimmte Abfallbeseitigungsanlagen erfasst, und zwar Anlagen zur Behandlung von Abfällen wie Verbrennungsanlagen, Pyrolyseanlagen und Anlagen zur biologischen und chemischen Behandlung sowie Anlagen zur Lagerung bestimmter Abfälle.

Weiter ist nach § 1 S. 3 Nr. 5 RoV in der Regel für den Bau einer Abwasserbehandlungsanlage, die einer Zulassung nach § 18 c WHG bedarf, ein Raumordnungsverfahren durchzuführen. Nach § 18 c WHG bedürfen die Abwasserbehandlungsanlagen, für die eine Verpflichtung zur Durchführung einer Umweltverträglichkeitsprüfung besteht, einer Zulassung. Damit wird von § 1 S. 3 Nr. 5 RoV die Errichtung und der Betrieb einer Abwasserbehandlungsanlage erfasst, die für organisch belastetes Abwasser von 9 000 kg/d oder mehr nicht biochemischen Sauerstoffbedarfs in fünf Tagen (roh) oder für anorganisch belastetes Abwasser von 4 500 m³ oder mehr Abwasser in zwei Stunden (ausgenommen Kühlwasser) ausgelegt ist (Anlage 1 zu § 3 UVPG, Nr. 13.1.1).

Nach § 1 S. 2 RoV können die Länder über die in § 1 S. 3 Nr. 1-19 RoV genannten Vorhaben hinaus noch für weitere raumbedeutsame Planungen und Maßnahmen von überörtlicher Bedeutung eine Überprüfung in einem Raumord-

583 Vgl. *P. Runkel*, in: Bielenberg/Runkel/Spannowsky, Raumordnungs- und Landesplanungsrecht, ROG Bund, § 15 Rn. 13; *H. Dyong*, in: Cholewa/Dyong/von der Heide/Arenz, Raumordnung, ROG Bund, § 4 Rn. 46.

584 Vgl. *F.-J. Peine*, Öffentliches Baurecht, Rn. 90.

585 BGBl. I S. 2766, zuletzt geändert durch Gesetz vom 18.6.2002, BGBl. I S. 1914.

nungsverfahren vorsehen. Einige Länder haben von dieser Möglichkeit Gebrauch gemacht und sehen – z. T. unter bestimmten Voraussetzungen – auch für sonstige raumbedeutsame Vorhaben von überörtlicher Bedeutung ein Raumordnungsverfahren vor.[586] Unter diese Bestimmungen kann im Einzelfall eine – auch nicht planfeststellungspflichtige – größere Leitungsanlage zum Transport von Strom, Gas, Wasser, Wärme, Abwasser oder von sonstigen Stoffen fallen.

III. Landesplanerische Stellungnahmen

Sind Vorhaben raumbedeutsam, können sie nicht nur Gegenstand einer Festlegung in einem Raumordnungsprogramm sein, sondern auch Gegenstand einer landesplanerischen Stellungnahme.

Als landesplanerische Stellungnahmen werden Stellungnahmen der für die Raumordnung im Lande zuständigen Stellen in förmlichen Verfahren zu konkreten raumbedeutsamen Planungen und Maßnahmen bezeichnet.[587] Im Raumordnungsgesetz haben landesplanerische Stellungnahmen keine Ausformung gefunden, sie werden aber als sonstige Erfordernisse der Raumordnung in § 3 Nr. 4 ROG aufgeführt. Anders als bei Raumordnungsverfahren führt die Landesplanungsbehörde hier nicht selber ein förmliches Verfahren durch, sondern nimmt nur Stellung, z.B. im Rahmen eines förmlichen Planungs- oder Vorhabenzulassungsverfahrens. Auch einige Landesenteignungsgesetze sehen im Abschnitt über das Enteignungsverfahren ausdrücklich vor, dass die Enteignungsbehörde Stellungnahmen aller Behörden einholt, deren Aufgabengebiet von der Ausführung des Vorhabens betroffen wird[588] – dazu gehören dann auch landesplanerische Stellungnahmen.

B. Zulassungsentscheidungen

Im Anschluss an diese raumplanerischen Entscheidungen oder – bei kleineren Vorhaben – auch ohne dass eine solche vorweg gegangen wäre, müssen viele der oben genannten Vorhaben noch vor ihrer Realisierung ein Zulassungsverfahren durchlaufen. Im Einzelnen können folgende Zulassungsentscheidungen erforderlich sein.

---

586 Art. 21 Abs. 1 Nr. 2 BayLPlG; § 18 Abs. 1 2. HS HLPG; § 15 Abs. 1 S. 2 LPlG M-V; § 13 Abs. 2 NROG; § 17 Abs. 1 S. 2 LPlG RP; § 14 Abs. 1 S. 2 LPlG SH; § 19 Abs. 2 S. 2 ThürLPlG.

587 Vgl. *P. Runkel*, in: Bielenberg/Runkel/Spannowsky, Raumordnungs- und Landesplanungsrecht, ROG Bund, § 3 Rn. 198 ff.

588 Vgl. § 22 Abs. 1 S. 2 NEG; § 19 Abs. 1 S. 2 EntG LSA; § 23 S. 1 1. HS LEnteigG RP.

I. Baugenehmigung

Der Allgemeinheit dienende bauliche Anlagen wie z.B. Alten- und Pflegeheime, Museen, Büchereien, Theater, Krankenhäuser, Sportplätze, Turnhallen, Schwimmbäder, Schulen und Hochschulen sind baugenehmigungspflichtig. Teilweise bedürfen auch Anlagen zur Trinkwasserversorgung oder zur Abwasserbeseitigung sowie Abfallbeseitigungsanlagen einer Baugenehmigung.

So ist nach den Landesbauordnungen die Errichtung, Änderung, Nutzungsänderung oder der Abbruch einer baulichen Anlage genehmigungspflichtig.[589] Bauliche Anlagen sind nach den Legaldefinitionen „mit dem Erdboden verbundene oder auf ihm ruhende, aus Bauprodukten hergestellte Anlagen". Darüber hinaus werden bestimmte Anlagen den baulichen Anlagen gleichgestellt, z.B. Aufschüttungen, Campingplätze, Gerüste.[590]

Von diesem Grundsatz gibt es eine Reihe von Ausnahmen. Zunächst grenzen die Landesbauordnungen schon ihren Anwendungsbereich stark ein. Um Doppelregelungen und Doppelprüfungen zu vermeiden, werden öffentliche Verkehrsanlagen, Anlagen des Bergbaus, Leitungen sowie Kräne vom Geltungsbereich ausgenommen.[591] Weiter enthalten die Landesbauordnungen umfangreiche Kataloge, in denen weniger bedeutsame Vorhaben im Einzelnen aufgeführt werden.[592] Diese Vorhaben werden von der Genehmigungspflicht freigestellt. Hier von Interesse ist die Auflistung weiterer Anlagen aus dem Bereich der Ver- und Entsorgung, durch die der erwähnte Ausschluss von Leitungen aus dem Anwendungsbereich der Landesbauordnungen noch ergänzt wird. Weniger weitgehend als die Freistellung von der Genehmigungspflicht insgesamt sind Vereinfachungen im Genehmigungsverfahren, die alle Länder in unterschiedlicher Gestalt vorsehen.[593] Schließlich stellen einige Landesbauordnungen besondere Anlagen wie Wasserbauten oder öffentliche Verkehrs- und Versorgungsanlagen vom Ge-

589 § 49 BWLBO; Art. 62 BayBO; § 55 BauO Bln; § 66 BbgBO; § 64 BremLBO; § 60 HBauO; § 62 HBO; § 62 Abs. 1 LBauO M-V; § 68 NBauO; § 63 BauO NW; § 60 LBauO RP; § 64 SaarlLBO; § 62 Abs. 1 SächsBO; § 65 Abs. 1 BauO LSA; § 68 LBauO SH; § 62 Abs. 1 ThürBO.

590 Vgl. die Regelungen in den §§ 2 der Landesbauordnungen.

591 Vgl. die Aufzählungen in § 3 Abs. 1 NBauO und in den §§ 1 Abs. 2 der übrigen Landesbauordnungen.

592 § 50 BWLBO; Art. 63 BayBO; § 56 BauO Bln; § 67 BbgBO; § 65 BremLBO; § 63 HBauO; § 70 Abs. 1 HBO; § 65 LBauO M-V; § 69 NBauO und Anhang zur NBauO; §§ 65-67 BauO NW; §§ 61, 65a LBauO RP; § 64 SaarlLBO; § 63 SächsBO; § 67 BauO LSA; § 69 LBauO SH; § 63 ThürBO.

593 Vgl. die Länderübersicht bei *K. Finkelnburg/K.-M. Ortloff*, Öffentliches Baurecht II, S. 99 ff.

nehmigungsvorbehalt frei[594] und sehen für Vorhaben öffentlicher Bauherren statt des Genehmigungs- ein Zustimmungsverfahren vor[595].

II. Immissionsschutzrechtliche Genehmigung

Die Zulassung von Abfallbeseitigungsanlagen geschieht in zwei unterschiedlichen Verfahren. Während für Deponien das Erfordernis einer abfallrechtlichen Planfeststellung besteht (§ 31 Abs. 2 KrW-/AbfG), ist für ortsfeste Abfallbeseitigungsanlagen zur Lagerung oder Behandlung von Abfällen zur Beseitigung eine Genehmigung nach Bundes-Immissionsschutzgesetz vorgeschrieben (§ 31 Abs. 1 KrW-/AbfG).[596] Welche Anlagen genehmigungsbedürftig sind, ergibt sich aus der aufgrund der Ermächtigung in § 4 Abs. 1 S. 3 BImSchG erlassenen Verordnung über genehmigungsbedürftige Anlagen – 4. BImSchV vom 14.3.1997.[597] Nach der Nr. 8 der Anlage zur 4. BImSchV sind immissionsschutzrechtlich genehmigungsbedürftige Abfallbeseitigungsanlagen i.S.d. § 4 Abs. 1 BImSchG z.B. Müllverbrennungsanlagen (Nr. 8.1), Pyrolyseanlagen (Nr. 8.2), Sortieranlagen für Stoffe aus Haushaltungen mit einer Leistung ab 10 t/Tag (Nr. 8.4) und Kompostieranlagen mit einer Durchsatzleistung ab 3 000 t/Jahr (Nr. 8.5).

Ebenfalls einer Genehmigung nach § 6 Abs. 1 BImSchG bedürfen unterschiedliche Energieerzeugungsanlagen. Unter Nr. 1 der Anlage zur 4. BImSchG werden Kraftwerke, Heizkraftwerke, Heizwerke, Gasturbinenanlagen genannt (Nr. 1.1-1.5) sowie Windkraftanlagen mit einer Gesamthöhe von mehr als 50 Metern (Nr. 1.6), Elektroumspannwerke (Nr. 1.8) und Anlagen zur Erzeugung von Stadt- oder Ferngas (Nr. 1.15).

III. Wasserrechtliche Genehmigung für Abwasseranlagen

Um Anforderungen speziell des Wasserschutzes zu gewährleisten, sehen die Wassergesetze – neben einer eventuell erforderlichen Baugenehmigung – noch eigene Genehmigungen für Abwasseranlagen vor. Für die Errichtung von Abwasseranlagen allgemein sieht zwar die rahmenrechtliche Regelung in § 18 b WHG keine behördliche Zulassung vor, doch enthalten einige Landeswassergesetze auch für diese Anlagen eine Genehmigungspflicht[598].

---

594 Vgl. z.B. § 70 NBauO; § 64 BauO NW.

595 Vgl. z.B. Art. 86 BayBO; § 82 NBauO; § 80 BauO NW; § 79 BauO LSA.

596 Zur Zulassung von Abfallbeseitigungsanlagen *E. Kutscheidt*, NVwZ 1994, S. 209.

597 BGBl. I S. 504, zuletzt geändert durch Gesetz vom 15.7.2006, BGBl. I S. 1619.

598 § 45 e Abs. 2 WG BW; § 54 LWG RP.

Nur die Errichtung einer Abwasserbehandlungsanlage, für die eine Verpflichtung zur Durchführung einer Umweltverträglichkeitsprüfung besteht, bedarf nach § 18 c WHG einer behördlichen Zulassung. Die meisten Landeswassergesetze sehen für diese Abwasserbehandlungsanlagen eine Planfeststellungspflicht vor[599], einige integrieren die Umweltverträglichkeitsprüfung aber auch in ein Genehmigungsverfahren[600].

IV. Sonstige Genehmigungserfordernisse

Für einzelne Vorhaben können sich – ausschließlich oder zusätzlich zu einer bau- oder immissionsschutzrechtlichen Genehmigung – noch andere Genehmigungserfordernisse ergeben.

1. Wasserrechtliche Bewilligung, Erlaubnis

Nach § 2 Abs. 1 WHG bedarf die Benutzung eines Gewässers der behördlichen Erlaubnis oder Bewilligung. Einige der in § 3 WHG aufgeführten Benutzungen können nur mittels besonderer Anlagen ausgeübt werden. Neben einer eventuell erforderlichen Anlagengenehmigung brauchen diese Vorhaben auch eine wasserrechtliche Erlaubnis oder Bewilligung. Zu nennen sind hier Vorhaben zur öffentlichen Trinkwasserversorgung wie Pump- und Schöpfanlagen oder Brunnen sowie öffentliche Kläranlagen mit Abwassereinleitungen.

2. Naturschutzrechtliche Genehmigung

Die Herstellung von baulichen Anlagen aller Art, von Verkehrswegen und Leitungen bedarf in den meisten Bundesländern einer naturschutzrechtlichen Genehmigung. Die §§ 18 ff. BNatSchG ermächtigen zwar nur zur Vornahme belastender Anordnungen im Rahmen anderer Verfahren. Entsprechend diesen Rahmenbestimmungen sieht z.B. die Regelung in Niedersachsen auch keine selbständige naturschutzrechtliche Genehmigungspflicht vor.[601] Doch sehen die meisten Landesnaturschutzgesetze zusätzlich eine Genehmigungspflicht für Eingriffe in Natur und Landschaft vor, die nicht nach anderen Vorschriften ge-

---

599 § 45 e Abs. 1 WG BW; Art. 41 i BayWG; § 138 Abs. 4 BremWG; § 13 a Abs. 1 HmbAbwG, § 155 WG LSA; § 35 Abs. 1 LWG SH.

600 § 154 NWG; § 58 Abs. 2 LWG NW; § 54 LWG RP.

601 Vgl. § 9 NNatG.

nehmigungs- oder anzeigepflichtig sind.[602] Die meisten dieser Länder haben auch von der Ermächtigung in § 18 Abs. 4 S. 3 BNatSchG Gebrauch gemacht, typisierbare Projekte zu benennen, die regelmäßig die Voraussetzungen der Eingriffsdefinition erfüllen.[603]

3. Waldrechtliche Genehmigung

Nach der rahmenrechtlichen Bestimmung in § 9 Abs. 1 BWaldG darf Wald nur mit Genehmigung gerodet und in eine andere Nutzungsart umgewandelt werden. Die Realisierung eines Vorhabens innerhalb eines Waldgebiets hat in der Regel die Überführung von Wald in eine andere Nutzungsart zur Folge, so dass eine Genehmigung nach der entsprechenden Regelung im Landeswaldgesetz erforderlich ist.

4. Genehmigungen in „Bauschutzbereichen"

Das Errichten von Anlagen in, an und über oberirdischen Gewässern bedarf nach den meisten Landeswassergesetzen einer Genehmigung.[604] Gleiches gilt nach § 31 Abs. 1 Nr. 2 WaStrG für die Errichtung von Anlagen an Bundeswasserstraßen, wenn durch die beabsichtigte Maßnahme eine Beeinträchtigung des für die Schifffahrt erforderlichen Zustands der Bundeswasserstraße oder der Sicherheit und Leichtigkeit des Verkehrs zu erwarten ist. Für bauliche Anlagen an Bundesfernstraßen sieht § 9 Abs. 2, 5 FStrG eine Genehmigungspflicht vor; vergleichbare Bestimmungen enthalten die Landesstraßengesetze[605]. Um Gefahren für die Sicherheit des Luftverkehrs abzuwehren, enthalten die §§ 12-14 LuftVG Zustimmungserfordernisse und Genehmigungspflichten für die Errichtung von baulichen und sonstigen Anlagen innerhalb des Bauschutzbereichs.

---

602 § 24 BWNatSchG; § 17 Abs. 3 BbgNatSchG; § 17 HENatG; § 16 a LNatG M-V; § 6 Abs. 4 LG NW; § 13 LNatSchG RP; § 12 Abs. 3 SNG; §§ 19, 23 NatSchG LSA; § 7 a Abs. 1 LNatSchG SH; § 7 ThürNatG.

603 Nach der Rechtsprechung des Bundesverwaltungsgerichts wird mittels der Positivlisten eine – im Einzelfall allerdings widerlegliche – Vermutung für das Vorliegen eines Eingriffs aufgestellt: BVerwG, Urt. v. 27.9.1990 – BVerwG 4 C 44.87, BVerwGE 85, S. 348 (354 f.); zum Teil wird eine weitergehende Wirkung angenommen, vgl. die Nachweise bei *E. Gassner/G. Bendomir-Kahlo/A. Schmidt-Räntsch/J. Schmidt-Ränsch*, Bundesnaturschutzgesetz, § 18 Rn. 16.

604 § 76 Abs. 1 WG BW; Art. 59 Abs. 1 BayWG; § 62 Abs. 2 BWG; § 87 Abs. 1 BbgWG; § 90 Abs. 1 BremWG; § 91 Abs. 1 NWG; § 99 Abs. 1 LWG NW; § 76 Abs. 1 LWG RP; § 78 Abs. 1 SaarlWG; § 91 Abs. 1 SächsWG; § 93 Abs. 1 WG LSA; § 79 Abs. 1 ThürWG.

605 Vgl. z.B. § 24 Abs. 2, 5 NStrG.

C. Zulassungsfreie Vorhaben

Einzelne Vorhaben, mit denen es die Enteignungsbehörde bei der nicht planakzessorischen Enteignung zu tun hat, können auch verwirklicht werden, ohne dass eine Zulassungsentscheidung gesetzlich vorgeschrieben wäre.

I. Gemeindestraßen und Wege

Nicht alle Gemeindestraßen sind planfeststellungspflichtig, kleinere Straßen können auch ohne eine Überprüfung in diesem Verfahren gebaut werden.[606]

Straßen und Wege sind nicht baugenehmigungspflichtig; öffentliche Verkehrsanlagen werden vom Geltungsbereich der Landesbauordnungen ausgenommen.[607]

Die Bundesländer, deren Naturschutzgesetze überhaupt ein selbständiges Genehmigungsverfahren für Eingriffe in Natur und Landschaft vorsehen, unterwerfen Straßen in unterschiedlichem Umfang der Genehmigungspflicht: Nur einige Länder erfassen den Bau von Straßen und Wegen allgemein[608], andere nur unter bestimmten Voraussetzungen[609]. Einige Länder nehmen Straßen auch ganz von der Genehmigungspflicht aus.[610]

Eine Umwandlungsgenehmigung nach § 9 BWaldG und die Genehmigungen für den Bau von Anlagen in „Bauschutzbereichen“ sind nur erforderlich, wenn die Straße durch Wald, über Gewässer oder eine Wasserstraße oder in der Nähe von Flughäfen verlaufen soll – bei einem anderen Verlauf sind sie entbehrlich.

II. Leitungsanlagen

1. Energieversorgung

Auch bei den Energieversorgungsleitungen kann – je nach Art, Verlauf und Bundesland – ein behördliches Verfahren entbehrlich sein. Der Transport von Strom erfolgt zunächst vom Ort der Erzeugung bis zum Anschlusspunkt eines Verteilungsnetzes im Höchst- (380 oder 220 kV) oder Hochspannungsnetz (110

---

606 Im Einzelnen zur Abgrenzung von planfeststellungspflichtigen und nicht planfeststellungspflichtigen Gemeindestraßen oben S. 45 ff.

607 § 3 Abs. 1 NBauO und die §§ 1 Abs. 2 der übrigen Landesbauordnungen.

608 Vgl. z.B. § 4 Abs. 2 Nr. 4 LG NW; § 18 Abs. 1 S. 2 Nr. 1 NatSchG LSA; § 6 Abs. 2 Nr. 1 ThürNatG.

609 Vgl. z.B. § 6 Abs. 2 S. 1 ThürNatG: nur wenn das Vorhaben eine Fläche von mehr als 0,1 ha beansprucht oder besonders geschützte Tier- und Pflanzenarten betroffen sind.

610 Vgl. z.B. § 24 BWNatSchG; § 16 a LNatG M-V.

kV); danach erfolgt die Verteilung vom Anschlusspunkt zum Endverbraucher im Hoch- (110 kV), Mittel- (10-30 kV) und Niederspannungsnetz (unter 1 kV). Dabei verlaufen die Leitungen entweder oberirdisch als Freileitungen, die von Masten getragen werden, oder unterirdisch als Kabelleitungen. Gasversorgungsleitungen werden ganz überwiegend unterirdisch verlegt.

Ein Planfeststellungsverfahren ist nur für die in § 43 S. 1 EnWG genannten Hochspannungsfreileitungen mit einer Nennspannung von 110 kV oder mehr und für Gasversorgungsleitungen mit einem Durchmesser von mehr als 300 mm vorgeschrieben.

Nach den meisten Landesbauordnungen sind Strom- und Gasleitungsanlagen nicht baugenehmigungspflichtig. Das gilt im Ergebnis sowohl für die Leitung selber als auch – bei überirdischen Leitungen – für die tragenden Masten. Dabei werden die Leitungsanlagen entweder bereits vom Geltungsbereich der Bauordnungen ausgenommen oder zumindest von der Baugenehmigungspflicht befreit.[611]

Ebenfalls nicht erforderlich ist eine immissionsschutzrechtliche Genehmigung nach § 4 BImSchG – Energieversorgungsleitungen sind nicht in der 4. BImSchV aufgeführt.

Die Landesnaturschutzgesetze, die eine selbständige Genehmigung vorsehen, differenzieren auch bei den Energieversorgungsleitungen in unterschiedlicher Weise. Nur teilweise wird das Verlegen oberirdischer und unterirdischer Ver- und Entsorgungsleitungen insgesamt erfasst[612], teilweise nur im Außenbereich[613] oder nur mit Ausnahme unterirdischer örtlicher Anlagen[614]. In einigen Ländern erstreckt sich die Genehmigungspflicht gar nicht auf Leitungen.[615]

Ansonsten hängt es vom Verlauf der einzelnen Leitung ab, ob sich Genehmigungserfordernisse nach Wald-, Wasser-, Wasserstraßen-, Straßen- oder Luftverkehrsrecht ergeben oder die Leitung ohne entsprechende behördliche Verfahren verlegt werden kann. Verläuft eine Leitung durch Wald, sind – wenn vorhanden – nur die Maststandorte nach den den § 9 BWaldG ausfüllenden Landesregelungen genehmigungspflichtig, die Leitungstrasse bedarf nur bei besonderen Beschränkungen innerhalb des Schutzstreifens einer Genehmigung.[616] Nur einzelne Landeswaldgesetze unterwerfen jede Leitungstrasse einer Genehmigungspflicht[617] oder solche mit einer Fläche von mindestens 1 ha Größe[618].

611 Zu den unterschiedlichen Regelungen in den Landesbauordnungen im Einzelnen *H. Loibl/H. Thalmaier*, in: Rayermann/Loibl (Hrsg.), Energierecht, Kap. 6 Rn. 3 ff.

612 Vgl. z.B. § 18 Abs. 1 S. 2 Nr. 1, 5, § 19 Abs. 1 NatSchG LSA.

613 Vgl. z.B. § 10 Abs. 2 Nr. 7, § 17 Abs. 3 BbgNatSchG; § 4 Abs. 2 Nr. 7, 8, § 6 Abs. 4 LG NW.

614 Vgl. z.B. § 12 Abs. 2 Nr. 4, § 17 Abs. 2 HENatG; § 6 Abs. 2 S. 1 Nr. 1, § 7 ThürNatG.

615 Vgl. z.B. § 24 BWNatSchG; § 16 a LNatG M-V.

616 Im Einzelnen zur Genehmigungspflicht von Leitungstrassen im Wald: *F. Klose/S. Orf*, Forstrecht, BWaldG, § 9 Rn. 44 ff.

617 Vgl. z.B. § 8 Abs. 8 SächsWaldG; § 8 Abs. 7 Nr. 1 LWaldG LSA.

2. Rohrleitungsanlagen zum Befördern anderer Stoffe

Für die Errichtung, den Betrieb und die Änderung von Rohrleitungsanlagen zum Befördern wassergefährdender Stoffe, von verflüssigten bzw. nicht verflüssigten Gasen, von Stoffen im Sinne des § 3 a Chemikaliengesetzes und für die Errichtung, den Betrieb und die Änderung von Dampf- oder Warmwasserpipelines sowie von Wasserfernleitungen ist ein Planfeststellungsverfahren nur für die Anlagen vorgeschrieben, die in der Anlage 1 zum Gesetz über die Umweltverträglichkeitsprüfung unter den Nummern 19.3 bis 19.7 aufgeführt sind (§ 20 Abs. 1 UVPG: und falls dafür nach den §§ 3 b bis 3 f eine Verpflichtung zur Durchführung einer Umweltverträglichkeitsprüfung besteht). Anlagen mit einem geringeren Durchmesser oder einer geringeren Länge sind nicht planfeststellungspflichtig.[619] Generell nicht planfeststellungspflichtig sind Abwasserleitungen.

Diese Leitungsanlagen werden ansonsten rechtlich parallel zu den Strom- und Gasversorgungsleitungen behandelt, so dass sich hinsichtlich der Entbehrlichkeit von Planungs- und Zulassungsverfahren das dort dargestellte Bild ergibt.

III. Anlagen zur Trinkwasserversorgung und Abwasseranlagen; Abfallbeseitigungsanlagen

Nicht nur die Leitungen, auch die Anlagen, die der Wasserversorgung oder der Abwasserbeseitigung dienen, können in vielen Fällen ohne behördliches Verfahren errichtet werden.

So sind entsprechende Anlagen nach den Landesbauordnungen häufig nicht baugenehmigungspflichtig.[620] Ähnlich sieht es bei den Landeswassergesetzen aus: Für Wasserversorgungsanlagen ist eine Genehmigungspflicht die Ausnahme[621]; für Abwasseranlagen ist entsprechend der Rahmenregelung in § 18 b WHG nach den meisten Landeswassergesetze keine Genehmigung erforderlich, die meisten Länder verlangen nur eine Übereinstimmung mit den Regeln der Technik[622]. Einer wasserrechtlichen Erlaubnis oder Bewilligung bedürfen nur

618 Vgl. § 9 Abs. 7 S. 2 LWaldG BW.

619 Im Einzelnen zur Abgrenzung von planfeststellungspflichtigen und nicht planfeststellungspflichtigen Rohrleitungsanlagen oben S. 45 ff.

620 Dazu oben S. 189 f.

621 Die Errichtung, der Betrieb und die Änderung eines künstlichen Wasserspeichers mit mehr als 5 000 m³ Wasser ist nach § 20 Abs. 1 UVPG i.V.m. Anlage 1 zum UVPG (Nr. 19.9) planfeststellungspflichtig.

622 Vgl. z.B. Art. 41 e BayWG; § 45 Abs. 4 HWG; § 153 NWG, § 57 LWG NW; § 154 WG LSA.

die Wasserversorgungs- oder Abwasserbeseitigungsanlagen, die auch ein Gewässer im Sinne von § 3 WHG benutzen. Damit werden Anlagen zur Wasserversorgung wie z.B. Zisternen oder Wasseraufbereitungsanlagen und Abwasseranlagen wie z.B. Sickerschächte, Verrieselungs- und Verregnungsanlagen im Regelfall genehmigungsfrei sein.

Ebenfalls genehmigungsfrei sind Abfallbeseitigungsanlagen zur Lagerung oder Behandlung von Abfällen zur Beseitigung, deren Leistung geringer ist als die in der Anlage zur 4. BImSchV (unter Nr. 8) angegebenen Werte, soweit nicht ein Baugenehmigungsverfahren durchzuführen ist.

IV. Unterhaltung von Bundeswasserstraßen und Gewässern allgemein

Maßnahmen der Unterhaltung für Bundeswasserstraßen oder Gewässer bedürfen – im Gegensatz zu Ausbaumaßnahmen – keiner planungsrechtlichen Zulassungsentscheidung.[623] Unterhaltungsmaßnahmen sind im Allgemeinen auch keine Eingriffe im Sinne der aufgrund des § 18 Abs. 4 S. 3 BNatSchG ergangenen Positivlisten[624] – eine Genehmigung nach den Landesnaturschutzgesetzen ist daher nicht erforderlich. Ebenfalls nicht erforderlich sind wasserrechtliche Verwaltungsakte, wie in § 7 Abs. 3 WaStrG für Bundeswasserstraßen und in § 3 Abs. 3 S. 2 WHG für Gewässer ausdrücklich bestimmt wird.

§ 2 Raumordnerische Entscheidungen

Gegenstand einer raumordnerischen Entscheidung können, wie gesehen, bestimmte Energieerzeugungsanlagen, Abfallbeseitigungsanlagen und Abwasserbehandlungsanlagen sein sowie im Einzelfall raumbedeutsame Leitungsvorhaben von überörtlicher Bedeutung. Hat die Enteignungsbehörde über die Enteignung für eines dieser Vorhaben zu entscheiden, für das Festlegungen in einem Raumordnungsplan getroffen wurden oder das Gegenstand eines Raumordnungsverfahrens oder einer landesplanerischen Stellungnahme war, stellt sich die Frage, ob und in welcher Weise diese Entscheidungen die spätere Prüfung der Enteignungsbehörde binden (B.). Da Gegenstand der Bindungswirkung der raumordnerischen Entscheidungen nur ihr Inhalt sein kann, soll – bevor die Bindungswirkungen untersucht werden – zunächst der Inhalt dieser Entscheidungen betrachtet werden (A.).

623 Vgl. für Bundeswasserstraßen A. *Friesecke*, Bundeswasserstraßengesetz, § 8 Rn. 1.
624 Vgl. für Bundeswasserstraßen A. *Friesecke*, Bundeswasserstraßengesetz, § 8 Rn. 1c.

A. Inhalt der Entscheidungen

Der mögliche Inhalt der Entscheidungen wird durch die Aufgabenstellung der Raumordnung begrenzt: § 1 Abs. 1 S. 1 ROG formuliert als Aufgabe der Raumordnung, dass der Gesamtraum der Bundesrepublik Deutschland und seine Teilräume durch zusammenfassende, übergeordnete Raumordnungspläne und durch Abstimmung raumbedeutsamer Planungen und Maßnahmen zu entwickeln, zu ordnen und zu sichern sind. Kennzeichnend für den Funktionsbereich der Raumordnung sind danach die Merkmale „übergeordnet", „überörtlich" und „zusammenfassend".[625] Übergeordnet heißt, dass die Raumordnung zumindest grundsätzlich gegenüber der örtlichen Planung in Gestalt der Bauleitplanung sowie gegenüber der Fachplanung Vorrang haben soll. Überörtlich meint, dass der Bereich, auf den sich die Raumordnung bezieht, größer ist als das Gebiet einer Gemeinde. Zusammenfassend bedeutet, dass alle raumrelevanten Aktivitäten zusammengefasst und aufeinander abgestimmt werden. Ziel der Raumordnung ist dabei die Entwicklung, Ordnung und Sicherung des Raums.

I. Raumordnungspläne

1. Bedarf

Aus dieser Aufgabenstellung lässt sich für Festlegungen über den Bedarf nach den Leistungen eines Vorhabens zweierlei ableiten: Bei der Raumordnung geht es – ganz ihrer Bezeichnung entsprechend – primär um Raumplanung und nicht um fachliche Bedarfsplanung. Fachliche Bedarfsplanung, die – wie die Raumplanung – auf einer vorgelagerten Ebene angesiedelt ist, findet im Bereich des Bundesfernstraßen- und Eisenbahntrassenbaus durch die entsprechenden Ausbaugesetze statt.[626] Bei den für eine nicht planakzessorische Enteignung in Betracht kommenden Vorhaben, wie z.B. Energieleitungen, fehlt es dagegen an einer vorgelagerten staatlichen Bedarfsplanung – die Raumordnung übernimmt diese Aufgabe nicht.[627]

Das bedeutet aber nicht, dass Raumordnungspläne keinerlei Angaben zum Bedarf enthalten würden. Eine Festlegung über die Nutzung des Raums durch

---

625 Zur Aufgabe der Raumordnung: *M. Ronellenfitsch*, Einführung in das Planungsrecht, § 3 I. 2.; *H.-G. Gierke*, in: Brügelmann, BauGB, § 1 Rn. 289 a. Siehe auch das Baurechtsgutachten des BVerfG v. 16.6.1954 – 1 PBvV 2/52, BVerfGE 3, S. 407 (425).

626 Vgl. § 1 Fernstraßenausbaugesetz vom 20.1.2005, BGBl. I S. 201; § 1 Bundesschienenwegeausbaugesetz vom 15.11.1993, BGBl. I S. 1874, zuletzt geändert durch Gesetz vom 27.4.2005, BGBl. I S. 1138.

627 Dazu kritisch *G. Hermes*, in: Schneider/Theobald, Handbuch zum Recht der Energiewirtschaft, § 6 Rn. 46.

Infrastrukturprojekte ist nicht denkbar ohne eine Vorstellung über den Bedarf nach Projekten dieser Art. Enthalten die Raumordnungspläne aber Angaben zum Bedarf, muss ihr Verhältnis zur entsprechenden Prüfung im Rahmen der Fachplanung geklärt werden. Dafür gibt die zitierte Aufgabenbeschreibung Hinweise: Eine Regelung, die sich unmittelbar auf die Nutzung des Bodens auswirkt, würde danach nicht mehr in den Aufgabenbereich der Raumordnung fallen – insoweit ließe sich nicht mehr von „übergeordnet", „überörtlich" oder „zusammenfassend" sprechen. Damit kann die Raumordnung nicht den Bedarf für ein einzelnes Infrastrukturvorhaben bindend festlegen[628], erst recht wäre der Kompetenzbereich durch eine Festlegung überschritten, die die Realisierung eines konkreten Infrastrukturvorhabens vorsieht[629]. Möglich sind dagegen eher allgemeine Ausführungen zum Bedarf ohne Bezug auf ein konkretes Vorhaben, so z.B. zum Anschlussgrad bestimmter Regionen an öffentliche Trinkwasserversorgungsanlagen[630]. Soweit die Ermittlung und Festlegung des Bedarfs doch bereits auf bestimmte Vorhaben bezogen wird, scheidet aber eine Bindung der Fachplanungsbehörde an diese Festlegungen aus.[631]

2. Standort

Ganz fraglos enthält die Festsetzung eines Vorhabens in einem Raumordnungsplan eine Entscheidung über den Standort dieses Vorhabens. Auch hier muss aber noch eine Abgrenzung zu späteren Planungsstufen vorgenommen werden. Konkret muss dabei geklärt werden, welchen Detaillierungsgrad, welche „Schärfe" eine Standortentscheidung auf der Ebene der Raumordnung haben kann (unterschieden werden übergemeindliche, gemeinde-, gebiets- und parzellenscharfe Festlegungen[632]).

Problematisch sind parzellenscharfe Festlegungen, da sie einer nachfolgenden Planung keinen eigenen Gestaltungsspielraum mehr belassen. Wenn es Aufgabe der Raumordnung ist, die vielfältigen Fachplanungen zusammenzufassen und aufeinander abzustimmen[633], und vollziehbare Entscheidungen über die einzelnen Vorhaben dagegen auf der Ebene der Fachplanung getroffen werden, können parzellenscharfe Festlegungen in Raumordnungsplänen höchstens in

---

628 Vgl. *P. Runkel*, in: Bielenberg/Runkel/Spannowsky, Raumordnungs- und Landesplanungsrecht, ROG Bund, § 2 Rn. 56; dafür aber *K. Goppel*, DVBl. 2000, S. 86 (89).

629 Zu einer entsprechenden Festsetzung *R. Steinberg/J. Steinwachs*, NVwZ 2004, S. 530 ff.

630 Vgl. BayVGH, Urt. v. 10.4.1984 – Nr. 8 B 82 A. 954, 955 und 956, BayVBl. 1984, S. 627 (629).

631 So zum Verhältnis Raumordnungsverfahren – Planrechtfertigung OVG RP, Urt. v. 5.8.2004 – 1 A 11787/03, NuR 2005, S. 53 (55).

632 Vgl. *W. Brohm*, DVBl. 1980, S. 652 (652 f.).

633 Vgl. das Baurechtsgutachten des BVerfG v. 16.6.1954 – 1 PBvV 2/52, BVerfGE 3, S. 407 (425).

Ausnahmefällen in Betracht kommen.[634] Da die Raumordnungsplanung auf einer großmaßstäblichen Kartengrundlage erstellt wird (für den Regionalplan meist im Maßstab 1 : 50 000), wird einer möglichen Tendenz zur parzellenscharfen Festlegung ohnehin vorgebeugt. So werden z.B. Leitungstrassen auch oft nur wenig präzise dargestellt: Festgesetzt werden nur die Anfangs- und Endpunkte der Leitungen, und es wird auf der Maßstabsebene einer Grobtrassierung geblieben.[635]

II. Raumordnungsverfahren

Mit der Durchführung eines Raumordnungsverfahrens für eines der genannten Vorhaben können zwei Ziele verfolgt werden: Abstimmung des Vorhabens mit den Erfordernissen der Raumordnung und Abstimmung mit anderen Vorhaben (§ 15 Abs. 1 S. 1 ROG). Die Landesplanungsbehörde prüft dabei die raumbedeutsamen Auswirkungen des Vorhabens auf die in den Grundsätzen des § 2 Abs. 2 ROG genannten Belange unter überörtlichen Gesichtspunkten (§ 15 Abs. 1 S. 3 ROG). Der mögliche Inhalt des Ergebnisses eines Raumordnungsverfahrens entspricht der Zielsetzung des Verfahrens: Zum einen stellt die Landesplanungsbehörde fest, ob das Vorhaben mit den Erfordernissen der Raumordnung übereinstimmt (§ 15 Abs. 1 S. 2 Nr. 1 ROG); zum anderen wird festgestellt, wie das Vorhaben unter den Gesichtspunkten der Raumordnung durchgeführt und auf andere Vorhaben abgestimmt werden kann (§ 15 Abs. 1 S. 2 Nr. 2 ROG). Diese Feststellung schließt die Prüfung der vom Vorhabenträger eingeführten Standort- oder Trassenalternativen ein (§ 15 Abs. 1 S. 4 ROG). Je nach Sprachgebrauch der Landesplanungsgesetze wird diese Feststellung raumordnerische oder landesplanerische Beurteilung oder Feststellung genannt.

III. Landesplanerische Stellungnahmen

Zum Inhalt landesplanerischer Stellungnahmen enthält das Raumordnungsgesetz dagegen keine Aussage. Aus ihrer Funktion lässt sich aber Folgendes ableiten: Zulassungs- und Planungsbehörden wie auch die Enteignungsbehörde holen diese Stellungnahmen in den von ihnen durchgeführten förmlichen Verfahren ein, damit die Landesplanungsbehörde die übergeordnete, überörtliche und zusammenfassende Vorstellung von der Ordnung des Raums mit in die Beurteilung

---

634 Zum Verhältnis Raumordnung und Fachplanung jeweils m.w.N.: *H.-G. Gierke*, in: Brügelmann, BauGB, § 1 Rn. 279 ff.; *P. Runkel*, in: Bielenberg/Runkel/Spannowsky, Raumordnungs- und Landesplanungsrecht, ROG Bund, § 3 Rn. 118 ff.

635 Vgl. *G. Hermes*, in: Schneider/Theobald, Handbuch zum Recht der Energiewirtschaft, § 6 Rn. 53.

einer konkreten raumbedeutsamen Planung oder Maßnahme einbringt. Es ist daher sinnvoll, wenn die landesplanerische Stellungnahme nicht aus einer Aneinanderreihung raumordnerischer Belange besteht, die durch das Vorhaben berührt sein können, sondern wenn diese Belange wie bei einem Raumordnungsverfahren wertend zu einem Ergebnis zusammengeführt werden, das eine Aussage zur Raumverträglichkeit des Vorhabens enthält.[636]

B. Bindungswirkung

In welcher Weise binden nun Festlegungen in Raumordnungsplänen, das Ergebnis eines Raumordnungsverfahrens sowie eine landesplanerische Stellungnahme die zeitlich nachfolgende Prüfung eines geplanten Vorhabens durch die Enteignungsbehörde? Vorgaben der Raumordnung und Landesplanung entfalten ihre Wirkung gegenüber nachfolgenden Planungen und Maßnahmen über sog. Raumordnungsklauseln. Dabei lassen sich allgemeine Raumordnungsklauseln und spezielle Raumordnungsklauseln unterscheiden: Die Regelungen im Raumordnungsgesetz über die Bindungswirkung der Erfordernisse der Raumordnung (§ 3 Nr. 1 ROG) werden als allgemeine Raumordnungsklauseln bezeichnet. Als spezielle Raumordnungsklauseln werden dagegen Bindungsvorschriften in Fachgesetzen bezeichnet.[637] Zunächst soll geprüft werden, inwieweit die Enteignungsbehörde über die allgemeinen Raumordnungsklauseln an die Erfordernisse der Raumordnung gebunden wird (I.), und dann, ob noch eine Bindung durch spezielle Raumordnungsklauseln vermittelt wird (II.).

I. Allgemeine Raumordnungsklauseln, § 4 Abs. 1-4 ROG

Das Raumordnungsgesetz fasst die Raumordnungsklauseln in § 4 Abs. 1-4 ROG systematisch zusammen; daneben existiert nur in § 5 ROG ein Sondertatbestand für Bundesmaßnahmen. § 4 ROG gilt aber nur für folgenden Adressatenkreis: zum einen für den Träger der raumbedeutsamen Planung oder Maßnahme und zum anderen für die Behörde, die über die Zulässigkeit der raumbedeutsamen Maßnahme entscheidet. Da die Enteignungsbehörde eindeutig nicht Träger einer raumbedeutsamen Planung oder Maßnahme ist, kann sie nur unter die 2. Alternative fallen. Hier ordnet § 4 Abs. 1 S. 2 ROG die Geltung an für die Behörden, die Entscheidungen über die Zulässigkeit raumbedeutsamer Maßnahmen öffent-

636 So *P. Runkel*, in: Bielenberg/Runkel/Spannowsky, Raumordnungs- und Landesplanungsrecht, ROG Bund, § 4 Rn. 202.

637 Vgl. *J. Wagner*, DVBl. 1990, S. 1024 ff.; *P. Runkel*, in: Bielenberg/Runkel/Spannowsky, Raumordnungs- und Landesplanungsrecht, ROG Bund, § 4 Rn. 258 ff.

licher Stellen treffen (Nr. 1), sowie für die Behörden, die Planfeststellungen und vergleichbare Genehmigungen über raumbedeutsame Maßnahmen Privater zu erlassen haben (Nr. 2). Über § 4 Abs. 4 S. 1 ROG findet § 4 ROG auch auf Behörden Anwendung, die sonstige Zulassungsentscheidungen über raumbedeutsame Maßnahmen Privater treffen.

1. Enteignungsbehörde als Zulassungsbehörde Adressat der Geltungsanordnung

Um über § 4 ROG gebunden zu sein, müsste die Enteignungsbehörde demnach auch über die öffentlich-rechtliche Zulässigkeit der raumbedeutsamen Vorhaben entscheiden, für deren Realisierung die Enteignung bei ihr beantragt ist. Bei der Prüfung, ob das der Fall ist, muss differenziert werden. Einige der genannten raumbedeutsamen Vorhaben, die nach den Fachplanungsgesetzen nicht planfeststellungspflichtig sind, bedürfen aber, wie sich aus der Übersicht oben ergibt, vor ihrer Realisierung noch einer einfachen Zulassungsentscheidung: z.B. bestimmte Energieerzeugungsanlagen und Abfallbeseitigungsanlagen eine immissionsschutzrechtliche Genehmigung, bestimmte Abwasserbehandlungsanlagen teilweise eine wasserrechtliche Genehmigung. Bei den Leitungsvorhaben können sich Genehmigungserfordernisse z.B. nach Naturschutz-, Wald-, Wasser-, Wasserstraßen-, Straßen- oder Luftverkehrsrecht ergeben (a)). Je nach Art, Verlauf und Bundesland können Leitungsvorhaben aber auch ganz ohne Genehmigungen verwirklicht werden (b)).

a) Bei genehmigungspflichtigen Vorhaben

Bei den genehmigungspflichtigen Vorhaben ist eine Zulassungsentscheidung durch die Enteignungsbehörde nur denkbar, wenn die Zuständigkeit für die eben genannten Genehmigungen von den Fachbehörden auf die Enteignungsbehörde verlagert würde. Dafür bedarf es einer ausdrücklichen gesetzlichen Bestimmung.

Entscheidet die Enteignungsbehörde im einfachen Enteignungsverfahren, fehlt es an der Anordnung einer Konzentrationswirkung – die Landesenteignungsgesetze enthalten für den Enteignungsbeschluss keine entsprechende Regelung. Der Enteignungsbeschluss entfaltet daher keine Ersetzungswirkung.[638] Die Enteignungsbehörde muss vielmehr den Abschluss des Verfahrens vor der Genehmigungsbehörde abwarten und ist an den Inhalt der Zulassungsentscheidung gebunden.[639]

---

638 Ebenfalls ausdrücklich gegen eine Ersetzungswirkung des Enteignungsbeschlusses *K. Puhr-Westerheide*, BayEG, Art. 30 Anm. 2.1.2.

639 Dazu unten S. 221 ff.

b) Bei nicht genehmigungspflichtigen Vorhaben

Hat es die Enteignungsbehörde mit Leitungsanlagen zu tun, die nach den Fachgesetzen genehmigungsfrei sind, könnte sie die erste Behörde sein, die über die öffentlich-rechtliche Zulässigkeit dieser Anlagen entscheidet – dann müssten ihre Entscheidungen aber auch einen entsprechenden Regelungsinhalt haben.

Gegenüber den von dem Vorhaben betroffenen Grundstücksberechtigten wird tatsächlich davon gesprochen, dass der Enteignungsbeschluss die „eigentliche Gestattung" zur Errichtung des Vorhabens enthalte.[640] Da eine Gestattung nicht gegenüber den Grundstücksberechtigten erteilt wird, sondern gegenüber dem Vorhabenträger, kann mit dieser Einstufung aber nur Folgendes gemeint sein: Bei einer Enteignung ohne vorangehendes Planfeststellungsverfahren ist das Enteignungsverfahren das erste Verfahren, in dem das Vorhaben auch im Hinblick auf seine Auswirkungen auf Grundstücksberechtigte überprüft wird.[641] Der Enteignungsbeschluss ist somit auch die erste Entscheidung mit Außenwirkung, gegen die die Betroffenen klagen können, wenn sie das Vorhaben verhindern wollen.[642] Damit übereinstimmend wird die Enteignung ohne vorangehendes Planfeststellungsverfahren als Anwendungsfall des § 48 Abs. 1 S. 1 Nr. 4, S. 2 VwGO angesehen, der für Streitigkeiten über den Gesamtkomplex der für die Errichtung oder Änderung bestimmter Strom- und Gasleitungen erforderlichen Genehmigungen die erstinstanzliche Zuständigkeit des Oberverwaltungsgerichts vorsieht.[643]

Ein anderer Ansatzpunkt für die Annahme einer Entscheidung der Enteignungsbehörde auch über die Zulässigkeit des Vorhabens ist die Tatsache, dass sie bei den nicht genehmigungspflichtigen Vorhaben auch die Rechtmäßigkeit des Vorhabens zu prüfen hat. Inhalt des stattgebenden Enteignungsbeschlusses ist es aber trotzdem nicht, dem Vorhabenträger die Durchführung seines Vorhabens zu gestatten; das beantragt der Vorhabenträger auch gar nicht. Unabhängig davon, ob neben enteignungsbezogenen auch vorhabenbezogene Voraussetzungen für die Zulässigkeit der Enteignung geprüft werden müssen, beschränkt sich der Inhalt des Enteignungsbeschlusses ausschließlich auf die Enteignung.[644] Deutlich wird das auch durch einen Blick auf die entsprechenden Vorschriften der Landesenteignungsgesetze über den stattgebenden Enteignungsbeschluss.[645]

---

640 Vgl. VGH BW, Beschl. v. 20.12.1999 – 10 S. 2699/99, NuR 2000, S. 277 m.w.N.

641 Zur Unbedenklichkeit dieser Regelungsweise aus bundesrechtlicher Sicht: BVerwG, Beschl. v. 16.11.1998 – 6 B 110.98, NuR 1999, S. 507 (508).

642 Kritisch zu dieser späten Rechtsschutzmöglichkeit *S. Langer*, BayVBl. 1989, S. 641 (643).

643 VGH BW, Urt. v. 14.5.1996 – 10 S 1/96, NVwZ 1997, S. 90; *F. Kopp/W.-R. Schenke*, VwGO, § 48 Rn. 7; *J. Schmidt*, in: Eyermann, VwGO, § 48 Rn. 8.

644 Zum Regelungsinhalt eines Enteignungsbeschlusses oben S. 143 f.

645 § 29 LEntG BW; Art. 31 BayEG; § 5 Abs. 3 EnteigG BE i.V.m. § 113 BauGB; § 30 EntGBbg; § 6 Abs. 3 BremEntG i.V.m. § 113 BauGB; § 7 Abs. 3 HA EnteigG i.V.m.

Danach muss der Enteignungsbeschluss alle für die Übertragung des Eigentums oder von Rechten an Grundstücken auf einen neuen Rechtsträger oder für die Beschränkung zu seinen Gunsten erforderlichen Angaben enthalten. Das Vorhaben dagegen muss nur als Enteignungszweck bezeichnet werden – ohne Plan oder sonstige Angaben zu seiner Ausführung.

c) Ergebnis

Es kann daher festgehalten werden: Die Enteignungsbehörde lässt sich nicht als Stelle ansehen, die über die öffentlich-rechtliche Zulässigkeit eines raumbedeutsamen Vorhabens entscheidet. Das gilt unabhängig davon, ob die Vorhaben genehmigungspflichtig sind oder nicht. Damit ist die Enteignungsbehörde nicht unmittelbar über § 4 ROG gebunden. Die genannten Vorschriften für Zulassungsbehörden könnten aber analog auf die Enteignungsbehörde Anwendung finden[646]: Anhaltspunkte dafür, dass es eine bewusste Entscheidung des Gesetzgebers war, für die Enteignungsbehörde keine Regelung vorzusehen, sind nicht ersichtlich.[647]

2. Analoge Anwendung der Bindungsvorschriften für Zulassungsbehörden auf die Enteignungsbehörde

Die Ausfüllung einer Gesetzeslücke im Wege der Analogie bedeutet, die für einen Tatbestand im Gesetz gegebene Regelung auf einen vom Gesetz nicht geregelten, ihm „ähnlichen" Tatbestand zu übertragen. Diese Übertragung gründet sich darauf, dass der im Gesetz nicht ausdrücklich geregelte Sachverhalt ein solcher ist, auf den ein im Gesetz angelegtes Prinzip ebenfalls zutrifft, und ein Grund, hier eine Ausnahme von dem Prinzip zu machen, nicht vorliegt.[648] Daraus lassen sich folgende „Arbeitsschritte" ableiten: Offenlegung der maßgeblichen Punkte für die in der gesetzlichen Regel zum Ausdruck kommende Wertung; hierfür bedarf es des Rückgangs auf die Zwecke und den Grundgedanken der gesetzlichen Regelung, die ratio legis (a)). Positive Feststellung einer Über-

---

§ 113 BauGB; § 30 HEG; § 10 Abs. 2 EnteigG M-V i.V.m. § 113 BauGB; § 32 NEG; § 30 EEG NW; § 35 LEnteigG RP; § 5 Abs. 3 SächsEntEG i.V.m. § 113 BauGB; § 28 EntG LSA; § 29 ThürEG.

646 Zur Bindung der luftverkehrsrechtlichen Genehmigungsbehörde an die Ziele der Raumordnung *J. Beckmann/S. Ortloff*, NVwZ 2006, S. 981.

647 Zum „beredten Schweigen" des Gesetzes: *K. Larenz*, Methodenlehre der Rechtswissenschaft, S. 370. Zur analogen Anwendung des § 4 ROG auf Mitwirkungsakte öffentlicher Stellen: *P. Runkel*, in: Bielenberg/Runkel/Spannowsky, Raumordnungs- und Landesplanungsrecht, ROG Bund, § 4 Rn. 111 ff.

648 Vgl. *K. Larenz*, Methodenlehre der Rechtswissenschaft, S. 381.

einstimmung des zu beurteilenden Sachverhalts mit dem gesetzlich geregelten hinsichtlich dieser Punkte (b)). Negative Feststellung, dass die verbleibenden Unterschiede nicht so gewichtig sind, dass sie einer Gleichbehandlung entgegenstünden (c)).[649]

a) Ratio der Bindung an raumordnerische Entscheidungen

§ 4 ROG lässt sich folgende Wertung entnehmen: Entscheidungen auf der Ebene der Raumordnung sollen gegenüber nachfolgenden Entscheidungen Bindung entfalten. Nur so lässt sich auch der in § 1 Abs. 1 S. 1 ROG ausdrücklich formulierte Auftrag erfüllen, wonach der Funktionsbereich der Raumordnung als übergeordnet, überörtlich und zusammenfassend beschrieben wird. Im Einzelnen gebunden werden die Gemeinden bei den Bauleitplanungen (§ 4 Abs. 1 S. 1 ROG); die Träger raumbedeutsamer Vorhaben, die planfeststellungs- oder genehmigungspflichtig sind (§ 4 Abs. 1 S. 1, Abs. 3 ROG), und schließlich – bei einem Auseinanderfallen des Trägers der Maßnahme und der über ihre Zulässigkeit entscheidenden Stelle – auch die Stelle, die über die Zulässigkeit der raumbedeutsamen Maßnahme entscheidet (§ 4 Abs. 1 S. 2 ROG). Damit sind alle öffentlichen Stellen, die niedrigstufigere Entscheidungen über raumbedeutsame Vorhaben zu treffen haben, nach Maßgabe des § 4 ROG an die Erfordernisse der Raumordnung gebunden.

b) Vergleichbarkeit der Enteignungsbehörde mit den Zulassungsbehörden

Zu überlegen ist, ob die Entscheidungen der Enteignungsbehörde mit den Entscheidungen der Zulassungsbehörden dergestalt vergleichbar sind, dass die Wertung des § 4 ROG, niedrigstufigere Entscheidungen über raumbedeutsame Vorhaben an die höherstufige Raumplanung zu binden, auch auf die Enteignungsbehörde Anwendung finden muss. Dafür spricht, dass sich die Funktion der Enteignungsbehörde bei der Prüfung von Vorhaben durchaus als „Ersatzplanfeststellungsbehörde" bzw. als „Ersatzgenehmigungsbehörde" beschreiben lässt.

(1) Enteignungsbehörde als „Ersatzplanfeststellungsbehörde"

Bei einem Teil der Vorhaben übernimmt die Enteignungsbehörde die Funktion einer „Ersatzplanfeststellungsbehörde". Das ist der Fall bei solchen Vorhaben,

---

649 Vgl. *K. Larenz*, Methodenlehre der Rechtswissenschaft, S. 381 f.; *T. I. Schmidt*, VerwArchiv Bd. 97 (2006), S. 139 (142 ff.); *R. Brühl*, Juristische Fallbearbeitung, S. 78 f.

bei denen es eine Differenzierung in planfeststellungspflichtige und nicht planfeststellungspflichtige gibt. So sind Stromleitungen nur planfeststellungspflichtig mit einer Nennspannung von 110 kV oder mehr, Gasversorgungsleitungen nur mit einem Durchmesser von mehr als 300 mm, Rohrleitungsanlagen nach § 20 Abs. 1 UVPG nur, wenn sie einen bestimmten Durchmesser oder eine bestimmte Länge überschreiten, ebenso Wasserspeicher nur ab einem Fassungsvermögen von mehr als 5 000 m³. Auch bei den Gemeindestraßen sind nur bestimmte planfeststellungspflichtig. Alle anderen Leitungsanlagen und Gemeindestraßen unterliegen keinem Planfeststellungsvorbehalt.[650]

Wird für diese „kleineren", nicht planfeststellungspflichtigen Vorhaben eine Enteignung beantragt, tritt an die Stelle des Planfeststellungsverfahrens die vorhabenbezogene Prüfung durch die Enteignungsbehörde. Diese Prüfung lässt sich als „ersatzweise" bezeichnen, denn die Enteignungsbehörde führt sie regelmäßig nur durch, wenn das Vorhaben vorher noch kein Planfeststellungsverfahren durchlaufen hat.[651] Hat es bereits ein Planfeststellungsverfahren durchlaufen, ist der festgestellte Plan dem Enteignungsverfahren zugrunde zu legen und für die Enteignungsbehörde bindend – eine vorhabenbezogene Prüfung durch die Enteignungsbehörde findet dann nicht statt. Auch inhaltlich stimmt die Überprüfung der Planung des Vorhabenträgers durch die Enteignungsbehörde anhand der in den Landesenteignungsgesetzen enthaltenen Voraussetzungen Allgemeinwohldienlichkeit, Rechtmäßigkeit und Allgemeinwohlerforderlichkeit mit der Rechtmäßigkeitsprüfung einer Planfeststellungsbehörde überein.[652] Eigentlich ist es hierbei sogar umgekehrt: Die Planfeststellungsbehörde muss wegen der enteignungsrechtlichen Vorwirkung des Planfeststellungsbeschlusses ebenso die Anforderungen des Art. 14 Abs. 3 GG an das Vorhaben berücksichtigen wie die Enteignungsbehörde.

(2) Enteignungsbehörde als „Ersatzgenehmigungsbehörde"

Bei dem anderen Teil der Vorhaben lässt sich die Enteignungsbehörde als „Ersatzgenehmigungsbehörde" begreifen. So hat es die Enteignungsbehörde entweder noch mit Vorhaben zu tun, die einem Genehmigungsvorbehalt unterliegen: z.B. bei der Allgemeinheit dienenden baulichen Anlagen wie Krankenhäusern, Sportplätzen und Schulen. Oder sie entscheidet noch über Vorhaben, die ohne Genehmigung errichtet werden können, wie z.B. bestimmte Anlagen zur Trinkwasserversorgung, Abwasseranlagen oder bestimmte Abfallbeseitigungsanlagen.

---

650 Dazu im Einzelnen oben S. 45 ff.

651 Zu der Funktion der Enteignungsbehörde als einer sog. Ersatzplanfeststellungsbehörde: BayVGH, Urt. v. 18.6.1996 – 8 B 94.1051, BayVBl. 1997, S. 181 (182).

652 Dazu oben S. 51 ff., 60 ff.

Diese Vorhaben werden nur durch die Enteignungsbehörde einer Prüfung unterzogen, die den Voraussetzungen des Art. 14 Abs. 3 GG genügt. Ein Punkt dabei ist auch die Rechtmäßigkeit des Vorhabens. Bei dieser Prüfung lässt sich aber die Funktion der Enteignungsbehörde ebenfalls als „ersatzweise" beschreiben: Handelt es sich um genehmigungspflichtige Vorhaben, muss die Enteignungsbehörde den Erlass der Genehmigung abwarten und ist an das Ergebnis der im Zulassungsverfahren erfolgten Rechtmäßigkeitsprüfung gebunden.[653] Anders aber bei den nicht genehmigungspflichtigen Vorhaben. Hier tritt die Enteignungsbehörde als „Ersatzgenehmigungsbehörde" in Erscheinung: Sie muss in diesem Fall selber die Rechtmäßigkeit des Vorhabens prüfen, die eine vorhabenbezogene Enteignungsvoraussetzung darstellt. Inhaltlich entspricht die Prüfung der Enteignungsbehörde dabei der Prüfung, die sonst von den Genehmigungsbehörden durchgeführt wird.[654]

c) Unterschiede stehen Gleichbehandlung nicht entgegen

Auch wenn die Enteignungsbehörde Vorhaben ersatzweise in der Weise überprüft, wie es sonst Aufgabe der Planfeststellungs- oder Genehmigungsbehörden ist, bleibt es natürlich dabei, dass sie dies nicht als Zulassungsbehörde macht, sondern unter dem Aspekt, ob das Vorhaben den Anforderungen des Art. 14 Abs. 3 GG entspricht. Ist das der Fall, trifft sie eine positive Entscheidung über die beantragte Enteignung, aber wie gesehen keine Entscheidung über das Vorhaben. Für die Frage, ob die Vorschriften über die Bindungswirkungen von Erfordernissen der Raumordnung auch auf die Enteignungsbehörde Anwendung finden können, ist dieser Unterschied aber nicht erheblich. Das Ziel des § 4 ROG, raumordnerischen Entscheidungen gegenüber nachfolgenden Entscheidungen Bindungswirkung zu verleihen, lässt sich nur vollständig erreichen, wenn auch die Enteignungsbehörde gebunden wird. Sie führt schließlich quasi ersatzweise dieselben Prüfungen wie die Zulassungsbehörden durch. Würde man eine analoge Anwendung der Bindungsregelungen auf die Enteignungsbehörde ablehnen, wäre auch folgende Situation gegeben: Planfeststellungs- oder genehmigungspflichtige Vorhaben könnten nur im Rahmen der raumordnerischen Vorgaben verwirklicht werden; für Vorhaben, die kein entsprechendes Verfahren durchlaufen müssen, könnte die Enteignungsbehörde aber auch enteignen, wenn das Projekt im Widerspruch zu diesen Vorgaben stünde. Dieses Ergebnis wäre wenig überzeugend.

---

653 Dazu unten S. 219 ff.

654 Dazu oben S. 93 ff.

3. Bindung nach § 4 Abs. 1-4 ROG analog

Damit kann § 4 Abs. 1-4 ROG analog auf die Enteignungsbehörde angewandt werden. Im Einzelnen ist die Enteignungsbehörde nach dieser Bestimmung wie folgt an den Inhalt der vorgelagerten Raumordnungsentscheidungen gebunden.

a) Festlegungen in Raumordnungsplänen

In welcher Weise der Inhalt eines Raumordnungsplans die nachfolgenden Zulassungsentscheidungen bindet, hängt von der Art der Festlegung ab: unterschieden werden Ziele (1) und Grundsätze der Raumordnung (2).[655]

(1) Ziele der Raumordnung

Raumordnungsziele sind nach § 3 Nr. 2 ROG verbindliche Vorgaben in Form von räumlich und sachlich bestimmten oder bestimmbaren, vom Träger der Planung abschließend abgewogenen textlichen oder zeichnerischen Festlegungen in Raumordnungsplänen. Nach § 7 Abs. 1 S. 3 ROG sind die Ziele der Raumordnung als solche in den Raumordnungsplänen zu kennzeichnen.[656]

(A) § 4 Abs. 1 S. 2 i.V.m. S. 1 ROG

§ 4 Abs. 1 S. 2 i.V.m. S. 1 ROG regelt die Auswirkung von Zielen der Raumordnung auf die Entscheidungen über Genehmigungen oder Planfeststellungen für raumbedeutsame Maßnahmen öffentlicher Stellen (Satz 2 Nr. 1) sowie auf die Entscheidungen über Planfeststellungen und Plangenehmigungen für raumbedeutsame Maßnahmen von Personen des Privatrechts (Satz 2 Nr. 2). Danach muss die für die Zulassungsentscheidung zuständige Stelle die Ziele der Raumordnung beachten. Beachten bedeutet, dass sie die Maßnahme nicht zulassen darf, wenn die Maßnahme gegen ein Ziel der Raumordnung verstößt.[657]

(B) § 4 Abs. 4 S. 1 ROG

Eine geringere Bedeutung kommt den Zielen der Raumordnung in den Fällen des § 4 Abs. 4 S. 1 ROG zu: Anders als für privatnützige Planfeststellungen und

---

655 Zur Abgrenzung *C. Heemeyer*, UPR 2007, S. 10.

656 Kritisch zu dieser Vorschrift *W. Hoppe*, DVBl. 1999, S. 1457.

657 Vgl. *P. Runkel*, in: Bielenberg/Runkel/Spannowsky, Raumordnungs- und Landesplanungsrecht, ROG Bund, § 4 Rn. 141.

Plangenehmigungen wird für sonstige Zulassungsentscheidungen über raumbedeutsame Maßnahmen von Personen des Privatrechts keine strikte Zielbeachtenspflicht angeordnet, sondern nur eine Verpflichtung zur Berücksichtigung nach Maßgabe der für diese Entscheidungen geltenden Vorschriften. Damit sind in dieser Konstellation die Ziele der Raumordnung nur insoweit zu berücksichtigen, als die maßgeblichen fachgesetzlichen Vorschriften eine Abwägungs- oder Ermessensentscheidung vorsehen. Wird von den Fachgesetzen eine entsprechende Entscheidung angeordnet, dann sind die Ziele der Raumordnung in die zu berücksichtigenden öffentlichen Belange einzubeziehen. Ist dagegen von den Fachgesetzen eine gebundene Entscheidung vorgeschrieben, bedeutet das, dass die Ziele keine Berücksichtigung finden.[658]

(C) Analoge Anwendung

Die analoge Anwendung dieser Bindungsanordnungen für Fachbehörden kann an der ersetzenden Funktion der Enteignungsbehörde anknüpfen: Ersetzt die Enteignungsbehörde wie bei Leitungsanlagen eine Planfeststellungsbehörde, gelten die für Planfeststellungsbehörden getroffenen Regelungen; ersetzt sie dagegen wie bei bestimmten Anlagen zur Ver- und Entsorgung nur eine Genehmigungsbehörde, finden die Bestimmungen für diese Behörden Anwendung. Daraus ergibt sich: Hat die Enteignungsbehörde über raumbedeutsame Vorhaben öffentlicher Stellen zu entscheiden oder ersetzt sie mit ihrer Prüfung Planfeststellungen für private raumbedeutsame Maßnahmen, entfalten die Ziele der Raumordnung die Qualität strikter Normen. Das bedeutet, dass die Ziele im Rahmen der Überprüfung der Rechtmäßigkeit des Vorhabens relevant werden. Weicht in diesen Fällen das Vorhaben von den Zielen der Raumordnung ab, ist es nicht rechtmäßig, und die Enteignungsbehörde muss aus diesem Grund eine Enteignung, die die Verwirklichung des Vorhabens ermöglichen soll, ablehnen.[659]

Ersetzt die Enteignungsbehörde dagegen die Genehmigung für ein privates raumbedeutsames Vorhaben, ist die analoge Übertragung der angeordneten Bindungswirkungen der Ziele etwas schwieriger. Die Enteignungsbehörde hat das Vorhaben regelmäßig auf komplexere Weise zu prüfen als eine Zulassungsbehörde – ihre Prüfung muss den Vorgaben des Art. 14 Abs. 3 GG genügen und umfasst bei nicht genehmigungspflichtigen Vorhaben auch die Prüfung der Zulassungsbehörde. Hier wird man die von § 4 Abs. 4 S. 1 ROG geforderte Berücksichtigung der Ziele nach Maßgabe der für die Genehmigungsentscheidung

658 Vgl. *P. Runkel*, in: Bielenberg/Runkel/Spannowsky, Raumordnungs- und Landesplanungsrecht, ROG Bund, § 4 Rn. 174 ff., 234 ff.

659 Zum Erfordernis der Vereinbarkeit einer Trasse für eine 110-kV-Freileitung mit den Zielen der Raumordnung: VGH BW, Beschl. v. 5.3.2001 – 10 S 2700/00, NVwZ-RR 2001, S. 562 (563).

geltenden Vorschriften auf den Prüfungsgang der Enteignungsbehörde übertragen müssen. Die Ziele sind daher nach Maßgabe der für die Enteignungsentscheidung geltenden Vorschriften zu berücksichtigen. Nur zwei Landesenteignungsgesetze erwähnen ausdrücklich Ziele der Raumordnung: Nach § 22 Abs. 1 S. 2 NEG und § 19 Abs. 1 S. 2 EntG LSA muss die Enteignungsbehörde klären, ob öffentliche Belange, insbesondere die Ziele der Raumordnung und Landesplanung, dem Vorhaben entgegenstehen. Alle Landesenteignungsgesetze legen aber fest, dass eine Enteignung nur zulässig ist, wenn das Wohl der Allgemeinheit das Vorhaben erfordert. Es ist anerkannt, dass auch solche allgemeinen Gemeinwohlklauseln Vorschriften sind, die die Berücksichtigung von Erfordernissen der Raumordnung vermitteln können.[660] Das bedeutet Folgendes: Die Enteignungsbehörde nimmt im Rahmen des Tatbestandsmerkmals Allgemeinwohlerforderlichkeit eine Abwägung vor. Dabei wägt sie die für und gegen das Vorhaben sprechenden Belange ab sowie die Vor- und Nachteile verschiedener Standort- oder Trassenalternativen. Bei dieser Abwägung muss sie nach § 4 Abs. 4 S. 1 ROG analog die Ziele der Raumordnung berücksichtigen. Da Ziele gewichtige Belange der Raumordnung räumlich und sachlich konkret aufgrund einer abschließenden Abwägung festlegen, kommt ihnen in der Abwägung ein besonderes Gewicht zu – sie werden daher nur schwer überwunden werden können.[661]

§ 4 Abs. 4 S. 1 ROG wird für die Enteignungsbehörde aber nur selten analog Anwendung finden: Hat die Enteignungsbehörde Zulassungsentscheidungen für private Vorhaben zu ersetzen, handelt es sich im Wesentlichen um Genehmigungen im baurechtlichen Außenbereich, für die bei Zielen die speziellen Raumordnungsklauseln in § 35 Abs. 3 S. 2, 3 BauGB gelten.[662]

(2) Grundsätze der Raumordnung

Handelt es sich bei den Festlegungen in Raumordnungsplänen nicht um Ziele, sondern um Grundsätze der Raumordnung, ist die Bindung der Enteignungsbehörde dagegen nie strikt. Grundsätze der Raumordnung sind nach der Legaldefinition in § 3 Nr. 3 ROG allgemeine Aussagen zur Entwicklung, Ordnung und Sicherung des Raums in oder aufgrund von § 2 ROG als Vorgaben für nachfolgende Abwägungs- oder Ermessensentscheidungen.

---

660 Vgl. *P. Runkel*, in: Bielenberg/Runkel/Spannowsky, Raumordnungs- und Landesplanungsrecht, ROG Bund, § 4 Rn. 261 f.; siehe auch *J. Wagner*, DVBl. 1990, S. 1024 (1030 f.).

661 Dazu *M. Kment*, BayVBl. 2004, S. 11 (12 f.).

662 Vgl. auch *P. Runkel*, in: Bielenberg/Runkel/Spannowsky, Raumordnungs- und Landesplanungsrecht, ROG Bund, § 4 Rn. 236.

Für die in § 4 Abs. 1 S. 2 ROG aufgeführten raumbedeutsamen Planungen und Maßnahmen regelt § 4 Abs. 2 ROG die Bindungswirkung von Grundsätzen; für private Vorhaben, über deren Zulässigkeit nicht durch Planfeststellung oder Plangenehmigung entschieden wird, § 4 Abs. 4 S. 1 ROG: Nach beiden Vorschriften sind die Grundsätze in der Abwägung oder bei der Ermessensausübung nach Maßgabe der dafür geltenden Vorschriften zu berücksichtigen. „Nach Maßgabe der dafür geltenden Vorschriften" bedeutet, wie gesehen, bei analoger Anwendung auf die Enteignungsbehörde Folgendes: Die Enteignungsvoraussetzung „Allgemeinwohlerforderlichkeit des Vorhabens" vermittelt die Berücksichtigung der Erfordernisse der Raumordnung. Die Grundsätze sind danach mit anderen öffentlichen und mit privaten Belangen einzustellen und bei der Abwägung der für und gegen das Vorhaben sprechenden Belange wie bei der Alternativenprüfung zu berücksichtigen. Da es sich bei den Grundsätzen der Raumordnung nur um „allgemeine Aussagen" handelt, kommt ihnen im Regelfall kein besonders starkes Gewicht zu.

b) Ergebnis eines Raumordnungsverfahrens

Das Raumordnungsverfahren schließt mit der Feststellung der Landesplanungsbehörde ab, ob ein Vorhaben mit den Erfordernissen der Raumordnung übereinstimmt und wie das Vorhaben unter den Gesichtspunkten der Raumordnung durchgeführt und auf andere Vorhaben abgestimmt werden kann (§ 15 Abs. 1 S. 2 ROG). Das Ergebnis eines Raumordnungsverfahrens wird als sonstiges Erfordernis der Raumordnung nach § 3 Nr. 4 ROG hinsichtlich seiner Bindungswirkungen den Grundsätzen der Raumordnung gleichgestellt: § 4 Abs. 2 und Abs. 4 S. 1 ROG finden neben den Grundsätzen der Raumordnung auch auf sonstige Erfordernisse Anwendung.

(1) Bindung an Beurteilung der Landesplanungsbehörde

Die erste Frage, die sich zum Verhältnis von Raumplanungsverfahren und anschließendem Planfeststellungs- oder Genehmigungsverfahren – und damit auch zum Verhältnis zu dem diese Verfahren ersetzenden Enteignungsverfahren – stellt, ist, ob die Zulassungsbehörde an die Feststellung der Landesplanungsbehörde gebunden ist oder ob sie im Rahmen des Zulassungsverfahrens bei raumbedeutsamen Vorhaben eine erneute eigenständige Raumverträglichkeitsprüfung durchführen muss. Diese Frage liegt parallel zu der unten angesprochenen Problemstellung, ob die Enteignungsbehörde an die Feststellung der Rechtmäßigkeit eines Vorhabens in einem vorgelagerten Genehmigungsverfahren gebunden ist. Da es zur Bindungswirkung von Zulassungsentscheidungen keine gesetzliche

Regelung gibt, muss dort auf die Rechtsnatur einer Genehmigung abgestellt werden und eine Antwort auf die umstrittene Frage nach der Bindungswirkung von Verwaltungsakten gegenüber Drittbehörden gesucht werden.[663] Für das Ergebnis von Raumordnungsverfahren gibt es aber gesetzliche Regelungen zur Bindungswirkung, auf die umstrittene Rechtsnatur dieser Feststellung braucht daher nicht näher eingegangen zu werden[664].

Nach § 4 Abs. 2 und Abs. 4 S. 1 ROG ist das Ergebnis eines Raumordnungsverfahrens von den Zulassungsbehörden bei raumbedeutsamen Planungen und Maßnahmen in der Abwägung oder bei der Ermessensausübung nach Maßgabe der dafür geltenden Vorschriften zu berücksichtigen. Dieser Formulierung lassen sich folgende Auswirkungen auf die Prüfung der Zulassungsbehörden entnehmen: Ausdrücklich angesprochen ist die Pflicht zur Berücksichtigung im Rahmen der Abwägung (dazu unter (2)). Die Frage, ob die Zulassungsbehörden an die Beurteilung der Landesplanungsbehörden gebunden sind, ist zwar nicht ausdrücklich geregelt, wird aber von dieser Formulierung mit erfasst: Wenn § 4 Abs. 2 und Abs. 4 S. 1 ROG festlegen, dass das Ergebnis eines Raumordnungsverfahrens zu berücksichtigen ist, dann wird damit gleichzeitig gesagt, dass der Inhalt des Ergebnisses von den Planfeststellungs- und Genehmigungsbehörden nicht erneut zu überprüfen ist. Insoweit sind die Zulassungsbehörden – und bei analoger Anwendung auch die Enteignungsbehörde – an die Feststellung der Raumordnungsbehörde gebunden.[665]

Für diese Auslegung spricht auch die Regelung des § 35 Abs. 3 S. 2 2. HS BauGB über die Bindung an Ziele der Raumordnung[666]: Danach können öffentliche Belange, die bereits bei der Darstellung von Vorhaben als Ziele der Raumordnung abgewogen worden sind, einem entsprechenden Vorhaben im Baugenehmigungsverfahren nicht mehr entgegengehalten werden. Die Koordinierung und Abstimmung von Vorhaben im Rahmen eines Raumordnungsverfahrens lässt sich aber durchaus als projektbezogene Zielkonkretisierung verstehen[667], so dass es nahe liegt, auch von einer Bindung nachfolgender Behörden an das Ergebnis eines Raumordnungsverfahrens auszugehen.

Damit bewirkt das Raumordnungsverfahren eine Entlastung des anschließenden Planfeststellungs- oder Genehmigungsverfahrens, da diese Verfahren durch die Abschichtung der Verwaltungsaufgaben von der Prüfung raumordnerischer

663 Dazu ausführlich unten S. 221 ff.

664 Zu den unterschiedlichen Ansichten *P. Runkel*, in: Bielenberg/Runkel/Spannowsky, Raumordnungs- und Landesplanungsrecht, ROG Bund, § 15 Rn. 148 ff.

665 So auch (noch zur früheren Rechtslage) *R. Hosch*, BayVBl. 1979, S. 398 (400); einschränkender *H. D. Jarass*, BayVBl. 1979, S. 65 (67 ff.). Ebenfalls für eine Bindung der Enteignungsbehörde an die Beurteilung des Vorhabens durch die Landesplanungsbehörde *P. Molodovsky/S. Graf v. Bernstorff*, Enteignungsrecht in Bayern, Art. 40, Anm. 4.4.

666 Dazu unten S. 215 ff

667 So *P. Runkel*, in: Bielenberg/Runkel/Spannowsky, Raumordnungs- und Landesplanungsrecht, ROG Bund, § 15 Rn. 33.

Aspekte befreit werden.[668] In der Praxis wird offensichtlich auch von dieser Funktionsteilung ausgegangen: So soll die Enteignungsbehörde bei raumbedeutsamen Vorhaben, falls nicht ein Raumordnungsverfahren durchgeführt ist oder wird, die Landesplanungsbehörde so rechtzeitig beteiligen, dass sie das Vorhaben mit den Erfordernissen der Raumordnung und Landesplanung abstimmen kann[669] oder damit sie im Raumordnungsverfahren klärt, ob Ziele der Raumordnung dem Vorhaben entgegenstehen[670].

Ein Punkt bleibt allerdings noch anzusprechen: Was ist, wenn die Planfeststellungs- oder Genehmigungsbehörde (oder bei analoger Anwendung die Enteignungsbehörde) Zweifel an der Rechtmäßigkeit der raumordnerischen Festlegung hat? Hier kann auf die Überlegungen unten zur Bindung der Enteignungsbehörde an die Feststellung der Rechtmäßigkeit eines Vorhabens in einem vorgelagerten Genehmigungsverfahren verwiesen werden[671]: Die Bindung bleibt auch in diesem Fall bestehen, doch hat die Enteignungsbehörde die Pflicht, bei der Landesplanungsbehörde ihre Ansicht vorzutragen und auf eine entsprechende Änderung der raumordnerischen Beurteilung hinzuwirken.

(2) Gewicht im Rahmen der Abwägung

Die Bindung der Zulassungsbehörden an den Inhalt der Beurteilung der Landesplanungsbehörden wird aber dadurch abgeschwächt, dass das Ergebnis eines Raumordnungsverfahrens wie die Grundsätze der Raumordnung – und anders als die Festlegungen mit Zielqualität in Raumordnungsplänen nach § 4 Abs. 1 S. 2 ROG – nur in der Abwägung zu berücksichtigen ist. Es gelten auch hier § 4 Abs. 2 und Abs. 4 S. 1 ROG, wonach die Zulassungsbehörden das Ergebnis nach Maßgabe der dafür geltenden Vorschriften in der Abwägung zu berücksichtigen haben. Für die Enteignungsbehörde lässt sich daher formulieren, dass Raumordnungsverfahren keine „enteignungsrechtliche Vorwirkung"[672] entfalten.

Doch auch ohne eine strikte Bindungswirkung kommt dem Ergebnis eines Raumordnungsverfahrens faktisch ein starkes Gewicht zu – ein deutlich stärkeres als den Grundsätzen der Raumordnung. Grund dafür sind die tatsächlichen Unterschiede dieser beiden Arten raumordnerischer Aussagen: Grundsätze sind

668 Zum „System vorausliegender Planungsstufen und mehrstufiger Entscheidungsverfahren": BVerwG, Urt. v. 11.7.2002 – 4 C 9/00, NJW 2003, S. 230 (232). Vgl. aber auch zu den Abgrenzungsschwierigkeiten *E. Schmidt-Aßmann*, VBlBW 1986, S. 2 (7).

669 Vgl. Nr. 40.3.2 der IMBek. über den Vollzug des Bayerischen Gesetzes über die entschädigungspflichtige Enteignung vom 14.10.1978, MABl. S. 777, geändert durch IMBek. vom 10.7.1987, MABl. S. 505.

670 Vgl. Nr. 22.1 NEGVwV vom 29.1.1990 (Nds. MBl. S. 170), mit Ablauf des 31.12.2005 außer Kraft getreten (Nds. MBl. 2005, S. 990).

671 Dazu unten S. 233 ff.

672 Vgl. BVerwG, Urt. v. 24.10.2002 – 4 C 7/01, NJW 2003, S. 1336 (1338).

eher allgemein gehalten, das Ergebnis eines Raumordnungsverfahrens dagegen fasst in einem formellen Verfahren die raumordnerische Beurteilung einer konkreten Planung oder Maßnahme zusammen. Rechtstatsächliche Untersuchungen belegen, dass bei einer positiven Beurteilung im Raumordnungsverfahren die Standortentscheidung dem Grund nach häufig als entschieden anzusehen ist. Ist das Ergebnis negativ, dann müssen schon gewichtige Gründe für die Verwirklichung des Vorhabens streiten, um es dennoch an der geplanten Stelle und im geplanten Umfang zu verwirklichen.[673]

Es wäre aber ein Abwägungsfehler, wenn die Enteignungsbehörde deswegen eine eigene Abwägung der Vorhabenplanung ablehnen würde. Bei der Abwägung im Rahmen der Prüfung der Allgemeinwohlerforderlichkeit müssen alle für und gegen das Vorhaben sprechenden öffentlichen und privaten Belange berücksichtigt werden und außerdem alle für und gegen die unterschiedlichen Alternativen sprechenden Gründe. Dabei ist das Ergebnis des Raumordnungsverfahrens nur ein – zwar bedeutsamer – öffentlicher Belang, der aber im Prinzip auch überwindbar ist. Die Raumverträglichkeitsprüfung berücksichtigt eben nur die Sichtweise der Raumordnung und muss noch ergänzt werden um die Gesamtschau der im konkreten Fall zu berücksichtigenden öffentlichen und privaten Belange. Deswegen kann die Abwägung nicht durch einen Hinweis auf das Raumordnungsverfahren oder die bloße Übernahme des Ergebnisses ersetzt werden; der Enteignungsbeschluss muss vielmehr die Grundzüge der Linienführung des Gesamtvorhabens und die einzelnen Gesichtspunkte gerade für die gewählte Trasse unter Ablehnung von Alternativen enthalten.[674] Das heißt andererseits aber auch nicht, dass sich die Enteignungsbehörde nicht auf das Raumordnungsverfahren beziehen dürfte. Eine Bezugnahme liegt vielmehr sogar nahe, da im Normalfall die Faktoren, die im Raumordnungsverfahren den Ausschlag für einen bestimmten Standort oder eine bestimmte Trassenführung gegeben haben, auch im Enteignungsverfahren im Rahmen der alternativenbezogenen Abwägung von Bedeutung sind.[675] So ist die Berücksichtigung einer im Raumordnungsverfahren vorgenommenen „Grobplanung“ und ihrer schon teilweisen Realisierung durch die Enteignungsbehörde jedenfalls dann zulässig, wenn im Enteignungsverfahren eigenständig Trassenalternativen erwogen werden.[676]

---

673 Vgl. *P. Runkel*, in: Bielenberg/Runkel/Spannowsky, Raumordnungs- und Landesplanungsrecht, ROG Bund, § 4 Rn. 172, 198.

674 Vgl. BayVGH, Beschl. v. 6.12.1982 – Nr. 8 CS 82 A. 1984, BayVBl. 1983, S. 308 (309). Dazu auch oben S. 105.

675 So auch zum Verhältnis Raumordnungs- und Planfeststellungsverfahren OVG RP, Urt. v. 5.8.2004 – 1 A 11787/03, NuR 2005, S. 53 (56).

676 Vgl. VGH BW, Urt. v. 15.4.1997 – 10 S 4/96, NVwZ 1998, S. 416 (417); VGH BW, Urt. v. 14.5.1996 – 10 S 1/96, NVwZ 1997, S. 90 (92).

c) *Landesplanerische Stellungnahme*

Die landesplanerische Stellungnahme ist rechtlich als weiteres sonstiges Erfordernis der Raumordnung nach § 3 Nr. 4 ROG in ihren Bindungswirkungen dem Ergebnis eines Raumordnungsverfahrens gleichgestellt: Die Enteignungsbehörde muss nach § 4 Abs. 2 und Abs. 4 S. 1 ROG analog eine Stellungnahme der Landesplanungsbehörde im Enteignungsverfahren bei der im Rahmen der Prüfung der Allgemeinwohlerforderlichkeit durchzuführenden Abwägung berücksichtigen. Da die Landesplanungsbehörde wie beim Ergebnis eines Raumordnungsverfahrens auch bei der landesplanerischen Stellungnahme eine Aussage zur Raumverträglichkeit des Vorhabens treffen soll, kann insoweit auf die vorstehenden Ausführungen verwiesen werden.

II. Spezielle Raumordnungsklauseln

Neben den allgemeinen Raumordnungsklauseln in § 4 Abs. 1-4 ROG enthalten auch noch viele Fachgesetze Regelungen, die Aussagen zur Bindungswirkung von Erfordernissen der Raumordnung enthalten.[677] Das Verhältnis der allgemeinen zu diesen speziellen Raumordnungsklauseln wird in § 4 Abs. 5 ROG geregelt: Danach bleiben weiter gehende Bindungswirkungen der Erfordernisse der Raumordnung aufgrund von Fachgesetzen durch die allgemeinen Raumordnungsklauseln unberührt. Das bedeutet zum einen, dass die Bindungsvorschriften im Raumordnungsgesetz einen Mindeststandard festlegen, andererseits aber auch, dass Regelungen in Fachgesetzen eine weiter gehende Geltung der Vorgaben der Raumordnung vermitteln können.[678] Im Folgenden werden Regelungen in den Landesenteignungsgesetzen (1.) sowie die in der Praxis bedeutsamsten Raumordnungsklauseln in § 35 BauGB (2.) angesprochen.

---

677 Vgl. den Überblick zu Raumordnungsklauseln im Bundesrecht bei *P. Runkel*, in: Bielenberg/Runkel/Spannowsky, Raumordnungs- und Landesplanungsrecht, ROG Bund, Anhang zu § 4 Abs. 5.

678 Vgl. *J. Wagner*, DVBl. 1990, S. 1024 (1025 f.); *P. Runkel*, in: Bielenberg/Runkel/Spannowsky, Raumordnungs- und Landesplanungsrecht, ROG Bund, § 4 Rn. 260.

1. § 22 Abs. 1 S. 2 NEG; § 19 Abs. 1 S. 2 EntG LSA

In zwei Landesenteignungsgesetzen werden die Ziele der Raumordnung erwähnt. § 22 Abs. 1 S. 2 NEG und § 19 Abs. 1 S. 2 EntG LSA lauten:

> „Sie (Anm.: die Enteignungsbehörde) klärt, ob ... öffentliche Belange, insbesondere die Ziele der Raumordnung und Landesplanung ..., dem Vorhaben entgegenstehen."

In § 23 S. 1 2. HS LEnteigG RP werden allgemein öffentliche Belange angesprochen:

> „Sie (Anm.: die Enteignungsbehörde) klärt insbesondere, ob ... öffentliche Belange dem Vorhaben im Wege stehen."

Diese Vorschriften stellen gegenüber den Regelungen des § 4 Abs. 1-4 ROG hinsichtlich des Adressatenkreises eine Erweiterung dar: Hier findet die Enteignungsbehörde ausdrücklich im Zusammenhang mit den Zielen der Raumordnung Erwähnung. Doch handelt es sich bei diesen Bestimmungen materiell nicht um Raumordnungsklauseln, sondern nur um Verfahrensvorschriften. Das ergibt sich zum einen aus der Formulierung. Bei den Raumordnungsklauseln wird regelmäßig eine Aussage zur Bindungswirkung getroffen: Ziele der Raumordnung sind zu beachten (§ 4 Abs. 1 S. 1 ROG); Grundsätze und sonstige Erfordernisse der Raumordnung sind nach Maßgabe der dafür geltenden Vorschriften zu berücksichtigen (§ 4 Abs. 2 ROG). In der Aufforderung an die Enteignungsbehörde zu klären, ob Ziele der Raumordnung bzw. ob öffentliche Belange dem Vorhaben entgegenstehen, liegt aber nur eine Regelung zur Sachverhaltsermittlung. Das wird auch durch den Kontext deutlich: Die Vorschriften sind mit „Vorbereitendes Verfahren" überschrieben; die Sätze 1 fordern die Enteignungsbehörde auf, eine Stellungnahme der Gemeinde und aller Behörden einzuholen, deren Aufgabengebiet von der Ausführung des Vorhabens berührt wird. Damit muss auch bei Anwendung dieser drei Landesenteignungsgesetze für die Frage der Bindungswirkungen der Erfordernisse der Raumordnung analog auf die Regelungen des § 4 Abs. 1-4 ROG zurückgegriffen werden.

2. § 35 BauGB

§ 35 BauGB ist auf die Enteignungsbehörde analog anzuwenden, soweit die Enteignungsbehörde Baugenehmigungsbehörden ersetzt, die über raumbedeutsame Vorhaben Privater im Außenbereich zu entscheiden haben – es handelt sich um eine Spezialvorschrift zu § 4 Abs. 4 S. 1 ROG.

a) Ziele der Raumordnung: § 35 Abs. 3 S. 2, 3 BauGB

§ 35 Abs. 3 S. 2, 3 BauGB enthalten qualifizierte Raumordnungsklauseln, denn sie gehen über den Regelungsgehalt des § 4 Abs. 4 S. 1 ROG hinaus. Im Einzelnen wird als Geltungsmodus von Zielen Folgendes festgelegt[679]:

Ziele sind nicht nur nach Maßgabe der für die jeweilige Entscheidung geltenden Vorschriften zu berücksichtigen, vielmehr dürfen raumbedeutsame Vorhaben den Zielen der Raumordnung nicht widersprechen (Satz 2 1. HS).[680] Damit gilt eine strikte Zielbeachtenspflicht, so dass die Enteignungsbehörde von der Rechtswidrigkeit eines Vorhabens ausgehen muss, das mit den entsprechenden Festsetzungen in Raumordnungsplänen nicht zu vereinbaren ist – der Standort ist in diesen Fälle schon „anderweitig verplant". Ebenfalls rechtswidrig wäre in der Regel die Enteignung für ein Vorhaben, für das als Ziel der Raumordnung bereits eine Ausweisung an anderer Stelle erfolgt ist (Satz 3). Zudem legt Satz 2 2. HS eine positive Wirkung der Ziele der Raumordnung fest: Öffentliche Belange können raumbedeutsamen privilegierten Vorhaben nicht entgegengehalten werden, soweit diese privilegierten Vorhaben in einer Festsetzung als Ziele der Raumordnung dargestellt sind und bei Aufstellung des Plans eine Abwägung der betroffenen Belange stattgefunden hat. Das bedeutet, dass bestimmte, dem Vorhaben entgegenstehende öffentliche Belange der Entscheidung der Enteignungsbehörde entzogen werden können: Falls bei der Festlegung einer Trasse für eine Stromfreileitung mit Zielcharakter bereits naturschutzrechtliche Belange abgewogen wurden, dann kann die Enteignungsbehörde diese Belange einem entsprechenden Leitungsvorhaben, das im Bereich der ausgewiesenen Trasse verwirklicht werden soll, nicht mehr entgegenhalten.

b) Grundsätze und sonstige Erfordernisse der Raumordnung als öffentliche Belange: § 35 Abs. 1 und Abs. 2 BauGB

§ 35 BauGB knüpft an Grundsätze und sonstige Erfordernisse der Raumordnung folgende Rechtsfolgen: Anders als die Ziele der Raumordnung, die als besonders herausgehobene öffentliche Belange behandelt werden, werden die Grundsätze und die sonstigen Erfordernisse der Raumordnung als normale öffentliche

679 Ausführlich zur Bindung der Raumordnungsziele über § 35 Abs. 3 BauGB: *I. Schmidt*, DVBl. 1998, S. 669 (670 ff.); *W. Spoerr*, DVBl. 2001, S. 90 (93 ff.). Kritisch zur Verfassungsmäßigkeit der angeordneten strikten Bindung im baurechtlichen Genehmigungsverfahren: *W. Hoppe/W. Spoerr*, NVwZ 1999, S. 945; *H. Schulte*, NVwZ 1999, S. 942. Zum Rechtssatzcharakter von Zielen der Raumordnung: BVerwG, Urt. v. 20.11.2003 – 4 CN 6/03, NVwZ 2004, S. 614.

680 Vgl. dazu BVerwG, Urt. v. 19.7.2001 – 4 C 4/00, NVwZ 2002, S. 476.

Belange eingeordnet.[681] Damit muss für privilegierte Vorhaben nach § 35 Abs. 1 BauGB abgewogen werden, ob sie nicht Grundsätzen oder sonstigen Erfordernissen der Raumordnung entgegenstehen. Bei sonstigen Vorhaben muss nach § 35 Abs. 2 BauGB abgewogen werden, ob sie nicht diese öffentlichen Belange beeinträchtigen.

Grundsätze der Raumordnung werden allerdings wohl kaum relevant werden für die Prüfung der Enteignungsbehörde nach § 35 BauGB: „Allgemeine Aussagen" zum Standort eines Vorhabens sind eher nicht geeignet, in Konflikt mit dem anvisierten Standort eines Vorhabens zu kommen. Falls das doch der Fall ist, kommt den vagen Grundsätzen der Raumordnung nur ein sehr geringes Gewicht gegenüber den ihrer Natur nach im Außenbereich zulässigen Vorhaben nach Abs. 1 zu; von einer etwas stärkeren Bedeutung wird gegenüber den sonstigen Vorhaben nach Abs. 2 auszugehen sein.[682] Dagegen hat das Ergebnis eines Raumordnungsverfahrens auch hier ein stärkeres Gewicht.

§ 3 Zulassungsentscheidungen

Häufiger noch als mit raumbedeutsamen Vorhaben hat es die Enteignungsbehörde bei der nicht planakzessorischen Enteignung mit genehmigungspflichtigen Vorhaben zu tun: Öffentliche Einrichtungen sind baugenehmigungspflichtig, bestimmte Energieerzeugungsanlagen und Abfallbeseitigungsanlagen bedürfen einer Genehmigung nach Bundes-Immissionsschutzgesetz, bestimmte Abwasseranlagen einer Zulassung nach Wasserrecht; zudem enthalten Wasser-, Naturschutz-, Wald- und andere Fachgesetze weitere Genehmigungserfordernisse. Da der Enteignungsbeschluss, wie gesehen, keine Konzentrationswirkung entfaltet, muss auch hier das Verhältnis von Entscheidungen unterschiedlicher Verwaltungsstellen zueinander geklärt werden. Es stellt sich folgende Frage: Entfaltet eine Zulassungsentscheidung Bindungswirkung? Die Enteignungsbehörde könnte bei der Prüfung der Rechtmäßigkeit des Vorhabens in der Weise gebunden sein, dass sie diese Voraussetzung nicht mehr eigenständig zu prüfen hat, sondern das Ergebnis des Zulassungsverfahrens zugrunde legen muss. Um eine entsprechende Bindungswirkung annehmen zu können, müssten Genehmigungen zunächst eine Entscheidung über die Rechtmäßigkeit beinhalten, denn die Bin-

681 So *P. Runkel*, in: Bielenberg/Runkel/Spannowsky, Raumordnungs- und Landesplanungsrecht, ROG Bund, § 4 Rn. 366.

682 Vgl. *H. Dyong*, in: Cholewa/Dyong/von der Heide/Arenz, Raumordnung, ROG Bund, § 4 Rn. 46 f. Siehe zur Bindungswirkung der Grundsätze der Raumordnung auch *M. Kment*, NVwZ 2004, S. 155.

dungswirkung einer Entscheidung kann nicht weiter reichen als ihr Inhalt (A.)[683]. Dieser Regelungsinhalt müsste dann auch gegenüber der Enteignungsbehörde Bindungswirkung entfalten (B.).

A. Inhalt von Zulassungsentscheidungen

Bei Genehmigungen handelt es sich um rechtsgestaltende Verwaltungsakte. Rechtsgestaltende Verwaltungsakte begründen, verändern oder beseitigen ein konkretes Rechtsverhältnis.[684] So räumen Genehmigungen dem Adressaten eine Rechtsstellung ein, die er vor Erlass des Verwaltungsakts nicht innehatte. Ihm wird eine Handlungsmöglichkeit, die das Recht zunächst untersagt, erlaubt.[685] Für die oben aufgeführten Zulassungsentscheidungen bedeutet das im Einzelnen: Die Baugenehmigung, die immissionsschutzrechtliche Genehmigung sowie die in einigen Bundesländern erforderlichen wasserrechtlichen Genehmigungen gestatten dem Vorhabenträger die Durchführung seiner Vorhaben. Die wasserrechtliche Bewilligung und Erlaubnis gestatten die Benutzung von Gewässern, naturschutzrechtliche Genehmigungen Eingriffe in Natur und Landschaft, Genehmigungen entsprechend § 9 BWaldG die Rodung und Nutzungsumwandlung von Wald, und durch die Genehmigungen in sog. „Bauschutzbereichen" wird das Errichten von Anlagen in diesen Bereichen erlaubt.

Neben diesem gestaltenden Inhalt, der eindeutig Regelungsgehalt aller Zulassungsentscheidungen ist, ist bei Genehmigungen, die die Errichtung baulicher Anlagen betreffen, anerkannt, dass ihnen zusätzlich ein feststellender Inhalt zukommt.[686] Feststellende Verwaltungsakte sind nach der gängigen Definition solche, durch die rechtserhebliche Eigenschaften in Bezug auf einen Einzelfall verbindlich festgestellt oder abgelehnt werden.[687] Für Anlagengenehmigungen bedeutet das, dass die Entscheidung über das Vorliegen der Genehmigungsvoraussetzungen – also die Feststellung der Übereinstimmung der Anlage mit be-

---

683 Vgl. *E. Forsthoff*, Verwaltungsrecht AT, S. 258; *M. Sachs*, in: Stelkens/Bonk/Sachs, VwVfG, § 43 Rn. 54 ff. Speziell zur Baugenehmigung: *G. Gaentzsch*, NJW 1986, S. 2787 (2790); *K.-M. Ortloff*, NJW 1987, S. 1665 (1666).

684 *N. Achterberg*, Allg. Verwaltungsrecht, § 21 Rn. 77; *H. Mauer*, Allg. Verwaltungsrecht, § 9 Rn. 45; *H. J. Wolff/O. Bachof/R. Stober/W. Kluth*, Verwaltungsrecht I, § 46 Rn. 3; *H.-G. Henneke*, in: Knack, VwVfG, § 35 Rn. 91.

685 Vgl. *J. Ipsen*, Allg. Verwaltungsrecht, Rn. 387.

686 Vgl. *M.-J. Seibert*, Bindungswirkung von Verwaltungsakten, S. 353; *G. Gaentzsch*, NJW 1986, S. 2787 (2790 f.); *F. Ossenbühl*, NJW 1980, S. 1353 (1354).

687 *P. Stelkens/U. Stelkens*, in: Stelkens/Bonk/Sachs, VwVfG, § 35 Rn. 142; *H.-G. Henneke*, in: Knack, VwVfG, § 35 Rn. 90; *N. Achterberg*, Allg. Verwaltungsrecht, § 21 Rn. 76; *H. Mauer*, Allg. Verwaltungsrecht, § 9 Rn. 46; *H. J. Wolff/O. Bachof/R. Stober/W. Kluth*, Verwaltungsrecht I, § 46 Rn. 7.

stimmten Vorschriften des öffentlichen Rechts – nicht nur die bloße Beurteilung einer Vorfrage ist, sondern zum Inhalt der Genehmigung wird. Gestaltenden Verwaltungsakten auch einen feststellenden Inhalt zuzumessen, ist aus folgenden Gründen nicht unproblematisch: Allen gestaltenden Verwaltungsakten liegt zunächst eine Feststellung der Rechtslage zugrunde. Die Feststellung der Rechtslage ist dabei nur die Vorstufe zur Gestaltung entsprechend der festgestellten Rechtslage.[688] So kann zwar in das Beamtenverhältnis nur berufen werden, wer Deutscher ist oder die Staatsangehörigkeit eines anderen Mitgliedsstaats der Europäischen Gemeinschaften besitzt (vgl. § 4 Abs. 1 Nr. 1 BRRG), doch heißt das nicht, dass mit der Ernennung auch gleichzeitig verbindlich festgestellt ist, dass der Beamte Deutscher ist oder eine entsprechende andere Staatsangehörigkeit besitzt.[689] Trotzdem ist für die Baugenehmigung[690], für die Genehmigung nach § 6 BImSchG[691] sowie für die Genehmigung nach § 31 Abs. 1 Nr. 2 WaStrG[692] anerkannt, dass mit einer positiven Prüfung der Genehmigungsvoraussetzungen nicht nur eine Vorfrage entschieden ist, sondern die Übereinstimmung des Bauvorhabens mit den in diesen Vorschriften enthaltenen öffentlich-rechtlichen Anforderungen verbindlich festgestellt wird. Begründet wird diese Auffassung mit speziellen Gegebenheiten von Anlagengenehmigungen: zum einen damit, dass dem Vorhabenträger bei Anlagengenehmigungen durch eine Bindung auch anderer Behörden das Investitionsrisiko abgenommen werden müsse[693]; außerdem sei eine entsprechende Inzidentfeststellung Voraussetzung für den Schutz, den das Vorliegen einer Anlagengenehmigung gegenüber einer Beseitigungsanordnung bedeutet[694].

B. Bindungswirkung der Feststellung der Rechtmäßigkeit

Wenn die dargestellte Feststellung der Rechtmäßigkeit der Vorhaben Bindungswirkung entfaltet, müsste die Enteignungsbehörde den entsprechenden Prüfungspunkt nicht mehr prüfen. Sie müsste die Rechtmäßigkeit dann nur noch bei Vorhaben prüfen, für die keine Zulassungsentscheidung vorgeschrieben ist. Eine entsprechende Bindungswirkung der Zulassungsentscheidungen könnte

---

688 Vgl. *H. J. Wolff/O. Bachof/R. Stober/W. Kluth*, Verwaltungsrecht I, § 46 Rn. 2.

689 Beispiel nach *G. Gaentzsch*, NJW 1986, S. 2787 (2790).

690 Vgl. *K. Finkelnburg/K.-M. Ortloff*, Öffentliches Baurecht II, S. 140 ff.; *B. Schretter/F. Schenk*, in: Reichel/Schulte (Hrsg.), Handbuch Bauordnungsrecht, S. 776 ff.; *H. Maurer*, Allg. Verwaltungsrecht, § 9 Rn. 51. Ausführlich zum Regelungsgehalt der Baugenehmigung *M.-J. Seibert*, Bindungswirkung von Verwaltungsakten, S. 335 ff.

691 *H. D. Jarass*, BImSchG, § 6 Rn. 31.

692 *A. Friesecke*, Bundeswasserstraßengesetz, § 31 Rn. 30.

693 Vgl. *G. Gaentzsch*, NJW 1986, S. 2787 (2791).

694 Vgl. *M.-J. Seibert*, Bindungswirkung von Verwaltungsakten, S. 346 ff.

sich aus speziellen Vorschriften (I.) oder im Fall der Annahme einer allgemeinen Bindungswirkung von Verwaltungsakten gegenüber Drittbehörden aus dieser ergeben (II.).

I. Spezielle Bindungsvorschriften in den Landesenteignungsgesetzen

Einige Landesenteignungsgesetze enthalten eine Bestimmung, die – neben Planfeststellungsbeschlüssen – auch für andere Entscheidungen eine Bindungswirkung festlegt.[695] Dort heißt es:

> **„Bindungswirkung.**
>
> Ist in einem Planfeststellungsverfahren oder in einem anderen förmlichen Verfahren eine für die Beteiligten verbindliche Entscheidung über die Zulässigkeit und die Art der Verwirklichung des Vorhabens getroffen worden, so ist die unanfechtbare oder für sofort vollziehbar erklärte Entscheidung dem Enteignungsverfahren zugrunde zu legen und für die Enteignungsbehörde bindend. Gegen Enteignungsmaßnahmen können keine Einwendungen erhoben werden, über die in diesem Verfahren der Sache nach entschieden worden ist oder die in diesem Verfahren nicht mehr erhoben werden können.“

Nach dieser Bestimmung bindet die in einem Vorgängerverfahren getroffene Entscheidung über die rechtliche Zulässigkeit eines Vorhabens die Enteignungsbehörde.[696] Der Anwendungsbereich dieser Vorschrift ist aber gering. Neben den hier nicht interessierenden Planfeststellungsverfahren bezieht sie sich nur auf Entscheidungen in förmlichen Verfahren, die für die Beteiligten verbindlich sind. Der Begriff des förmlichen Verfahrens ist zwar weiter als der Begriff des förmlichen Verwaltungsverfahrens nach §§ 63 ff. VwVfG.[697] Aus Satz 2 der zitierten Vorschrift ergibt sich, dass es sich um Verfahren handeln muss, in denen den späteren Enteignungsbetroffenen bereits die Möglichkeit zu Einwendungen gegeben wurde. Diese Regelung erscheint auch sinnvoll, damit denselben Einwendungen nicht erneut im Enteignungsverfahren nachgegangen werden muss. Förmliche Verfahren müssen demnach Verfahren sein, bei denen die Betroffenen geladen werden, mit ihnen mündlich verhandelt wird und ihnen ein begründeter, mit Rechtsmittelbelehrung versehener Bescheid erteilt wird.[698] Von den oben angeführten Zulassungsentscheidungen ergehen nur die wasserrechtliche Bewilligung (§ 9 WHG) und – abhängig von der Zuordnung nach § 2 der 4. BImSchV – die immissionsschutzrechtliche Genehmigung für einzelne Abfallbeseitigungs- und Energieerzeugungsanlagen (§ 10 BImSchG) in einem ent-

695 Art. 28 BayEG; § 7 EnteigG M-V; § 26 ThürEG.
696 Vgl. auch *K. Puhr-Westerheide*, BayEG, Art. 28 Anm. 3.
697 Vgl. *P. Molodovsky/S. Graf v. Bernstorff*, Enteignungsrecht in Bayern, Art. 28 Anm. 2.2.
698 Vgl. *K. Puhr-Westerheide*, BayEG, Art. 28 Anm. 2.

sprechenden Verfahren. Nur diese Entscheidungen entfalten nach der zitierten Bestimmung Bindungswirkung gegenüber der Enteignungsbehörde. Für alle weiteren Zulassungsentscheidungen gilt diese Anordnung nicht.

In den Bundesländern, deren Enteignungsgesetze keine entsprechende Bestimmung enthalten, gibt es ausnahmslos für alle vorgelagerten Genehmigungen keine spezielle gesetzliche Regelung, die für die Zulassungsentscheidung eine Bindungswirkung gegenüber der Enteignungsbehörde festlegt.

II. Bindungswirkung von Verwaltungsakten gegenüber Drittbehörden

Eine Bindung der Enteignungsbehörde an die Feststellung der Rechtmäßigkeit in den Zulassungsentscheidungen würde sich auch ergeben, wenn Verwaltungsakten eine entsprechende Bindungswirkung gegenüber Drittbehörden zukommt. Gesetzlich ist diese Frage nicht entschieden; die mit „Bestandskraft des Verwaltungsaktes" überschriebenen §§ 43 ff. VwVfG enthalten dazu keine Regelung.

1. Ansichten in Literatur und Rechtsprechung

Ob der Regelungsinhalt eines Verwaltungsakts gegenüber einem nachfolgenden Verwaltungsakt einer dritten Behörde eine Bindungswirkung dergestalt entfaltet, dass die dritte Behörde den Regelungsinhalt, der eine für ihre Entscheidung vorgreifliche Frage entschieden hat, ihrer späteren Entscheidung zugrunde legen muss, ist umstritten.

In der Literatur wird – meistens mit dem Begriff Tatbestandswirkung[699] – für alle Verwaltungsakte eine entsprechende Wirkung angenommen.[700] Teilweise wird nach dem Regelungsinhalt des Verwaltungsakts differenziert: Gestaltenden Verwaltungsakten wird eine Verbindlichkeit gegenüber jedermann zuerkannt. Feststellende Verwaltungsakte und feststellende Teilakte von Verwaltungsakten mit weiter gehenden Wirkungen, etwa bei Genehmigungen, sollen solche Wirkungen vorbehaltlich besonderer gesetzlicher Regelungen grundsätzlich nicht entfalten.[701]

---

699 Kritisch zu diesem Begriff *J. Ipsen*, Die Verwaltung Bd. 17 (1984), S. 169 (177 f.); *M.-J. Seibert*, Bindungswirkung von Verwaltungsakten, S. 71 ff.

700 *J. Ipsen*, Die Verwaltung Bd. 17 (1984), S. 169 (177); *M.-J. Seibert*, Bindungswirkung von Verwaltungsakten, S. 192 ff., 259 ff.; *F. Knöpfle*, BayVBl. 1982, S. 225 (228 f.); *H.-U. Erichsen*, in: Erichsen/Ehlers (Hrsg.), Allg. Verwaltungsrecht, § 13 Rn. 4; *H. Maurer*, Allg. Verwaltungsrecht, § 11 Rn. 8; *F. Kopp/U. Ramsauer*, VwVfG, § 43 Rn. 16 ff.

701 So *M. Sachs*, in: Stelkens/Bonk/Sachs, VwVfG, § 43 Rn. 130 f.; auch *N. Achterberg*, Allg. Verwaltungsrecht, § 23 Rn. 43; *H. Meyer*, in: Knack, VwVfG, § 43 Rn. 17. Ausdrücklich gegen eine unterschiedliche Behandlung von gestaltenden und feststellenden

In der Rechtsprechung wird diese Frage nicht für alle Bereiche des Verwaltungsrechts einheitlich beantwortet. Die Lösungswege variieren je nach Kombination von Vorgängerentscheidung und späterer Entscheidung.[702] Für die Fallgestaltung vorgelagerte Zulassungsentscheidung und späterer Enteignungsbeschluss liegen – soweit ersichtlich – nur folgende Entscheidungen vor, die davon ausgehen, dass die Enteignungsbehörde nicht gebunden wird: Das Bundesverwaltungsgericht hat die Bindungswirkung einer Baugenehmigung[703] sowie einer Trassengenehmigung für Freileitungen mit 110 kV und mehr Nennspannung nach § 14 BWLplG[704] gegenüber der Enteignungsbehörde abgelehnt.

Es wird deutlich: Gerade für den Anwendungsfall Bindungswirkung von Zulassungsentscheidungen gegenüber der Enteignungsbehörde bestehen bei der allgemeinen Frage, ob eine Bindungswirkung von Verwaltungsakten gegenüber Drittbehörden anzunehmen ist, unterschiedliche Auffassungen in Literatur und Rechtsprechung. Im Folgenden soll eine Auseinandersetzung mit den Argumenten beider Seiten bezogen auf die hier in Rede stehende Fallgestaltung stattfinden.

2. *Für Bindungswirkung: Einheit der Verwaltung*

Von den Befürwortern der Bindungswirkung eines Verwaltungsakts auch gegenüber Drittbehörden wird im Wesentlichen auf die Einheit der Staatsgewalt bzw. die Einheit der Verwaltung hingewiesen. Die Einheitlichkeit der Staatsgewalt gebiete es, Behörden und Gerichte so an einen Verwaltungsakt zu binden, als ob der Staat einheitlich handele. Der Staat trete dem Bürger in verschiedenen Gestalten gegenüber; das arbeitsteilige System könne aber nicht dazu führen, dass jede staatliche Einheit unabhängig von den Entscheidungen der anderen frei

---

Verwaltungsakten: *M.-J. Seibert*, Bindungswirkung von Verwaltungsakten, S. 89 ff., 117 f.; *F. Knöpfle*, BayVBl. 1982, S. 225 (228).

702 Vgl. die ausgesuchten Fallgruppen bei *M.-J. Seibert*, Bindungswirkung von Verwaltungsakten, S. 42 ff.

703 Urt. v. 6.3.1987 – 4 C 11.83, DVBl. 1987, S. 901 (902).

704 Urt. v. 11.7.2002 – 4 C 9/00, NJW 2003, S. 230 (232) – § 14 BWLplG wurde inzwischen aufgehoben.
Ähnlich hat das Gericht für das bergrechtliche Grundabtretungsverfahren entschieden: Ein zugelassener Betriebsplan könne im Grundabtretungsverfahren uneingeschränkt überprüft werden, präjudizielle Wirkungen würden von der Zulassung nicht ausgehen (Urt. v. 14.12.1990 – 7 C 18/90, NVwZ 1991, S. 992 (993); dazu auch BVerwG, Urt. v. 14.12.1990 – 7 C 5/90, NVwZ 1991, S. 987). Unter Berufung auf dieses Urteil hat das Thüringer Oberverwaltungsgericht auch für die für die Betriebsplanzulassung erforderliche Bewilligung eine Bindungswirkung gegenüber der behördlichen Entscheidung im Grundabtretungsverfahren abgelehnt (Urt. v. 15.5.2003 – 1 KO 710/00, ZfB 2004, S. 137 (Leitsatz, S. 145)).

entscheiden könne.[705] Mit anderen Worten: „Die gewalten- und funktionenteilende rechtsstaatliche Zuständigkeitsordnung, die Regelungslücken wie Regelungsüberschneidungen vermeiden und ein homogenes System der Ausübung staatlicher Hoheitsgewalt schaffen will, verlangt, dass Gerichte und Verwaltungsbehörden im Verhältnis zueinander wie unter sich kompetenzgerechte Hoheitsakte in der Weise respektieren, das sie die in ihnen getroffenen Regelungen ihren eigenen Entscheidungen zugrunde legen."[706]

Wie überzeugend diese allgemeine Begründung für die Bindungswirkung von Verwaltungsakten gegenüber fremden Behörden ist, lässt sich anhand der konkreten organisatorischen und personellen Gegebenheiten im Verhältnis von Zulassungs- und Enteignungsbehörde sehr anschaulich verdeutlichen.

a) Ausgleich organisationsrechtlicher Unterschiede

Das unterschiedliche organisationsrechtliche Verhältnis, in dem die für Anlagengenehmigungen zuständigen Behörden und die für Enteignungen zuständigen Behörden zueinander stehen können, zeigt die Notwendigkeit, eine umfassende Bindungswirkung – unabhängig von organisationsrechtlichen Gegebenheiten – anzunehmen.

(1) Verteilung der Zuständigkeiten für Genehmigung und Enteignung auf eine oder auf zwei Behörden

Die Zuständigkeit für die Erteilung der Genehmigungen richtet sich nach der Zuständigkeit für die Ausführung der unterschiedlichen Gesetze.[707] Das Bundeswasserstraßengesetz wird durch bundeseigene Verwaltung ausgeführt (Art. 87 Abs. 1 S. 1, 89 Abs. 2 GG); Genehmigungen nach § 31 Abs. 1 Nr. 2 WaStrG werden von den Wasser- und Schifffahrtsämtern des Bundes erteilt[708]. Die anderen Gesetze werden durch die Länder ausgeführt, denen auch das Recht zukommt, die Behördenorganisation zu regeln (Art. 84 Abs. 1, 85 Abs. 1 GG). Die allgemeine Landesverwaltung ist überwiegend dreistufig aufgebaut: oberste Landesbehörden, höhere Verwaltungsbehörden und untere Verwaltungsbehör-

---

705 Vgl. *A. Kollmann*, DÖV 1990, S. 189 (192); *H.-U. Erichsen*, in: Erichsen/Ehlers (Hrsg.), Allg. Verwaltungsrecht, § 13 Rn. 4: „System der Zuständigkeitsverteilungen würde ansonsten aus den Angeln gehoben." Ausführlich *M.-J. Seibert*, Bindungswirkung von Verwaltungsakten, S. 259 ff. m.w.N.

706 *F. Knöpfle*, BayVBl. 1982, S. 225 (228).

707 Zur Zuständigkeit für die Ausführung der Bundesgesetze im Einzelnen *J. Ipsen*, Staatsrecht I, Rn. 609 ff.

708 Vgl. *A. Friesecke*, Bundeswasserstraßengesetz, § 45 Rn. 3.

den. In Ländern mit nur zweistufigem Verwaltungsaufbau fehlen die Mittelbehörden. Daneben existieren auf den unterschiedlichen Verwaltungsstufen häufig noch Spezialverwaltungen. Für Genehmigungen nach § 9 Abs. 2, 5 FStrG ist nach § 9 Abs. 5 FStrG die oberste Landesstraßenbaubehörde zuständig, die Luftverkehrsaufgaben nach §§ 12-14 LuftVG werden ebenfalls ganz überwiegend von den für den Verkehr generell zuständigen Landesministern als obersten Luftverkehrsbehörden wahrgenommen, in den meisten Ländern wurde ein Teil dieser Aufgaben an Mittelbehörden delegiert[709]. Für die Erteilung von Genehmigungen nach § 6 BImSchG sind die unteren Verwaltungsbehörden und – je nach Größe und Typ der Anlage – auch die höheren Verwaltungsbehörden oder Spezialverwaltungen zuständig.[710] Vergleichbares gilt für die Landeswasser-, Landesnaturschutz- und Landeswaldgesetze. Die Landesbauordnungen sehen die untere Verwaltungsbehörde als untere Bauaufsichtsbehörde mit der Zuständigkeit zur Erteilung von Baugenehmigungen vor.[711]

Die für die Enteignung zuständige Behörde ist in den Ländern mit dreistufigem Verwaltungsaufbau – Baden-Württemberg, Hessen, Nordrhein-Westfalen, Rheinland-Pfalz, Sachsen, Sachsen-Anhalt, Thüringen – die höhere allgemeine Verwaltungsbehörde[712], in Rheinland-Pfalz die Struktur- und Genehmigungsdirektion[713]. Nur in Bayern werden Enteignungen von den unteren Behörden, den Kreisverwaltungsbehörden, durchgeführt. In den Ländern mit zweistufigem Verwaltungsaufbau – Brandenburg, Mecklenburg-Vorpommern, Niedersachsen, Schleswig-Holstein – ist mit dem Innenministerium eine oberste Landesbehörde zuständig.[714]

Die Gegenüberstellung der Zuständigkeiten macht deutlich: Je nach Organisation der Verwaltung und nach Zuweisung der Zuständigkeiten können für die Erteilung von Anlagengenehmigungen einerseits und für den Erlass eines Enteignungsbeschlusses andererseits zwei unterschiedliche Behörden oder aber auch nur eine Behörde zuständig sein.

709 Vgl. dazu die Übersicht bei *E. Giemulla/R. Schmid*, Luftverkehrsgesetz, § 31 Rn. 47.

710 Vgl. die Übersicht über die Zuständigkeitsregelungen der Länder zum Vollzug des Bundes-Immissionsschutzgesetzes bei *M. Kotulla*, in: Kotulla (Hrsg.), BImSchG, Einführung Rn. 162.

711 Vgl. die Übersicht über die Zuständigkeitsregelungen der Länder bei *R. Köhler-Rott*, in: Reichel/Schulte (Hrsg.), Handbuch Bauordnungsrecht, S. 697 ff.

712 § 17 Abs. 1 LEntG BW; § 11 Abs. 1 HEG; § 18 Abs. 1 EEG NW; § 5 Abs. 1 SächsEntEG; § 16 EntG LSA; § 17 ThürEG.

713 § 20 Abs. 1 LEnteigG RP.

714 § 18 Abs. 1 EntGBbg; § 9 Abs. 1 EnteigG M-V; § 19 NEG; § 21 GEG SH.

(2) Deswegen: Bindungswirkung unabhängig von Organisationsrecht

Liegt die Zuständigkeit bei einer Behörde, ist es nicht etwa so, dass das Referat, Dezernat oder Amt, das über die Genehmigung, und der Behördenteil, der über die Enteignung entscheidet, jeweils eine selbständige Entscheidung träfe. Sie entscheiden vielmehr namens der (Gesamt-)Behörde, der ihr Verhalten zugerechnet wird. Die von Behördenteilen erlassenen Akte sind rechtlich solche der Behörde.[715] Wenn dieselbe Behörde aber zunächst eine Genehmigung erteilen würde, in der festgestellt wird, dass das Vorhaben mit den für seine Verwirklichung bestehenden öffentlich-rechtlichen Anforderungen übereinstimmt, und dann in einem späteren Enteignungsverfahren bei der Prüfung der Enteignungsvoraussetzung „Rechtmäßigkeit des Vorhabens" zu einem anderen Ergebnis käme, würde das einen nicht tragbaren Widerspruch im hoheitlichen Handeln, ein „venire contra factum proprium", darstellen.[716] In diesen Fällen muss es der „Enteignungsbehörde" verwehrt sein, eine eigene Prüfung vorzunehmen, sie muss vielmehr die frühere Zulassungsentscheidung dem Enteignungsverfahren zugrunde legen.[717]

Ist die Enteignungsbehörde demnach gebunden, wenn die Genehmigung sozusagen „im gleichen Haus" erteilt wurde, erscheint es wenig überzeugend, bei Zuständigkeit einer fremden Behörde für das Zulassungsverfahren eine Bindung abzulehnen. Der Überblick über die Zuständigkeiten hat gezeigt, dass das Organisationsrecht der Länder eine Vielzahl unterschiedlicher Kombinationen von Zuständigkeiten für eine Zulassungsentscheidung und für den Enteignungsbeschluss hervorgebracht hat. Dabei scheint es eher Zufall zu sein, ob – wie in Bayern – mit der Kreisverwaltungsbehörde eine Behörde die Baugenehmigung erteilt und die Enteignung vornimmt oder – wie in den anderen Ländern mit dreistufigem Verwaltungsaufbau – mit der unteren und der höheren Verwaltungsbehörde zwei unterschiedliche Behörden zuständig sind. Auch die Differenzierungen innerhalb eines Landes wirken beliebig: So können für die Zulassung nach § 6 BImSchG und für die Enteignung – je nach Größe und Typ der zu genehmigenden Anlage – sowohl eine als auch zwei Behörden zuständig sein. Angesichts der Zufälligkeit, mit der Zuständigkeiten für Zulassungsentscheidungen und für Enteignungen auf eine oder mehrere Behörden verteilt sind, fällt es schwer, dem Landesorganisationsrecht eine steuernde Wirkung für die

---

715 Vgl. *H. J. Wolff/O. Bachof*, Verwaltungsrecht II, § 76 I d 8.

716 So für den Fall einer von derselben Behörde erteilten Baugenehmigung und Beseitigungsanordnung *J. Ipsen*, Die Verwaltung Bd. 17 (1984), S. 189 f.

717 Vgl. OLG Celle, Urt. v. 27.3.1981 – 4 U (Baul) 206/80, n.v., Umdruck S. 6: „... die Ablehnung des Enteignungsantrags durch die Bezirksregierung mit der Begründung, der Bebauungsplan sei unwirksam, ist mit der vorangegangenen Genehmigung des Bebauungsplans durch die gleiche Behörde nicht zu vereinbaren."

Reichweite der Bindungswirkung eines Verwaltungsakts beizumessen.[718] Besteht aber eine Bindung für das Enteignungsverfahren, wenn nur eine Behörde für beide Entscheidungen zuständig ist, dann liegt es nahe, bei einer Verteilung der Entscheidungskompetenzen auf zwei Behörden ebenfalls von einer Bindung auszugehen.

Gegen eine Differenzierung „eine Behörde: Bindung – zwei Behörden: keine Bindung" steht auch das eingangs erwähnte Ziel, dass die Kompetenzordnung ein homogenes System mit klaren und festen Kompetenz- und Zuständigkeitsabgrenzungen bilden soll. Lehnt man eine Bindung von Drittbehörden ab, ergibt sich folgendes widersprüchliche Bild: Für ein und dieselbe Konstellation – vorgelagerte Zulassungsentscheidung und anschließender Enteignungsbeschluss – würde einmal eine Bindung angenommen und ein anderes Mal abgelehnt. Damit könnte es, ohne dass dafür ein sachlicher Grund gegeben wäre, in einem Fall zu abweichenden Entscheidungen kommen, während sie im anderen Fall ausgeschlossen wären. Um dieses widersprüchliche Ergebnis zu vermeiden, bedarf es der Annahme einer Bindung der Enteignungsbehörde an vorgelagerte Genehmigungen unabhängig davon, ob die Zuständigkeit für die Genehmigung bei einer Fremdbehörde oder „im eigenen Haus" liegt.

b) Wahrung von Kompetenzzuweisung entsprechend Sachverstand

Von dem Ziel, dass die Zuständigkeitsordnung ein homogenes System bilden soll, wird ein weiteres Argument für die Annahme einer Bindungswirkung auch dritter Behörden abgeleitet. Entscheidungsbefugnisse seien den verschiedenen Organen und Stellen nicht nach Beliebigkeit zugewiesen, sondern unter Berücksichtigung von Organstruktur, Sachnähe und Sachverstand. Damit stünde es nicht in Einklang, wenn der Akt einer sachnäheren und sachverständigeren Behörde durch eine sachfernere ignoriert oder überspielt werden dürfte. Der Bindungswirkung würde hier die Aufgabe zufallen, die auf dem jeweiligen Sachverstand basierenden Kompetenzzuweisungen zu wahren.[719] Auch hier zeigt der Blick auf die vorliegende Konstellation, wie überzeugend diese Begründung einer Bindungswirkung ist.

718 Ebenfalls gegen eine Steuerung der Reichweite der Bindungswirkung über die Organisation von Landesbehörden *M.-J. Seibert*, Bindungswirkung von Verwaltungsakten, S. 261 f.

719 Vgl. *M.-J. Seibert*, Bindungswirkung von Verwaltungsakten, S. 261 f.; *F. Knöpfle*, BayVBl. 1982, S. 225 (229).

(1) Unterschiedliche Qualifikation von Mitarbeitern

Nicht nur die Verteilung der Zuständigkeiten zur Genehmigungserteilung auf unterschiedliche Behörden, sondern teilweise auch die Qualifikation der mit dieser Aufgabe innerhalb der Behörden betrauten Mitarbeiter sowie die Behördenausstattung ist gesetzlich geregelt. So verlangen z.B. die Landesbauordnungen[720], dass die Bauaufsichtsbehörden zur Durchführung ihrer Aufgaben ausreichend mit geeigneten Fachkräften zu besetzen und mit den erforderlichen Vorrichtungen auszustatten sind. Die grundsätzliche Pflicht, die Behörden ausreichend mit geeigneten Fachkräften zu besetzen, wird noch weiter konkretisiert. So müssen den Bauaufsichtsbehörden insbesondere Beamte angehören, die die Befähigung zum höheren bautechnischen Verwaltungsdienst und die erforderlichen Kenntnisse der Bautechnik, der Baugestaltung und des öffentlichen Baurechts haben, und Beamte, die die Befähigung zum Richteramt oder zum höheren Verwaltungsdienst haben. Neben der Vorgabe, dass die für die Genehmigungserteilungen zuständigen Behörden selber mit fachtechnischen Bediensteten ausgestattet sein müssen, gibt es auch die Gestaltung, dass besondere fachtechnische Behörden gebildet werden, die die allgemeinen Behörden beraten und unterstützen.[721]

Bei der Enteignungsbehörde lassen sich hinsichtlich ihrer innerbehördlichen Organisation und damit auch hinsichtlich ihrer Besetzung zwei Typen unterscheiden: In den meisten Ländern ist die Enteignungsbehörde – entsprechend der sonstigen Behördenstruktur – monokratisch organisiert. Bei den monokratisch organisierten Enteignungsbehörden ist grundsätzlich der Behördenleiter auch für die Durchführung von Enteignungen zuständig. Er wird diese Aufgabe regelmäßig an einen nachgeordneten Mitarbeiter delegieren. Welche Qualifikation der für Enteignungen zuständige Mitarbeiter haben muss, wird von den Landesenteignungsgesetzen nicht vorgegeben. In Bayern z.B. schreiben aber die Verwaltungsvorschriften zum Vollzug des Bayerischen Gesetzes über die entschädigungspflichtige Enteignung[722] zu Art. 19 Abs. 1 BayEG vor, dass Enteignungen grundsätzlich einem juristischen Beamten zuzuweisen sind. In Baden-Württemberg, Bremen, Hamburg, Mecklenburg-Vorpommern und Schleswig-Holstein trifft die Entscheidungen aufgrund mündlicher Verhandlung ein bei der

720 Vgl. den Überblick bei *R. Köhler-Rott*, in: Reichel/Schulte (Hrsg.), Handbuch Bauordnungsrecht, S. 697 ff. Vergleichbare Vorgaben für die Ausstattung der Landkreise und kreisfreien Gemeinden mit fachtechnischen Bediensteten für die Wahrnehmung der ihnen obliegenden Verwaltung von Straßen macht z.B. Art. 60 BayStrWG.

721 Vgl. dazu z.B.: für die Durchführung des Bundeswasserstraßengesetzes § 45 Abs. 3 WaStrG; des Wasserrechts § 170 Abs. 4 WG LSA; des Naturschutzrechts § 63 NatSchG LSA.

722 IMBek. vom 14.10.1978, MABl. S. 777, geändert durch IMBek. vom 10.7.1987, MABl. S. 505.

Enteignungsbehörde gebildeter Ausschuss.[723] Näheres zu dem Ausschuss enthalten insbesondere die zu § 104 Abs. 2 BauGB ergangenen Regelungen. Die Enteignungsausschüsse entscheiden danach in folgender Besetzung: ein Bediensteter der Enteignungsbehörde als Vorsitzender sowie zwei ehrenamtliche Beisitzer als weitere Mitglieder.[724] Vorgaben zur Qualifikation werden folgende gemacht: Der Vorsitzende muss die Befähigung zum Richteramt haben[725] oder Beamter des höheren Verwaltungsdienstes sein.[726] Die Beisitzer sollen die für ihr Amt erforderliche Eignung und Erfahrung besitzen[727] oder über erforderliche Fachkunde auf dem Gebiet des Grundstücks- und Bauwesens verfügen[728]. Eine gesetzliche Regelung zur Qualifikation des Vorsitzenden hatte dagegen das Vorgängergesetz zum Baugesetzbuch für die Enteignung zu Wohnungsbauzwecken getroffen: Nach § 18 Abs. 3 S. 3 Baulandbeschaffungsgesetz vom 3.8.1953[729] musste der Vorsitzende die Befähigung zum Richteramt oder zum höheren Verwaltungsdienst haben. Aus den angegebenen Regelungen wird deutlich, dass die Aufgabe, Enteignungen durchzuführen, einem juristisch geschulten Mitarbeiter zugewiesen wird – das wohl auch, wenn eine entsprechende rechtliche Vorgabe fehlt.

723 § 17 Abs. 3, 4 LEntG BW; § 6 Abs. 1 BremEntG i.V.m. § 104 Abs. 2 BauGB i.V.m. Verordnung; § 7 Abs. 3 HA EnteigG; § 9 Abs. 2, 3 EnteigG M-V; für SH: § 104 Abs. 2 BauGB i.V.m. Verordnung.

724 BW: § 17 Abs. 3 LEntG BW, § 7 BauGB-DVO vom 2.3.1998, GBl. S. 185, zuletzt geändert durch Verordnung vom 25.4.2007; Brem: § 1 Abs. 3 BauGB-DVO vom 22.6.1993, GBl. S. 233, zuletzt geändert durch Gesetz vom 21.11.2006, GBl. S. 457; Hmb: § 1 Abs. 2 des Hamburgischen Gesetzes zu Durchführung des Enteignungsverfahrens und des Bodenordnungsverfahrens nach dem Baugesetzbuch vom 18.2.2004, GVBl. S. 107; MV: § 1 BauGB-DVO vom 4.5.1993, GVOBl. S. 515; SH: § 1 Abs. 2 der Landesverordnung über die Durchführung des Baugesetzbuches durch die Enteignungsbehörde und die höhere Verwaltungsbehörde zur Festsetzung von Entschädigungen vom 9.5.1997, GVOBl. S. 312.

725 Brem: § 1 Abs. 4 BauGB-DVO.

726 SH: § 1 Abs. 3 der Landesverordnung über die Durchführung des Baugesetzbuches durch die Enteignungsbehörde und die höhere Verwaltungsbehörde zur Festsetzung von Entschädigungen.

727 BW: § 17 Abs. 4 S. 2 LEntG BW, § 8 Abs. 1 S. 2 BauGB-DVO; Brem: § 2 Abs. 2 S. 1 BauGB-DVO.

728 MV: § 2 Abs. 1 S. 2 BauGB-DVO.

729 BGBl. I S. 720.

(2) Jeweils spezieller Sachverstand für Genehmigung und für Enteignung erforderlich

Die unterschiedlichen Anforderungen an die Qualifikation der Mitarbeiter der Genehmigungsbehörden einerseits und der Enteignungsbehörden andererseits haben einen nahe liegenden Grund: Es bedarf eben jeweils eines ganz speziellen Sachverstands einerseits festzustellen, ob die technischen Anforderungen, die die Rechtsordnung an die Verwirklichung von Vorhaben stellt, auch erfüllt werden, und andererseits festzustellen, ob die Voraussetzungen für eine Enteignung gegeben sind. Um diesen Sachverstand zu erlangen, müssen die Mitarbeiter der Genehmigungsbehörden zunächst ein einschlägiges Ingenieurstudium absolvieren und danach einen Vorbereitungsdienst durchlaufen, der die theoretischen und praktischen Kenntnisse und Fähigkeiten vermitteln soll, die zur Erfüllung der Aufgaben in der jeweiligen Laufbahn des höheren technischen Verwaltungsdienstes erforderlich sind, wobei an Fachrichtungen z.B. Hochbau, Städtebau, Bauingenieurwesen (Wasserwesen, Straßenwesen, Stadtbauwesen) und Maschinen- und Elektrotechnik unterschieden werden.[730] Für die Mitarbeiter der Enteignungsbehörde ist dagegen eine gänzlich andere Ausbildung vorgesehen: im Regelfall ein Jurastudium mit anschließendem Referendariat, das mit den Aufgaben des höheren allgemeinen Verwaltungsdienstes vertraut machen soll.[731]

Der Blick auf die unterschiedlichen Ausbildungsgänge illustriert anschaulich die oben herausgestellte Notwendigkeit, von einer Bindungswirkung von Verwaltungsakten auszugehen, um die auf dem jeweiligen Sachverstand basierenden Kompetenzzuweisungen zu wahren. Die hohe Spezialisierung der genannten Ausbildungsgänge sowie die Verschiedenartigkeit zwischen der zum technischen und zum allgemeinen Verwaltungsdienst qualifizierenden Vorbildung machen deutlich, dass ein Mitarbeiter der Enteignungsbehörde nicht die Aufgaben übernehmen kann, die sonst einem Mitarbeiter einer Genehmigungsbehörde obliegen. Er ist schlicht nicht in der Lage, die für die Zulassung von Anlagen erforderlichen Prüfungen anzustellen. Um dieser Aufgabe dann doch nachkommen zu können, müsste er externen Sachverstand einholen. Die auf diese Weise anfallenden Gutachterkosten sind angesichts des in der Verwaltung vorhandenen Sachverstands nicht zu legitimieren. Weiter würde es auch wenig nachvollziehbar sein, einerseits ein höchst differenziertes Ausbildungssystem für die unterschiedlichen Verwaltungsaufgaben zu schaffen, um dann andererseits zuzulassen, dass eine fachfremde Behörde wie die Enteignungsbehörde im Rahmen der Prüfung der Enteignungsvoraussetzung „Rechtmäßigkeit des Vorhabens" von der Entscheidung der für diese Frage kompetenten Behörde abweicht.

730 Vgl. z.B. für Niedersachsen: § 1 der APVOhöhtechVwD vom 11.10.1999, GVBl. S. 397, geändert durch VO vom 1.11.2004, GVBl. S. 499.

731 Vgl. z.B. für Niedersachsen: § 6 Abs. 1 NJAG vom 15.1.2004, GVBl. S. 8.

3. Mögliche Einwände dagegen nicht überzeugend

Das Bundesverwaltungsgericht hat zwar für unterschiedliche Zulassungsentscheidungen vertreten, dass die Enteignungsbehörde durch diese Entscheidungen nicht gebunden ist; das Gericht hat aber für diese Ansicht fast nicht argumentiert. Tatsächlich lassen sich verschiedene Einwände gegen eine Bindungswirkung denken – diese Einwände können aber im Ergebnis nicht überzeugen.

a) Besondere Stellung der Enteignungsbehörde

Ist die Bindung an vorgelagerte Zulassungsentscheidungen eben mit dem Gedanken einer Einheit der Verwaltung begründet worden, könnte dem entgegengehalten werden, dass der Enteignungsbehörde in diesem System eine besondere Stellung zukommt, die Anlass dazu gibt, gerade die Enteignungsbehörde von der generellen Bindungswirkung von Verwaltungsakten auszunehmen.

(1) Gerichtsähnliche Stellung

So hat der Bundesgerichtshof die Enteignungsbehörde als „sachneutrale“ Stelle bezeichnet, die Selbständigkeit und Eigenverantwortlichkeit ihrer Entscheidungen betont[732] und ihr außerdem eine vermittelnde Funktion zugeschrieben[733]. In der Literatur wird weiter vertreten, dass das Weisungsrecht des Behördenleiters gegenüber der Enteignungsbehörde – besonders wenn sie kollegial besetzt ist – zumindest partiell eingeschränkt sein müsse.[734]

In der Tat gibt es deutliche Unterschiede zu dem verwaltungsbehördlichen „Normalfall“ wie er im Verwaltungsverfahrensgesetz seinen Niederschlag gefunden hat. Kennzeichnend für die Entscheidungssituation im Enteignungsverfahren ist nicht ein Gegenüber Behörde – Bürger, der Enteignungsbehörde kommt vielmehr eine gerichtsähnliche Stellung zu.[735] Sie entscheidet regelmäßig

732 Urt. v. 5.5.1975 – III ZR 17/73, NJW 1975, S. 1658 (1659); Urt. v. 26.1.1978 – III ZR 180/75, NJW 1978, S. 1162.

733 Urt. v. 31.5.1985 – III ZR 10/84, NJW 1986, S. 933 (935).

734 Grundlegend *C.-F. Menger*, VerwArchiv Bd. 70 (1979), S. 177 (183 ff.); *P. Molodovsky/S. Graf v. Bernstorff*, Enteignungsrecht in Bayern, Art. 19 Anm. 4.2; *H. Reisnecker*, in: Brügelmann, BauGB, § 104 Rn. 8; *R. Breuer*, in: Schrödter, BauGB, § 104 Rn. 6 ff. Gegen die Annahme einer Weisungsunabhängigkeit: BayVGH, Urt. v. 21.12.2004 – 8 B 03.1404, BayVBl. 2005, S. 405 (407); *C. Möllers*, NVwZ 1997, S. 858 ff.

735 Der Enteignungsbeschluss wird daher auch als streitentscheidender Verwaltungsakt qualifiziert: *H. J. Wolff/O. Bachof/R. Stober/W. Kluth*, Verwaltungsrecht I, § 46 Rn. 7. Zum streitentscheidenden Verwaltungsakt auch: *N. Achterberg*, Allg. Verwaltungsrecht, § 21 Rn. 81; *P. Stelkens/U. Stelkens*, in: Stelkens/Bonk/Sachs, VwVfG, § 35 Rn. 146.

über den Konflikt zwischen einem Vorhabenträger, der zur Verwirklichung seines Projekts ein nicht in seinem Eigentum stehendes Grundstück benötigt, und dem Eigentümer, der nicht bereit ist, sein Grundstück an den Vorhabenträger zu verkaufen. Außerdem ist das Enteignungsverfahren, in dem diese Entscheidung getroffen wird, förmlich ausgestaltet. So sehen die Enteignungsgesetze vor, dass die Enteignungsbehörde ihre Entscheidung aufgrund einer mündlichen Verhandlung trifft.[736] Zudem verfügt die Enteignungsbehörde im Vergleich zu den allgemeinen Regelungen in §§ 24-26 VwVfG über erweiterte Befugnisse zur Sachverhaltsermittlung. Sie kann das Erscheinen persönlich Beteiligter, die Vorlage von Urkunden und ähnlichen Unterlagen sowie von Hypotheken-, Grundschuld- und Rentenschuldbriefen anordnen und die Anordnung gegen Beteiligte auch mit Zwangsmitteln durchsetzen.[737]

(2) Aber: nicht gegenüber der Genehmigungsbehörde

Diese Besonderheiten geben aber keinen Anlass dafür, die Enteignungsbehörde von der Bindungswirkung von Verwaltungsakten auszunehmen. Zwar ist auch bei den Befürwortern einer generellen Bindungswirkung von Verwaltungsakten anerkannt, dass Ausnahmen hinsichtlich solcher Behörden bestehen, die zur Überprüfung, Änderung und Aufhebung des Akts berufen sind – das sind die Widerspruchsbehörden und die Behörden der Rechts- und Fachaufsicht.[738] Ansatzpunkt für eine entsprechende Ausnahme bei der Enteignungsbehörde könnte ihre gerichtsähnliche Stellung auch gegenüber anderen Behörden sein.[739] Der Antragsteller im Enteignungsverfahren ist nämlich – außer bei Enteignungen zugunsten Privater – regelmäßig ein Träger öffentlicher Verwaltung: bei der Allgemeinheit dienenden baulichen Anlagen wie Büchereien, Theater, Sportanlagen häufig eine Gemeinde, bei Abfallbeseitigungsanlagen ein Landkreis, für

736 § 23 Abs. 1 LEntG BW; Art. 26 Abs. 3 BayEG; § 5 Abs. 3 EnteigG BE i.V.m. § 112 BauGB; § 29 EntGBbg; § 6 Abs. 3 BremEntG i.V.m. § 112 BauGB; § 7 Abs. 4 HA EnteigG i.V.m. § 112 BauGB; § 29 HEG; § 10 Abs. 2 EnteigG M-V i.V.m. § 112 BauGB; § 32 NEG; § 29 EEG NW; § 34 LEnteigG RP; § 5 Abs. 3 SächsEntEG i.V.m. § 112 BauGB; § 21 ThürEG i.V.m. § 67 ThürVwVfG.

737 § 21 Abs. 1, 2 LEntG BW i.V.m. § 65 LVwVfG BW; Art. 24 Abs. 1 BayEG i.V.m. Art. 65 BayVwVfG; § 7 Abs. 4 HA EnteigG i.V.m. § 208 BauGB; § 24 HEG; § 10 Abs. 2 EnteigG M-V i.V.m. § 208 BauGB; § 26 NEG; § 18 Abs. 2 EEG NW i.V.m. § 65 VwVfG NW; § 27 LEnteigG RP; § 5 Abs. 3 SächsEntEG i.V.m. § 208 BauGB; § 22 ThürEG. Zur Aufklärungsanordnung durch die Enteignungsbehörde auch BGH, Urt. v. 26.1.1978 – III ZR 180/75, NJW 1978, S. 1162.

738 Vgl. *F. Knöpfle*, BayVBl. 1982, S. 225 (228).

739 Zu dem Ausnahmefall, dass der Rechtsträger der antragstellenden Behörde (Tiefbauamt einer kreisfreien Stadt) gleichzeitig Rechtsträger der Enteignungsbehörde (Rechtsamt derselben Stadt) ist: BayVGH, Urt. v. 21.12.2004 – 8 B 03.1404, BayVBl. 2005, S. 405.

den Bau einer Hochschule oder eines Landeskrankenhauses ein Land. Allein aus der Tatsache, dass der Enteignungsbehörde die Befugnis verliehen ist, wie ein Gericht verbindlich über das Wirken anderer Behörden zu entscheiden, ergeben sich aber keine Bedenken gegen die Annahme einer Bindung. Die Konstellation im Enteignungsverfahren unterscheidet sich von der in den genannten Aufsichtsverfahren: Die Behörde, die als Trägerin des Vorhabens Beteiligte des Enteignungsverfahrens ist, ist nur in wenigen Fällen auch gleichzeitig zuständig für die Genehmigung des Vorhabens – die Genehmigungsbehörde hat daher im Regelfall nichts mit dem Enteignungsverfahren zu tun. Anders als bei der Entscheidung über einen Widerspruch gegen eine Zulassungsentscheidung oder im Rahmen der Rechts- oder Fachaufsicht ist es auch nicht Aufgabe der Enteignungsbehörde, Zulassungsentscheidungen zu überprüfen, zu ändern und aufzuheben. Die Entscheidung über die Enteignung hat eine andere Zielsetzung: In einer komplexen Prüfung soll festgestellt werden, ob im Einzelfall das Interesse des Eigentümers an dem Fortbestand seines Eigentums gegenüber dem Interesse der Allgemeinheit an der Verwirklichung eines Projekts zurücktreten muss. Eine Festlegung der Enteignungsbehörde bei der Enteignungsvoraussetzung „Rechtmäßigkeit des Vorhabens" an die Entscheidung der kompetenteren Genehmigungsbehörde ist mit dieser Aufgabe ohne weiteres vereinbar.

(3) Kein Zusammenhang zwischen Umfang der Befugnis zur Sachverhaltsermittlung und Umfang der Prüfungskompetenz

Eine Nichtbindung kann auch nicht mit den erweiterten Befugnissen begründet werden, die der Enteignungsbehörde bei der Ermittlung des Sachverhalts zukommen. Dabei erscheint es zunächst durchaus nahe liegend, davon auszugehen, dass die besonderen Möglichkeiten der Enteignungsbehörde bei der Sachverhaltsermittlung wie auch die obligate Durchführung einer mündlichen Verhandlung, die ebenfalls einer weiteren Aufklärung von Tatsachen dient, bedeuten, dass der Enteignungsbehörde eine umfassende Prüfungskompetenz zukommt.[740] Dieser Rückschluss ist aber nicht zutreffend. Bei den genannten Besonderheiten des Enteignungsverfahrens handelt es sich nur um Mittel, über die die Enteignungsbehörde zur Ermittlung des Sachverhalts verfügt. Ein Mittel bestimmt aber nicht den Umfang der Aufgabe, für die es eingesetzt wird. Ausgangspunkt der Betrachtungen muss daher vielmehr die Frage sein, in welchem Umfang die Enteignungsbehörde den Sachverhalt erforschen muss. Maßgeblich für den Umfang der erforderlichen Sachverhaltsermittlungen ist die Entscheidungserheblichkeit. Welche Tatsachen und Umstände entscheidungserheblich sind, ergibt

740 Ähnlich die Argumentation des Bundesfinanzhofs für eine Nichtbindung der Steuerbehörden an Verwaltungsakte anderer Behörden, dazu *M.-J. Seibert*, Bindungswirkung von Verwaltungsakten, S. 45 ff., 267 ff.

sich aus dem materiellen Recht. Maßgeblich sind die Tatbestandsvoraussetzungen derjenigen Rechtsnormen, die der Entscheidung zugrunde zu legen sind.[741] Die Verpflichtung zu einer in dieser Weise umfassenden Sachverhaltsaufklärung findet aber ihre Grenze in der Bindung an präjudizielle eigene Entscheidungen oder Entscheidungen anderer Behörden, insoweit entfällt eine erneute Sachverhaltsermittlung.[742] Die Enteignungsbehörde hat Verwaltungsakte anderer Behörden im Rahmen der Tatbestandswirkung zu beachten.[743] Es ist demnach offensichtlich durchaus möglich, der Enteignungsbehörde einerseits erweiterte Möglichkeiten zur Sachverhaltsermittlung zu verleihen, andererseits aber durch eine Bindung an vorgelagerte Zulassungsentscheidungen den Umfang der von ihr durchzuführenden Sachverhaltsermittlungen zu beschränken. Bei der Enteignung aufgrund Planfeststellungsbeschlusses wird die Enteignungsbehörde noch viel umfassender als durch die hier in Rede stehenden Zulassungsentscheidungen in ihrer Prüfungskompetenz und damit auch bei der Ermittlung des Sachverhalts beschränkt – bei gleichbleibenden Befugnissen zur Sachverhaltsermittlung.

b) Verkürzung des verwaltungsbehördlichen Rechtsschutzes der Enteignungsbetroffenen

(1) Problematik

Gegen die Annahme einer Bindung kann außerdem mit den Konsequenzen argumentiert werden, die sich dadurch für den Rechtsschutz der von einer Enteignung betroffenen Grundeigentümer und sonst Grundstücksberechtigten ergeben.[744] Den Enteignungsbetroffenen wird so in vielen Fällen die Möglichkeit genommen, in einem verwaltungsbehördlichen Verfahren mit dem Einwand gehört zu werden, das Vorhaben, für dessen Verwirklichung enteignet werden soll, sei nicht rechtmäßig: Im Zulassungsverfahren können die von einer späteren Enteignung Betroffenen grundsätzlich nur Verstöße gegen drittschützendes Recht, nicht aber gegen objektives Recht geltend machen.[745] Ein Vorstoß setzt

741 Vgl. *F. Kopp/U. Ramsauer*, VwVfG, § 24 Rn. 12, 13.

742 Vgl. *F. Kopp/U. Ramsauer*, VwVfG, § 24 Rn. 16; *P. Stelkens/D. Kallerhoff*, in: Stelkens/Bonk/Sachs, VwVfG, § 24 Rn. 35.

743 So zu § 208 BauGB *W. Schrödter*, in: Schrödter, BauGB, § 208 Rn. 2.

744 In diese Richtung BVerwG, Urt. v. 6.3.1987 – 4 C 11.83, DVBl. 1987, S. 901 (902). Allgemein gegen eine Bindungswirkung von Verwaltungsakten gegenüber Drittbehörden aus diesem Grund *H.-U. Erichsen/U. Knoke*, NVwZ 1983, S. 185 (191 f.).

745 Vgl. dazu die Ablehnung von Klagen betroffener Grundeigentümer: gegen die Zulassung eines bergrechtlichen Betriebsplans BVerwG, Urt. v. 14.12.1990 – 7 C 18/90, NVwZ 1991, S. 992; dazu auch ThürOVG, Urt. v. 15.5.2003 – 1 KO 710/00, ZfB 2004, S. 137 (143 ff.); gegen eine Genehmigung nach § 7 a LNatSchG S-H OVG SH, Urt. v.

zudem Kenntnis voraus, und zwar in zweifacher Weise: Zum einen müssen die Betroffenen zunächst überhaupt mitbekommen, dass ein Genehmigungsverfahren durchgeführt wird. Fehlt eine öffentliche Bekanntmachung, kann dies nur zufällig gelingen. Zum anderen muss ihnen die Relevanz des Zulassungsverfahrens für ein mögliches späteres Enteignungsverfahren klar sein. Dafür müssen sie erkennen, dass eine positive Zulassungsentscheidung, die die Feststellung der Rechtmäßigkeit eines Vorhabens beinhaltet, diese Frage gleichzeitig auch für ein nachfolgendes Enteignungsverfahren endgültig entscheidet. Da eine entsprechende Bindungswirkung gesetzlich nur sehr eng begrenzt festgelegt ist und die Frage, ob sie allgemein bei Verwaltungsakten auch gegenüber Drittbehörden anzunehmen ist, sehr umstritten ist, ist ein entsprechender Zusammenhang zwischen Zulassungs- und Enteignungsverfahren für einen Enteignungsbetroffenen kaum erkennbar. Konnte der Betroffene sich aus diesen Gründen nicht gegen die Zulassungsentscheidung wenden, lässt sich das bei Annahme einer Bindung auch nicht mehr im Enteignungsverfahren nachholen. Die Enteignungsbehörde wird eine Befassung mit der Rechtmäßigkeit des Vorhabens unter Verweis darauf ablehnen, dass sie in diesem Punkt nicht mehr zu einer eigenen Prüfung befugt ist.[746]

(2) Ausschluss von Einwänden auch bei einer Enteignung zum Zweck der Energieversorgung

Der Ausschluss von bestimmten Einwänden im behördlichen Enteignungsverfahren ist in einem anderen Bereich allerdings völlig anerkannt: bei der Enteignung zum Zweck der Energieversorgung.

Nach § 45 Abs. 2 S. 3 EnWG stellt die zuständige Behörde bei (nicht planfeststellungs- oder plangenehmigungspflichtigen) Energieversorgungsvorhaben die Zulässigkeit der Enteignung fest. Zuständige Behörde ist dabei nicht die Enteignungsbehörde, sondern die nach Landesorganisationsrecht zur Energieaufsicht berufene Behörde. Die von ihr zu treffende Entscheidung über die Zulässigkeit der Enteignung betrifft die Frage der energiewirtschaftlichen Notwen-

---

17.4.1998 2 K 2/98, NuR 1999, S. 533. Kritisch zu diesem Urteil und allgemein zum eingeschränkten Rechtsschutz bei der Errichtung von Höchstspannungsfreileitungen nach § 12 EnWG 1998 *H.-N. v. Götz*, DVBl. 1999, S. 1413.

746 Für eine Enteignung nach §§ 85 Abs. 1 Nr. 1, 87 BauGB, bei der für die Genehmigung des B-Plans und die Entscheidung über die Enteignung jeweils das Regierungspräsidium zuständig war, vgl. OLG Naumburg, Urt. v. 23.10.2000 – 1 U (Baul) 1/00, n.v., Umdruck S. 8: „..., ob die Beteiligte zu 4) (Enteignungsbehörde) sich darauf zurückziehen konnte, statt einer eigenen Prüfung in der Sache auf die in gleicher Behörde vorgenommene Genehmigung des Bebauungsplanes zu verweisen. Der Senat hat hieran keinen Zweifel." Ebenso die erstinstanzliche Entscheidung des LG Magdeburg, Urt. v. 30.11.1999 – 34 O (Baul) 7/99, n.v., Umdruck S. 4.

digkeit und der enteignungsrechtlichen Erforderlichkeit des Energieversorgungsvorhabens. Mit dem Rechtsschutz der betroffenen Grundeigentümer gegen diese Entscheidung verhält es sich nach der Rechtsprechung[747] und der überwiegenden Meinung in der Literatur[748] ebenso wie mit dem gegen vorgelagerte Genehmigungen. Es soll sich bei der Entscheidung der Energieaufsichtsbehörde nur um den ersten Teil eines mehrstufigen Verwaltungsverfahrens handeln, dem keine Außenwirkung gegenüber den Grundeigentümern zukommt – und der daher auch nicht von ihnen angefochten werden kann.[749] Verwaltungsintern im Verhältnis zu der im zweiten Teil zur Durchführung des Verfahrens befugten Enteignungsbehörde entfaltet die Feststellung der Zulässigkeit der Enteignung Bindungswirkung.

Damit wird bei einer Enteignung für sonstige Energieversorgungsvorhaben nach § 45 Abs. 1 Nr. 2, Abs. 2 S. 3, Abs. 3 EnWG sogar noch über einen deutlich umfangreicheren Teil der Enteignungsvoraussetzungen von der Verwaltung entschieden, ohne dass die Betroffenen dabei beteiligt würden: Die Energieaufsichtsbehörde entscheidet, ob das Wohl der Allgemeinheit die Enteignung von Grundeigentum für ein Energieversorgungsvorhaben generell rechtfertigt, die Genehmigungsbehörden nur über die Rechtmäßigkeit des Enteignungsvorhabens.

(3) Verbleibende Rechtsschutzmöglichkeiten ausreichend

Für diese weit reichende Entscheidungskompetenz der Energieaufsichtsbehörde wird ihre besondere Fachkunde für die spezifischen Fragen der Energieversorgung angeführt[750], mit der dann auch die Bindung der Enteignungsbehörde an diese Entscheidung begründet wird[751]. Tatsächlich läuft es allgemein bei der Frage, ob eine Bindung der Enteignungsbehörde wegen der damit verbundenen Verkürzung des Rechtsschutzes abgelehnt werden soll, auf eine Entscheidung zwischen den Interessen der betroffenen Grundeigentümer, Einwände im verwaltungsbehördlichen Verfahren geltend machen zu können, und dem Interesse an entsprechend der Fachkompetenz erfolgenden Verwaltungsentscheidungen heraus. Bei der Bewertung der Interessen der Grundeigentümer darf Folgendes

---

747 BVerwG, Urt. v. 11.7.2002 – 4 C 9/00, NJW 2003, S. 230 (233); BayVGH, Urt. v. 13.2.2003 – 22 A 97.40 029, NVwZ 2003, S. 1534 (1535); zu § 11 EnWG 1935 vgl. BVerfG, Beschl. v. 20.3.1984 – 1 BvL 28/82, BVerfGE 66, S. 248 (250 f.).

748 Vgl. *U. Büdenbender/W. Heintschel von Heinegg/P. Rosin*, Energierecht I, Rn. 1856; *C. Theobald*, in: Danner/Theobald, Energierecht, EnWG, § 45 Rn. 46.

749 Für die Qualifizierung als Verwaltungsakt und damit für die Möglichkeit einer Anfechtung durch die betroffenen Grundeigentümer: *G. Hermes*, in: Schneider/Theobald, Handbuch zum Recht der Energiewirtschaft, § 9 Rn. 63.

750 Vgl. *U. Büdenbender/W. Heintschel von Heinegg/P. Rosin*, Energierecht I, Rn. 1853.

751 BVerwG, Urt. v. 11.7.2002 – 4 C 9/00, NJW 2003, S. 230 (233).

nicht aus dem Blick geraten: Auch wenn bestimmte Einwände gegenüber der Verwaltung nicht erhoben werden können, bleibt natürlich die Möglichkeit, den Enteignungsbeschluss noch umfassend im gerichtlichen Verfahren überprüfen zu lassen. Der Enteignungsbeschluss ist ein belastender Verwaltungsakt, gegen den eine Anfechtungsklage zulässig ist. Das Gericht überprüft dann ohne Einschränkungen, ob alle Voraussetzungen für eine Enteignung vorliegen.[752]

Doch auch im behördlichen Verfahren bleibt ein Vorbringen der Betroffenen nicht gänzlich ohne Konsequenzen. Wird im Enteignungsverfahren die Rechtswidrigkeit von Entscheidungen geltend gemacht, an die die Enteignungsbehörde gebunden ist, so ist die Enteignungsbehörde – teilt sie die Auffassung – verpflichtet, gegenüber der Zulassungsbehörde auf eine Rücknahme der Genehmigung nach § 48 VwVfG hinzuwirken bzw. bei der Energieaufsichtsbehörde auf eine Aufhebung der Feststellung der Zulässigkeit der Enteignung. Gegen einen Vertrauensschutz des Vorhabenträgers spricht in diesem Fall, dass dieser ohnehin mit der Möglichkeit rechnen musste, dass von ihm getätigte Investitionen nutzlos werden könnten, weil die Inanspruchnahme fremder Grundstücke für sein Projekt noch an dem Fehlen einzelner Enteignungsvoraussetzungen scheitern konnte.

c) Ausgestaltung der Enteignung aufgrund Planfeststellungsbeschlusses

Ein überzeugender Einwand gegen eine Bindung der Enteignungsbehörde an vorgelagerte Genehmigungen anderer Verwaltungsstellen lässt sich auch nicht aus der Ausgestaltung der Enteignung aufgrund Planfeststellungsbeschlusses ableiten.

(1) Rechtsschutz bereits gegen den Planfeststellungsbeschluss

Bei der Enteignung aufgrund Planfeststellungsbeschlusses ist die Bindung der Enteignungsbehörde an den vorgelagerten Planfeststellungsbeschluss gesetzlich vorgeschrieben. Die Stellung der Enteignungsbetroffenen bei der Kombination vorgelagertes Planfeststellungs- und nachfolgendes Enteignungsverfahren unterscheidet sich aber trotzdem von der bei der Kombination vorgelagertes Genehmigungs- und nachfolgendes Enteignungsverfahren. Anders als in einem Genehmigungsverfahren können die von einer späteren Enteignung Betroffenen im Planfeststellungsverfahren zu allen Enteignungsvoraussetzungen, über die be-

752 Vgl. für eine Enteignung nach § 12 EnWG 1998 BVerwG, Urt. v. 11.7.2002 – 4 C 9/00, NJW 2003, S. 230 (233); *U. Büdenbender/W. Heintschel von Heinegg/P. Rosin*, Energierecht I, Rn. 1856; *C. Theobald*, in: Danner/Theobald, Energierecht, EnWG, § 45 Rn. 46.

reits in diesem Verfahren abschließend entschieden wird, gegenüber der Planfeststellungsbehörde Einwände geltend machen.[753] Lässt sich aus dieser Gestaltung nun allgemein schließen, dass die Enteignungsbehörde nur gebunden sein kann, wenn die Enteignungsbetroffenen im Vorgängerverfahren vergleichbare Rechtsschutzmöglichkeiten wie im Planfeststellungsverfahren haben – wohl kaum. Dafür ist das Planfeststellungsverfahren zu wenig mit den hier in Rede stehenden Genehmigungsverfahren vergleichbar: Im Planfeststellungsverfahren findet ohnehin ein Anhörungsverfahren statt, in dem jeder, dessen Belange durch das Vorhaben berührt werden, Einwendungen gegen den Plan erheben kann (§ 73 Abs. 4 VwVfG). Auch werden im Planfeststellungsverfahren bereits alle vorhabenbezogenen Enteignungsvoraussetzungen geprüft – im Genehmigungsverfahren aber nur die Rechtmäßigkeit des Vorhabens.

Zudem ist die genannte Regelung beim gerichtlichen Rechtsschutz nicht nur vorteilhaft für die Enteignungsbetroffenen – und daher als Modell nicht unbedingt geeignet. Die Enteignungsbetroffenen müssen hier erkennen, dass sie sich bereits gegen den Planfeststellungsbeschluss zu wenden haben, wenn sie eine Enteignung verhindern wollen. Denn anders als bei der Kombination eines einfachen Zulassungsverfahrens mit dem Enteignungsverfahren kann die Rechtswidrigkeit der bereits im Vorgängerverfahren geprüften Enteignungsvoraussetzungen nicht mehr mit einer Klage gegen den Enteignungsbeschluss geltend gemacht werden. Theoretisch wird der Enteignungsbetroffene beim Planfeststellungsverfahren zwar in die Lage versetzt, diese Anfechtungslast zu erkennen. Durch die Auslegung des Plans (§ 73 Abs. 2, 3 VwVfG), auf die durch ortsübliche Bekanntmachung hingewiesen wird (§ 73 Abs. 5 VwVfG), erhält er Kenntnis vom Verfahren. Die Relevanz des Planfeststellungsverfahrens für ein späteres Enteignungsverfahren ergibt sich dann ausdrücklich aus dem Gesetz (z.B. § 19 Abs. 2 FStrG, § 22 Abs. 2 AEG, § 44 Abs. 2 WaStrG). Doch stellt die Verpflichtung, bereits gegen den Planfeststellungsbeschluss vorgehen zu müssen, in der Praxis oft eine Überforderung dar, besonders wenn es um Flächen geht, die nicht für den Standort oder die Trasse des Vorhabens selber benötigt werden, sondern für die weniger öffentliche Beachtung findenden Ausgleichs- und Ersatzmaßnahmen. Irreführend sind auch die Verfahrensbezeichnungen: Nicht im Enteignungsverfahren, sondern bereits im Planfeststellungsverfahren, werden die Weichen für eine Enteignung gestellt.

753 Vgl. BVerwG, Urt. v. 18.3.1983 – 4 C 80/79, BVerwGE 67, S. 74 (76 f.). Zum Rechtsschutz Enteignungsbetroffener gegen planfeststellungsbedürftige Vorhaben siehe auch *J. Kühling/N. Herrmann*, Fachplanungsrecht, Rn. 600 ff. m.w.N.

(2) Ausdrückliche Festlegung einer Bindungswirkung

Noch unter einem anderen Aspekt ergibt der Blick auf die parallele Situation beim vorgelagerten Planfeststellungsverfahren einen Argumentationsansatz gegen eine Bindungswirkung auch von „einfachen“ Zulassungsentscheidungen. Für einen Planfeststellungsbeschluss wird in den Fachplanungsgesetzen oder in den Landesenteignungsgesetzen eine Bindung gegenüber der Enteignungsbehörde festgelegt. Bei den „einfachen“ Genehmigungsentscheidungen fehlen dagegen spezielle Vorschriften, die eine Bindung anordnen, fast völlig. Es ist daher der Rückschluss denkbar, dass eine Bindungswirkung von Zulassungsentscheidungen nur bei ausdrücklicher gesetzlicher Anordnung anzunehmen ist.[754]

Voraussetzung dafür ist aber die Annahme, dass hinter dem Fehlen einer Bindungsanordnung eine bewusste Entscheidung des Gesetzgebers steht, diese Wirkung bei anderen Zulassungsentscheidungen als Planfeststellungsbeschlüssen ausschließen zu wollen. Anhaltspunkte für solch ein „beredtes Schweigen“[755] des Gesetzgebers lassen sich aber nicht finden. Aus den Vorschriften, die eine Bindungswirkung für Planfeststellungsbeschlüsse festlegen, ergeben sich keine Hinweise darauf, dass der Gesetzgeber ihnen einen abschließenden Charakter verleihen wollte. Auch zeigen die vorangehenden Ausführungen zum Rechtsschutz der Enteignungsbetroffenen, dass ihre Interessen nicht gegen eine Erstreckung der Bindungswirkung auch auf andere Zulassungsentscheidungen angeführt werden können.[756]

Gegen Rückschlüsse von der Ausdrücklichkeit, mit der eine Bindung bei Planfeststellungsbeschlüssen angeordnet ist, auf die bei den anderen Zulassungsentscheidungen ungeregelte Bindungsfrage spricht auch der unterschiedliche Umfang der Bindung: Bei den „einfachen“ Zulassungsentscheidungen geht es nur darum, ob die Feststellung der Rechtmäßigkeit des Vorhabens Bindungswirkung entfaltet, dabei handelt es sich um die allgemeine Frage, ob der Regelungsgehalt von Verwaltungsakten auch Drittbehörden bindet. Bei der spezialgesetzlich angeordneten Bindung von Planfeststellungsbeschlüssen geht es dagegen um eine deutlich umfassendere Bindungswirkung: Dem Enteignungsverfahren ist der festgestellte Plan zugrunde zu legen; er ist für die Enteignungsbehörde bindend. Diese Wirkung muss aber ausdrücklich angeordnet werden. Sie ergibt sich nicht aus § 75 VwVfG, der die Rechtswirkungen des Planfeststellungsbeschlusses festlegt.

---

754 So für die Zulassung eines bergrechtlichen Betriebsplans BVerwG, Urt. v. 14.12.1990 – 7 C 18/90, NVwZ 1990, S. 992 (993). Für Bebauungspläne *P. Runkel*, in: Ernst/Zinkahn/Bielenberg, BauGB, § 85 Rn. 72.

755 Vgl. dazu *K. Larenz*, Methodenlehre der Rechtswissenschaft, S. 370 ff.

756 So aber für Bebauungspläne *P. Runkel*, in: Ernst/Zinkahn/Bielenberg, BauGB, § 85 Rn. 72.

4. Ergebnis

Die Auseinandersetzung mit den Argumenten für und gegen eine Bindungswirkung hat gezeigt: Für die Fallgestaltung Zulassungsentscheidung und Enteignungsbeschluss überzeugen die Gründe, die für eine Bindungswirkung der Zulassungsentscheidung gegenüber der Enteignungsbehörde sprechen. Im Verhältnis zwischen Zulassungs- und Enteignungsverfahren kann daher eine Stufung angenommen werden: Erst wird von Fachbehörden über die technische Zulässigkeit des Vorhabens entschieden, dann prüft die Enteignungsbehörde die Allgemeinwohldienlichkeit und Allgemeinwohlerforderlichkeit des Vorhabens. Damit hat die Enteignungsbehörde die Rechtmäßigkeit nur bei den Vorhaben zu prüfen, für die kein behördliches Zulassungsverfahren vorgeschrieben ist.

C. Zeitliches Verhältnis Zulassungsentscheidung – Enteignungsbeschluss

Neben der Frage, ob Zulassungsentscheidungen Bindungswirkung entfalten, ist für die Enteignungsbehörde noch folgende Frage wichtig: Muss sie mit dem Erlass ihres Beschlusses warten, bis die für das Enteignungsvorhaben erforderlichen Genehmigungen vorliegen, oder kann sie bereits vorher entscheiden?

Die Bestimmungen über das Enteignungsverfahren enthalten keine eindeutige Vorgabe für die Reihenfolge von Zulassungsentscheidung und Enteignungsbeschluss. Diskutiert wird dieses Problem aber unter der Fragestellung, ob die Überprüfung der Rechtmäßigkeit eines Vorhabens neben der materiellen Rechtmäßigkeit auch die formelle Rechtmäßigkeit umfasst. Hierzu wird – bezogen auf das bayerische Enteignungsrecht – Folgendes vertreten: Das Fehlen einer gesetzlich geforderten Zulassung für die Verwirklichung des Vorhabens stehe dem Erlass des Enteignungsbeschlusses nicht entgegen. Es genüge, wenn das Vorhaben materiell-rechtlich zulässig sei und die formellen Voraussetzungen noch nach Abschluss des Enteignungsverfahrens erfüllt werden könnten.[757]

Dieser Ansicht kann aus unterschiedlichen Gründen nicht gefolgt werden.[758] Die Enteignungsbehörde ist verpflichtet, die Rechtmäßigkeit eines Vorhabens zu überprüfen. Dies folgt aus der Feststellung, dass das Wohl der Allgemeinheit nie die Verwirklichung eines rechtswidrigen Vorhabens erfordert. Die genannte Auffassung kann daher nur zutreffen, wenn es Gründe gibt, die formelle Rechtmäßigkeit – anders als die materielle Rechtmäßigkeit – für die Enteignungsvo-

757 So *P. Molodovsky/S. Graf v. Bernstorff*, Enteignungsrecht in Bayern, Art. 3 Anm. 3.1.2.1, Art. 21 Anm. 5.3.2; dem folgend BayVGH, Urt. v. 13.2.2003 – 22 A 97.40 029, NVwZ 2003, S. 1534 (1537).

758 Ebenfalls kritisch dazu *W. Labbé/H. Wölfel*, BayVBl. 1990, S. 161 (164).

raussetzung „Wohl der Allgemeinheit" für unerheblich zu erachten. Entsprechende Gründe sind aber nicht ersichtlich. Im Gegenteil: Ein Vorhaben, dessen Verwirklichung einem Genehmigungsvorbehalt unterliegt, ist bis zur Erteilung der Erlaubnis verboten. Erst die Genehmigung bewirkt die Zulassung des Projekts. Dürfte der Enteignungsbeschluss der Genehmigung zeitlich vorausgehen, müsste die Enteignungsbehörde annehmen, dass das Wohl der Allgemeinheit die Verwirklichung eines verbotenen Vorhabens erfordert.

Eine andere Sicht ergibt sich auch nicht aus der gesetzlichen Regelung in Art. 21 Abs. 1 Nr. 3 BayEG. Nach dieser Bestimmung kann die Enteignungsbehörde jederzeit die Durchführung des Verfahrens davon abhängig machen, dass für das Vorhaben erforderliche Genehmigungen beigebracht werden.[759] Aus dieser Bestimmung wird abgeleitet, dass die Durchführung des Enteignungsverfahrens nicht in jedem Fall vom vorherigen Abschluss der für das Vorhaben erforderlichen Zulassungsverfahren abhänge.[760] Damit wird die Möglichkeit der Enteignungsbehörde, sich die für die Vorhaben erforderlichen Genehmigungen vorlegen zu lassen, mit der Möglichkeit gleichgesetzt, die Durchführung dieser Verfahren von den Genehmigungsbehörden zu fordern. Als Konsequenz daraus soll die Enteignungsbehörde – Ermessensvorschrift – auch ohne vorheriges Genehmigungsverfahren entscheiden können. Diese weiter gehende Auslegung erscheint aber nicht zulässig. Es handelt sich bei der zitierten Bestimmung vielmehr um eine Vorschrift, die nur die Möglichkeit der Enteignungsbehörde, Nachweise zu fordern, über die allgemeinen Regelungen des Verwaltungsverfahrensgesetzes hinaus für die besonderen Bedürfnisse des Enteignungsverfahrens erweitert. Für dieses Verständnis sprechen Wortlaut und Systematik der Vorschrift. Die Formulierung „Genehmigungen beigebracht" sowie die Paragraphenbezeichnung „Nachweise" legen nahe, dass es nur um den Beleg einer Sache geht. Betrachtet man die sonstigen Vorgänge, für die die Enteignungsbehörde Nachweise fordern kann – Mittel für die Verwirklichung des Vorhabens (Nr. 1) oder Planfeststellungsbeschlüsse (Nr. 3) – handelt es sich um Enteignungsvoraussetzungen, die unstreitig bei Erlass des Enteignungsbeschlusses vorliegen müssen. Von ihrer Systematik her könnte diese Regelung daher sogar eher als Hinweis für die hier vertretene Gegenposition verstanden werden.

Problematisch sind schließlich auch die praktischen Konsequenzen. So soll die Enteignungsbehörde – wenn eine erforderliche Genehmigung noch nicht vorliegt – in eigener Verantwortung prüfen können, ob das Vorhaben die öffentlich-rechtlichen Anforderungen einhalten kann.[761] Dies widerspricht dem Sinn der Genehmigungsvorbehalte. Hat der Gesetzgeber für die Verwirklichung be-

---

759 Entsprechende Bestimmungen enthalten auch einige andere Landesenteignungsgesetze: § 21 Abs. 3 LEntG BW; § 19 ThürEG.

760 So *P. Molodovsky/S. Graf v. Bernstorff*, Enteignungsrecht in Bayern, Art. 21 Anm. 5.3.2; BayVGH, Urt. v. 13.2.2003 – 22 A 97.40 029, NVwZ 2003, S. 1534 (1537).

761 Vgl. BayVGH, Urt. v. 13.2.2003 – 22 A 97.40 029, NVwZ 2003, S. 1534 (1537).

stimmter Vorhaben Genehmigungsverfahren vorgeschrieben, so soll die Überprüfung der materiell-rechtlichen Anforderungen durch die zuständige Fachbehörde unter Beteiligung der Betroffenen erfolgen. Nur die Fachbehörde, nicht aber die weniger kompetente Enteignungsbehörde, ist in diesen Fällen zu einer sachgerechten Prüfung in der Lage.[762] Handelt es sich um Gestattungsentscheidungen, die im Ermessen der zuständigen Behörde stehen, kann die Enteignungsbehörde ohnehin nur eine Prognose hinsichtlich noch ausstehender Entscheidungen treffen.[763] Dies birgt aber die Gefahr divergierender Entscheidungen in sich.

762 So auch *W. Labbé/H. Wölfel*, BayVBl. 1990, S. 161 (164).

763 So zur Zustimmung der Flurbereinigungsbehörde nach § 34 Abs. 1 FlurbG; zur Rodungserlaubnis nach Art. 9 Abs. 2 S. 1 BayWaldG; zur naturschutzrechtlichen Ausnahme nach Art. 2 Abs. 3 BayNatSchG: BayVGH, Urt. v. 13.2.2003 – 22 A 97.40 029, NVwZ 2003, S. 1534 (1537).

4. Teil: Schlussbemerkungen zur Regelung der vorhabenbezogenen Enteignungsvoraussetzungen

Die Art der Regelung der vorhabenbezogenen Enteignungsvoraussetzungen in den Landesenteignungsgesetzen stellt die Enteignungsbehörde bei der Rechtsanwendung, wie gesehen, an verschiedenen Punkten vor Schwierigkeiten. Diese Schwierigkeiten sollen zum Schluss noch genauer betrachtet werden. Nach einer kurzen Zusammenfassung der problematischen Regelungen (§ 1) wird folgenden Fragen nachgegangen: Stellt das enteignungsrechtliche Planfeststellungsverfahren möglicherweise eine Alternative dar (§ 2)? Welche Gesetzesänderungen können sinnvoll sein (§ 3)?

§ 1 Kritikpunkte

A. Enteignungsgesetze lassen Prüfungsauftrag schwer erkennen

Die Rechtsanwendung bereitet einmal wegen der Struktur und der Formulierung der Enteignungsgesetze Schwierigkeiten – sie sind nicht als Planungsgesetze ausgestaltet: Statt einer finalen Gesetzesstruktur weisen sie eine konditionale Struktur auf. Anders als z.B. im Baugesetzbuch oder in den Fachplanungsgesetzen fehlt in den Enteignungsgesetzen ein ausdrücklicher Auftrag zu einer Abwägung der von dem Vorhaben berührten Belange – diese Prüfung findet im Rahmen des Tatbestandsmerkmals „Allgemeinwohlerforderlichkeit“ statt. Zudem muss die Enteignungsbehörde auch noch erkennen, wann überhaupt eine vorhabenbezogene Prüfung von ihr gefordert ist. Hat bereits ein Planfeststellungsverfahren stattgefunden, finden die Enteignungsgesetze nur „im Übrigen“ Anwendung, d.h. die vorhabenbezogenen Voraussetzungen in den Landesenteignungsgesetzen laufen leer, geprüft werden nur noch die enteignungsbezogenen Voraussetzungen.[764]

764 Dazu oben S. 99 ff.

B. Vorhabenbeginn vor Entscheidung über die Vorhabenplanung möglich

Noch schwerer wiegt aber ein Unterschied im Inhalt: Gegenstand der Planung ist regelmäßig ein in der Zukunft liegender Sachverhalt. Bezogen auf die Planung eines Vorhabens bedeutet das, dass das Vorhaben zum Zeitpunkt der Planung üblicherweise noch nicht existiert. Bei einer Enteignung aufgrund Planfeststellungsbeschlusses ist das auch gewährleistet: Nach den Fachplanungsgesetzen darf das Vorhaben bis zur Entscheidung der Planfeststellungsbehörde noch nicht gebaut werden, erst ab diesem Zeitpunkt wird der Vorhabenträger dann versuchen, die noch benötigten Flächen freihändig zu erwerben. Die Regelung der nicht planakzessorischen Enteignung dagegen lässt zu, dass der Vorhabenträger bereits bevor die Enteignungsbehörde die Vorhabenplanung abwägend nachvollzogen hat mit dem Vorhaben beginnt: In den Enteignungsgesetzen fehlt eine Bestimmung, die einen Baubeginn vor diesem Zeitpunkt untersagt. Zudem wird der Vorhabenträger praktisch verpflichtet, vor Einleitung des Enteignungsverfahrens bereits mit dem freihändigen Erwerb zu beginnen. Will die Enteignungsbehörde die Enteignung für ein bereits begonnenes Vorhaben ablehnen, kann diese Regelungsweise zu erheblichen tatsächlichen Problemen führen.[765]

C. Fehlen gesetzlicher Regelungen zur Bindungswirkung vorgelagerter Verwaltungsentscheidungen

Schließlich ist die vorhabenbezogene Prüfung der Enteignungsbehörde nur unzureichend mit vorgelagerten Planungs- und Zulassungsentscheidungen verknüpft.[766] Eine Integration der Entscheidung der Enteignungsbehörde in die übliche Stufenfolge fehlt: Obwohl die Enteignungsbehörde bei der nicht planakzessorischen Enteignung die Funktion einer „Ersatzplanfeststellungsbehörde" bzw. einer „Ersatzgenehmigungsbehörde" übernimmt, wird sie – anders als Planfeststellungs- und Genehmigungsbehörden – nicht über § 4 ROG an die Erfordernisse der Raumplanung gebunden. Auch das Verhältnis zu vorgelagerten Zulassungsentscheidungen ist ungeregelt: Weder wird eine Konzentrationswirkung des Enteignungsbeschlusses angeordnet noch eine Bindung der Enteignungsbehörde an bereits vorliegende Entscheidungen von Genehmigungsbehörden. Diese gesetzgeberische Zurückhaltung erschwert nicht nur die Arbeit der Enteignungsbehörde, sie hat auch ein geringeres Maß an Rechtssicherheit zur Folge: Die in dieser Arbeit favorisierte Bindung der Enteignungsbehörde an vorgelagerte Entscheidungen anderer Verwaltungsstellen ist nicht unbedingt

765 Dazu oben S. 137 ff.

766 Dazu oben S. 185 ff.

zwingend – voneinander abweichende Bewertungen unterschiedlicher Enteignungsbehörden daher durchaus vorstellbar.

§ 2 Alternative: Enteignungsrechtliches Planfeststellungsverfahren?

Es ist denkbar, dass die dargestellten Probleme nicht auftreten, wenn die Enteignungsbehörde sich statt für die Durchführung eines Enteignungsverfahrens für ein enteignungsrechtliches Planfeststellungsverfahren entscheidet. Die Enteignungsbehörde kann nach den meisten Landesenteignungsgesetzen vorhabenbezogene Enteignungsvoraussetzungen in zwei unterschiedlichen Verfahren prüfen: Einmal im Enteignungsverfahren, daneben kommt aber auch für eine Reihe von Vorhaben ein enteignungsrechtliches Planfeststellungsverfahren in Betracht.[767]

A. Anwendung von Planungsgesetzen

Für den ersten der genannten Punkte stellt das enteignungsrechtliche Planfeststellungsverfahren offensichtlich eine Lösung dar: Für die enteignungsrechtliche Planfeststellung gelten in den meisten Ländern wie für eine Planfeststellung nach Fachplanungsgesetzen die §§ 73-78 VwVfG.[768] Damit kann die Enteignungsbehörde in diesem Verfahren statt der Enteignungsgesetze Regelungen anwenden, die nach ihrer Struktur und Formulierung als Planungsgesetze ausgestaltet sind.

B. Vorhabenbeginn vor Entscheidung über die Vorhabenplanung

Bei der Durchführung eines enteignungsrechtlichen Planfeststellungsverfahrens müssten sich außerdem hinsichtlich des zeitlichen Verhältnisses von Vorhabenbeginn und der Entscheidung über die Vorhabenplanung Unterschiede zum Enteignungsverfahren ergeben.

---

767 Zu den Voraussetzungen oben S. 46 ff.
768 Dazu oben S. 53.

I. Keine Möglichkeit, mit Rechtsänderungen bis zum Erlass des Planfeststellungsbeschlusses abzuwarten

Der Vorhabenträger müsste zum einen die Möglichkeit haben, mit den freihändigen Rechtsänderungen – wie bei der fachplanerischen Planfeststellung – bis zum Erlass des Planfeststellungsbeschlusses abzuwarten.

Diese Möglichkeit hat der Vorhabenträger aber nur, wenn er davon ausgehen kann, dass die Enteignungsbehörde ein enteignungsrechtliches Planfeststellungsverfahren durchführt – das ist aber nur in den Ländern der Fall, in denen dieses Verfahren für bestimmte Vorhaben verpflichtend ist, mithin nur in Hamburg, Mecklenburg-Vorpommern, dem Saarland und Schleswig-Holstein.[769]

Nach den Regelungen in Baden-Württemberg, Bayern, Brandenburg, Hessen, Niedersachsen, Nordrhein-Westfalen, Rheinland-Pfalz, Sachsen-Anhalt und Thüringen ist es für den Vorhabenträger nicht vorhersehbar, ob die Enteignungsbehörde ein enteignungsrechtliches Planfeststellungsverfahren durchführt oder aber einstufig im Enteignungsverfahren auch über die vorhabenbezogenen Voraussetzungen entscheidet. In diesen Ländern bestimmen die Enteignungsgesetze, dass die Enteignungsbehörde dieses Verfahren durchführen kann, wenn sie es für sachdienlich hält.[770] Damit ist der Enteignungsbehörde eine große Entscheidungsfreiheit eingeräumt: Bei der Beurteilung der Sachdienlichkeit hat sie einen Spielraum; bejaht sie die Sachdienlichkeit, ist ihr noch zudem ein Ermessensspielraum für die Durchführung des Verfahrens eingeräumt. Daher ist es kaum denkbar, dass ihr Ermessen „auf Null reduziert" wird und sie ein Verfahren durchführen muss.[771] Für den Vorhabenträger hat das aber folgende Konsequenz: Ist für ihn nicht vorhersehbar, ob sich die Enteignungsbehörde für ein enteignungsrechtliches Planfeststellungsverfahren entscheidet, kann er sein Verhalten auch nicht entsprechend danach ausrichten; sicherheitshalber muss er von einer gemeinsamen Prüfung aller Enteignungsvoraussetzungen im Enteignungsverfahren ausgehen. In diesem Fall muss aber auch die enteignungsbezogene Voraussetzung „gescheiterter Erwerbsversuch" vorliegen. Das bedeutet, dass er – auch wenn sich die Enteignungsbehörde letztlich doch für eine zweistufige Prüfung entscheidet – schon vor dem Planfeststellungsbeschluss Grunderwerbs-

---

769 § 6 Abs. 1 HA EnteigG; § 8 Abs. 1 EnteigG M-V; §§ 15 ff. GEG SL; §§ 15 ff. GEG SH.

770 § 24 Abs. 1 LEntG BW; Art. 40 Abs. 1 BayEG; § 23 Abs. 1 EntGBbg; § 14 Abs. 1 HEG; § 27 Abs. 1 NEG; § 23 Abs. 1 EEG NW; § 28 Abs. 1 LEnteigG RP; § 23 Abs. 1 EntG LSA; § 38 Abs. 1 ThürEG. Zur Sachdienlichkeit der enteignungsrechtlichen Planfeststellung auch: *H. Stuchlik*, UPR 1998, S. 1 (3); *G. Rasche*, NWVBl. 1989, S. 261 (264); *P. Molodovsky/S. Graf v. Bernstorff*, Enteignungsrecht in Bayern, Art. 40 Anm. 3.2; *K. Puhr-Westerheide*, BayEG, Art. 40 Anm. 2.1. Siehe auch VGH BW, Urt. v. 14.5.1996 – 10 S 1/96, NVwZ 1997, S. 90 f.; VGH BW, Beschl. v. 6.8.1993 – 10 S. 1425/93, NVwZ 1994, S. 1022 f.; BayVGH, Urt. v. 25.4.1996 – 22 B 94.3405 u.a., NuR 1996, S. 532.

771 Vgl. *P. Molodovsky/S. Graf v. Bernstorff*, Enteignungsrecht in Bayern, Art. 40 Anm. 3.1.

verhandlungen aufnehmen muss und es damit auch schon zu Rechtsänderungen kommen wird.

In einigen Ländern spricht zudem noch die enge verfahrensmäßige Verknüpfung von Enteignungsverfahren und enteignungsrechtlichem Planfeststellungsverfahren gegen ein Abwarten mit den Rechtsänderungen bis zum Planfeststellungsbeschluss. In Niedersachsen und in Sachsen-Anhalt darf mit dem Planfeststellungsverfahren erst begonnen werden, wenn die Enteignungsbehörde entschieden hat, dass das Enteignungsverfahren eingeleitet werden soll.[772] In anderen Ländern legt die Systematik der Enteignungsgesetze nahe, dass das Planfeststellungsverfahren zumindest erst nach Vorliegen eines Enteignungsantrags eingeleitet werden darf.[773]

II. Baubeginn möglich

Der zweite Verwirklichungsschritt ist der Beginn mit dem Bau des Vorhabens: Hier müsste – anders als bei Durchführung eines Enteignungsverfahrens und wie bei einem fachplanerischen Planfeststellungsverfahren – der Beginn mit dem Bau vor der Entscheidung über die Vorhabenplanung unmöglich sein.

Bei einer Entscheidung im enteignungsrechtlichen Planfeststellungsverfahren ergibt sich aber – wie beim Enteignungsverfahren – zumindest aus den Fachplanungsgesetzen kein Hinderungsgrund für den Vorhabenträger, bereits mit dem Vorhaben zu beginnen. Das enteignungsrechtliche Planfeststellungsverfahren ist, wie gesehen, subsidiär – nur wenn nicht bereits in anderen Gesetzen ein Planfeststellungsverfahren vorgesehen ist, kann die Enteignungsbehörde dieses Verfahren durchführen. Die Enteignungsbehörde hat es demnach auch hier mit Vorhaben zu tun, für die nicht nach den Fachplanungsgesetzen vor dem Bau die Feststellung des Plans vorgeschrieben ist.

Auch hier ist aber weiter zu überlegen, ob nicht Vorschriften aus dem Enteignungsrecht einen Baubeginn unzulässig machen. Wie bei der Entscheidung im Enteignungsverfahren – aber anders als bei der fachplanerischen Planfeststellung – fehlt aber bei der enteignungsrechtlichen Planfeststellung eine Bestimmung, die festlegt, dass die Planfeststellung vor dem Bau des Unternehmens erfolgen muss. Die Regelungen in den Enteignungsgesetzen über die Planfeststellung enthalten zwar Aussagen zum Zeitpunkt, doch wird dort keine Aussage über die zeitliche Relation zum Bau des Vorhabens getroffen. Bezugspunkt ist vielmehr das Verfahren vor der Enteignungsbehörde insgesamt. So legen einige Enteignungsgesetze fest, dass das Planfeststellungsverfahren nach Abschluss des

772 § 27 Abs. 1 S. 2 NEG; § 23 Abs. 1 S. 2 EntG LSA.

773 So für die Rechtslage in Nordrhein-Westfalen *G. Rasche*, NWVBl. 1989, S. 261 (264). Anders für die Rechtslage in Bayern: *P. Molodovsky/S. Graf v. Bernstorff*, Enteignungsrecht in Bayern, Art. 40 Anm. 2.3.1; *K. Puhr-Westerheide*, BayEG, Art. 40 Anm. 2.1.

vorbereitenden Verfahrens und positiver Entscheidung über die Einleitung des Enteignungsverfahrens durchzuführen ist[774]; die meisten Gesetze bestimmen, dass es vor der Bekanntmachung bzw. Einleitung des Enteignungsverfahrens durchzuführen ist[775]. Eine Ausnahme stellen nur die Regelungen des noch im Saarland und in Schleswig-Holstein gültigen preußischen Enteignungsgesetzes dar, die bestimmen, dass *vor der Ausführung des Unternehmens* ein Plan festzustellen ist.[776]

Es macht daher insoweit keinen Unterschied, ob die Enteignungsbehörde im Enteignungsverfahren oder im enteignungsrechtlichen Planfeststellungsverfahren entscheidet: Der Vorhabenträger hat (außer im Saarland und in Schleswig-Holstein) auch die Möglichkeit, vor dem Erlass des Planfeststellungsbeschlusses im enteignungsrechtlichen Planfeststellungsverfahren mit der Verwirklichung des Unternehmens dort, wo ihm die erforderlichen Rechte bereits zustehen, zu beginnen.

C. Bindung an vorgelagerte Verwaltungsentscheidungen

Auch wenn sich bei der Möglichkeit eines vorzeitigen Vorhabenbeginns keine Unterschiede zwischen einer Entscheidung im Enteignungsverfahren und einer Entscheidung im enteignungsrechtlichen Planfeststellungsverfahren ergeben, so bleibt noch zu überlegen, ob das enteignungsrechtliche Planfeststellungsverfahren nicht besser mit vorgelagerten Raumplanungs- und Zulassungsentscheidungen verknüpft ist.

I. Genehmigungswirkung des enteignungsrechtlichen Planfeststellungsbeschlusses nicht umfassend

Führt die Enteignungsbehörde ein enteignungsrechtliches Planfeststellungsverfahren durch, scheint sie auf den ersten Blick eine Stelle im Sinne des § 4 ROG zu sein, die über die öffentlich-rechtliche Zulässigkeit raumbedeutsamer Maßnahmen entscheidet – Planfeststellungen sind dort ausdrücklich erwähnt.

Diese Regelung korrespondiert mit § 75 Abs. 1 S. 1 1. HS VwVfG: Danach kommt dem Planfeststellungsbeschluss Genehmigungswirkung zu. Die für den fachplanerischen Planfeststellungsbeschluss festgelegte Genehmigungswirkung

774 § 27 Abs. 1 NEG; § 23 Abs. 1 EntG LSA.

775 § 24 Abs. 1 LEntG BW; Art. 40 Abs. 1 BayEG; § 23 Abs. 1 EntGBbg; § 6 Abs. 1 HA EnteigG; § 14 Abs. 1 HEG; § 8 Abs. 1 EnteigG M-V; § 23 Abs. 1 EEG NW; § 28 Abs. 1 LEnteigG RP; § 38 Abs. 1 ThürEG.

776 §§ 15 Abs. 1, 21 Abs. 1 GEG SL; §§ 15 Abs. 1, 21 Abs. 1 GEG SH.

lässt sich aber tatsächlich nur mit Einschränkungen auf die enteignungsrechtliche Planfeststellung übertragen.[777] Bei der enteignungsrechtlichen Planfeststellung steht diese Bestimmung nämlich in einem anderen Kontext: Der Vorhabenträger kann auf den Flächen mit dem Bau beginnen, an denen ihm bereits die erforderlichen Rechte zustehen. Damit greift § 75 Abs. 1 S. 1 1. HS VwVfG im enteignungsrechtlichen Planfeststellungsverfahren zu spät ein. Das rechtliche Instrument eines Verbots mit Erlaubnisvorbehalt ist zumindest für diese Flächen durch die tatsächliche Entwicklung überholt worden. § 75 Abs. 1 S. 1 1. HS VwVfG kann somit für den enteignungsrechtlichen Planfeststellungsbeschluss nur mit folgendem Regelungsinhalt verstanden werden: Er bezieht sich nicht auf alle Flächen, die räumlich von dem Vorhaben betroffen sind, sondern nur auf die einzelnen Flächen, für die eine Enteignung erforderlich ist.[778] Das im Saarland und in Schleswig-Holstein noch gültige preußische Enteignungsrecht sieht auch einen in ähnlicher Weise eingeschränkten Regelungsinhalt vor: Nach den §§ 18 Abs. 2, 21 Abs. 1 Nr. 1 der Enteignungsgesetze dieser Länder beschränkt sich die Planfeststellung auf die zu enteignenden Grundstücke.[779] Damit weicht die „Genehmigungswirkung" eines enteignungsrechtlichen Planfeststellungsbeschlusses deutlich von der umfassenden Genehmigungswirkung einer fachplanerischen Planfeststellung ab. Es ist deswegen zumindest zweifelhaft, ob § 4 ROG in diesem Fall überhaupt Anwendung findet.

Als eine Stelle, die über die öffentlich-rechtliche Zulässigkeit raumbedeutsamer Maßnahmen entscheidet, lässt sich die Enteignungsbehörde zudem bei den Vorhaben, die nach Fachrecht ohne Genehmigung errichtet werden dürfen, nicht sehen: Es erscheint nämlich wenig sinnvoll, die Errichtung bestimmter Vorhaben nach Fachrecht zulassungsfrei zu stellen, sie aber für den Fall einer Enteignung einer Genehmigungspflicht zu unterwerfen – das auch nur dann, wenn die Enteignungsbehörde mit enteignungsrechtlichem Planfeststellungsbeschluss und nicht mit im Enteignungsbeschluss über das Vorhaben entscheidet.

---

777 Vgl. auch *H.-J. Papier*, Rechtsverbindliche Festlegung von Leitungstrassen, S. 59, der feststellt, dass die enteignungsrechtliche Planfeststellung keine Genehmigungs- und Konzentrationswirkung mehr zu entfalten vermag.

778 Im Ergebnis wie hier *R. Hannemann*, NWVBl. 1997, S. 331 (332). Dafür, dass der enteignungsrechtliche Planfeststellungsbeschluss das Vorhaben insgesamt feststellen muss: *H. Stuchlik*, UPR 1998, S. 1 (5 f.); in diese Richtung auch *J. Kühling/N. Herrmann*, Fachplanungsrecht, Rn. 583.

779 Konsequenterweise sollen hier die §§ 72 ff. VwVfG auch keine Anwendung auf die enteignungsrechtliche Planfeststellung finden, so (zu dem in diesem Zeitpunkt auch in Nordrhein-Westfalen noch gültigen PrEG vom 11.6.1874) OVG NW, Beschl. v. 17.7.1984 – 3 B 1290/84, OVGE 37, S. 159 f.

II. Konzentrationswirkung läuft häufig leer

Anders als dem Enteignungsbeschluss kommt dem enteignungsrechtlichen Planfeststellungsbeschluss Konzentrationswirkung zu; das folgt aus § 75 Abs. 1 S. 1 2. HS VwVfG. Damit ist das Verhältnis zu den Entscheidungen einer Zulassungsbehörde bei der enteignungsrechtlichen Planfeststellung geregelt: Die Enteignungsbehörde kann diese ersetzen.

Ähnlich wie bei der Übertragung der für den fachplanerischen Planfeststellungsbeschluss angeordneten Genehmigungswirkung ergeben sich aber auch bei der Übertragung der Konzentrationswirkung auf den enteignungsrechtlichen Planfeststellungsbeschluss in der Praxis Schwierigkeiten. Auch hier wirkt sich aus, dass der Vorhabenträger bereits auf den Flächen mit dem Bau beginnen kann, an denen ihm schon die erforderlichen Rechte zustehen. Damit greift auch § 75 Abs. 1 S. 1 2. HS VwVfG im enteignungsrechtlichen Planfeststellungsverfahren zu spät ein. Eine Ersetzung anderer Zulassungsentscheidungen durch die enteignungsrechtliche Planfeststellung wird kaum infrage kommen, da diese in den meisten Fällen bereits vor Einleitung des Planfeststellungsverfahrens durch die zuständigen Fachbehörden erteilt worden sind.[780]

D. Ergebnis: keine Alternative

Die Durchführung eines enteignungsrechtlichen Planfeststellungsverfahrens vor einem Enteignungsverfahren löst somit die dargestellte Problematik nicht: Favorisiert die Enteignungsbehörde bei der Überprüfung der Vorhabenplanung eine Alternativtrasse bzw. einen Alternativstandort oder hält sie die Dimensionierung für rechtswidrig, kann ein ablehnender Planfeststellungsbeschluss genauso im Widerspruch zu einer bereits begonnenen Vorhabenrealisierung stehen wie bei einer einstufigen Prüfung nur im Enteignungsverfahren der Enteignungsbeschluss. Die Verknüpfung mit vorgelagerten Raumplanungs- oder Zulassungsentscheidungen ist zwar gesetzlich durch die Anordnung der Genehmigungs- und Konzentrationswirkung geregelt, faktisch kann die enteignungsrechtliche Planfeststellung diese Wirkung aber häufig nicht mehr entfalten.

780 Zu dieser Besonderheit, die in dieser Art vom Gesetzgeber mit Sicherheit nicht gewollt sei: *R. Hannemann*, NWVBl. 1997, S. 331 (332).

E. Exkurs: enteignungsrechtliches Planfeststellungsverfahren misslungene Regelung

Dieses Ergebnis ist überraschend: Die Landesenteignungsgesetze haben ein Planfeststellungsverfahren aufgenommen, das immer dann von der Enteignungsbehörde durchgeführt wird (je nach Landesregelung fakultativ oder zwingend), wenn nicht bereits die Fachgesetze für das Vorhaben ein Planfeststellungsverfahren vorgesehen haben. Das legt nahe, dass das enteignungsrechtliche Planfeststellungsverfahren einfach das fachplanerische Planfeststellungsverfahren dort, wo es nicht vorgesehen ist, ersetzen soll – schließlich sollen für das enteignungsrechtliche Planfeststellungsverfahren auch die §§ 73-78 VwVfG gelten. Die vorstehenden Ausführungen haben aber gezeigt, dass das enteignungsrechtliche Planfeststellungsverfahren in zentralen Punkten von dem fachplanerischen Planfeststellungsverfahren abweicht. Damit kann aber nicht davon gesprochen werden, dass mit dem enteignungsrechtlichen Planfeststellungsverfahren tatsächlich die fachplanerische Planfeststellung ersetzt würde.

Es drängt sich vielmehr die Frage nach dem Sinn dieses Verfahrens auf. Was spricht überhaupt dafür, die vorhabenbezogenen Voraussetzungen in einem enteignungsrechtlichen Planfeststellungsverfahren und nicht einfach mit im Enteignungsverfahren zu prüfen? Die wesentliche Besonderheit des Planfeststellungsverfahrens im Vergleich zum Enteignungsverfahren ist das Anhörungsverfahren nach § 73 Abs. 3-6 VwVfG. Es dient der umfassenden Ermittlung des für die Entscheidung maßgeblichen Sachverhalts, besonders aller abwägungserheblichen Belange. Die Erfassung des entscheidungsrelevanten Sachverhalts gewährleistet aber auch das förmlich ausgestaltete Enteignungsverfahren. Die Enteignungsgesetze sehen eine mündliche Verhandlung der Enteignungsbehörde mit dem Vorhabenträger und den von dem Vorhaben betroffenen Grundstücksberechtigten vor.[781] Es bleibt der Enteignungsbehörde unbenommen, darüber hinaus auch Träger öffentlicher Belange anzuhören. Nach einigen Enteignungsgesetzen ist sie dazu sogar verpflichtet, wenn dem Enteignungsverfahren kein Planfeststellungsverfahren vorausgegangen ist.[782] Damit lassen sich auch im Enteignungsverfahren alle für das Vorhaben erheblichen privaten und öffentlichen Belange erfassen.[783]

Ersetzt das enteignungsrechtliche Planfeststellungsverfahren einerseits nicht die fachplanerische Planfeststellung und weist es andererseits keine Vorteile ge-

---

781 § 23 Abs. 1 LEntG BW; Art. 26 Abs. 3 BayEG; § 5 Abs. 3 EnteigG BE i.V.m. § 112 BauGB; § 29 EntGBbg; § 6 Abs. 3 BremEntG i.V.m. § 112 BauGB; § 7 Abs. 4 HA EnteigG i.V.m. § 112 BauGB; § 29 HEG; § 10 Abs. 2 EnteigG M-V i.V.m. § 112 BauGB; § 32 NEG; § 29 EEG NW; § 34 LEnteigG RP; § 5 Abs. 3 SächsEntEG i.V.m. § 112 BauGB; § 21 ThürEG i.V.m. § 67 ThürVwVfG.

782 Vgl. § 22 NEG; § 23 LEnteigG RP; § 19 EntG LSA.

783 So auch BayVGH, Urt. v. 25.4.1996 – 22 B 94/3405 u.a., NuR 1996, S. 532.

genüber dem Enteignungsverfahren auf, muss festgestellt werden, dass die derzeitige Ausgestaltung dieses Verfahrens misslungen ist. Das zeigt auch die Praxis: In den Ländern, in denen das enteignungsrechtliche Planfeststellungsverfahren fakultativ ist, wird es von der Enteignungsbehörde nicht angewandt, entschieden wird nur im Enteignungsverfahren.[784]

§ 3 Vorschläge für Gesetzesänderungen

Bietet die gesonderte Prüfung der vorhabenbezogenen Voraussetzungen im Rahmen eines enteignungsrechtlichen Planfeststellungsverfahrens statt mit im Enteignungsverfahren keine Lösung, bleibt letztlich nur noch ein Weg: Die derzeitige gesetzliche Regelung der vorhabenbezogenen Enteignungsvoraussetzungen sowie deren Verknüpfung mit Raumplanungs- und Zulassungsentscheidungen sollte geändert werden. Dafür sind zwei unterschiedliche Wege denkbar, je nachdem, ob die Enteignungsbehörde als „Ersatzplanfeststellungsbehörde" tätig wird oder nicht.

A. Vorhaben, die wegen ihrer Größe nicht planfeststellungspflichtig sind

Die dargestellten Probleme bei der Rechtsanwendung treten nicht bei der Enteignung aufgrund Planfeststellungsbeschlusses auf. Ein Gedanke ist daher, den Anwendungsbereich der fachplanerischen Planfeststellung zu erweitern. Dieser Weg bietet sich an, wenn es um Vorhaben wie Gemeindestraßen, Stromfreileitungen, Gasversorgungsleitungen, Rohrleitungsanlagen nach § 20 Abs. 1 UVPG und künstliche Wasserspeicher geht, bei denen es eine Differenzierung in planfeststellungspflichtige und nicht planfeststellungspflichtige gibt.[785]

784 *W. Labbé/H. Wölfel*, BayVBl. 1990, S. 161 (166), weisen darauf hin, dass in der Praxis kein Fall bekannt sei, in dem vor der Errichtung von Stromleitungsmasten ein enteignungsrechtliches Planfeststellungsverfahren durchgeführt worden sei. Vgl. auch folgende Entscheidungen, in denen die Enteignungsbehörde bei Enteignungen für Stromfreileitungen das enteignungsrechtliche Planfeststellungsverfahren nicht angewandt hat: VGH BW, Urt. v. 14.5.1996 – 10 S 1/96, NVwZ 1997, S. 90 (90 f.); VGH BW, Beschl. v. 6.8.1993 – 10 S. 1425/93, NVwZ 1994, S. 1022 (1022 f.); BayVGH, Urt. v. 13.2.2003 – 22 A 97.40 029, NVwZ 2003, S. 1534 (1535); BayVGH, Urt. v. 25.4.1996 – 22 B 94.3405 u.a., NuR 1996, S. 532.

785 Dazu oben S. 45 ff.

I. Planfeststellungspflicht bei Möglichkeit, dass Enteignung erforderlich wird

Entscheidend für die Festlegung einer Planfeststellungspflicht ist nach der jetzigen Gesetzesfassung nur die Größe bzw. der Umfang des Vorhabens. Daneben sollte aber noch ein weiterer Aspekt eine Planfeststellungspflicht bei diesen Vorhaben nach sich ziehen: die Möglichkeit, dass für die Realisierung des Vorhabens eine Enteignung erforderlich werden könnte.

Die Straßengesetze, das Energiewirtschaftsgesetz und das Gesetz über die Umweltverträglichkeitsprüfung stellen derzeit schon einen Zusammenhang zwischen einer möglichen Beeinträchtigung von Rechten Dritter durch das Vorhaben und einer Planfeststellungspflicht her: bei den Voraussetzungen für eine Plangenehmigung. So kann an Stelle eines Planfeststellungsbeschlusses eine Plangenehmigung nur erteilt werden, wenn „Rechte anderer nicht beeinträchtigt werden oder die Betroffenen sich mit der Inanspruchnahme ihres Eigentums oder eines anderen Rechts schriftlich einverstanden erklärt haben ...“ (§ 74 Abs. 6 S. 1 Nr. 1 VwVfG i.V.m. §§ 38 Abs. 4 NStrG, 43 S. 5 EnWG, 22 UVPG). Für die kleineren Vorhaben, die derzeit ohne Planfeststellung errichtet werden können, sollte ein ähnlicher Zusammenhang hergestellt werden: Sie sollten zwar im Grundsatz nicht planfeststellungspflichtig bleiben. Neu eingeführt werden sollte aber das Erfordernis einer Planfeststellung für den Fall, dass eine spätere Enteignung für die Realisierung eines Vorhabens nicht ausgeschlossen werden kann. Um dieses Ziel zu erreichen, sollten die Bestimmungen über das Erfordernis der Planfeststellung in den §§ 38 Abs. 1 NStrG, 43 EnWG, 20 Abs. 1 UVPG nach folgendem Muster ergänzt werden:

> „Im Übrigen bedürfen die Errichtung und der Betrieb sowie die Änderung eines Vorhabens nur dann der Planfeststellung, wenn Rechte anderer entzogen oder belastet werden müssen, die Gegenstand der Enteignung nach den Landesenteignungsgesetzen sein können, und die Betroffenen sich mit der Inanspruchnahme ihres Eigentums oder eines anderen Rechts nicht schriftlich einverstanden erklärt haben.“

II. Anwendung der Fachplanungsgesetze ohne dargestellte Schwierigkeiten

Durch diese Gesetzesänderung wird die Prüfung der vorhabenbezogenen Enteignungsvoraussetzungen aus dem Anwendungsbereich der Landesenteignungsgesetze in den Anwendungsbereich der §§ 38 NStrG, 43 ff. EnWG, 20 ff. UVPG (i.V.m. §§ 72-78 VwVfG) verlagert – die Landesenteignungsgesetze finden nur noch mit den enteignungsbezogenen Voraussetzungen Anwendung.

Dadurch wird die Prüfung der vorhabenbezogenen Enteignungsvoraussetzungen in die Rechtmäßigkeitsprüfung im Rahmen der Planfeststellung der

Vorhaben integriert – ohne dass die oben dargestellten Schwierigkeiten auftreten: Die genannten Gesetze enthalten entweder den ausdrücklichen Auftrag, die von dem Vorhaben berührten öffentlichen und privaten Belange abzuwägen (§ 38 Abs. 2 S. 1 NStrG, § 43 S. 2 EnWG), oder dieser Prüfungsauftrag wird bereits durch das Erfordernis der Planfeststellung deutlich (§ 20 Abs. 1 UVPG). Auch das zeitliche Verhältnis von Vorhabenbeginn und Entscheidung der Planfeststellungsbehörde ist geregelt: Das Niedersächsische Straßengesetz formuliert, dass nur gebaut werden darf, „wenn der Plan vorher festgestellt ist" (§ 38 Abs. 1 S. 1 NStrG). Das Energiewirtschaftsgesetz und das Gesetz über die Umweltverträglichkeitsprüfung enthalten die auch bei der eben vorgeschlagenen Ergänzung verwandte Fassung, dass „die Errichtung eines Vorhabens der Planfeststellung bedarf" (§ 43 S. 1 EnWG, § 20 Abs. 1 UVPG). Beide Formulierungsweisen machen deutlich, dass ein Vorhaben erst gebaut werden darf, wenn der Plan bereits festgestellt ist. Schließlich würde durch diese Gesetzesänderung auch auf einfache Weise eine überzeugende Verknüpfung mit vorgelagerten Planungs- und Zulassungsentscheidungen erreicht: § 4 ROG könnte unmittelbar Anwendung finden; der Planfeststellungsbeschluss entfaltet Konzentrationswirkung.

B. Vorhaben, die unabhängig von ihrer Größe nicht planfeststellungspflichtig sind

Von der dargestellten Ergänzung der Fachplanungsgesetze werden nur die Vorhaben erfasst, bei denen es eine Differenzierung in planfeststellungspflichtige und nicht planfeststellungspflichtige gibt – also nur die Verfahren, bei denen die Enteignungsbehörde als „Ersatzplanfeststellungsbehörde" tätig wird. Eine nicht planakzessorische Enteignung ist aber auch bei Vorhaben gegeben, für deren Errichtung unabhängig von ihrer Größe keine Planfeststellungspflicht vorgesehen ist. Geht es um eine Enteignung zugunsten dieser Vorhaben, bietet sich folgender Weg an: Die vorhabenbezogene Prüfung sollte in diesem Fall zwar in der Hand der Enteignungsbehörde belassen werden, die Landesenteignungsgesetze sollten aber in der Weise verändert werden, dass die dargestellten Schwierigkeiten bei der Rechtsanwendung nicht auftreten.

I. Änderung der Landesenteignungsgesetze

Dafür müssten im Einzelnen folgende Änderungen vorgenommen werden:

1. Vorhabenbezogene Enteignungsvoraussetzungen klarer fassen

Die Landesenteignungsgesetze müssten in der Weise neu gefasst werden, dass ihnen der Prüfungsauftrag für die vorhabenbezogenen Enteignungsvoraussetzungen klar entnommen werden kann. Das bedeutet nicht notwendig, dass sie dem Duktus der Fachplanungsgesetze angepasst werden müssen, auch sprachlich kann weiter durch eine Anlehnung an die Formulierung in Art. 14 Abs. 3 S. 1 GG deutlich bleiben, dass es um die Prüfung der Voraussetzungen für eine Enteignung geht. Entscheidend ist nur Folgendes: Die Zweiteilung der Prüfung in einerseits Voraussetzungen, die sich mit dem Vorhaben befassen, und andererseits in Voraussetzungen für den Rechtsakt Enteignung muss erkennbar werden. Das lässt sich durch eine entsprechende Gliederung der Gesetze mit Abschnittsüberschriften erreichen, die auf die vorhabenbezogene bzw. enteignungsbezogene Prüfung hinweisen. Außerdem muss der Inhalt der geforderten Prüfung im Gesetz klarer bezeichnet werden. Das betrifft besonders die Voraussetzung „Allgemeinwohlerforderlichkeit“, bei der weder zu erkennen ist, dass es um die Allgemeinwohlerforderlichkeit des Vorhabens und nicht des Rechtsakts Enteignung geht, noch, dass hier die Vorhabenplanung abwägend nachvollzogen werden soll. Statt dieser Formulierung sollte in die Enteignungsgesetze nach dem Muster der Fachplanungsgesetze der Prüfungsauftrag eingefügt werden, „die von dem Vorhaben berührten öffentlichen und privaten Belange abzuwägen“. Diese Änderungen brächten nicht nur Erleichterungen für die Rechtsanwendung bei der nicht planakzessorischen Enteignung mit sich. Auch für die häufigeren Fälle einer Enteignung aufgrund Planfeststellungsbeschlusses, bei der die Landesenteignungsgesetze im Anschluss an das Planfeststellungsverfahren nur „im Übrigen“ gelten, würde mehr Klarheit geschaffen werden: Die Trennung von vorhaben- und enteignungsbezogenen Voraussetzungen erleichtert es der Enteignungsbehörde, die enteignungsbezogenen Voraussetzungen zu erkennen, auf die sich in diesen Fällen ihre Prüfung beschränkt.

2. Zweistufige Prüfung zwingend

Problematisch an der derzeitigen Gesetzeslage ist weiter, dass der Vorhabenträger geradezu gezwungen wird, schon zu einem Zeitpunkt freihändige Rechtsänderungen durchzuführen, zu dem die Enteignungsbehörde noch keine vorhabenbezogene Prüfung durchgeführt hat – mit dem Risiko, dass diese Vertragsschlüsse durch eine spätere ablehnende Entscheidung der Enteignungsbehörde ihren Sinn verlieren. Eine Gesetzesänderung müsste daher das zeitliche Verhältnis der Grunderwerbsverhandlungen durch den Vorhabenträger einerseits und der Entscheidung über die Vorhabenplanung andererseits umkehren: An erster Stelle müsste eine Entscheidung der Enteignungsbehörde über die Vorhabenplanung stehen, die dann Grundlage für die anschließenden Grunderwerbsverhandlungen des Vorhabenträgers sein kann.

Nimmt man dieses Erfordernis als Richtschnur für eine Gesetzesänderung, ergibt sich Folgendes: Es muss Abschied genommen werden von der einstufigen Prüfung, bei der im Enteignungsverfahren neben den enteignungsbezogenen auch die vorhabenbezogenen Voraussetzungen geprüft werden. Notwendig ist vielmehr eine Aufteilung der Prüfung auf zwei Verfahren: In dem ersten Verfahren wird das von dem Vorhabenträger geplante Vorhaben überprüft. Wird dort das Vorliegen der vorhabenbezogenen Enteignungsvoraussetzungen festgestellt, hat der Vorhabenträger Sicherheit für die anschließenden Grunderwerbsverhandlungen. Für die Grundstücke, bei denen es nicht zu freihändigen Rechtsänderungen kommt, werden in einem zweiten Verfahren dann nur noch die enteignungsbezogenen Voraussetzungen geklärt. Diese Aufteilung der Prüfung auf zwei Verfahren sehen zwar fast alle Landesenteignungsgesetze bereits vor: mit der Durchführung eines enteignungsrechtlichen Planfeststellungsverfahrens vor dem Enteignungsverfahren. Doch sind diese Regelungen so ausgestaltet, dass der Vorhabenträger mit den freihändigen Rechtsänderungen nicht bis zum Erlass des Planfeststellungsbeschlusses abwarten kann. Das müsste bei einer Gesetzesänderung berücksichtigt werden: Ob es zu einer vorgezogenen Prüfung der vorhabenbezogenen Enteignungsvoraussetzungen kommt, darf keine Ermessensentscheidung sein – diese Prüfung muss vielmehr in allen Landesenteignungsgesetzen verpflichtend vorgeschrieben werden. Außerdem muss das Verhältnis der beiden Verfahren zueinander so ausgestaltet werden, dass der Vorhabenträger nach der Überprüfung der vorhabenbezogenen Voraussetzungen und noch vor der Prüfung der enteignungsbezogenen Voraussetzungen ausreichend Gelegenheit hat, die erforderlichen Grunderwerbsverhandlungen durchzuführen.

3. Verbot eines Baubeginns vor Entscheidung über vorhabenbezogene Voraussetzungen

Weiter ist problematisch, dass ein Vorhabenträger derzeit immer mit dem Bau der hier in Rede stehenden Vorhaben entweder nach Vorliegen einer positiven Zulassungsentscheidung beginnen kann oder sogar ganz ohne Beteiligung einer Behörde. Ähnlich wie bei der Erweiterung der Planfeststellungspflicht müsste es auch für die Möglichkeit eines Baubeginns zusätzlich bedeutsam werden, wenn für die Realisierung des Vorhabens eine Enteignung erforderlich werden könnte. Ein entsprechender Zusammenhang könnte hier durch eine Bestimmung nach folgendem Muster hergestellt werden:

> „Falls Rechte anderer entzogen oder belastet werden müssen, die Gegenstand der Enteignung nach den Landesenteignungsgesetzen sein können, und die Betroffenen sich mit der Inanspruchnahme ihres Eigentums oder eines anderen Rechts

nicht schriftlich einverstanden erklärt haben, darf mit dem Bau eines Vorhabens erst begonnen werden, wenn die Enteignungsbehörde das Vorliegen der vorhabenbezogenen Enteignungsvoraussetzungen festgestellt hat."

Offen ist noch, in welche Gesetze diese Bestimmung eingefügt werden sollte: in die Fachgesetze (z.B. Bauordnungen, Bundes-Immissionsschutzgesetz, Wasserhaushaltsgesetz), die die Voraussetzungen für die Genehmigung und somit auch für den Baubeginn festlegen, oder in die Enteignungsgesetze. Für die Fachgesetze spricht, dass Vorhabenträger wie auch Genehmigungsbehörden im Regelfall nur selten mit Enteignungen befasst sind. Durch die Aufnahme in ein Fachgesetz wäre eher gesichert, dass der neu hergestellte Zusammenhang von Baubeginn und möglicher späterer Enteignung auch wirklich zur Kenntnis genommen würde. Andererseits durchläuft ein Vorhaben derzeit häufig noch mehrere Genehmigungsverfahren und außerdem muss auch für die Vorhaben eine Regelung getroffen werden, für die sich aus den Fachgesetzen keine Genehmigungserfordernisse ergeben. Das spricht für eine Aufnahme in die Landesenteignungsgesetze, mit der alle Fälle erfasst würden. Wäre das geplante Umweltgesetzbuch in Kraft getreten, hätte sich das erste Buch als Ort für eine entsprechende (zusätzliche) Regelung angeboten: In diesem Buch sollte die Zulassung umweltrelevanter Vorhaben durch eine integrierte Vorhabengenehmigung neu geregelt werden.[786]

4. Gesetzliche Regelung des Verhältnisses zu vorgelagerten Verwaltungsentscheidungen

Schließlich müsste das Verhältnis zwischen der Prüfung der vorhabenbezogenen Enteignungsvoraussetzungen und den vorgelagerten Raumplanungs- und Zulassungsentscheidungen gesetzlich geregelt werden.

Derzeit können die allgemeinen Raumordnungsklauseln in § 4 ROG und die speziellen in § 35 BauGB nur analog auf die Enteignungsbehörde angewandt werden. Ändern ließe sich diese Situation durch die Aufnahme der Enteignungsbehörde in den Adressatenkreis der Geltungsanordnung der allgemeinen Raumordnungsklauseln. Dafür sind zwei Wege denkbar: Der Wortlaut des § 4 ROG könnte ergänzt werden – neben die Träger einer raumbedeutsamen Planung oder Maßnahme und neben die Behörden, die über die Zulässigkeit einer raumbedeutsamen Maßnahme entscheiden, könnte als Adressat noch die Enteignungsbehörde aufgenommen werden, die das Vorliegen der vorhabenbezogenen Enteignungsvoraussetzungen feststellt. Die andere Möglichkeit wäre, einen Verweis etwa mit folgendem Inhalt in die Landesenteignungsgesetze aufzunehmen:

786 Vgl. *S. Lottermoser*, UPR 2007, S. 401 (403 f.).

„**Bindungswirkungen der Erfordernisse der Raumordnung.**

§ 4 ROG findet auf die Feststellung des Vorliegens der vorhabenbezogenen Enteignungsvoraussetzungen entsprechend Anwendung."

Das Verhältnis zwischen Zulassungsentscheidungen und anschließender Prüfung der vorhabenbezogenen Voraussetzungen durch die Enteignungsbehörde könnte in ähnlicher Weise gestaltet werden. Im Moment hängt die Beantwortung der Frage, ob die Enteignungsbehörde gebunden wird, im Wesentlichen davon ab, welcher Position bei der gesetzlich nicht geregelten Problematik der Bindungswirkung von Verwaltungsakten gegenüber Drittbehörden gefolgt wird. Die wenigen Enteignungsgesetze, die neben einer Regelung zur Bindungswirkung von Planfeststellungsbeschlüssen auch eine Regelung zur Bindungswirkung anderer Zulassungsentscheidungen enthalten, beschränken diese auf Entscheidungen, die in förmlichen Zulassungsverfahren getroffen wurden. In allen Enteignungsgesetzen sollten aber die Bestimmungen zur Bindungswirkung von Zulassungsentscheidungen auf solche erweitert werden, die in einem einfachen behördlichen Zulassungsverfahren getroffen werden.

II. Einführung eines vorgelagerten Verfahrens zur Feststellung des Vorliegens der vorhabenbezogenen Voraussetzungen

Ein denkbarer Weg, die angesprochenen Gesetzesänderungen zu realisieren, wäre es, das enteignungsrechtliche Planfeststellungsverfahren einfach entsprechend zu modifizieren.

Zu den eben angesprochenen Änderungen müsste dann aber noch eine Erweiterung des Anwendungsbereichs der enteignungsrechtlichen Planfeststellung auf alle hier in Rede stehenden Vorhaben kommen[787]: auch auf die der Allgemeinheit dienenden baulichen Anlagen wie z.B. Krankenhäuser, Sportplätze, Schulen sowie bestimmte Abfallbeseitigungsanlagen, Energieerzeugungsanlagen, Abwasseranlagen und bestimmte Anlagen zur Trinkwasserversorgung. Bei diesen Vorhaben stellt sich aber die Frage, ob ein komplexes Verfahren wie das Planfeststellungsverfahren wirklich immer notwendig ist. Da das förmliche Enteignungsverfahren die Erfassung aller privaten und öffentlichen Belange ebenfalls gewährleistet, reicht es auch aus, für diese Vorhaben ein entsprechend ausgestaltetes Verfahren vorzusehen. Umfassender als erforderlich ist auch der Regelungsinhalt des Planfeststellungsbeschlusses: Neben der gesondert angeordneten enteignungsrechtlichen Vorwirkung[788] entfaltet der Beschluss auch Genehmi-

787 Nach den meisten Landesenteignungsgesetzen würden nur Abwasserleitungen erfasst werden.

788 § 25 S. 1 LEntG BW; Art. 28 S. 1 BayEG; § 23 Abs. 2 S. 1 EntGBbg; § 7 Abs. 2 HA EnteigG; § 16 Abs. 2 S. 1 HEG; § 7 S. 1 EnteigG M-V; § 28 S. 1 NEG; § 23 Abs. 2 S. 1

gungs- und Konzentrationswirkung. Abgesehen davon, dass diese Wirkungen beim enteignungsrechtlichen Planfeststellungsbeschluss weitgehend leer laufen, sind sie für die spätere Enteignung auch nicht notwendig. Für eine Enteignung ist es nämlich ausreichend festzustellen, dass das geplante Vorhaben allgemeinwohldienlich, rechtmäßig sowie allgemeinwohlerforderlich ist.

Daraus ergibt sich: Statt einer Modifizierung sollte das enteignungsrechtliche Planfeststellungsverfahren ersetzt werden durch ein Verfahren, in dem das Vorliegen der vorhabenbezogenen Enteignungsvoraussetzungen von der Enteignungsbehörde geprüft wird und das mit einem Verwaltungsakt schließt, mit dem entweder das Vorliegen oder das Nichtvorliegen der vorhabenbezogenen Enteignungsvoraussetzungen festgestellt wird. Hat die Enteignungsbehörde eine positive Feststellung getroffen, kann der Vorhabenträger im Anschluss an ihre Entscheidung die erforderlichen Grunderwerbsverhandlungen durchführen. Für die Grundstücke, bei denen es nicht zu rechtsgeschäftlichen Einigungen mit den Berechtigten kommt, klärt die Enteignungsbehörde dann in einem zweiten Verfahren nur noch, ob die enteignungsbezogenen Voraussetzungen vorliegen. Für die Ausgestaltung beider Verfahren können weiter die Vorschriften für das förmliche Enteignungsverfahren gelten. Ansonsten sollten für die Feststellung des Vorliegens der vorhabenbezogenen Enteignungsvoraussetzungen die eben vorgeschlagenen Gesetzesänderungen umgesetzt werden.

EEG NW; § 29 Abs. 2 S. 1 LEnteigG RP; § 23 Abs. 3 S. 1 EntG LSA; § 26 S. 1 ThürEG.

Abkürzungsverzeichnis

AbfAlG M-V	Abfallwirtschaftsgesetz Mecklenburg-Vorpommern
AbfG LSA	Abfallgesetz des Landes Sachsen-Anhalt
Abs.	Absatz
AEG	Allgemeines Eisenbahngesetz
a.F.	alte Fassung
Amtsbl.	Amtsblatt
AöR	Archiv des öffentlichen Rechts
APVOhöhtechVwD	Verordnung über die Ausbildung und Prüfung für Laufbahnen des höheren technischen Verwaltungsdienstes
ARS	Allgemeines Rundschreiben Straßenbau des BMV
Art.	Artikel
Bad.	Badischer
BauGB	Baugesetzbuch
BauGB-DVO	Durchführungsverordnung zum Baugesetzbuch
BauO Bln	Bauordnung für Berlin
BauO LSA	Bauordnung des Landes Sachsen-Anhalt
BauO NW	Bauordnung für das Land Nordrhein-Westfalen
BauR	Zeitschrift für das gesamte öffentliche und zivile Baurecht
BayBO	Bayerische Bauordnung
BayEG	Bayerisches Gesetz über die entschädigungspflichtige Enteignung
BayLPlG	Bayerisches Landesplanungsgesetz
BayNatSchG	Bayerisches Naturschutzgesetz
BayObLG	Bayerisches Oberstes Landesgericht
BayStrWG	Bayerisches Straßen- und Wegegesetz
BayVBl.	Bayerische Verwaltungsblätter
BayVerfGH	Bayerischer Verfassungsgerichtshof
BayVGH	Bayerischer Verwaltungsgerichtshof
BayVwVfG	Bayerisches Verwaltungsverfahrensgesetz
BayWaldG	Waldgesetz für Bayern
BayWG	Bayerisches Wassergesetz
BBauG	Bundesbaugesetz
BbgBO	Brandenburgische Bauordnung
BbgNatSchG	Brandenburgisches Naturschutzgesetz
BbgOVG	Brandenburgisches Oberverwaltungsgericht
BbgWG	Brandenburgisches Wassergesetz

Bd.	Band
Begr.	Begründer
BEntG	Bundesenteignungsgesetz
Beschl.	Beschluss
BGB	Bürgerliches Gesetzbuch
BGBl. I	Bundesgesetzblatt, Teil I
BGH	Bundesgerichtshof
BGHZ	Entscheidungen des Bundesgerichtshofs in Zivilsachen
BImSchG	Bundes-Immissionsschutzgesetz
BImSchV	Verordnung zur Durchführung des Bundes-Immissionsschutzgesetzes
BMV	Bundesministerium für Verkehr
BNatSchG	Bundesnaturschutzgesetz
BremAGKrW-/AbfG	Bremisches Ausführungsgesetz zum Kreislaufwirtschafts- und Abfallgesetz
BremEntG	Enteignungsgesetz für die Freie Hansestadt Bremen
BremLBO	Landesbauordnung für Bremen
BremWG	Bremisches Wassergesetz
BRRG	Beamtenrechtsrahmengesetz
BRS	Baurechtssammlung
BT-Drs.	Bundestagsdrucksache
BVerfG	Bundesverfassungsgericht
BVerfGE	Entscheidungen des Bundesverfassungsgerichts
BVerwG	Bundesverwaltungsgericht
BVerwGE	Entscheidungen des Bundesverwaltungsgerichts
BW	Baden-Württemberg
BWaldG	Bundeswaldgesetz
BWG	Berliner Wassergesetz
BWLBO	Landesbauordnung für Baden-Württemberg
BWLplG	Landesplanungsgesetz für Baden-Württemberg
BWNatSchG	Naturschutzgesetz für Baden-Württemberg
DÖV	Die Öffentliche Verwaltung
DVBl.	Deutsches Verwaltungsblatt
EBO	Eisenbahn-Bau- und Betriebsordnung
EEG NW	Landesenteignungs- und -entschädigungsgesetz Nordrhein-Westfalen
EnteigG BE	Berliner Enteignungsgesetz
EnteigG M-V	Enteignungsgesetz für das Land Mecklenburg-Vorpommern
EntG LSA	Enteignungsgesetz des Landes Sachsen-Anhalt

EntGBbg	Enteignungsgesetz des Landes Brandenburg
EnWG	Energiewirtschaftsgesetz
ErbbauVO	Verordnung über das Erbbaurecht
FlurbG	Flurbereinigungsgesetz
FStrG	Bundesfernstraßengesetz
GBl.	Gesetzblatt
GEG SH	Gesetz über die Enteignung von Grundeigentum Schleswig-Holstein
GEG SL	Gesetz über die Enteignung von Grundeigentum Saarland
GG	Grundgesetz für die Bundesrepublik Deutschland
GV	Gesetz- und Verordnungsblatt
GVBl.	Gesetz- und Verordnungsblatt
GVOBl.	Gesetz- und Verordnungsblatt
ha	Hektar
HA AbfG	Hamburgisches Abfallgesetz
HA EnteigG	Hamburgisches Enteignungsgesetz
HAKA	Hessisches Ausführungsgesetz zum Kreislaufwirtschafts- und Abfallgesetz
HBauO	Hamburgische Bauordnung
HBO	Hessische Bauordnung
HdStR	Handbuch des Staatsrechts
HEG	Hessisches Enteignungsgesetz
HENatG	Hessisches Naturschutzgesetz
HLPG	Hessisches Landesplanungsgesetz
HmbAbwG	Hamburgisches Abwassergesetz
HmbNatSchG	Hamburgisches Naturschutzgesetz
HmbWaG	Hamburgisches Wassergesetz
HS	Halbsatz
HWG	Hessisches Wassergesetz
ICAO	International Civil Aviation Organisation
IMBek.	Bekanntmachung des Bayerischen Staatsministeriums des Innern
JuS	Juristische Schulung
JZ	Juristenzeitung
KrW /AbfG	Kreislaufwirtschafts- und Abfallgesetz
kV	Kilovolt

LAbfG NW	Landesabfallgesetz Nordrhein-Westfalen
LAbfWG RP	Landesabfallwirtschaftsgesetz Rheinland-Pfalz
LAbfWG SH	Landesabfallwirtschaftsgesetz Schleswig-Holstein
LBauO M-V	Landesbauordnung Mecklenburg-Vorpommern
LBauO RP	Landesbauordnung für Rheinland-Pfalz
LBauO SH	Landesbauordnung Schleswig-Holstein
LBG	Landbeschaffungsgesetz
LEnteigG RP	Landesenteignungsgesetz Rheinland-Pfalz
LEntG BW	Landesenteignungsgesetz Baden-Württemberg
LG	Landgericht
LG NW	Landschaftsgesetz Nordrhein-Westfalen
LKV	Landes- und Kommunalverwaltung
LNatG M-V	Landesnaturschutzgesetz Mecklenburg-Vorpommern
LNatSchG RP	Landesnaturschutzgesetz Rheinland-Pfalz
LNatSchG SH	Landesnaturschutzgesetz Schleswig-Holstein
LPlG M-V	Gesetz über die Raumordnung und Landesplanung Mecklenburg-Vorpommern
LPlG RP	Landesplanungsgesetz Rheinland-Pfalz
LPlG SH	Gesetz über die Landesplanung Schleswig-Holstein
LuftVG	Luftverkehrsgesetz
LVwVfG	Landesverwaltungsverfahrensgesetz
LWaldG BW	Waldgesetz für Baden-Württemberg
LWaldG LSA	Landeswaldgesetz Sachsen-Anhalt
LWG M-V	Landeswassergesetz Mecklenburg-Vorpommern
LWG NW	Landeswassergesetz Nordrhein-Westfalen
LWG RP	Landeswassergesetz Rheinland-Pfalz
LWG SH	Landeswassergesetz Schleswig-Holstein
MABl.	Ministerialamtsblatt der Bayerischen inneren Verwaltung
MBPlG	Magnetschwebebahnplanungsgesetz
mm	Millimeter
m.w.N.	mit weiteren Nachweisen
NAbfG	Niedersächsisches Abfallgesetz
NatSchG LSA	Naturschutzgesetz des Landes Sachsen-Anhalt
NBauO	Niedersächsische Bauordnung
Nds. MBl.	Niedersächsisches Ministerialblatt
Nds. OVG	Niedersächsisches Oberverwaltungsgericht
NEG	Niedersächsisches Enteignungsgesetz
NEGVwV	Verwaltungsvorschriften zum Niedersächsischen Enteignungsgesetz

NJAG	Niedersächsisches Gesetz zur Ausbildung der Juristinnen und Juristen
NJW	Neue Juristische Wochenschrift
NNatG	Niedersächsisches Naturschutzgesetz
NOZ	Neue Osnabrücker Zeitung
NROG	Niedersächsisches Gesetz über Raumordnung und Landesplanung
NStrG	Niedersächsisches Straßengesetz
NuR	Natur und Recht
NUVPG	Niedersächsisches Gesetz über die Umweltverträglichkeitsprüfung
n.v.	nicht veröffentlicht
NVwZ	Neue Zeitschrift für Verwaltungsrecht
NVwZ-RR	Neue Zeitschrift für Verwaltungsrecht, Rechtsprechungs-Report
NWG	Niedersächsisches Wassergesetz
NWVBl.	Nordrhein-Westfälische Verwaltungsblätter
OLG	Oberlandesgericht
OVG	Oberverwaltungsgericht
OVGE	Entscheidungen der Oberverwaltungsgerichte Nordrhein-Westfalen und Niedersachsen
PBefG	Personenbeförderungsgesetz
PlafeR 99	Richtlinien für die Planfeststellung nach dem Bundesfernstraßengesetz 1999
PrEG	Preußisches Gesetz über die Enteignung von Grundeigentum
(Pr)GS	Gesetz-Sammlung für die Kgl. Preußischen Staaten
RdE	Recht der Energiewirtschaft
RdL	Recht der Landwirtschaft
Reg. Bl.	Regierungsblatt
Rn.	Randnummer
ROG	Raumordnungsgesetz
RoV	Raumordnungsverordnung
RP	Rheinland-Pfalz
S.	Satz/Seite
SaarlLBO	Landesbauordnung für das Saarland
SaarlWG	Saarländisches Wassergesetz
SächsBO	Sächsische Bauordnung

SächsEntEG	Sächsisches Enteignungs- und Entschädigungsgesetz
SächsNatSchG	Sächsisches Naturschutzgesetz
SächsVBl.	Sächsische Verwaltungsblätter
SächsVerfGH	Verfassungsgerichtshof für den Freistaat Sachsen
SächsWaldG	Waldgesetz für den Freistaat Sachsen
SächsWG	Sächsisches Wassergesetz
SAWG	Saarländisches Abfallwirtschaftsgesetz
SH	Schleswig-Holstein
SL	Saarland
SNG	Saarländisches Naturschutzgesetz
StGH	Staatsgerichtshof
ThAbfAG	Thüringer Abfallwirtschafts- und Altlastengesetz
ThürBO	Thüringer Bauordnung
ThürEG	Thüringer Enteignungsgesetz
ThürLPlG	Thüringer Landesplanungsgesetz
ThürNatG	Thüringer Naturschutzgesetz
ThürOVG	Thüringer Oberverwaltungsgericht
ThürVwVfG	Thüringer Verwaltungsverfahrensgesetz
ThürWG	Thüringer Wassergesetz
UPR	Umwelt- und Planungsrecht
Urt.	Urteil
UVPG	Gesetz über die Umweltverträglichkeitsprüfung
VBlBW	Verwaltungsblätter Baden-Württemberg
Verw.	Verwaltung
VerwArchiv	Verwaltungsarchiv
VGH	Verwaltungsgerichtshof
VGH n.F.	Entscheidungen des Bayerischen Verwaltungsgerichtshofs und des Bayerischen Verfassungsgerichtshofs, neue Folge
VkBl.	Verkehrsblatt
VO	Verordnung
VRS	Verkehrsrechts-Sammlung
VwGO	Verwaltungsgerichtsordnung
VwVfG	Verwaltungsverfahrensgesetz
WaStrG	Bundeswasserstraßengesetz
WG Bln	Wassergesetz für Berlin
WG BW	Wassergesetz für Baden-Württemberg
WG LSA	Wassergesetz für das Land Sachsen-Anhalt

WHG	Wasserhaushaltsgesetz
WiVerw.	Wirtschaft und Verwaltung (Beilage zum Gewerbearchiv)
ZfB	Zeitschrift für Bergrecht
ZPO	Zivilprozessordnung
ZVG	Gesetz über die Zwangsversteigerung und die Zwangsverwaltung

Literaturverzeichnis

Achterberg, Norbert, Allgemeines Verwaltungsrecht, 2. Auflage, Heidelberg 1986

Alexy, Robert, Ermessensfehler, JZ 1986, S. 701

Aust, Manfred/Jacobs, Rainer/Pasternak, Dieter, Die Enteignungsentschädigung, 6. Auflage, Berlin 2007

Battis, Ulrich/Kersten, Jens, Die Raumordnung nach der Föderalismusreform, DVBl. 2007, S. 152

Battis, Ulrich/Krautzberger, Michael/Löhr, Rolf-Peter, Baugesetzbuch, Kommentar, 10. Auflage, München 2007

Battis, Ulrich/Otto, Christian-W., Die Enteignung von Grundstücken zur Erweiterung industrieller Produktionsstätten am Beispiel des Werkflugplatz-Enteignungsgesetzes, DVBl. 2004, S. 1501

Baur, Jürgen F./Stürner, Rolf, Sachenrecht, 17. Auflage, München 1999

Beckmann, Jörg/Ortloff, Sabine, Bindung der luftverkehrsrechtlichen Genehmigungsbehörde an die Ziele der Raumordnung, NVwZ 2006, S. 981

Behre, Herbert/Wagenknecht, Karl-Heinz (Begr.), fortgeführt von **Heintze, Rüdiger,** Niedersächsisches Enteignungsgesetz, Kommentar, in: Praxis der Kommunalverwaltung, Loseblatt, Stand: Mai 2006, Wiesbaden

Bender, Bernd, Probleme des Grundeigentumsschutzes bei der Planung von Straßen und anderen Projekten der Fachplanung, DVBl. 1984, S. 301

Berliner Kommentar zum Baugesetzbuch, Herausgeber: Otto Schlichter, Rudolf Stich, Hans-Joachim Driehaus, Stefan Paetow, 3. Auflage, Loseblatt, Stand: September 2007, Köln

Bielenberg, Walter/Runkel, Peter/Spannowsky, Willy, Raumordnungs- und Landesplanungsrecht des Bundes und der Länder, Kommentar und Textsammlung, Loseblatt, Stand: November 2007, Berlin

Blümel, Willi, Die Planfeststellung, Zweiter Teil: Die Planfeststellung im geltenden Recht, Habilitationsschrift aus dem Jahre 1967, Band 1, Speyer 1994

Blum, Peter/Agena, Carl-August/Franke, Jürgen, Niedersächsisches Naturschutzgesetz, Kommentar, in: Praxis der Kommunalverwaltung, Loseblatt, Stand: August 2004, Wiesbaden

Bonner Kommentar zum Grundgesetz, Herausgeber: Rudolf Dolzer, Klaus Vogel, Karin Graßhof, Loseblatt, Stand: September 2007, Heidelberg

Breuer, Rüdiger, Konditionale und finale Rechtsetzung, AöR Bd. 127 (2002), S. 523

Breuer, Rüdiger, Anmerkung zu BVerfG, Urteil vom 10.3.1981 – 1 BvR 92, 96/71 –, DVBl. 1981, S. 971
Brohm, Winfried, Verwirklichung überörtlicher Planungsziele durch Bauleitplanung, DVBl. 1980, S. 653
Brügelmann, Hermann (Begr.), Baugesetzbuch, Kommentar, Loseblatt, Stand: September 2007, Stuttgart
Brühl, Raimund, Die juristische Fallbearbeitung in Klausur, Hausarbeit und Vortrag, 3. Auflage, Köln 1992
v. Brünneck, Alexander, Das Wohl der Allgemeinheit als Voraussetzung der Enteignung, NVwZ 1986, S. 425
Büchs, Heribert, Handbuch des Eigentums- und Entschädigungsrechts, 3. Auflage, Stuttgart 1996
Büdenbender, Ulrich/Heintschel von Heinegg, Wolff/Rosin, Peter, Energierecht I, Recht der Energieanlagen, Berlin 1999
Bullinger, Martin, Die Enteignung zugunsten Privater, Der Staat Bd. 1 (1962), S. 449

Cholewa, Werner/Dyong, Hartmut/von der Heide, Hans-Jürgen/Arenz, Willi, Raumordnung in Bund und Ländern, Kommentar und Vorschriftensammlung, Loseblatt, Stand: September 2006, Stuttgart
Clemens, Thomas, Die Verweisung von einer Rechtsnorm auf andere Vorschriften, AöR Bd. 111 (1986), S. 63
Czychowski, Manfred/Reinhardt, Michael, Wasserhaushaltsgesetz, Kommentar, 9. Auflage, München 2007

Daiber, Hermann, Die Enteignung für Zwecke der Energieversorgung (§ 11 Energiewirtschaftsgesetz), DÖV 1990, S. 961
Danner, Wolfgang/Theobald, Christian, Energierecht, Kommentar, Loseblatt, Stand: Mai 2007, München
Denninger, Erhard/Hoffmann-Riem, Wolfgang/Schneider, Hans-Peter/Stein, Ekkehart (Hrsg.), Kommentar zum Grundgesetz für die Bundesrepublik Deutschland (Reihe Alternativkommentare), 3. Auflage, Loseblatt, Stand: August 2002, Neuwied
Dreier, Horst (Hrsg.), Grundgesetz, Band 1 (Präambel, Art. 1-19), Kommentar, 2. Auflage, Tübingen 2004
Dreier, Johannes, Die normative Steuerung der planerischen Abwägung, Berlin 1995

Eichhorn, Peter (Hrsg.), Verwaltungslexikon, 3. Auflage, Baden-Baden 2002
Engelhardt, Dieter/Brenner, Walter/Fischer-Hüftle, Peter, Naturschutzrecht in Bayern, Kommentar, Loseblatt, Stand: Januar 2004, Heidelberg

Erichsen, Hans-Uwe/Ehlers, Dirk (Hrsg.), Allgemeines Verwaltungsrecht, 12. Auflage, Berlin 2002

Erichsen, Hans-Uwe/Knoke, Ulrich, Bestandskraft von Verwaltungsakten, NVwZ 1983, S. 185

Ernst, Werner/Zinkahn, Willy/Bielenberg, Walter (Begr.), fortgeführt von **Krautzberger, Michael,** Baugesetzbuch, Kommentar, Loseblatt, Stand: Mai 2007, München

Eyermann, Erich/Fröhler, Ludwig, Verwaltungsgerichtsordnung, Kommentar, 12. Auflage, München 2006

Finkelnburg, Klaus/Ortloff, Karsten-Michael, Öffentliches Baurecht, Band 2: Bauordnungsrecht, Nachbarschutz, Rechtsschutz, 5. Auflage, München 2005

Forsthoff, Ernst, Lehrbuch des Verwaltungsrechts, Erster Band Allgemeiner Teil, 10. Auflage, München 1973

Frenzel, Michael, Herkunft und Entwicklung des rechtsstaatlichen Verfahrensgedankens am Beispiel des Enteignungsrechts, Der Staat Bd. 18 (1979), S. 592

Friedrich, Gerhard, Rechtsprobleme beim Erlass eines Bundesenteignungsgesetzes, Erlangen-Nürnberg 1978

Friesecke, Albrecht, Bundeswasserstraßengesetz, Kommentar, 5. Auflage, Köln 2004

Gaentzsch, Günter, Konkurrenz paralleler Anlagengenehmigungen, NJW 1986, S. 2787

Gassner, Erich/Bendomir-Kahlo, Gabriele/Schmidt-Ränsch, Annette/Schmidt-Räntsch, Jürgen, Bundesnaturschutzgesetz, Kommentar, 2. Auflage, München 2003

Gaßner, Otto, Der freihändige Grunderwerb der öffentlichen Hand, München 1983

Giemulla, Elmar/Schmid, Ronald/Müller-Rostin, Wolf/Gansfort, Guy, Frankfurter Kommentar zum Luftverkehrsgesetz, Loseblatt, Stand: Oktober 2007, Neuwied

Goppel, Konrad, Projektbezogene Ziele der Raumordnung zu Verkehrsvorhaben des Bundes und deren Bindungswirkung, DVBl. 2000, S. 86

v. Götz, Hans-Niklas, Eingeschränkter Rechtsschutz bei der Errichtung von Höchstspannungsfreileitungen, DVBl. 1999, S. 1413

Gramlich, Ludwig, „Privatbegünstigende" Enteignung als Verfassungsproblem, JZ 1986, S. 269

Hannemann, R., Das neue Enteignungsgesetz in Nordrhein-Westfalen, NWVBl. 1997, S. 331

Heemeyer, Carsten, Zur Abgrenzung von Zielen und Grundsätzen der Raumordnung, UPR 2007, S. 10
Hermes, Georg, Staatliche Infrastrukturverantwortung, Tübingen 1998
Hönig, Dietmar, Fachplanung und Enteignung, Anforderungen der Eigentumsgarantie an die projektbezogene Fachplanung, Osnabrück 2001
Hofacker, Wilhelm, Grundrechte und Grundpflichten der Deutschen, Stuttgart 1926
Hofmann, Max/Grabherr, Edwin, Luftverkehrsgesetz, Kommentar, Loseblatt, Stand: Mai 2006, München
Hoppe, Werner, Planung, in: Isensee/Kirchhof (Hrsg.), Handbuch des Staatsrechts, Band 4: Aufgaben des Staates, 3. Auflage, § 77, Heidelberg 2006
Hoppe, Werner, Zur Abgrenzung der Ziele der Raumordnung (§ 3 Nr. 2 ROG) von Grundsätzen der Raumordnung (§ 3 Nr. 3 ROG) durch § 7 Abs. 1 Satz 3 ROG, DVBl. 1999, S. 1457
Hoppe, Werner, Zur Struktur von Normen des Planungsrechts, DVBl. 1974, S. 641
Hoppe, Werner/Grotefels, Susan, Öffentliches Baurecht, München 1995
Hoppe, Werner/Schlarmann, Hans/Buchner, Reimar, Rechtsschutz bei der Planung von Straßen und anderen Verkehrsanlagen, 3. Auflage, München 2001
Hoppe, Werner/Spoerr, Wolfgang, Die raumordnungsplanakzessorische Außenbereichsnutzung (§ 35 III 2-3 BauGB), NVwZ 1999, S. 945
Hosch, Rüdiger, Das Verhältnis des Raumordnungsverfahrens zu Fachgenehmigungs- und Planfeststellungsverfahren, BayVBl. 1979, S. 398

Ibler, Martin, Die behördlichen Abwägungsspielräume bei Bauleitplanung und Planfeststellung, JuS 1990, S. 7
Ipsen, Jörn, Staatsrecht I, Staatsorganisationsrecht, 19. Auflage, München 2007
Ipsen, Jörn, Staatsrecht II, Grundrechte, 10. Auflage, Neuwied 2007
Ipsen, Jörn, Allgemeines Verwaltungsrecht, 5. Auflage, Köln 2007
Ipsen, Jörn, Die Kompetenzverteilung zwischen Bund und Ländern nach der Föderalismusnovelle, NJW 2006, S. 2801
Ipsen, Jörn, Verbindlichkeit, Bestandskraft und Bindungswirkung von Verwaltungsakten, Versuch einer begrifflichen Klärung, Die Verwaltung Bd. 17 (1984), S. 169

Jaeckel, Liv, Enteignung aus energiewirtschaftlichen Zwecken, Einige Anmerkungen zur gesetzlichen Verweisungstechnik, SächsVBl. 2000, S. 205
Jakobs, Michael, Der Grundsatz der Verhältnismäßigkeit, DVBl. 1985, S. 97
Jarass, Hans Dieter, Bundes-Immissionsschutzgesetz, Kommentar, 7. Auflage, München 2007

Jarass, Hans Dieter, Die enteignungsrechtliche Vorwirkung bei Planfeststellungen, DVBl. 2006, S. 1329
Jarass, Hans Dieter, Die Planrechtfertigung bei Planfeststellungen, NuR 2004, S. 69
Jarass, Hans Dieter, Das Verhältnis des Raumordnungsverfahrens zu Fachgenehmigungs- und Planfeststellungsverfahren, BayVBl. 1979, S. 65
Jarass, Hans Dieter/Pieroth, Bodo, Grundgesetz für die Bundesrepublik Deutschland, Kommentar, 9. Auflage, München 2007

Karpen, Hans-Ulrich, Die Verweisung als Mittel der Gesetzgebungstechnik, Berlin 1970
Klose, Franz/Orf, Siegfried, Forstrecht, Kommentar zum Waldrecht des Bundes und der Länder, 2. Auflage, Münster 1998
Kment, Martin, Bindungswirkung der Grundsätze der Raumordnung gegenüber Personen des Privatrechts, NVwZ 2004, S. 155
Kment, Martin, Abschichtungswirkung innerhalb der Abwägung und Ermessensausübung, Zur Ausgestaltung der Berücksichtigungspflicht der Ziele der Raumordnung im Rahmen des § 4 Abs. 4 Satz 1 ROG, BayVBl. 2004, S. 11
Knack, Hans Joachim, Verwaltungsverfahrensgesetz, 8. Auflage, München 2004
Knöpfle, Franz, „Tatbestands-“ und „Feststellungswirkung“ als Grundlage der Verbindlichkeit von gerichtlichen Entscheidungen und Verwaltungsakten, BayVBl. 1982, S. 225
Koch, Hans-Joachim/Hendler, Reinhard, Baurecht, Raumordnungs- und Landesplanungsrecht, 3. Auflage, Stuttgart 2001
Kodal, Kurt (Begr.)/Krämer, Helmut, Straßenrecht, 6. Auflage, München 1999
Kollmann, Andreas, Zur Bindungswirkung von Verwaltungsakten, DÖV 1990, S. 189
Kopp, Ferdinand O./Ramsauer, Ulrich, Verwaltungsverfahrensgesetz, Kommentar, 9. Auflage, München 2005
Kopp, Ferdinand O./Schenke, Wolf-Rüdiger, Verwaltungsgerichtsordnung, Kommentar, 15. Auflage, München 2007
Kotulla, Michael, Bundes-Immissionsschutzgesetz, Kommentar und Vorschriftensammlung, Band 1, Loseblatt, Stand: Juli 2004, Stuttgart
Kregel, Bernd, Örtliche Straßenplanung, Berlin 1983
Kühling, Jürgen/Herrmann, Nikolaus, Fachplanungsrecht, 2. Auflage, Düsseldorf 2000
Kunig, Philip/Paetow, Stefan/Versteyl, Ludger-Anselm, Kreislaufwirtschafts- und Abfallgesetz, Kommentar, 2. Auflage, München 2003

Kuschnerus, Ulrich, Planänderungen vor Erlaß eines Planfeststellungsbeschlusses, DVBl. 1990, S. 235
Kutscheidt, Ernst, Zulassung von Abfallentsorgungsanlagen – ein Schnellschuß des Gesetzgebers, NVwZ 1994, S. 209

Labbé, Walter/Wölfel, Helmut, Stromleitungsbau ohne Beteiligung der Gemeinden?, BayVBl. 1990, S. 161
Langer, Stefan, Städtebaurecht und Hochspannungsfreileitungen, BayVBl. 1989, S. 641
Larenz, Karl, Methodenlehre der Rechtswissenschaft, 6. Auflage, Berlin 1991
Lecheler, Helmut, Enteignung zugunsten Privater beim Bau von Elektrizitätsfernleitungen, RdE 2005, S. 125
Lege, Joachim, Enteignung als Güterbeschaffungsvorgang, NJW 1993, S. 2565
Lehmann, Rudolf, Alternativen zum herkömmlichen Umgang mit dem „Rang" einer Eigentumsvormerkung, NJW 1999, S. 3318
Lenz, Christofer, Der Airbus-Baustopp, Wann darf für Arbeitsplätze enteignet werden?, NJW 2005, S. 257
Lottermoser, Susanne, Das neue Umweltgesetzbuch, Die Regelungskonzeption des Bundesumweltministeriums, UPR 2007, S. 401
Luhmann, Niklas, Recht und Automation in der öffentlichen Verwaltung, Berlin 1966
Luhmann, Niklas, Lob der Routine, VerwArchiv Bd. 55 (1964), S. 1

Maier, Günter, Weisungen vorgesetzter Behörden gegenüber der Planfeststellungsbehörde, Möglichkeit und Schranken, BayVBl. 1990, S. 647
v. Mangoldt, Hermann/Klein, Friedrich/Starck, Christian, Kommentar zum Grundgesetz, Band 1: Präambel, Artikel 1 bis 19, 5. Auflage, München 2005
v. Mangoldt, Hermann/Klein, Friedrich, Das Bonner Grundgesetz, Kommentar, Band 8: Artikel 70 bis Artikel 75 – Die Gesetzgebungskompetenzen, von Christian Pestalozza, 3. Auflage, München 1996
Marschall, Ernst A. (Begr.), Bundesfernstraßengesetz, Kommentar, 5. Auflage, Köln 1998
Maunz, Theodor/Dürig, Günter (Begr.), Grundgesetz Kommentar, Loseblatt, Stand: Juni 2007, München
Maurer, Hartmut, Allgemeines Verwaltungsrecht, 16. Auflage, München 2006
Mayer, Otto, Deutsches Verwaltungsrecht, Band 2, 2. Auflage, München 1917
Menger, Christian-Friedrich, Zur rechtlichen Stellung der Enteignungsbehörde nach dem BBauG, VerwArchiv Bd. 70 (1979), S. 177
Meyer, Georg/Anschütz, Gerhard, Lehrbuch des Deutschen Staatsrechts, Dritter Teil, 7. Auflage, München 1919

Möllers, Christoph, Zur demokratischen Legitimation der Enteignungsbehörde nach dem Baugesetzbuch, NVwZ 1997, S. 858
Molodovsky, Paul (Begr.)/Graf v. Bernstorff, Swen, fortgeführt von **Pfauser, Gerhard,** Enteignungsrecht in Bayern, Kommentar, Loseblatt, Stand: Juni 2007, München
Müller, Bruno J., Zur Frage des räumlichen Umfanges und der räumlichen Beschränkung des Enteignungseingriffes (§ 92 Abs. 1 S. 1 BBauG), DVBl. 1969, S. 178
Müller, Friedrich/Christensen, Ralph, Juristische Methodik, 9. Auflage, Berlin 2004
v. Münch, Ingo/Kunig, Philip, Grundgesetz-Kommentar, Band 1 (Präambel bis Art. 19), 5. Auflage, München 2000

Niehues, Norbert, Das Erfordernis der „Planrechtfertigung“ als Instrument des verfassungsrechtlichen Eigentumsschutzes (Art. 14 Abs. 3 Satz 1 GG), WiVerw. 1985, S. 250

Obermayer, Klaus, Verfassungswidriges Enteignungsrecht, Kritische Gedanken zu Art. 1 des Bayer. Gesetzes über die Enteignung aus Gründen des Gemeinwohls, BayVBl. 1971, S. 209 ff.
Obermayer, Klaus (Begr.), herausgegeben von **Fritz, Roland,** Kommentar zum Verwaltungsverfahrensgesetz, 3. Auflage, Neuwied 1999
Oberndorfer, Peter, Strukturprobleme des Raumordnungsrechts, Die Verwaltung Bd. 5 (1972), S. 257
Ortloff, Karsten-Michael, Inhalt und Bindungswirkung der Baugenehmigung, NJW 1987, S. 1665
Ossenbühl, Fritz, Regelungsgehalt und Bindungswirkung der 1. Teilgenehmigung im Atomrecht, NJW 1980, S. 1353

Pabst, Heinz-Joachim, Die Problematik dynamischer Verweisungen von Landesrecht auf Bundesrecht am Beispiel der Schuldrechtsreform, NVwZ 2005, S. 1034
Palandt, Bürgerliches Gesetzbuch, Kommentar, 66. Auflage, München 2007
Papier, Hans-Jürgen, Straßenrecht, in: Achterberg/Püttner/Würtenberger (Hrsg.), Besonderes Verwaltungsrecht, Band 1: Wirtschafts-, Umwelt-, Bau-, Kultusrecht, 2. Auflage, § 10, Heidelberg 2000
Papier, Hans-Jürgen, Möglichkeiten und Grenzen der rechtsverbindlichen Festlegung und Freihaltung von Leitungstrassen durch die Regionalplanung, Münster 1983
Papier, Hans-Jürgen/Möller, Johannes, Das Bestimmtheitsgebot und seine Durchsetzung, AöR Bd. 122 (1997), S. 177
Peine, Franz-Joseph, Öffentliches Baurecht, 3. Auflage, Tübingen 1997

Pommer, Sophia, Bahnreform und Enteignung, Die Rückkehr der privatbegünstigenden Enteignung im Eisenbahnwesen, Berlin 2002
Posser, Herbert/Schmans, Malte/Müller-Dehn, Christian, Atomgesetz, Kommentar zur Novelle 2002, München 2003
Puhr-Westerheide, Klaus, Bayerisches Gesetz über die entschädigungspflichtige Enteignung, Kommentar, 4. Auflage, München 1997
Puhr-Westerheide, Klaus, Versorgungsleitung und Enteignung, BayVBl. 1976, S. 460

Rasche, Georg, Abschied vom preußischen Enteignungsgesetz, Zur Neuordnung des Enteignungsrechts in Nordrhein-Westfalen, NWVBl. 1989, S. 261
Rayermann, Marcus/Loibl, Helmut (Hrsg.), Energierecht Handbuch, Berlin 2003
Reichel, Gerhard Hans/Schulte, Bernd (Hrsg.), Handbuch Bauordnungsrecht, München 2004
Rinne, Eberhard/Schlick, Wolfgang, Die Rechtsprechung des BGH zu den öffentlich-rechtlichen Ersatzleistungen, NVwZ-Beilage II 3/2002, S. 3
Ronellenfitsch, Michael, Einführung in das Planungsrecht, Darmstadt 1986
Rosenberg, Leo/Schwab, Karl Heinz/Gottwald, Peter, Zivilprozessrecht, 16. Auflage, München 2004
Rubel, Rüdiger, Planungsermessen, Norm- und Begründungsstruktur, Frankfurt 1982

Sachs, Michael (Hrsg.), Grundgesetz Kommentar, 4. Auflage, München 2007
Schellhammer, Kurt, Zivilprozess, 12. Auflage, Heidelberg 2007
Schlarmann, Lilo, Die Rechtsprechung zur Alternativenprüfung im Planungsrecht, DVBl. 1992, S. 871
Schmidbauer, Wilhelm, Enteignung zugunsten Privater, Berlin 1989
Schmidt, Ingo, Die Raumordnungsklauseln in § 35 BauGB und ihre Bedeutung für Windkraftvorhaben, DVBl. 1998, S. 669
Schmidt, Thorsten Ingo, Die Analogie im Verwaltungsrecht, VerwArchiv Bd. 97 (2006), S. 139
Schmidt-Aßmann, Eberhard, Verwaltungsverfahren, in: Isensee/Kirchhof (Hrsg.), Handbuch des Staatsrechts, Band 5: Rechtsquellen, Organisation, Finanzen, 3. Auflage, § 109, Heidelberg 2007
Schmidt-Aßmann, Eberhard, Bemerkungen zum Boxberg-Urteil des BVerfG, NJW 1987, S. 1587
Schmidt-Aßmann, Eberhard, Aufgaben, Rechtscharakter und Entwicklungstendenzen des Raumordnungsverfahrens, VBlBW 1986, S. 2
Schmidt-Aßmann, Eberhard, Formen der Enteignung (Art. 14 III GG), JuS 1986, S. 833

Schmidt-Aßmann, Eberhard, Übernahmeansprüche im Enteignungsrecht, BauR 1976, S. 145

Schneider, Jens-Peter/Theobald, Christian (Hrsg.), Handbuch zum Recht der Energiewirtschaft, München 2003

Schönfeld, Thomas, Anmerkung zu BayVGH, Urteil vom 20.9.1995, Az. 7 B 94.1898, BayVBl. 1996, S. 147

Schrödter, Hans (Begr.), Baugesetzbuch, Kommentar, 7. Auflage, München 2006

Schulke, Erich Heinz, Abwendung der Enteignung (Zwangsbelastung) durch Angebot eines Gestattungsvertrages?, BayVBl. 1963, S. 170

Schulte, Hans, Ziele der Raumordnung, NVwZ 1999, S. 942

Schwenk, Walter, Handbuch des Luftverkehrsrechts, 2. Auflage, Köln 1996

Seibert, Max-Jürgen, Die Bindungswirkung von Verwaltungsakten, Baden-Baden 1989

Sieder, Frank/Zeitler, Herbert/Dahme, Heinz/Knopp, Günther-Michael, Bayerisches Wassergesetz, Kommentar, Loseblatt, Stand: November 2003, München

Simon, Herbert A., Perspektiven der Automation für Entscheider, Quickborn 1966

Spannowsky, Willy, Notwendigkeit und rechtliche Anforderungen an die Alternativenprüfung in der Bauleitplanung, UPR 2005, S. 401

Spoerr, Wolfgang, Raumordnungsziele zum Außenbereich in der Vorhabenzulassung nach § 35 BauGB, DVBl. 2001, S. 90

Stadler, Andreas, Die Enteignung zur Verwirklichung von Festsetzungen eines Bebauungsplans, Münster 2001

Steinberg, Rudolf/Steinwachs, Jennifer, Infrastrukturprojekte als Ziele der Raumordnung im Landesentwicklungsplan, NVwZ 2004, S. 530

Stelkens, Paul/Bonk, Heinz Joachim/Sachs, Michael (Hrsg.), Verwaltungsverfahrensgesetz, Kommentar, 6. Auflage, München 2001

Stuchlik, Holger, Die enteignungsrechtliche Planfeststellung für Energieversorgungsanlagen, UPR 1998, S. 1

Stüer, Bernhard/Hönig, Dietmar, Das Eigentum als Grundlage von Abwägung und Rechtsschutz, VerwArchiv Bd. 93 (2002), S. 350

Uerpmann, Robert, Das öffentliche Interesse, Tübingen 1999

Wagner, Jörg, Die Harmonisierung der Raumordnungsklauseln in den Gesetzen der Fachplanung, DVBl. 1990, S. 1024

Weides, Peter/Jahnz, Eduard H., Rechtsfragen der Enteignung nach dem Bundesberggesetz, DVBl. 1984, S. 921

Wendrich, Klaus, Niedersächsisches Straßengesetz, 3. Auflage, Hannover 1994

Werner, Sascha, Legalenteignung zur Baulandbeschaffung für die neue Messe Stuttgart – eine Alternative zur geplanten Administrativenteignung?, VBlBW 1998, S. 323

Weyreuther, Felix, Probleme der Rechtsprechung zum Enteignungsverfahren, DVBl. 1972, S. 93

Wienke, Ulrich, Die Planungsentscheidung in der Administrativenteignung, BayVBl. 1983, S. 297

de Witt, Siegfried, Notwendige Reformen zum beschleunigten Ausbau des Hochspannungs- und Gasversorgungsleitungsnetzes, RdE 2006, S. 141

de Witt, Siegfried, Planrechtfertigung, LKV 2006, S. 5

de Witt, Siegfried/Burmeister, Thomas, Enteignungsrecht des Straßenbaulastträgers für festgesetzte naturschutzrechtliche Ausgleichs- und Ersatzmaßnahmen?, NVwZ 1994, S. 38

Wolff, Hans J./Bachof, Otto, Verwaltungsrecht II, 4. Auflage, München 1976

Wolff, Hans J./Bachof, Otto/Stober, Rolf/Kluth, Winfried, Verwaltungsrecht I, 12. Auflage, München 2007

Ziekow, Jan (Hrsg.), Praxis des Fachplanungsrechts, München 2004

Zimmer, Gerd-Herbert, Flurbereinigung aus städtebaulichen Gründen und privatnützige Enteignung, DÖV 1986, S. 1001

Zimmer, Gerd-Herbert, Konkurrenzprobleme bei Enteignungsgesetzen, BayVBl. 1984, S. 327, 356